이 책을 펴는 순간부터 눈을 떼지 못하고 열 시간 가까이 이야기 속으로 빠져들었다. 그리고 흘러 내리는 눈물을 훔치느라 몇 번이고 휴지를 뽑아야 했다. 내게 아직도 이런 뜨거운 눈물이 남아 있었다니 신기하기만 하다. 글쓴이가 사람을 울리려고 작정하고 쓴 책이 아닐 텐데, 나는 왜 울음을 쏟았던 것일까.

하나님의 일을 세상에 펼치고자 할 때 의로운 사람들이 겪어야 하는 혹독한 고통은 신비 중의 신비다. 그 신비의 힘은 종종 우리 영혼을 전율케 한다. 주님께 순종해서 가는 길이라고 확신하는 사람들은 어떤 형편에서도 약해 보이거나 작아 보이지 아니하는 '남다름'이 있다. 그 '남다름'은 우리를 진한 감동의 파도 속으로 몰아넣을 때가 있다. 일종의 드라마와 같은 한동대 이야기는 이 나라의 소망, 특히 대학 교육의 생명이 어디에 있는가를 보여 주는 '젖과 꿀이 흐르는 가나안'의 환상이다. 하나님이 보여 주시는 환상을 보는 자리에는 감동의 눈물로 얼룩져 있을 때가 많다.

이 나라가 바로 서기 위해서는 평신도가 깨어서 제자리를 찾아야 한다고, 평소에 늘 말해 왔던 내 눈에는 김영길 총장과 그를 둘러싸고 있는 아름다운 형제 자매들이야말로 내가 꿈꾸던 바로 그 평신도로 보였다. 어찌 감격하지 않겠는가? 그리고 한마디 더하자. 솔직히 말해 나는 교회에서 이미 벌여 놓은 사역들로 인해 김 총장이 한참 고독하고 어려웠을 때 가까이서 힘이 되어 주지 못했다. 그래서 마음 구석에 남아 있던 울적한 감정이 터졌는지도 모르겠다.

원래 추천사라는 것은 이런 식으로 쓰는 법이 아니다. 그런데 이상하게 이번에는 무슨 아름다운 말을 나열하기보다 내 솔직한 감정이 묻어나는 말을 하고 싶었다. 책을 처음 접한 독자의 진한 눈물만큼 사람의 관심을 끄는 강력한 추천이 또 어디에 있겠는가, 하는 생각도 마음 구석에 있는 것이 사실이다.

우리 모두가 이 나라의 현실과 세계의 내일을 보고 절망하기에는 아직 이른 것 같다.

사실 그리스도 안에서는 절망이란 단어는 없다. 그러나 우리의 현실은 성경 안에 있는 약속이 전부 다 절망이라는 옷을 걸치고 있는 것 같은 착각을 불러일으킨다. 그래서 우리는 자주 용기를 잃는다. 비전을 포기한다. 그렇지만 한동대 이야기를 읽어 보라. 반드시 생각이 달라질 것이다. 선을 행하다가 낙심하지 말아야 할 분명한 이유가 어디에 있는가를 금방 배우게 될 것이다. 그리고 잃었던 하나님 나라의 꿈을 되 찾게 될 것이다.

만일 하나님께서 나에게 자식을 하나 더 주신다면 자라서 꼭 한동대에 가야 한다고 아주 어려서부터 귀에 못이 박히도록 말할 것 같다. 이미 얻은 아들 셋이 대학을 갈 때에는 한동대가 문을 열기 전이었다. 그 당시 나는 대학을 다니던 아이들의 얼굴에서 젊은이한테서만 기대할 수 있는 밝음보다 내면으로 숨겨진 어두운 그늘을 자주 보았다. 그것은 하나님 나라와 이 세계의 내일을 짊어질 젊은이들한테 절대로 어울리는 것이 아니었다. 그런데 한동대의 품속에 안겨 있는 학생들한테는 그런 그늘이 별로 보이지 않는 것 같다. 이것은 굉장한 사건일 수 있다. 그래서 내가 갑자기 결코 생기지도 않을 아이를 놓고 한동대의 학부모가 될 공상을 하고 있는지도 모른다. 이 책을 읽으면 나의 이런 엉뚱한 생각을 조금 이해하게 될 것이다.

십여 년 가까이 몹시 힘들고 멀기만 해 보였던 눈물의 골짜기를 남편과 함께 걸으면서 오직 말씀과 기도로 오늘의 기적을 일구어 낸 김영애 사모가 이렇게 감동적인 한동행전 제1권을 남긴 데 대해 진심으로 축하해 마지 않는다. 이 책이, 하나님의 나라가 이 세상에 완성되는 날을 고대하며 오늘도 이름 없이 빛없이 충성하고 있는 수많은 이 땅의 의인들에게 분명히 용기와 희망을 안겨 주는 책이 될 것을 결코 의심하지 않는다.

_옥한흠 목사

갈대상자

갈대상자
지은이_ 김영애
초판발행_ 2004. 4. 2 .
53쇄발행_ 2004. 12. 27.
등록번호_ 제 3-203호
등록된 곳_ 서울시 용산구 서빙고동 95번지
발행처_ 사단법인 두란노서원
영업부_ 749-1059 FAX 080-749-3705
출판부_ 794-5100(#344)
인쇄처_ 영진문원

▌책값은 뒤표지에 있습니다.
ISBN 89-531-0391-6 03230

▌독자의 의견을 기다립니다.
tpress@tyrannus.co.kr http://www.Durano.com

실천하는 신앙 9

보이지 않는 길을 따라서

하나님의 산 역사

갈대상자

김영애 지음

두란노

Preface
보이지 않는 길을 따라서

하나님이 내 영혼을 위하여 행하신 일을 내가 선포하리로다(시 66:16)

개교 전부터 앞이 보이지 않는 출발이었다. 보이지 않는 길을 따라가면서 시간이 가면 차차 나아지리라 생각했다. 그러나 갈수록 길은 더욱 어둡고 좁아지기만 했다. 우리의 다리는 휘청거렸고 고통과 두려움은 커져만 갔다. 인간이란 누구나 태생적으로 자기 중심으로 살도록 학습되어져 온 존재이기 때문에 하나님의 부르심을 받은 사람들은 누구나 독특한 훈련을 받는 것 같다.

돌이켜 보면, 하나님께서는 의도적으로 짙은 안개 속을 걷도록 우리에게 아프고 슬픈 사건들을 허락하셨는가 보다. 우리의 이름, 자존심, 명예, 지위, 재물 등 지금까지 우리가 자랑하고 익숙한 것들을 하나씩 떼어 내시며 오직 당신의 손만 의지하도록 하셨다. 이런 고리들이 하나씩 끊어질 때마다 우리는 금단 현상으로 몸을 떨어야 했다. 광야 학교 학생인 우리들은 그렇게 깨어지고 부서지며 여기까지 왔다.

한 치 앞도 예측할 수 없는 길이었다. 하지만 그 길은 가장 안전한 길이었다. 나는 길목 길목마다 동행해 주시는 하나님의 손길을 수없이 지켜보며 그분의 손에 이끌려 길을 떠난 사람은 그 길이 아무리 캄캄하다 할지라도 가장 안전하다고 감히 외칠 수 있는 '간 큰 사람' 이 되어 갔다. 단 한순간도 우리에게서 시선을 떼지 않으시는 하나님을 경험하면서 나는 탄성을 질렀다. "와! 하나님, 굉장하시네! 정말 살아 계시네!"

지난 10년 동안 한동대와 동행하시는 하나님 이야기를 꾸준히 기록하다가, 때로 너무 서러워서 주님께 삐치기도 했고 때로 감사해서 눈물을 펑펑 쏟기도 했다. 친구와도 잔정이 생겨야 친해지듯 나는 날마다 예수님과 잔정을 쌓아 갔다.

내가 이렇게 고백할 수 있는 원동력은 바로 하나님의 말씀이었다. 매일 매일의 성경 묵상을 통해 하나님께서 우리에게 주신 '그 말씀' 들을 붙들지 않았다면 여기까지 올 수 없었을 것이다. 성경 말씀은 활자 속에 갇혀 있지 않았다. 그것은 능력이었다! 고난과 역경은 흑암 속에서 보화를 캐는 기회였다!(사 45:3) 여호와를 경외함이 너의 보배니라(사 33:6)

성경 말씀들을 우리가 겪는 사건들에 적용하며 하나님의 사람들은 누구나 공식은 같고 숫자만 다른 훈련을 받고 있다는 것을 알아차릴 수 있었다. 지난 세월, 보이지 않는 길을 따라갔던 우리의 이야기는 그래서 우리 모두의 이야기가 될 수 있다고 생각했다. 나는 한동대 곳곳에 가득한 하나님의 살아 계심을 목격한 자로서 그분을 증거하는 증언대의 자리에 서서 우리의 잘못과 실패, 두려움, 고통스러운 경험들, 그리고 작은 상처들까지도 그분의 영광을 위해 사용하시도록 내 모든 것을 내어 놓기로 했다.

지난 7년여, 남편 김영길 한동대 총장은 내가 이 글을 쓰는 동안 항상 자기 일에 바빠서 한 번도 내 글을 읽어 주지 못했다. 그러나 이 원고가 책이 되어 나올 쯤 되니까 남편은 끊임없이 하나님의 영광을 우리가 가로채지 않도록 조심하라고 일러 주곤 했다. 나 자신도 남편을 자랑하거나 칭찬하는 게 될까 봐 무척 조심스럽고 걱정되기만 한다. 혹시나 그런 대목이 있더라도 남편에 대한 아내의 사랑으로 보시고 너그럽게 양해해 주시기를 부탁드린다. 나 또한 남편과 마찬가지로 이 책을 통해 살아 계신 우리 하나님께서 영광을 온전히 받으시기를 간절히 원한다. 그것만이 이 책을 세상에 내놓는 이유인 것이다.

이 책은 한동대 이야기의 완성판이 아니다. 한동대의 기초를 닦는 과정에서 함께하신 하나님의 역사를 증거하는 첫 번째 책일 뿐이다. 초창기부터 헌신해 온 한동인들에게도 귀한 간증들이 많이 있을 것이다. 이 기초 위에서 하나님께서 앞으로 한동대를 통해 무슨 일을 하실지 우리는 알 수 없다. 다만 흥분되는 것은 한동대, 바로 이곳에 전국 각처뿐만 아니라 어느덧 중앙아시아의 우즈베키스탄, 몽골 등과 아프리카의 가나, 나이지리아 등과 동유럽의 알바니아 그리고 중국과 미국과 러시아 등 전 세계 학생들이 찾아오고 있다는 것이다. 포항의 이 한적한 시골 대학에 세계의 젊은이들을 불러들여 하나님께서 무엇을 하시려는지 지금은 다 알 수 없지만, 이제 각 나라의 지도자급 인재들이 이곳 한동대에서 자라날 것이라는 기대감에 마음이 설레곤 한다. 분명한 것은 한동대를 통한 하나님의 거대한 역사는 계속해서 펼쳐질 것이고, 한동행전은 계속 쓰여질 것이다. 초대 총장의 아내로서 그 첫 발을 뗀 것을 감사드린다.

책 제목을 두고 고민하는 나에게 한동대 졸업생 윤선민(95학번) 군이 신세대다운 발상으로 재미있는 제목을 추천해 주었다.

"사모님, 제목을 남송리 블루스라고 하면 어떨까요? 원래 블루스는 흑인 영가에서 유래되었대요. 감미롭고도 슬프게, 애환과 기쁨이 느껴지는 춤이잖아요. 지난 시간 동안, 하나님께서 남송리에 사는 우리 한동인들을 그렇게 가슴에 안고 블루스를 추신 거잖아요! 하나님과 함께 춤을!"

그렇다. 나는 하나님의 품에 안겨 한동인들과 함께 기쁨의 눈물에 젖은 채 감미로운 춤을 춘 것이다.

이 책이 나오기까지 감사드려야 할 분들이 너무 많아 이 지면에 다 담을 수가 없다. 먼저 송태헌 한동대 설립자님과 설립을 도왔던 여러분들에게 감사드린다.

지금까지 포항 흥해읍 남송리를 거쳐 간, 그리고 그 안에 살고 있는 교수, 직원, 학생 들과 학교를 위해 중보 기도의 끈을 놓지 않는 학부모들에게 특별히 감사한 마음을 전하고 싶다. 한동의 오늘이 있기까지 변함없이 돕고 격려해 주시는 온누리교회 하용조 목사님 내외분과 성도님들, 이영덕 이사장님 내외분을 비롯한 여러 교계 지도자들, 이종순 변호사님 내외분, 김종원 협동 원장님을 비롯한 선린병원의 모든 식구들, 한동대 이사님들께도, 특히 국내외 수많은 교회들과 갈대상자 후원자 분들께 말로 표현할 수 없는 감사를 드린다.

우리가 어려움을 겪을 때마다 늘 격려해 주시며 바쁘신 시간을 내어 나의 원고를 다 읽으시고 조언해 주신 소설가 정연희 선생님 내외분께도 감사를 드린다. 한동의 첫 입학생으로 원고의 처음을 도와준 김명은(95학번) 양을 포함한 몇몇 한동 학생들에게도 빼놓을 수 없는 고마움을 간직하고 있다. 직장 생활을 하면서도 틈틈이 서울과 포항의 우리 집을 방문하며 6년 동안 꾸준히 원고 정리를 도와준 김선희 양에게 특별한 고마움을 전한다. 선희 양이 없었더라면 내 글을 정리하기 어려웠을 것이다. 힘든 자리에서 묵묵히 이 길을 걸어가는 남편 김영길 총장과 부모의 좋은 신앙 조언자가 되어 준 호민과 정민 내외, 종민과 병희 내외, 또 여든여섯의 연세로 하루에도 몇 차례나 한동대를 위해 기도하시는 어머니 이삼희 권사님, 이렇게 좋은 가족을 주신 하나님께 감사드린다. 이 책의 출간을 맡아 준 두란노서원 송영태 장로님과 유종성 출판본부장님에 대한 감사도 빼놓을 수 없다.

오늘도 한동대 갈대상자에 실린 모세와 같은 이 시대를 변화시킬 우리 한동인 모두에게 한없는 주님의 사랑을 전하며, 하나님께 모든 영광을 올려 드린다.

2004년 4월, 한동행전이 계속되고 있는 남송리에서 **김영애**

차례

Prologue
그날

재판

2001년 5월 11일, 남편의 1심 선고 재판이 열리는 날이었다. 한동대 총장으로서 학교 재정 문제로 형사 고발을 당해 오성연 행정 부총장과 함께 법정에 서는 날이었다. 그날 아침도 남편이 법정에 서는 모습은 보고 싶지 않아서 나는 이제까지처럼 그냥 집에 남기로 했다. 현관에서 남편을 배웅하며 말했다.

"공의로운 재판장이신 하나님께서 오늘도 함께하실 거예요."

나는 몇 개월 동안 조사를 받아 온 이 사건이 오늘로서 끝나리라 생각했다. 선고 재판은 9시 30분에 열렸다. 그런데 11시가 되어도 집에 있는 내게는 아무런 소식도 들려오지 않았다. 시간이 갈수록 불길한 마음이 들기 시작했다. 그때 전화가 걸려 왔다. 아들 호민이었다.

"어머니… 결과가 좋지 않아요…."

아들은 잠시 숨을 들이켜고 나서 말을 이었다.

"아버지는 징역 2년을, 부총장님은 1년 6개월 실형을 선고받고… 법정 구속되셨답니다."

"법정 구속이라니, 그게 무슨 뜻이냐?"

"법정에서 바로 구속되셨다고 합니다."

아들의 목소리가 떨렸다. 학교 측에서는 차마 이 소식을 내게 직접 전할 수 없어서 서울에 있는 아들에게 먼저 알렸던 것이다. 나는 그 자리에 털썩 주저앉았다. 천길 낭떠러지로 떨어지는 느낌이었다.

이날 법정에는 하루 휴가를 내어 서울에서 내려온 졸업생과 재학생과 학부모, 교수와 직원 여럿이 참관했다고 들었다. 피고인 두 사람이 앞문으로 들어오자 방청석이 술렁이기 시작했다. 곧이어 재판장이 법정 안으로 들어왔다. 곧 조용해지며 긴장된 분위기가 감돌았다. 판결문을 낭독하기 전에 재판장이 말했다.

"재판 결과에 대해 어느 쪽이든 소란을 피워선 안 됩니다. 어차피 대법원까지 갈 사건이니, 만약 재판 결과에 대해 소란을 피우면 그쪽이 더욱 불리해집니다."

사람들은 재판장이 낭독하는 판결문을 한마디라도 놓칠세라 모든 신경을 귀에 모았다.

"피고는 여러 차례 법정 출석을 기피했으며, 목적 없이 잦은 해외 출장으로 해외 도피 및 증거 인멸의 우려가 있고… 죄질이 나쁘므로 총장, 부총장에게 각각 징역 2년과 1년 6개월의 실형을 선고하며, 법정 구속을 명한다!"

땅! 땅! 땅!

순간 법정 안은 물을 끼얹은 듯 조용해졌다. 교수, 학생, 학부모 들은 상상치도 못했던 결과에 경악했다. 그들은 한동안 얼어붙은 듯 그 자리에서 일어날 줄 몰랐다. 그런데 재판 결과에 만족하면서 주먹을 불끈 쥐고 승리의 쾌재를 부르는 사람들도 있었다고 했다. 나의 하나님, 나의 주여 떨치고 깨셔서 나를 공판하시며 나의 송사를 다스리소서 여호와 나의 하나님이여 주의 공의대로 나를 판단하사 저희로 나를 인하여 기뻐하지 못하게 하소서(시 35:23-24)

이 뉴스는 정오부터 방송 매체를 통해 전국으로 전해졌다. 신문들은 일제히 "한동대 김영길 총장, 오성연 부총장은 학교의 재정과 관계된 혐의 사실로 법정 구속"이라는 기사를 대서특필했다.

한동대 개교 이후 남편은 검찰, 법원, 경찰서, 노동청 등에 80여 차례 출두하여 온갖 고초를 치렀다. 그러나 지금까지의 사건들과 달리 이번 사건은 심상치 않았다. 이 사건의 수사 때문에 경리 장부 일체를 압수당해 학교 행정 업무가 한때 마비되었다고도 했다.

어떤 날은 검찰 소환으로 아침에 집을 나간 남편이, 14시간 동안이나 조사를 받은 후 자정 무렵에야 돌아와 불도 켜지 않은 서재에서 탈진한 모습으로 멍하니 앉아 있기도 했었다. 아내인 나 또한 어찌 그의 고통을 다 헤아릴 수 있으랴!

교육부에 올라온 진정서에 대한 해명 자료를 급히 준비해야 했던 어느 날, 남편은 내게 컴퓨터로 받아쓰게 했다. 지난 세월 그 많은 어기찬 사건들을 하나씩 열거하던 그는 그만 억장이 무너져 내리는지, '흑' 하고 신음 같은 울음을 토해냈다. 하지만 그 순간도 잠시, 그는 어느새 감정을 다듬고 하던 일을 계속했다.

학교의 긴박한 재정 업무를 맡은 오 부총장도 가시밭길을 걷기는 마찬가지였다. 화가 난 채권자가 그의 멱살을 잡고 당장 돈을 내놓으라며, 학생들이 보는 앞에서 그를 학교 식당 바닥에 꿇어앉힌 적도 있었다. 위로하는 우리에게 그는 웃으며 말했다.

"학교에 돈만 생긴다면 무릎 꿇는 일이야 아무것도 아니지요."

2001년 4월 두 사람은 학교 재정과 관련된 문제들로 인해 또다시 기소되었던 것이다. 1심 구형이 내려지자, 남편은 다음과 같이 최후 진술을 했다고 했다.

"한동대가 개교하기 전 설립자의 기업에 사고가 나서 더 이상 재정 출연이 어렵게 되었습니다. 그런 가운데 개교를 했으나 초대 총장인 저를 믿고 국내외에서 한동대로 온 교수님들과 전국에서 온 학생들을 두고 학교를 떠날 수가 없었습니다. 저는 한동대를 통해 세상을 변화시키는 인재를 양성해야 한다는 사명감으로 지금까지 수많은 난관들을 견뎌 왔습니다. 총장으로서 어찌하든 학교를 정상화시켜야 한다는 일념으로 학교를 이끌고 가다 보니, 본의 아니게 불가피

한 실수들이 발생하기도 했습니다. 모든 것이 저의 행정 미숙으로 생긴 일들로, 많은 분들에게 누를 끼치고 고생을 시켜 드렸습니다. 오성연 부총장님이 이 자리에 서게 된 것은 전적으로 총장 본인의 부덕의 소치이오니 총장인 제게 책임을 물으시고, 부디 그를 선처해 주시기를 간곡히 부탁드립니다."

남편의 비감 어린 최후 진술 내용을 전해 들었을 때 나는 주님께 울부짖지 않을 수 없었다. 하나님이여 나를 구원하소서 물들이 내 영혼까지 흘러 들어왔나이다 내가 설 곳이 없는 깊은 수렁에 빠지며 깊은 물에 들어가니 큰 물이 내게 넘치나이다(시 69:1-2)

억울해하지 마세요

저녁 때 한동대의 한 교수 부인에게서 전화가 왔다.

"사모님, 총장님이 부럽습니다. 감옥은 아무나 가는 곳이 아니지요. 이 시대에 주의 일을 하다가 갇힌 자들이 얼마나 되나요? 감옥에 보내실 정도로 하나님께서 총장님을 신뢰하고 계신 것입니다. 우리 같은 사람은 가고 싶어도 못 가지요. 제 남편이 총장님과 함께 한동대에서 동역하는 것이 자랑스럽습니다. 사모님! 절대로 낙심하지도 슬퍼하지도 마세요. 그러시면 하나님께서 섭섭해하셔요. 하나님께서는 살아 계시지 않습니까! 총장님과 사모님을 위해 기도하는 사람들이 많습니다.

사모님, 사람들의 칭찬이나 비난에 흔들리지 마세요. 우리가 의지할 분, 우리를 위로할 분은 오직 하나님뿐이십니다. 조금도 억울해하지 마세요. 예수님께서 우리보다 더 억울해하실 것입니다. 도저히 상식으로는 있을 수 없는 일이 일어났으니 이 일은 분명히 하나님께서 허락하신 것입니다. 두 분을 위해 기도하다가 하나님께서 주신 말씀, 이사야 51장 12-16절을 전합니다. …너희를 위로하는 자는 나여늘 나여늘 너는 어떤 자이기에… 사모님, 하나님께서 총장님을 옥에서 속히 나오게 하시고, 이제 뒤로 한동대는 양식이 끊이지 아니할 것입니다."

그제야 나는 정신이 번쩍 들었다. 너희를 향한 나의 생각은 내가 아나니 재앙이 아니라 곧 평안이요 너희 장래에 소망을 주려 하는 생각이라(렘 29:11)

첫 면회

이튿날 경주 구치소. 나는 떨리는 가슴으로 면회 차례를 기다리고 있었다. 여호와여 주께서 아시오니 원컨대 주는 나를 기억하시며 권고하사 나를 박해하는 자에게 보복하시고 주의 오래 참으심을 인하여 나로 멸망치 말게 하옵시며 주를 위하여 내가 치욕당하는 줄을 아시옵소서(렘 15:15) 얼마 뒤, 수감 번호 433과 443이 확성기로 호명되었다. 남편의 수감 번호는 433, 부총장은 443이었다. 나는 가까스로 마음을 진정시키며 교수들과 함께 마당을 가로질러 면회소 건물로 갔다. 교도관을 따라 들어온 남편이 작은 공간, 투명 플라스틱 칸막이 저편에 앉아 있었다. 어제 집을 나설 때와는 전혀 딴 사람이었다. 가슴에 번호표를 단, 누런색의 남루한 미결수 수의를 입은 채 안경도 끼지 않고 푸석하게 부은 얼굴이 어젯밤 잠을 못 잔 흔적이 역력했다.

"총장님!"

그 한마디 외엔 함께 간 교수들도 말을 잇지 못했다. 남편은 온갖 감회가 서린 얼굴로 말했다.

"모두들, 너무 걱정 말아요. 나 괜찮아요. 룸메이트들도 좋고 방 청소도 안 하고, 이불도 개키지 않고…."

어제까지 학교의 비전과 꿈을 힘차게 논하던 사람이, 하루 사이에 이런 처지에 놓이게 되다니! 나는 가슴이 무너져 내렸다.

"그런데, 나 빨리 나가야 돼. 이번 달에도 학교에 10억 원이 필요해!"

그는 여전히 돈 걱정으로 꽉 차 있었다.

"여보, 걱정 마세요. 그 돈 다 해결되었어요. 이른 아침에 하용조 목사님(온누리교회 담임 목사)이 전화를 주셨어요. 오늘 새벽에 긴급 당회가 소집되어서 이

번 달에 필요한 10억 원을 교회에서 후원하기로 결정하셨대요. 모인 분들 모두 두 분을 위해 눈물로 기도해 주셨답니다."

내 말을 듣자 남편의 얼굴이 금세 어린아이처럼 밝아졌다. 그는 마치 이웃집에 놀러 온 사람처럼 말했다.

"아, 그래? 그럼 나 여기 좀 더 있어도 괜찮아."

"여보, 돈 걱정은 이제 그만하시고 그 안에서나마 좀 푹 쉬세요. 당신이 그 안에서 아무것도 할 수 없으니, 하나님께서 더 바쁘시게 일하신답니다. 당신 부러워하는 사람도 많습디다. 아무나 이런 데 들어오지 못한다고요. 당신이 하나님 일하다가 여기까지 왔으니 부럽다고 해요. 우리는 이제 아이들 시집 장가 다 보냈으니 남은 여생 하나님만 기쁘시게 할 생각만 하십시다. 하나님께서 당신을 이 안에 있으라고 하시는 날까지 느긋한 마음으로 계세요."

"나도 그렇게 마음먹고 있소. 하나님을 사랑하는 자, 그 뜻대로 부르심을 입은 자들에겐 모든 것이 합력하여 선을 이루실 거요. 지금까지 너무 바쁘게 지냈으니 이제 이곳에서 하나님과 가까이 만나야겠소. 학생들에게는 전혀 동요 말고 공부에 전념하라고 전해 주시오. 그리고 이 안에서는 금속으로 만들어진 안경테는 허용되지 않으니 뿔테 안경을 준비해 넣어 주시오."

그제야 그가 안경을 끼지 않은 이유를 알 수 있었다. 나는 그의 시력이 얼마인지도 모른다는 사실에 마음이 아팠다. 여분의 안경 하나 마련해 두지 못한, 얼마나 허술한 아내였는가. 안경 없이 그는 얼마나 불편할까.

옆방 면회실에서 오 부총장님도 잠시 만났다. 나는 "부 총장님!" 하고 불러 놓고는 그만 목이 메었다. 그의 눈가에도 물기가 어렸다.

"걱정 마십시오. 방 식구들이 제가 제일 나이 많다고 방 청소도 안 시키고 잘해 줍니다. 총장님과 저는 공범이라고 서로 만날 수는 없어요. 제 이름표에 표시된 빨간 마크가 공범 표시입니다."

두 사람을 구치소에 남겨 두고 나오면서 걷잡을 수 없는 눈물이 쏟아졌다. 집으로 돌아가는 차 안에서 남편을 6년째 동행해 온 이 기사님이 마음을 쏟아 놓기 시작했다.

"어제, 총장님, 부총장님이 그렇게 법정 뒷문으로 사라지신 후, 저 혼자 학교로 돌아오는데, 차 반쪽만 몰고 오는 것 같았습니다. 그렇게 수없이 법정에 섰어도 늘 집에 모시고 돌아왔는데, 너무나도 기가 막힙니다. 눈물이 흘러내려서 운전을 할 수가 없었습니다. 총장님이 지내오신 세월을 저보다 누가 더 잘 알겠습니까! 고소 고발은 줄을 잇지, 툭하면 교육부로 보낼 소명 자료 준비하랴 재판 준비하랴 검찰과 법원에 출두하랴, 낮에는 학교 업무로 저녁이면 간증 집회로 정신없이 보내는 총장님의 하루를 누가 알겠습니까?

보통 일주일에 두 번씩 집회를 다니시고, 갈대상자 후원자들을 모으시고, 어떤 주일엔 세 차례나 집회를 하신 적도 있었어요. 종일 검찰 조사를 받고 저녁에는 아무 일도 없는 듯 힘차게 간증하시는 총장님의 모습을 보며 '어떻게 저러실 수 있는가' 생각했습니다. 저녁은 잡수셔야 되는데 무슨 밥맛이 있을까 싶어 식사하시라는 말씀도 드릴 수 없었어요. 저는 옆에서 보기만 해도 눈에 불이 나고 입에서는 단내가 확확 나는데….

간증 다닐 때 자동차에는 총장님 앉은 자리만 겨우 남기고 갈대상자와 학교 홍보 책자로 가득했습니다. 식사할 시간도 없을 때가 많았어요. 어떤 땐 총장님이 가게로 뛰어가 햄버거를 사 오셔서, 차 안에서 급히 잡수시기도 했지요.

어느 해, 갑자기 기온이 뚝 떨어지고 몹시 추운 주일 저녁에 총장님과 함께 성남으로 간증 집회를 갔었습니다. 우리가 찾아가는 교회는 언덕 위에 있었어요. 며칠 전 내린 눈 때문에 길은 빙판이어서, 승용차가 더 이상 올라갈 수 없었지요. 차에서 내린 총장님과 저는 갈대상자 약정서 상자와 학교 소개 책자 상자를 양손에 들고 미끄러운 언덕길을 조심해서 올라가다가 그만 미끄러졌습니다. 갈대상자 보따리는 아래로 굴러 가고, 줍다가 또다시 미끄러지고 …. 그런 날도 있었지요.

전라북도 남원에 갔을 때였어요. 총장님의 간증이 시작되자, 그때 동행했던 신현길 교수님과 저는 슬그머니 밖으로 나왔습니다. 교회 허락 없이 갈대상자를 교인들에게 나누어 줄 수 없기 때문에, 우리는 늘 교회의 눈치를 먼저 살핍니다. 밖으로 나온 우리는 길모퉁이 전봇대 아래에 앉아서 학교 홍보지 속에 갈대상자 후원서를 한 장씩 끼워 넣기 시작했어요. 그때 초겨울 바람이 사정없이 불어와, 갈대상자 신청서들을 사방으로 날려 버렸어요. 신청서가 한 장이라도 날아갈세라 허공을 허우적거린 적도 있었습니다…."

하나님의 은혜가 아니면 그 일들을 어찌 감당할 수 있었을까. 지난날의 하루하루가 주님께서 허락하신 새 힘으로 이어져 왔음을 누가 부인할 수 있을까. 내 머릿속에 지난날들이 마치 오늘 겪은 일처럼 생생하게 하나씩 떠오르기 시작했다.

비전

Vision

01

01 재건의 명령을 받들다

한 통의 전화

1994년 1월 20일, 대덕 연구 단지 한국과학기술원(KAIST) 교수 아파트. 저녁 식사가 끝난 뒤 우리 부부는 오랜만에 찻잔을 앞에 놓고 마주 앉았다. 밖에는 겨울 칼바람이 창문을 흔들고 있었지만, 우리는 모처럼 만에 한가로운 대화를 나누고 있었다. 그때 전화가 울렸다. 오랜 친구 손진곤 변호사였다.

"김 박사님! 한동대라는 종합 대학교가 포항에 새로 세워지는데, 내년에 문을 연답니다. 기독교 정신으로 세워지는 그 대학에서 크리스천 과학자를 총장으로 모시려 찾고 있던 중에 김 박사님을 초대 총장으로 모시고 싶다고 합니다. 학문적 업적이나 신앙으로 보아 김 박사님이 적임자라고 저도 추천했습니다. 그 일을 맡지 않으시겠습니까?"

그에게서 학교에 대한 설명을 한참 듣고 있던 남편이 말을 가로막고는 이렇게 말했다.

"고맙고 과분한 청이지만 저는 적임자가 아닙니다. 아시다시피 저는 과학자이지 대학 행정에는 경험이 없습니다."

완곡한 거절을 상대가 어떻게 받아들였는지 남편은 상당히 곤혹스러운 표정을 지으며 기도해 보겠다는 말로 전화를 끊었다.

"그분이 무어라고 하시는데요?"

"장로님이 어떻게 기도도 하지 않고 단박에 거절하느냐 하는군. 무심코 한 그 말에 내 마음이 찔렸소."

남편은 몹시 낭패스런 얼굴로 말했다. 입으로는 예수님을 주인으로 고백하면서, 실제로는 그 자리를 내어 드리지 못하는 모습이 여지없이 드러난 것 같았기 때문일 것이다.

그때부터 우리 부부는 큰 숙제를 받은 부담감으로 기도해야만 했다.

"하나님! 이것이 하나님의 부르심인지 사람의 초청인지 분별하게 하소서."

목사님의 설교 말씀, 성경 묵상, 기도 등 하나님의 음성을 들을 수 있는 채널들을 모두 열어 놓고 귀를 기울였다. 전화를 받은 그 주일, 우리는 하용조 목사님의 설교를 듣게 되었다. 사도행전 9장이었다.

"어느 날 경건한 아나니아는 사울에게 안수하라는 하나님의 명령을 받았습니다. 당시 사울은 예수 믿는 사람을 핍박하는 악명 높은 사람이었습니다. 아나니아는 도저히 이해할 수 없는 명령이었지만 성령님의 음성에 민감하게 반응하며 순종했습니다. 위대한 바울은 아나니아의 즉각적인 순종으로 탄생할 수 있었던 것입니다. 하나님께서는 당신의 음성에 예민하게 귀 기울이며 순종하는 사람을 지금도 찾고 계십니다. 이 땅에 기독교 대학은 많이 있습니다. 그러나 오늘날 예수 그리스도가 대학과 학문의 주인인 것을 선포하는, 학문과 신앙이 하나가 된 대학은 그리 많지 않습니다. 순수한 기독 신앙을 바탕으로 하는 대학이 이 시대에 필요합니다."

아나니아의 순종과 기독교 대학이 무슨 상관이 있다는 말인가. 목사님은 이미 우리 사정을 다 아시고 설교를 하시는 듯했다. 우리가 원치 않는 방향으로 일이 흘러가는 것은 아닐까 하는 예감이 들기 시작했다.

포도밭에 세워지는 대학

손 변호사에게서 다시 연락이 왔다. 포항에 내려가서 학교 건설 현장도 둘러보고 설립자도 한번 만나 보라는 그의 권유를 거절하지 못해 남편은 포항행 비행기를 탔다. 남편을 배웅하며 나는 염려가 앞섰다. 변화를 싫어하며 현재 생활에 만족하던 나였기에 남편이 지금까지 해 온 연구 활동을 중단하고, 한 번도 경험하지 못한 일을 시작할지도 모른다는 사실이 불안했던 것이다. 앞날이 불확실한 모험이라 더 그랬다. 아무리 생각해도 남편에게는 과학자의 타이틀과 카이스트 연구실이 더 잘 어울린다는 생각을 떨칠 수가 없었다. 그러면서도 혹시 내 잘못된 생각이 하나님께서 계획하시고 명령하신 일을 가로막는 것은 아닐까 두렵기도 했다.

포항에 다녀온 남편은 떠날 때보다는 가벼운 표정으로 이야기했다.

"설립자 이사장을 만나 보았는데 퍽 소박한 분으로 보였소. 포항 흥해에 23만 평의 학교 부지를 마련한 그분은 산업 폐기물을 처리하는 기업의 회장이신데, 기독교 대학에 대한 순수한 열정을 가지고 있었소."

나는 남편의 말을 가로막으며 말했다.

"우리는 그분에 대해 전혀 모르잖아요. 아주버님(김호길 포항공대 초대 총장)을 보면 대학 총장 자리가 얼마나 복잡하고 골치 아픈지 당신도 잘 아시잖아요. 우리 나라에서 손가락에 꼽히는 대재벌이 이사장이라면 모를까, 중소기업을 하시는 그분 사업의 흥망에 따라 학교의 미래도 좌우될 텐데, 당신 함부로 간다고 대답하지 마세요."

1994년 1월 말, 남편이 두 번째로 한동대를 방문할 때는 나도 동행했다. 학교를 향해 달려가는 길. 포항 시가지를 벗어나 북쪽 해안 도로를 따라 차는 꼬불꼬

불 한참이나 달렸다. 흰 물거품을 쏟아 내는 푸른 바다가 눈앞에 가득 밀려왔다. 소나무들이 길가에 늘어서 있었다. 맑고 화창한 날씨였지만, 겨울 바닷바람은 차가웠다. 이런 시골에 무슨 대학이 세워질 것인가.

한참 달린 끝에 차가 멎은 곳은 바다와 산과 하늘만 보이는 외딴 곳이었다. 행정 구역으로는 포항시에 속하지만 시내에서 8킬로미터쯤 떨어진 흥해읍 남송리. 학교 진입로에서 시작된 비포장 자갈길이 끝나자 한창 진행 중인 공사장 현장이 나타났다. 소나무 숲이 병풍처럼 둘러 있고, 한겨울의 오후 햇살이 붉은 대지 위에 눈부시게 쏟아져 내리고 있었다. 앙상한 가지를 드러낸 포도나무 묘목들이 차가운 바닷바람을 이겨내느라 힘겨워 보였다. 포도밭에 세워지는 대학…. 나는 포도나무요 너희는 가지니 저가 내 안에, 내가 저 안에 있으면 이 사람은 과실을 많이 맺나니 나를 떠나서는 너희가 아무것도 할 수 없음이라(요 15:5) 이곳에서 이 시대의 주역이 될 인재들이 쏟아져 나오는 풍경을 잠시 그려 보았다.

사방을 볼 수 있는 건물 옥상으로 올라갔다. 학교 정면에 펼쳐진 논밭 저쪽으로 곡강 마을이라는 작은 동네가 한눈에 들어왔다. 하늘을 담은 천마지 호수가 짙은 소나무 숲에 싸여 있었고, 저만치 학이 난다는 비학산과 천마산이 보였다. 공부 외에는 어떤 것에도 마음을 두지 말라는 듯, 수도원을 떠오르게 할 만큼 평화로워 보였다. 코트 자락을 벗길 듯이 휘감겨 오는 세찬 바닷바람에 나는 비틀거렸다. 평화로운 풍경과 세찬 바람이 묘한 대조를 이루었다.

건설 관계자는 전기, 전화, 중요 배관 등을 매설한 지하 공동구와 모든 기계를 자동화할 동력실의 중앙 관제소로 우리를 안내했다. 우리의 눈을 끈 것은 학교 입구에 세워질 대학 교회 배치도였다. 그것은 한동대가 기독교 정신의 바탕 위에 세워질 대학임을 분명하게 보여 주는 듯했다.

'한동'이라는 이름에 흔들리다

남편이 학교 관계자에게 물었다.

"학교 이름을 왜 하필 한동이라고 했지요? 기독교 정신을 나타내는 다른 이름도 많이 있을 텐데요."

나도 속으로 한동은 너무 평범한 이름이라고 생각하던 중이었다.

"거기에는 사연이 있습니다."

지역 주민의 관심과 참여를 불러일으키려고 현상금 100만 원을 걸고 학교명을 공모했다고 했다. 무려 130여 개가 넘는 이름들이 들어왔다. 설립 본부 측에서 몇 개를 선정해서 이사장에게 들고 갔다. 이사장은 우선순위로 추천한 이름 대신, 비교적 아래쪽에 적힌 이름을 짚었다. 한국의 동쪽, 학문의 요람이란 뜻의 '한동' 이었다. 이 이름에는 드넓게 펼쳐진 흥해읍 남송리의 이 터가 동해에서 떠오르는 태양처럼 젊은이들의 신앙과 학문의 요람이 되었으면 한다는 염원을 담고 있었다. 설립 본부는 학교 이름을 한동으로 정하고 응모자에게 연락을 했다. 어린아이가 전화를 받고는 아버지도 어머니도 교회에 가시고 안 계신다고 하더란다. 아이에게 물어보았다.

"아버님이 뭐하시는 분이시냐?"

"목사님이세요."

그분은 구룡포 어촌에서 자그마한 교회를 개척하신 우선화 목사님이었다.(지금은 고인이 되셨다.) 교회에서 꼭 써야 할 돈 100만 원이 필요해서 학교 이름을 응모했던 목사님 내외분은 그날도 교회에 가서 그 이름이 뽑히기를 기도하고 있었다는 것이었다.

우선순위에서 밀렸던 그 이름이 이사장의 눈길을 끌었던 것은 목사님 내외분의 간절한 기도 때문이 아닌가! 그렇다면 한동대는 하나님께서 시작부터 개입하시는 대학이란 말인가! 이 이야기에 우리는 크게 감동을 받았다. 한동은 더 이상 평범하거나 촌스러운 이름이 아니었다. 우리의 마음이 흔들리기 시작했다.

이사장님은 칠전팔기 고생 끝에 환경 폐기물 처리 사업으로 자수성가한 분이었다. 사업이 번창하자 사회에 기여할 뜻있는 일을 찾다가 기독교 정신을 바탕으로 하는 종합 대학을 설립하기로 했다는 그의 말에서 굳은 의지를 느낄 수 있었다.

"저는 아직 신앙이 부족하지만, 집사람의 기도로 오늘에 이르렀습니다. 한동대 설립을 위해 교계의 많은 분들이 기도해 주었습니다. 신앙인이요 과학자인 김 박사님을 한동대 초대 총장으로 꼭 모시고 싶습니다. 수락하신다면 저희로선 큰 영광이겠습니다."

남편이 이사장에게 말했다.

"이사장님! 정말 순수한 기독 신앙의 새로운 대학을 세우실 결심이십니까?"

이사장의 눈빛이 밝게 빛났다.

"그렇습니다. 처음부터 그러한 대학을 세우려는 목적으로, 김 박사님을 모시려는 것입니다. 김 박사님의 창조 과학 강의를 들었던 목사인 제 사위도 김 박사님을 총장으로 모시는 것을 환영했습니다. 김 박사님! 기독교 정신의 명문 대학을 세우는 데 힘을 다하겠습니다. 총장직을 수락해 주십시오!"

이사장의 이야기를 듣던 남편은 어느덧 이렇게 말하고 있었다.

"그렇다면 저도 더 이상 망설이지 않겠습니다. 이렇게 귀한 일에 저를 불러 주시니 영광입니다."

나는 놀라서 남편을 쳐다보았다. 여기 내려올 때까지만 해도 남편은 아무런 결정을 하지 않았다. 나와 함께 현장을 둘러보는 정도로 내려온 것인데…. 우리는 아직도 학교의 주변 상황을 전혀 모르고 있지 않은가!

좀 더 알아보지 않고 선뜻 수락의 뜻을 비치다니…. 하지만 나는 누구보다 남편을 잘 알고 있었다. 남편은 무슨 일이든 원칙만 분명하면 이것저것 따지지 않는 단순하기 그지없는 성격을 지닌 사람이라는 것을….

그날 우리는 관계자에게서 학교의 재무 구조와 현황, 우리 나라 사학 법인으로서는 이만하면 재정 형편이 꽤 좋은 편이라는 설명을 들었다. 수준 높은 대학 교육을 하려면 훌륭한 교수진, 우수한 학생, 탁월한 교육 프로그램, 이를 뒷받침

할 수 있는 든든한 재정이 있어야 한다. 그렇지 않으면 모든 계획은 한낱 꿈에 지나지 않을 것이다. 그날 학교 관계자의 이야기를 들으면서 제대로 대학 교육을 할 수 있으리라는 기대를 갖게 되었다.

우리는 이제까지 주저하던 마음을 서서히 다잡으며 신설 대학에 대한 새로운 꿈을 구체화하기 시작했다. 하지만 그날 이후부터 우리는 끊임없는 근심과 걱정에 사로잡히기 시작했다.

지시할 땅으로 가라

며칠 후, 학회 참석을 위한 미국행을 하루 앞두고 나는 남편의 심부름으로 주한 미국 대사관에 갔다. 두 달 전 이태리 플로렌스의 학회에 참석했다가 집시들에게 여권과 지갑을 송두리째 도난당했던 남편의 비자를 새로 발급받아야 했기 때문이었다.

"미국 비자가 거부되었는데요?"

은행 환전 창구 앞에서였다. 그 말에 놀란 나는 그제야 남편의 새 여권을 살펴보았다. 그녀의 말은 사실이었다. 나는 몹시 난처했다. 남편이 내일 출국하지 않으면 학회 일정에 큰 차질이 빚어질 것을 알기 때문이었다. 생각다 못해 집으로 돌아오는 차 안에서 미국 대사관의 한 영사에게 전화를 걸어 난감한 사정을 설명했더니, 그는 급히 대사관으로 되돌아오라고 말했다. 숨차게 대사관으로 달려갔으나, 간발의 차이로 그날의 비자 발급 시스템이 끝나 버렸다. 하는 수 없이 주말을 보내고 떠날 수밖에 없었다. 남편과 동행하기로 한 나는 애를 태웠지만, 그는 오히려 느긋했다.

"할 수 없지 않소. 있을 수 없는 일이 일어난 것을 보니, 하나님의 뜻이 따로 있는 것 같구료. 내일 우리 교회에서 예배를 드리고 떠납시다."

전날 출국했더라면 참석 못했을 예배. 우리는 늘 그랬듯이 앞자리에 앉아 무심히 주보를 펼쳤다.

'부르심과 순종'(창 12:1－4)이라는 설교 제목이 눈에 들어왔다. 하필이면 이 제목일까. '한동대로의 부르심과 우리의 순종'으로 느껴졌다. 나는 이훈 목사님(현 캐나다 런던 한인교회)의 설교에 귀를 기울였다.

"하나님께서는 때때로 우리에게 지금 살고 있는 이곳을 떠나라고 명령하십니다. 그 첫째 이유는 하나님을 전적으로 의지하는 법을 배우게 하기 위해서입니다. 지금 있는 이곳은 너무 편안하고 안전하며 또한 익숙한 곳이기 때문에 우리는 하나님을 전적으로 의지하려 하지 않습니다. 하나님께서 떠나라고 지시하시는 곳은 우리가 한번도 경험해 보지 못한 미지의 세계요 낯선 곳입니다. 염려와 두려움이 있습니다. 어떤 환경이 기다리고 있을지 모릅니다. 기근과 궁핍과 환난이 기다릴지도 모릅니다. 나의 지식, 나의 경험이 아무 소용이 없는 곳일 수도 있습니다. 철저하게 자신의 무능을 경험하게 될 수 있습니다. 오직 하나님의 말씀만을 의지해야 할 곳이기에, 하나님께서는 떠나라고 명령하십니다."

나는 긴장하며 설교를 듣고 있었다. 카이스트의 만족스러운 연구 환경, 뛰어난 제자들과 졸업 뒤에도 끈끈히 이어지는 사제간의 정, 보장된 미래…. 이 얼마나 안전하고 익숙한 자리인가. 기계 대신 사람을 다루어야 하고, 연구 대신 경영을 맡아야 하는 대학 총장의 자리는 얼마나 낯선 자리인가! 신설 지방 대학의 미래가 장밋빛으로 펼쳐지리라고 누가 보장할 수 있는가!

"떠나라 하시는 두 번째 이유는 자유하는 법을 배우게 하기 위함입니다. 우리는 물질, 지위, 자존심 등 너무도 많은 것으로 자신을 얽어매고 있습니다. 떠난 그곳에서 우리는 진정한 자유함을 배울 수 있을 것입니다. 또한 떠나라고 명령을 받은 사람에게, 지금 있는 곳은 더 이상 안전한 곳이 아닙니다. 왜냐하면 하나님께서 더 이상 동행하시지 않기 때문입니다. 어쩌면 기근이나 환난이나 핍박이 기다리고 있을지도 모르는 불안한 미지의 세계이지만, 그곳이 오히려 더 안전합니다. 왜냐하면 그곳은 하나님께서 동행하시는 곳이기 때문입니다.

하나님께서는 지금까지 익숙했던 본토 친척 아비 집을 떠나 그가 지시한 미지의 땅으로 떠난, 부르심에 순종한 자에게 축복을 약속하셨습니다. '너로 인해 천하 만민이 복을 받을 것이요, 너를 복의 근원으로 삼겠다' 고 하셨습니다. … 그러나 떠나는 사람이 반드시 명심해야 할 것은 하나님의 말씀만 좇아가야 한다는 것입니다. 상황은 변할 수 있어도 하나님의 약속은 불변하기 때문입니다!"

설교 말씀은 우리 부부에게 천둥소리였다. 한동대 이사장에게 총장직 승낙의 뜻을 비치긴 했으나, 계속 불안해하던 나. 그러한 나를 나무라시는 듯 하나님께서는 '너는 내가 지시하여 명령한 그곳으로 가라!' 고 음성을 들려주신 것이다. 주체할 수 없이 눈물이 흘러내렸다. 남편 역시 내 손에서 손수건을 가져갔다.

'주님, 지금 우리를 부르고 계십니까? 어찌하여 저희 같은 사람에게 이런 엄청난 명령을 하고 계십니까? 주님! 저희가 지금 주님의 음성을 바로 알아듣고 있습니까?'

예배를 마치고 자리에서 일어섰다. 뒷자리에서 우리 내외의 예사롭지 않은 모습을 보았던가, 한 집사님 부부가 조심스레 물었다.

"장로님 댁에 무슨 일이 있습니까?"

지금까지의 삶을 뒤집어엎고 새로운 길을 떠나야 하는 우리의 처지를 어떻게 설명할 수 있겠는가. 집으로 오는 길에 남편이 말했다.

"이해할 수 없는 착오로 어제 출국하지 못한 이유를 이제야 알겠소. 오늘 하나님의 전출 명령이 났으니, 보따리 싸서 떠날 준비를 합시다. 그리스도의 군사인 우리는 모집한 분을 기쁘시게 해 드려야 하오. 중국으로 가신 최선수 장로를 생각해 보시오. 잘하고 있던 치과 병원을 버리고 전공과 전혀 관계없는 농장을 하면서 복음을 전하고 있는 그분에 비하면 우리는 그래도 영전이오.

언어가 같은 내 나라, 내 땅에서 새벽 이슬 같은 조국의 젊은이들을, 한 손에는 복음을 다른 한 손에는 전공 지식을 가지고 세상을 변화시킬 인재를 양육하는 일은 얼마나 보람된 일이오. 하나님 명령보다 내 연구 생활이 더 중요하게 생각된다면 그게 이미 우리에게는 우상인 것이오."

하나님께서는 우리의 계획을 연기시키면서 그날의 설교를 통해 한 번 더 확실하게 우리를 부르셨던 것이다. 마음의 경영은 사람에게 있어도 말의 응답은 여호와께로서 나느니라(잠 16:1)

주님, 한 번만 더 말씀해 주세요

사람 마음이 얼마나 연약하고 간사한지! 집에 오자 설교에서 받았던 은혜는 싹 가라앉고 커다란 모험 앞에 또다시 염려가 몰려왔다. '학교 법인의 기업이 우리나라 굴지의 재벌이라면 몰라도…' 나는 줄곧 그 점이 마음에 걸렸다. 하나님의 말씀에 대한 순종의 모험을 이런 상황에 적용해야 하는 것입니까? 나는 주님 앞에 또 엎드렸다.

1979년, 12년 동안의 미국 생활을 청산하고 귀국할 때는 남편이 망설였다. 그러나 이번에는 내가 망설이고 있었다. 나는 주님의 출전 명령을 회피하며 하나님의 응답에 떼를 쓰기 시작했다.

"여보, 어제는 하나님께서 설교를 통해서 대중적으로 이야기하셨잖아요. 한 번만 더 우리 귀에 떠나라고 말씀해 주시면 얼마나 좋을까요! 겁 많은 기드온도 하나님께서 자기를 부르신 것을 확인하기 위해 양털 솜이 이슬에 젖게 해 달라고 했다가 또 마르게도 해 달라고 억지를 부렸잖아요."

나는 하나님께서 듣고 계시지 않는 것처럼 아무 말이나 쏟아 내고 있었다. 하지만 하나님께서는 그 푸념도 들으셨다. 며칠 후 박종렬 집사(현재 온누리교회 부목사)를 통해 하나님께서 놀라운 대언의 말씀을 해 주셨다.

"앞으로 느헤미야서를 계속 묵상하십시오. 여러분도 느헤미야가 겪었던 것처럼 반대와 방해의 영적 전쟁들을 치르게 될 것입니다. 한동대를 통해 하나님의 귀한 인재들이 쏟아져 나와 시대적 소명을 감당할 것입니다. 그러나 이 길은 느헤미야와 같은 믿음의 선진들처럼 눈물과 기도의 무릎으로 가야 할 길입니다. 사람을 의지하지 말고 오직 주님만 의지하십시오."

나는 불길한 예감을 떨쳐 버릴 수가 없었다. 그러나 우리는 하나님의 부르심을 피할 수 없었다.

느헤미야! 유다 사람 느헤미야는 페르시아의 포로로 끌려가서 아닥사스다 왕의 술관원이 되어 편안하게 살고 있었다. 그러나 어느 날, 조국 예루살렘의 성벽이 무너지고 성문들은 모두 불에 탔다는 소식을 들은 뒤로, 그는 조국을 위해 눈물의 기도를 드렸다.

19세기 말. 세계 열강들의 세력 다툼 가운데 나라의 운명을 가늠할 수 없던 그때, 하나님께서는 수많은 선교사를 통해 우리 민족에게 복음을 선물로 주셨다. 순교를 자청했던 푸른 눈의 선교사를 통해 구원과 성령의 역사를 경험하게 하시며 36년 일제 강점기 동안 기도하게 하신 주님은 36년의 광야를 광복으로 갚아주셨다.

그러나 은혜를 등진 우리 민족은 반목하고 서로 찔러 피를 흘리며 하나님께 죄를 얻고 6·25의 비극을 만나지 않았던가. 주님께서 또다시 극심한 가난에서 우리 민족을 건져 내시고 일어서게 하셨건만, 지금은 방자함, 타락, 물질주의, 우상 숭배 등의 죄악이 넘치게 되었으니, 느헤미야 때처럼 이 시대는 하나님을 향한 믿음의 성벽이 무너진 게 아닌가! 하나님께서는 택하신 우리 민족을 포기하실 수가 없어, 이 민족의 무너진 신앙의 성벽을 재건하라 하시며 21세기 문턱에서 한동대를 세우시려는 것인가! 건축이나 설계에 전혀 경험이 없던 느헤미야를 예루살렘 성벽의 재건을 위해 택하셨던 것처럼, 하나님께서는 기독 신앙의 바탕 위에 세워지는 한동대의 총장으로 과학자인 김영길을 택하신 것일까. 그가 대학 경영에 경험이 없는 연구밖에 모르는 사람인 것을 더 잘 아시련만!

그렇다면 한동대도 앞으로 느헤미야처럼 도비야와 산발랏과 아라비아 사람, 암몬 사람, 아스돗 사람들과 같은 끈질긴 반대자들에게 부딪히게 된다는 것일까.(지금 생각해 보면 그날의 메시지는 하나님의 대언이었던 셈이다. 남편은 한동대 총장직을 맡고 나서 학교의 진행 과정에서 어려움을 만날 때마다 늘 느헤미야서를 탐독했다. 느헤미야서를 믿음의 지도로 삼고 느헤미야의 삶 속에서 하나님의 원칙과 하나님의 방향을 찾으며 믿음의 발걸음을 내딛기 시작했다.) 주 여호와께서는 자기의 비밀을 그 종 선지자들에게 보이지 아니하시고는 결코 행하심이 없으시리라(암 3:7)

02
김 느헤미야의 탄생

너는 복의 근원이 될지라

내 나이 스물일곱이 되자, 부모님의 근심은 더 이상 가벼운 것이 아니었다. 나는 위로 오빠 하나뿐인 외동딸이었다. 아버지는 자유당, 공화당, 민주당, 이렇게 정권이 세 번이나 바뀌어도 평생 군수로 정년 퇴임을 하신 공직자셨다. 그가 재임했던 고을마다 송덕비를 세우려는 칭송을 받으며, 오직 청렴 한 가지로 공직을 수행하신 분이셨다.

어머니는 경상도 양반 가문을 자랑하는 대가의 따님답게 그 삶이 반듯했으며 우리 남매에 대한 어머니의 가르침은 자애롭고도 엄격했다. 외가인 경상북도 성주군 월항면 한계 마을은 원래 보수적인 고장이기도 했지만, 할머니와 어머니의 가르침은 아녀자의 몸가짐에서부터 어른 앞에 앉고 서는 예의범절이 엄엄했다.

"자신에게는 인색하되, 이웃에게는 넉넉하고 후하게 하라."

"가난한 이웃을 위한 쌀 한 말은 아깝지 않지만, 쌀 한 톨은 귀히 여겨라."

밥그릇에 밥풀 하나라도 버리는 것을 용납하지 않으셨을 정도로 어머니의 근검절약은 무서웠다. 아무리 못쓰게 망가진 물건이라도 어머니의 손에서는 신기하게 살아났다. 그렇게 보수적인 분들이 딸자식을 서울로 유학 보내셨다. 이화여자대학이 기독교 대학이요 여자 대학이라는 사실 때문이었다.

대학을 졸업한 후 대학원을 마치고 나서 나는 미국으로 유학을 떠날 계획을 세웠다. 부모님도 공부를 더 하겠다는 내 의지를 꺾으려 하지는 않으셨지만, 유학 가기 전에 결혼해야 한다는 것이 전제 조건이었다.

내가 이대 대학원을 졸업하고 고려대 행동과학연구소 연구원으로 있던 1969년의 일이다. 김종길 교수님(고려대 영문과)이 연구실로 찾아오셨다. 경상도 양반의 보수성을 단단히 지녔으면서도 영시 강의를 멋지게 하는 그분은, 빙긋이 웃으며 사진 한 장을 책상 위에 내놓았다.

"내 친척 동생이오. 이 사람은 서울 공대 금속공학과를 졸업하고 지금 미국 뉴욕의 렌설리어 공과대학(RPI, Rensselaer Polytechnic Institute)에서 박사 학위 과정 중에 있어요."

나는 사진을 정면으로 볼 용기가 나지 않아 눈을 내리뜨고 있었다.

"그 셋째 형인 김호길 박사(당시 미국 매릴랜드 대학 교수)가 마침 소련 핵물리학회 초청으로 한국인으로서는 최초로 소련을 방문하게 된다는군요. 박 대통령이 김 박사에게 소련을 방문하기 전에 서울에 먼저 들를 것을 특별히 요청하셔서 일주일 동안 귀국하게 된답니다. 이번 기회에 동생 대신 김호길 박사를 한번 만나 보면 좋을 것 같은데요? 어차피 김 선생도 미국 유학을 앞두고 있으니, 신랑감으로 김영길 군이 어떨지 생각해 보세요."

그가 돌아간 뒤에야 책상 위 사진을 들여다보았다. 미국으로 건너가기 전 덕수궁에서 찍었다는 신랑감의 사진은 뚜렷하지 않았으나, 안경을 낀 모습이 순박해 보이긴 했다.

그해 6월, 서울에 도착한 김호길 박사는 바쁜 일정 속에도 나를 만나러 고려대 연구실로 찾아오셨다. 김종길 교수님이 함께했지만, 거북한 자리였다. 신랑이 될 사람에 대해서는 단 한마디도 묻지 못한 채 일방적으로 선을 보인 것이다.

김호길 박사가 미국으로 돌아가고 나서 얼마 후에 나는 김영길이라는 이름이 적힌 항공 우편 한 통을 받았다. 나는 조금 설레는 마음으로 봉투를 뜯었다. 얼마나 공을 들여 편지를 썼는지 글자 하나하나가 단정했다.(나중에 알았지만 그의 글씨는 워낙 악필이어서, 카이스트 제자들은 그의 흘린 글씨체를 알아보기까지 한 학기가 걸린다고 했다.)

영아(英兒) 양 보십시오. 처음 쓰는 편지라 무엇을 써야 할지 생각이 잘 떠오르지 않습니다. 먼저 제 소개를 하겠습니다. 우리 집안에 대해서는 대략 아실 줄 생각됩니다만, 저는 1967년에 도미하여 그해 9월부터 미주리 주립대학에서 금속공학으로 석사학위를 받았습니다. 올 가을 학기부터 뉴욕 주 트로이(Troy)에 있는, 1824년에 세워진 미국 최초의 공과대학인 렌설리어 공과대학에서 재료공학 분야로 계속 공부하고 있습니다. …

영아는 집에서 부르는 내 아명이었다. 며칠 뒤 두 번째 편지가 도착했다.

안녕하셨습니까? 갑작스러운 편지에 많이 놀라셨을지도 모르겠군요. … 지난번에 보낸 편지는 잘 받아 보셨는지요? … 가을 학기 등록을 마치고, 오늘 첫 강의를 받았습니다. … 요즘, 영아 양의 회신을 무척 기다리고 있습니다. 언제쯤 오려나 매일 편지함을 열어 보고는 합니다. 지난번 주소는 학교 실험실 주소였고, 앞으로는 이 주소로 회신해 주시기 바랍니다.

그리고 또다시 세 번째 편지가 도착했다. 그의 집안을 잘 알고 계셨던 부모님은 사윗감으로 적극 찬성하며 빨리 답장을 쓰라고 나를 재촉하셨다. 답장을 선뜻 쓰지 못하던 나는 조심스럽게 첫 번째 편지를 썼다. 어렸을 때부터 어머니를 따라 교회에 가는 것을 당연하게 알던 내가 단 한 가지 조건을 제시한 편지였다.

"저는 예수 믿는 사람입니다. 혹시 기독교에 대해 관심을 가져 본 적이 있으신지요? 저는 같은 신앙을 가진 분과 결혼을 하겠다는 생각을 늘 해 왔습니다."

그 편지를 띄우고 나서, 연거푸 한 주일에 한 번씩 오던 그의 편지는 한동안 끊어졌다. 한 달 가까이 소식이 없자 조금 후회스러웠다.

'첫 편지에 내 의사를 너무 강하게 표현했나? 조금 더 친해진 후에 신앙 이야기를 할 걸 그랬나? 전통 유교 가문에서 자란 그에게 갑자기 기독교를 강요했으니 부담스러웠겠지….'

한 달 정도가 지났을까. 그에게서 답장이 왔다.

주신 편지 받고 오랫동안 많은 생각을 했습니다. 저는 지금까지 신(神)에 대해 생각해 본 일이 없었습니다. 자라면서 지금까지 교회에 한 번도 가 본 적이 없습니다. 저에게 예수 믿으라고 권했던 사람도 없었습니다.

그러나 영아 양의 편지를 받은 뒤 깊이 생각해 보았습니다. 신이 정말 존재하는지 저도 앞으로 연구해 보겠습니다. 만일 우리가 앞으로 이룰 가정을 지켜 주시는 신이 있다면, 저도 믿어야 하지 않겠습니까?

과학도인 그는 하나님도 연구하면 만날 수 있다고 생각한 모양이었다. 적어도 기독교에 대한 거부 반응은 없는 것 같았다. 그날 이후 우리는 편지를 주고받기 시작했다. 그의 편지는 과학도답게 단순하고 담백했지만 행간과 글씨 속에서 그의 마음을 읽을 수 있었다. 내용과 글자 하나하나에 정성을 기울인 그의 편지는 이틀이나 사흘에 한 번, 때로는 하루에 두 통씩 한꺼번에 도착할 때도 있었다. 한 글자 한 글자를 꼼꼼하게 그려 넣듯이 쓴 글씨와, 나날이 새로운 디자인의 우표가 붙여진 편지 봉투를 보면서, 나는 그의 정성스러움에 감동하곤 했다.(지금 생각해 보면, 편지를 무척 쓰기 싫어하는 그가, 박사 과정 논문을 준비하느라 밤새워 공부하면서도 그렇게 자주 편지를 썼다는 사실이 신기하다.) 그에 대한 답례로 나도 새로 발행되는 기념 우표를 사기 위해 아침 일찍부터 서울 중앙 우체국으로 달려가기도 했다. 어느새 나는 우표를 수집하는 취미까지 생겼다.

원래 제 글씨가 명필(?)인 데다 생각이나 마음을 글로 적는 데는 서툴러서 지금 제 마음을 어떻게 표현해야 할지 모르겠습니다. 요즘 제 마음은 영아 양으로만 가득 찬 듯합니다. 보내 주신 영아 양의 사진은 제 책상 위에 꽂아 놓았습니다.
그동안 많은 이야기를 들어오며 깊이 생각했습니다. 저는 영아 양과 꼭 결혼을 하고 싶습니다. 한 번도 서로 만나 이야기를 나눈 일은 없지만, 형님들의 이야기와 보내 주신 사진을 보면 볼수록, 제 일생의 반려자라고 생각됩니다. 저에 대한 생각과 기대는 어떠하신지 퍽 궁금합니다.
어쩌면 한 번도 만난 일이 없기에 그만큼 꿈이 아름답고, 기대에 차 있으며 보고 싶은지 모르겠습니다. 제가 안고 있는 모든 꿈이 꼭 이루어지기를 기원하고 있습니다. 저의 공부가 완전히 끝날 때까지는 고생이 따르겠지만, 모든 것을 서로 이해하고 도와 가며 아름다운 앞날을 함께하고 싶습니다. 회신 고대합니다.

그해 가을, 나는 한 번도 본 일이 없는 청년에게서 그렇게 청혼을 받았다. 그리고 나는 그의 청혼을 받아들였다. 그에게서 부지런히 편지가 왔고, 국제 전화도 자주 걸려 왔다. 그때만 해도 국제 전화를 걸려면 전화국에 신청을 하고도 끝도 없이 기다려서야 겨우 연결되던 시절이었다. 때로 어머니와 숙모님은 우리의 전화를 엿들으며 무척 재미있어 하셨다.

"요즘 세상에 사진만 보고 결혼하는 사람이 어디 있냐! 이건 대단한 모험이야! 신랑 형님에게 대신 선 보이고 결혼한다니, 너 정신 있는 거니?"

친구들은 어이없어 하며 핀잔 섞인 충고를 했다. 그러나 어쩐지 내 마음은 편안했다.

겨울도 그렇게 가고 새해가 되었다. 1970년 6월 8일. 그가 귀국하는 전날 밤, 나는 좀처럼 잠을 이루지 못했다. 그 무렵 장안에 화제가 되고 있던 정비석 씨의 소설 《산유화(山有花)》가 머리를 스쳐 갔다. 신부가 면사포에 웨딩드레스까지 맞추어 놓고, 결혼식 전날 도망가는 내용의 소설이었다. 예식장 예약하고 청첩장까지 다 돌린 마당에 혹시 내일 만날 신랑이 너무 실망스러워 달아나고 싶어지면 어쩌나 생각했다.

신랑을 처음 만나는 날, 나는 어머니를 모시고 공항에 갔다. 사진으로만 본 사위를 맞이하려는 어머니도 적잖이 긴장하시는 기색이었다. 집안에 대해서는 서로 샅샅이 알고 있었지만, 어머니는 그래도 하나뿐인 사위가 어떤 인물인지 몹시 궁금해하시는 듯했다.

"어머니 저기 와요. 저 사람이에요."

"제 신랑이라고 단박에 알아보네!"

나는 그를 한눈에 알아보았다. 초여름에 겨울 양복을 입고 까만 뿔테 안경에 비쩍 마른, 덥수룩한 장발의 그는 영락없는 촌사람이었다. 결혼식을 엿새 앞두고, 박사 학위 자격 시험을 끝내자마자 귀국하느라 이발할 시간조차 없었다고 했다. 지난겨울, 약혼 기념으로 겨울 양복을 한 벌 맞추어 보냈는데, 그는 그 양복을 착실하게 입고 귀국한 것이다.(나중에 들으니 한 번도 만나 본 일이 없는 사람끼리 쉽게 알아보려면 그쪽에서 보내 준 양복을 입는 것이 좋겠다는 생각에서 입고 온 것이라 했다.) 그만큼 절대로 한눈팔 줄 모르는 고지식한 사람이었다.

신랑이라면 모름지기 허여멀겋고, 살도 투덕투덕 올라 신수가 훤한 젊은이여야 한다고 생각하던 어머니는 적잖이 실망하신 눈치였다. 비쩍 말라서 그런지 머리가 유난히 커 보이는 그는 미국 생활 4년이 넘는다는데 세련된 구석이라곤 하나도 없었다.

"어머니 마음에 드셔요?"

나는 어머니 눈치를 살피며 물었다.

“네가 마음에 든다면 내사 괜찮지 뭐….”

어머니의 시원찮은 반응이 마음에 걸렸다. 비록 촌티 나는 그였지만, 나는 벌써 그 사람을 내 마음 안에 접어 두고 있었던 것이다. 어머니는 결혼식 준비 때문에 대구로 먼저 내려가시면서 내게 당부하셨다.

“애야, 아무래도 신랑 예복은 감색으로 맞춰야겠다. 검은 색을 입으면 더 말라 보이는기라. 그리고 얼른 이발부터 해야겠다.”

조선호텔 커피숍에서 처음으로 우리는 마주 앉았다. 편지로는 그렇게 자연스러웠는데… 미국에서 전화가 걸려 오면 그렇게 반가웠는데…, 막상 단둘이 마주 앉아 있으려니 서로 바라만 볼 뿐 한동안 입을 열지 못했다.

그가 주머니에서 무언가를 꺼냈다. 갑갑한 장면이 반전되기를 기대하며 시선을 건네자니, 미국 동전 세 닢이었다. 10센트짜리 하나, 5센트짜리 하나, 그리고 25센트짜리였다.

“이것은 말이오, 구리로 만들어진 것이고, 이 동전은 니켈 합금인데….”

그는 그 일을 중대사로 들고 온 사람처럼 진지하게 설명했다.

‘누가 금속공학 전공이 아니랄까 봐 첫 상면에 겨우 미국 동전 설명이람.’

재미가 하나도 없었다.

다음날 저녁, 청운동 오빠네서 그를 초대했다. 저녁상을 물린 후, 오빠는 슬며시 일어섰다. 잠시 뒤 오빠의 투박한 경상도 사투리가 벽을 타고 들려왔다.

“어머니, 신랑이 어제보다 오늘은 훨씬 낫습니다. 걱정 마십시오. 한 사흘 한국 음식 잘 먹으면 살도 오르고 훤해질 겁니다.”

‘당사자가 듣는 줄도 모르고… 저렇게 큰소리로 말하다니….’

하기는 이발을 말쑥하게 한 그는 어제보다 훨씬 나아 보였다.

대구로 내려가서 역에 마중 나온 장모를 뵙자, 그는 웃음 띤 얼굴로 머리를 긁적이며 말했다.

"오늘은 제가 좀… 괜찮습니까?"

뜻밖의 인사에 어머니는 당황하셨으나 공항에서보다 훤해진 그의 모습과 활달한 인사가 마음에 드시는 듯, 나를 향해 곱게 눈을 흘기셨다.

"네가 벌써 고자질을 했구나? 제 신랑이라고…."

6월 15일. 대리 선을 보이고 편지와 전화만으로 마음을 주고받은 지 1년 만에, 우리는 그렇게 결혼을 했다.

어리석어도 좋으니 어질어라

남편의 고향은, 지금은 임하댐으로 수몰된 지역, 경북 안동 지례(知禮) 마을이다. 그의 12대 할아버님 표은공은 병자호란 후에 벼슬길을 단념하고 경북 8경의 하나였던 기암절벽의 도연 폭포 근처 동네에 낙향하여 학문을 닦으시며 제자를 기르셨다고 했다.

아버님은 열두 살 때부터 조부 수산공 아래서 유교의 철저한 효우(孝友) 교육을 받으신 덕으로 안동에서는 대표적 문화 인사로 추앙을 받고 계셨다. 그분은 한학을 공부하셨으나 심산유곡에 자녀들과 동네 아이들을 위해 초등학교(그 당시 간이 학교)를 세우셨고, 자신이 세우신 학교의 교장으로 평생을 근무하셨다. 그분이 학교 울타리를 무궁화나무로 심어 놓으신 바람에 지례 마을의 길산초등학교는 해방 당시 우리 나라에서 무궁화를 가진 유일한 학교였다고 전해지고 있다.

남편이 자랄 때만 해도 지례 마을은 사방 30리를 자전거도 탈 수 없어 걸어서 들어가고 걸어서 나와야 했다고 한다. 그가 기차나 자동차, 그리고 큰 신작로를 처음 본 것은 초등학교 4학년 때라고 했다. 자동차보다 비행기를 먼저 봤던 그는 앞으로 어른이 되면 멋진 비행기를 만드는 과학자가 되리라는 꿈을 키웠다고 한다.

팔남매 가운데 다섯째로 태어난 그는 위로 세분 형님과 누님, 그리고 아래로 세 누이가 있었다. 나를 선 본 자리에서 어머님은 아들을 "성품이 성자(聖者) 같은 사람이제. 누군지 복 많은 사람이 걔 색시가 될 기라고 말했지. 하지만 공부밖에 모르니 공부 아니면 할 게 없는 사람이라…" 하고 말했다.

'어리석어도 좋으니 어질어라' 시댁의 가훈이다. 숙맥불변(菽麥不辨), 콩과 보리도 구별하지 못하는, 세상 이치에 어두운 숙맥이 되기로 작정한 가문의 사람들이었다. 처세술이 능하고 영리하되 인간성이 못된 사람보다 좀 어수룩해도 어진 사람으로 살 것을 시댁 식구들은 평생의 가르침으로 받고 살았다. 집안 식구들이 모이면 자신들의 '숙맥기'를 유쾌하게 인정하며 즐거워했다. 서로의 실수들을 너그럽게 격려하는 훈훈한 인심들을 지닌 분들이었다. 유순하고 낙천적인 가족 분위기에서 자라서인지 남편은 성품이 늘 너그러웠다.

나 같은 죄인 살리신 주님

나와의 약속을 지키기 위해 결혼 후 남편은 주말마다 교회에 출석했다. 성경을 읽기 시작한 남편은 내게 시도 때도 없이 질문을 퍼부었다.

"정혼한 마리아와 요셉이 예수를 잉태했다고 하면 되지, 하필이면 성령으로 탄생했다고 하니, 이런 모순과 억지를 어떻게 믿겠소. 또 물이 포도주로 어떻게 순식간에 변한단 말이오? 물(H_2O)을 배달하는 동안 알코올(C_2H_5OH)로 화학 방정식이 바뀌고 말았으니… 핵융합 반응이 일어나도 분수가 있지. 지금까지 상온에서 핵융합 반응이 일어난 적이 없어요. 이런 기적을 인정한다면 어떻게 연구를 한단 말이오? 더구나 물고기 두 마리와 보리떡 다섯 개로 오천 명을 먹이고도 남았다니 이번에는 질적인 변화가 아니라 양적인 팽창이 일어났으니, 물이 포도주로 변한 것보다 더 기막힌 기적이군! 이것은 과학의 기본 법칙인 '질량 보존의 법칙'에 어긋나오. 성경은 처음부터 이런 논리적 모순뿐이니 우리 같은 사람은 믿기 힘드오!"

어릴 때부터 어머니를 따라서 교회(대구 대봉제일교회)에 다녔던 나는 복음에 철저하신 이성택 목사님(나중에 평안교회 원로목사, 전 한기총 회장)을 존경하며 교회 일에는 모범생처럼 항상 열심이었다. 하지만 남편의 끊임없는 질문에 대답할 성경 지식이 없던 나는 대답이 궁해질 때마다 협박하듯 말할 수밖에 없었다.

"이런 저런 과학 법칙을 가지고 그렇게 자꾸 따지면 하나님 기분이 썩 좋지 않으실걸요, 성경은 무조건 믿어야 돼요. 무조건!"

"그렇지만 납득할 수 없는 사실 외에 성경에서 받아들일 것도 많아요. 기독교의 도덕률은 어떤 타종교보다 한 차원 높은 것 같소. 나는 원수까지 사랑하라는 말은 유교에서는 들어보지 못했소. 이왕이면 도덕적으로 한 차원 높은 기독교로 아이들을 교육하는 게 좋으니 교회는 계속해서 나가겠소."

박사 학위를 마친 남편이 미국 항공우주국(NASA) 루이스 연구소에 있을 때였다. 그 즈음 우리가 출석하던 클리블랜드 한인 교회의 몇몇 교우들 사이에서는 '김영길 박사에게 믿음을 달라' 는 중보 기도가 이어졌다. 그를 위해 금식 기도를 시작한 교우들도 있었다.

그날도 여느 때처럼 내가 시장을 보는 동안 남편은 슈퍼마켓 한쪽에 있는 서가(書架)로 갔다. 그는 그곳에서 책 한 권을 들고 계산대로 왔다. 할 린지(Hal Lyndsey)의 《유성 지구의 대해방 *The Great Liberation of the Planet Earth*》이라는 책이었다. 그날 저녁 남편은 식사도 잊은 채 골똘히 그 책을 읽었다.

"저녁 준비 다 되었어요."

"지금 밥이 문제가 아니오!"

전에 볼 수 없었던 모습이었다. 나는 그의 영혼에 어떤 움직임이 일어나고 있음을 알 수 있었다. 꽤 오랜 시간이 지나갔다. 아이들을 재우고 나온 나를 옆에 앉으라고 했다.

"여보! 나는 이제야 분명히 알게 되었소. 하나님께서 어떤 분이신지, 왜 그분이 사람이 되기 위해 성령으로 탄생해야 했는지, 2천 년 전에 돌아가신 예수님이 나와 어떤 상관이 있는지 이제야 알았소. 예수님은 살아 계신 하나님이오! 그분이 죄인인 나를 대신해 죽기 위해 이 땅에 오신 것이오! 예수님은 내 죄에 대한 보석금을 지불하기 위해 십자가에서 죽으셨소. 물이 포도주로 변화된 것은 비과학적이라기보다 초과학적 사건이기 때문에 과학으로 증명할 대상이 아니고 믿음으로 받아들여야 하오. 또한 성경의 기적 사건들이 과학 법칙을 초월한 것 같이 구원의 은혜는 인간의 도덕률을 초월하고 있소."

그 말을 들으며, 어릴 적부터 들어왔던 조각 조각난 성경 지식이 퍼즐 맞춰지듯 확 연결되고 있었다. 나는 남편에게 말했다.

"예수님이 내 죄를 위해 돌아가셨다니! 지금까지 나는 이렇게 중요한 사실을 잘 모르고 있었어요. 나는 이제까지 교회를 수십 년 다녔어도 이런 이야기는 처음 들어 봅니다. 오늘 당신의 성경 공부가 최고예요!"

그토록 오랫동안 교회 생활을 했건만 '진리'에 무지했던 나, 종교적인 습관만 몸에 밴 허울뿐인 교인이었던 나는 그날 밤 비로소 거듭났던 것이다. 나중 된 자로서 먼저 되고 먼저 된 자로서 나중 되리라(마 20:16)는 말씀은 우리 부부를 두고 한 말씀이었다. 처음으로 우리는 무릎을 꿇고 함께 기도했다.

"주님, 어찌하여 오늘 저녁 이 진리를 우리 부부에게 동시에 깨닫게 해 주십니까! 저희들의 삶과 가정을 하나님께 드립니다. 당신의 뜻대로 사용하소서."

나는 감사하고 있었다. 좋은 환경과 자애로우신 부모님 밑에서 순조롭게 성장하고 행복한 결혼을 한 것을, 미국에서 남편이 학위를 마치고 꿈꾸던 연구소에서 일하게 된 것을, 그리고 건강하고 귀여운 남매의 어머니가 된 것을, 이 모든 것을 감사하고 있었다. 하지만 우리 인생사가 존재할 수 있었던 근본에 대해서는 눈뜨지 못하고 있었다. 영혼의 장님이 눈을 뜨게 된 순간, 진실로 하나님의 자녀가 되었다는 감사의 눈물이 계속해서 흘러내렸다. 그것은 기쁨의 샘물이었다. 영접하는 자 곧 그 이름을 믿는 자들에게는 하나님의 자녀가 되는 권세를 주셨으니(요 1:12)

거실에서 창밖을 바라보니 밤하늘이 신비할 만큼 새롭게 보였다. 밤하늘도, 저 별들도 이전에 보던 별이 아니었다. 가만 가만 숲을 흔드는 바람의 속삭임도 새로웠다. 숲 건너 반짝이는 등불들도 더없이 따뜻했다. 온 천지가 새로웠다. 사물을 바라보는 눈이 달라진 것이다.

술을 버리고 생수를 마시다

남편은 애주가였다. 대학 시절 그를 아는 사람들은 그를 대단한 주량의 애주가로 기억하고 있다. 시댁의 광에는 매달 제사를 지내기 위해 늘 향긋한 술이 준비되어 있었다. 어릴 때부터 이 술 맛을 익혀 온 남편은 술 예절을 어른들께 배웠다며 은근히 자랑하기도 했다.

이런 일도 있었다. 뉴욕에서 유학하던 시절, 워싱턴 형님 댁에 다녀오면서 조니워커를 한 박스 샀다. 워싱턴이 뉴욕보다 술값이 싸기 때문이었다. 한참 고속도로를 달리던 남편은 차를 세우고 트렁크에 실려 있는 술병들에게 말했다. "얘들아, 깨지지 말고 집에까지 잘 가자."

우리 집에는 칵테일 만드는 각종 책자들, 계량 기구들이 있었다. 거실 한쪽에는 술을 진열해 두는 미니 홈 바까지 갖춰 놓았다. 식사할 때 그는 가끔 향기 나는 달콤한 칵테일을 나에게 권했다. 나도 그 맛을 즐길 때가 있었다. 그러나 예수님을 영접한 뒤 그 많은 술병들과 그의 술 취미가 마음에 걸렸다.

"주님, 이 사람 술 좀 끊게 해 주세요" 라고 내가 기도하자 그는 반발했다.

"나는 '아멘' 하지 않았소. 왜 그런 걸 하나님께 고자질하지? 나는 술을 좋아하지만 술주정을 하거나 실수한 적이 없지 않소? 성경 어디에 술 먹지 말라고 했소? 바울도 디모데에게 술을 권하지 않았소? 다시는 하나님께 이르지 마시오."

할 수 없이 나는 남편 몰래 하나님께 일러바쳤다. 어느 날 교회 친구가 술 취하지 말라 이는 방탕한 것이니 오직 성령의 충만을 받으라(엡 5:18)는 한경직 목사님의 설교 테이프를 갖다 주었다.

"우리 그리스도인은 모두 경주하는 사람입니다. 무거운 옷을 걸치고 높은 구두 신고 달리는 사람 있습니까? 팬티만 입고 맨발로 가벼운 차림으로 달립니다. 예수 믿는 사람이 세상에서 즐기던 유익하지 못한 취미를 가지고 신앙 생활을 하는 것은 마치 두꺼운 옷을 걸치고 양다리에 모래주머니를 매달고 달리는 것과 같습니다."

나는 무릎을 쳤다. 그리고 그날 저녁 슬그머니 이 테이프를 틀었다. 설교를 듣던 남편의 표정이 점점 심각해졌다. 잠시 생각하던 그가 벌떡 일어나 홈 바로 갔다. 나는 그가 무엇을 하려는지 금방 알아차렸다.

"여보, 마시던 것들만 버리고 새것은 그냥 두세요. 다른 집에 초대받아 갈 때 갖다 주게요."

아까운 맘이 들었던 것이다.

"내가 꺼리는 걸 어떻게 다른 사람에게 주겠소?"

그는 그 많은 술병을 차례 차례로 싱크대에 거꾸로 꽂았다. 콸콸콸 술이 쏟아져 내렸다. 우리에게 생수의 강이 터지고 있었다. 고이 모시던 술병을 다 버린 후의 기쁨은 말로 표현할 수 없었다. 그 다음부터 남편은 술을 입에 대지 않았다. 사람의 의지나 힘이 아니었다. 하나님께서 그의 취미와 입맛을 바꾸어 놓은 것이다. 귀국 후, 남편의 옛 술친구들이 변해 버린 그를 보자 몹시 실망했다.

"미국 가서 예수 믿고 오더니 사람이 맛이 갔어. 예수 때문에 영 재미없는 사람이 되었군."

나는 남편에게 말한다.

"당신은 예수 믿고 수지맞은 사람이에요. 옛날처럼 술을 계속 마셨다면 아마 지금쯤 코끝이 빨개졌을걸요."

귀국의 소원

나사에서 연구 생활을 하던 남편은 세계 최대의 니켈 회사인 인코(INCO) 중앙연구소로 자리를 옮겼다. 우리가 살던 동네는 뉴욕 북쪽, 숲과 호수가 한눈에 보이는 아름다운 동네였지만, 한국 사람을 거의 볼 수 없는 매우 적적한 곳이었다. 그래서인지 나는 점점 영구 귀국 하고 싶다는 마음이 들기 시작했다. 연로하신 시부모님과 친정 아버님께 예수님을 전해야 한다는 것이 귀국하고 싶은 가장 큰 이유이기도 했다. 너희 안에서 행하시는 이는 하나님이시니 자기의 기쁘신 뜻을 위하여 너희로 소원을 두고 행하게 하시나니(빌 2:13) 내 생각을 남편에게 말했다.

"나는 미국에서 연구 경험을 좀 더 쌓은 다음 귀국할 생각이오. 하나님의 뜻이 어떠신지 당신이 기도해 보시오."

그는 오히려 내게 숙제를 주었다. 나도 미국에서의 편한 생활과 아이들의 교육 문제가 마음에 걸렸다. 남들이 부러워하는 직장을 포기하기도 쉽지 않았다. 그때 카터 대통령이 '주한 미군 철수 계획'을 발표하면서 한반도에 전쟁 소문이 무성했고 우리들은 잠시 귀국을 망설였다. 우리가 머뭇거리자 친정 어머니께서 편지를 보내셨다.

"패망한 월남을 보고 있지 않느냐? 나라가 어려운 때일수록 너희 같은 젊은이들이 귀국하여 나라에 힘이 되어야 하지 않겠느냐."

마침내 남편은 인코 연구소에 사직 의사를 밝혔다. 같은 연구실의 상관인 하워드 메릭(Howard Merrik) 박사는 극구 만류했다.

"당신이 너무 오랫동안 한국을 떠나 있어서 향수병에 걸린 것 같소. 한 달 동안 귀국 휴가를 다녀오든지, 6개월 동안 휴직하고 한국에 다녀오면 어떻겠소?"

버클리 대학에 있던 시숙도 우리의 결정을 말렸다. 하지만 우리는 더 이상 망설이거나, 미국과 한국의 어떤 조건도 비교하지 않기로 했다. 1979년, 남편은 유치 과학자로 영구 귀국, 한국과학원(카이스트의 전신) 재료공학과 교수로 부임했다.

한국으로 돌아오는 비행기 안에서 느끼는 감회는 새로웠다. 12년 전 해외여행 지정액 150달러를 가지고 떠난 유학길. 우리와 함께하신 하나님의 축복을 헤아려 보았다. 박사 학위도 받고 나사와 인코에서 7년여 동안 연구 경험을 쌓고, 아들과 딸(당시 호민 9세, 종민 7세)을 거느리고 돌아오게 되었다. 전액 장학금으로 공부할 수 있었던 유학 생활, 지도 교수 노먼 스톨로프(Norman Stoloff) 박사와 훌륭한 동료 과학자들, 그리고 미국 정부에도 감사했다.

하지만 하나님께 제일 먼저 감사드렸다. 새로운 인생관과 가치관, 변화된 삶의 목적을 가지고 우리는 조국으로 돌아온 것이었다. 누구든지 그리스도 안에 있으면 새로운 피조물이라 이전 것은 지나갔으니 보라 새것이 되었도다(고후 5:17)

홍릉 과학 단지의 새로운 만남들

새로운 만남이 홍릉 과학 단지에서 우리를 기다리고 있었다. 당시 홍릉 과학 단지의 크리스천 비율이 전국에서 제일 높았던 것은 흥미로운 현상이었다. 상당수의 유치 과학자들이 유학 시절 크리스천이 되어 귀국했던 것이다.(그때의 만남들이 한국 창조과학회의 태동을 예비하고 있었다.)

우리 아래 집에는 민성기 박사(당시 국방과학연구소)네가 살고 있었다. 어느 날 한국말이 서툰 딸 종민(현재 뉴욕 KPMG 경제 자문)이가 아직 볼에 젖살이 통통한 네 살짜리 꼬마를 집으로 데리고 왔다.

"마미! 얘가 한국말 참 잘해."

그 꼬마는 민 박사의 딸 아린(현재 인디애나 대학, 기악 전공)이었다. 그날부터 두 여자 아이는 아래집과 윗집을 분주히 오가며 친하게 지냈다. 아린 엄마 이찬해 교수(연세대 작곡과)와 나도 아이들처럼 친해졌다. 나는 그녀에게 조심스레 물었다.

"아린 엄마는 예수님을 구주로 영접하셨나요? 거듭난 크리스천인가요?"

"미국 유학 시절부터 교회를 다녔지만… 지금까지 이런 문제를 심각하게 생각한 적이 없어요."

그해 겨울 방학 우리 두 사람은 만나기만 하면 예수님 이야기로 시간을 보냈다. 그런 우리에게 민 박사가 말했다.

"위층에 종민이네가 이사 온 후부터 우리 집사람이 좀 이상해졌어요."

어느 날, 아린 엄마가 진이 엄마 이경숙 교수(현재 숙명여대 총장)를 전도하자고 했다. 그 다음부터 우리 세 집은 같은 교회(새서울교회, 조병호 목사)에 다니며, 주일마다 깊은 교제를 나누었다. 이후 이찬해 교수와 이경숙 교수 그리고 나, 우리들 셋은 예수 그리스도 안에서 의자매가 되기로 언약을 맺었다. 복음이 맺은 귀한 만남이었다.

귀국한 지 며칠 지나지 않았는데 몇몇 분이 나를 찾아와 연구 단지 안에 사는 아이들을 위한 비영리 유치원의 책임을 맡아 달라고 부탁했다. 처음에는 망설였지만 유치원 학부모들에게 복음을 전할 수 있으리라는 생각에 그 일을 맡기로 했다. 유치원에서 무척 똘똘한 채린(현재 서울 아산병원 비뇨기과 의사)이 엄마가 누군지 궁금해하던 어느 날, 그 꼬마의 엄마 김해리 교수(서울대 식품영양학과, 창조과학회 2대 회장 송만석 박사의 아내)를 만날 수 있는 기회가 찾아왔다.

"《신앙계》(1979년 10월호)에 실린 김영길 박사님과 최완기 《신앙계》 편집국장(현재 미국 센트루이스 순복음교회 담임 목사)과의 인터뷰 내용을 읽다가 유치원의 김 선생님이 김 박사님의 사모님 같아서 전화를 드립니다."

키가 크고 눈이 서글서글한 김해리 교수와 나는 그날 저녁 식사도 잊은 채, 텅 빈 유치원에서 신앙 이야기에 푹 빠져 있었다. 그날 늦게 집에 들어갔을 때 집을 지척에 두고도 가족을 까맣게 잊은 나에게 남편은 처음으로 무척 화를 냈다. 집에서는 오후부터 행방불명이 된 나를 찾느라고 친척집과 파출소까지 연락을 해 두고 온 식구가 초조히 기다리고 있었던 것이다.

무식하면 용감하다

1980년 민족 복음화 행사 중에 창조과학 세미나를 계획하고 있던 한국대학생선교회(CCC)에서는 한국 측 창조론 강사를 찾느라 고심하고 있었다. 세 분의 생물학자 장로님들을 찾아가 부탁했으나 한결같이 진화론을 반박하는 강사로 나서기가 난감하다고 사양했기 때문이었다. 당시 고려대 화학과 대학원생이었던 CCC의 심영기 간사(현재 인제대 교수)는 《조선일보》의 칼럼을 읽고 즉시 최영상 박사(고려대 화학과 교수, 숙대 이경숙 총장 남편)를 찾아왔다. 그러나 최 박사는 과학원의 김영길 박사를 찾아가 보라고 했다.

"저는 그 주제의 적합한 전공자가 아닙니다"라고 남편도 거절했지만, 그는 물러서지 않고 강청했다. "무식하면 용감하다"는 말을 즐겨하던 남편이 말했다.

"아무도 나서지 않으려 한다면, 저라도 하나님의 명령인 줄 알고 순종하겠습니다."

졸지에 엄청난 숙제를 받은 남편은 CCC에서 준 한 아름의 미국 창조과학회(ICR) 서적들을 열심히 읽어 나갔다. 남편은 내 이마를 만져 보며 말했다.

"당신 이마는 각도의 경사가 직각에 가까우니, 당신 조상이 원숭이는 아닌 게 틀림없군."

진화론에 의하면 원숭이에 가까울수록 이마의 기울기가 심하고, 사람의 이마는 수직에 가깝다고 했다. 그는 세미나를 준비하면서 창조론을 더욱 확신했다.

"창조론은 믿음의 차원에서만 받아들이는 비과학적인 가설이 아니라, 과학적인 타당성을 갖춘 이론이오. 가설에 지나지 않는 진화론을 믿으려면 창조론을 믿는 믿음보다 더 큰 믿음이 필요하군."

1980년 8월, 사흘에 걸쳐 "창조냐, 진화냐" 세미나가 열렸다. 남편의 준비 과정을 지켜보던 내 마음도 설레었다. 무더운 날씨였지만 정동 CCC 회관을 찾는 사람들이 줄을 이었다. 사흘 동안 4천 명이 넘는 인파가 참석했다. 생명의 기원에 대한 사람들의 관심과 열기가 대단했다. 지금까지 교회에서만 가르치던 창조론을, 교회 밖에서 과학적으로 고찰한 우리 나라 최초의 세미나였던 탓이다. 진화론이 인류 기원에 대한 가설에 불과한 것을 밝히고, 창조론에 대한 과학적 지식을 복음으로 연결한 사흘 동안의 세미나는 교계와 학계에 커다란 파문과 도전을 던지며 성황리에 끝났다.

그로부터 5개월 뒤인 1981년 1월, 전경련 회관에서 300여 명의 크리스천 과학자들이 한국 창조과학회를 창립했고, 남편은 창조과학회 초대 회장으로 선출되었다. 전국 교회와 대학에서 과학자의 입을 통해 창조주 하나님을 증거해 달라는 요청이 끊이지 않았다.(현재 교육인적자원부 사단 법인으로 정식 등록된 한국 창조과학회 회원은 약 2천여 명에 이른다.) 한국 창조과학회는 인간의 존엄성에 대한 가치관을 새롭게 정립했으며, 복음 증거의 강력한 도구가 되었다. 김준곤 목사님(CCC 총재)은 "한국 교회사에 획을 그은 세 가지 사건을 든다면, 1885년 아펜젤러와 언더우드 선교사를 통해 복음이 우리 나라에 들어온 것, 성경이 한국말로 번역된 것, 그리고 진화론의 허구에 도전하는 한국 창조과학회의 탄생일 것"이라고 평가했다.

나는 외치는 소리오

남편이 창조과학회 활동을 시작하자 학문적인 공방이 끊이지 않았다. 한 일간지에는 과학의 총 본산지인 홍릉 과학 단지에서 지금까지 정설로 되어 있는 진화론을 유치 과학자로 갓 귀국한 비전공자 김영길 박사가 부정하고 있다는 비판적인 언론 기사가 실렸다. 나는 걱정이 되어서 조심스럽게 말했다.

"당신을 사이비 과학자라고 공격하지 않도록 한국에서 연구 업적이 나올 때까지 당분간 좀 자제해야 할 것 같은데요."

"하나님께서 주신 기회인데, 내가 외치지 않으면 하나님께서는 저 돌들에게 명해서라도 창조주를 고백하게 하실 거요."

그 무렵 뜻밖에도 미국 나사에서 발명상(NASA TECH BRIEF AWARD, 1981년)을 받게 되었다는 소식이 전해졌다. 나사와 인코 합동 연구 프로젝트인 초내열 합금이 실용화된 공로였다. 나사 재직시에 이어 두 번째로 받는 상이었다. 곧

이어 미국 산업발명연구상(IR 100 Industrial Research AWARD)도 수상했다. 참으로 절묘한 시점이었다. 김영길이라는 과학자가 과학과 종교를 혼동하는 실력 없는 사람이라는 소리를 듣지 않도록 하나님께서 주신 상급이요 방패였다.

그로부터 2년 후인 1983년, 남편은 풍산금속과 공동으로 반도체 신소재 리드프레임(PMC-102)을 개발하는 데 성공했다. 리드프레임은 기존의 세계 반도체 시장을 점령하던 미국의 올린(Olin)사 제품보다 열전도나 성능 면에서 월등하다고 했다. 또 리드프레임은 1987년 독일의 스톨버거(Storbergur)사와 기술 이전 계약을 체결하게 되었고, 건국 이래 우리 나라 최초의 '선진국 기술 수출 1호'라는 신기록을 남겼다. 1986년 미국의 모토롤라, 텍사스 인스트루먼트 등에서도 반도체 구리합금 신소재를 사 갔다. 수많은 우여곡절 끝에 한국의 반도체 소재가 미국 시장을 개척하게 된 것이다. 이 연구로 남편은 국민훈장 동백장과 세종문화상을 연이어 수상했다. 과학자로서 분에 넘치는 상복이었다.

국내 신문들은 "황금 알을 낳는 거위"라고 그를 소개했다. 한국에서 개발된 반도체 소재가 세계 시장에서도 인정받게 되었다는 이야기는 KBS 라디오의 산업다큐멘터리로 제작, 방송될 정도로 사회의 주목을 끌었다. 1987년 과학기자클럽이 주는 '올해의 과학자 상'도 받게 되었다. 이로 인해 창조론에 비판적이던 기자들도 우호적인 친구로 변했고, 그의 연구 활동을 꾸준히 취재해 주었다.

"내가 잘나서 상을 타는 것이 아니오. 하나님께서 창조과학 사역을 담대하게 하라고 내 어깨에 훈장을 하나씩 달아 주시는 것이오."

남편의 말처럼 하나님께서는 그에게 미국에서보다 연구 여건이 부족한 한국에서 오히려 더 많은 지혜와 축복을 주셨다. 남편은 "창조론을 믿을수록 과학자는 더 열심히 연구해야 합니다. 과학자란 하나님께서 창조하신 무궁무진한 피조세계를 하나씩 발견하고, 탐구하는 사람들입니다"라며 강조하는 것을 늘 잊지 않았다.

그 무렵 남편은 주중에는 연구에 몰두하고 주일이면 창조과학 세미나로 쉴 틈이 없었다. 하지만 하나님께서는 복음을 위해 주께 드린 시간을 연구의 축복으로 되돌려주셨다. 네가 자기 사업에 근실한 사람을 보았느냐 이러한 사람은 왕 앞에 설 것이요 천한 자 앞에 서지 아니하리라(잠 22:29)

KBS 〈11시에 만납시다〉 프로그램에 남편이 출연했을 때였다. 녹화를 끝내고 남편은 곧바로 캐나다로 출장을 떠났다. 방영되는 그 시간, 텔레비전 앞에서 나와 아이들은 방석을 끌어안고 있었다. 남편이 혹시 실수라도 하면 방석으로 얼굴을 가릴 작정이었다. 아니나 다를까, 미국 시장을 개척할 때의 에피소드를 나누던 그는 대담자 김동건 아나운서보다 더 크게 어깨까지 흔들며 웃었다. 우리들은 그만 방석으로 얼굴을 가리고 말았다. 출장에서 돌아온 남편에게 나는 말했다.

"당신 카메라를 의식하지 않고 자연스럽게 잘 웃으시던데요!"

"카메라를 의식하면 안 되지! 담당 PD가 카메라를 절대로 의식하지 말라고 내게 미리 말해 줬어!"

정색하는 그를 보며 나는 웃음을 참을 수가 없었다. 그렇게 말했다고 해서 카메라를 전혀 의식하지 않는 남편이 신기하게 보였던 것이다. 그 다음에도 남편은 텔레비전에 수없이 출연했지만 절대로 카메라를 의식하지 않았다.

창조과학회가 생긴 이후로 쏟아지는 세미나 요청에 남편은 원하는 곳이라면 산골 어디라도 달려갔다. 한 주일에 집회가 두세 차례 잡혀도 남편은 그런 일정을 마다하는 법이 없었다. 어느 날 집회를 마치고 돌아오는 차 안에서 김정욱 박사(현재 서울대 환경대학원 교수)가 남편에게 물었다.

"나는 창조과학 강의를 하루에 똑같은 내용으로 두 번씩 하면 재미가 없어요. 그런데 김 박사님은 전혀 그렇지 않아 보입니다."

"저는 매번 똑같은 내용으로 전해도 제 자신이 은혜를 제일 많이 받습니다. 제 이야기라면 몰라도 하나님의 창조를 선포하기 때문에 전혀 지루하지 않아요. 마이크가 아무리 똑같은 소리를 전해도 지루하다고 말하지 않는 것과 같지요."

남편은 자신의 사명을 세례 요한처럼 외치는 '소리'라고 했다. 어느 날, 강연을 하고 온 그에게 물었다.

"오늘 사람들이 많이 모였어요?"

"그건 왜 묻소? 마이크가 소리만 전달하면 되지, 사람이 몇 명 왔는지 세는 것 봤소? 소리는 모양도 없고 형체도 없고 사명만 다하고 사라지는 것이라오. 나는 창조주 하나님을 증거하는 소리오! 혹 내가 하나님의 영광을 도적질할까 봐 늘 두렵소. 강의한 후엔 더욱 조심해야 한다오. 자칫하면 내가 하나님의 영광을 가로챌 수 있거든. 내 속에 은근히 사람들한테 칭찬을 받으려는 욕심이 있기 때문이지."

증거자의 자세

바리새인과 제사장들과 레위인들은
세례 요한에게 물었다
"네가 누구냐?"
그들의 저의는 요한이 무슨 권위로
세례를 주는지
요한의 교권적 신분을 알고자 함이었다
하나님 일 한다고 하면서
형식과 권위에만 관심이 많은 자들
영혼을 생명의 길로 인도하는 자들이
자기들의 인기만 염려하는 불순한 자들

그러나 세례 요한은
자신을 숨기지 않았다네
'나는 그리스도가 아니라

나는 광야에서 외치는 소리라'
단호히 자신을 부인했다네

그는 사람들이 혹 자신을
그리스도로 오해할까 봐
자기에게 관심을 가질까 봐
자신이 높임을 받을까 봐
자기가 존경을 가로챌까 봐
그래서 주님의 영광을 도적질할까 봐
참으로 그는 못 견뎌 했다네

나는 그의 깨끗한 인격을 흠모하네
내 허약함과 허물을 감추려 함으로
나는 얼마나 속박받고 있었는가
언제나 칭찬 듣기 즐겨함으로
인정받고 싶은 나의 숨은 욕심 때문에
하나님께 인정받지 못하는 내 모습

오! 주님 또 한 번 참회합니다
용서하소서!
불쌍히 여기소서

이 시는 1984년 남편이 UCLA 교환 교수로 있던 1년 동안 김동명 목사님(로스앤젤레스 침례교회)에게서 요한복음 제자 훈련을 받으면서 내가 쓴 시다. 그때 우리는 예수님의 심정에 대해 잊혀지지 않는 많은 교훈을 배웠다.

내 자식이듯 내 동생이듯

결혼하기 전만 해도 내 꿈은 모교인 이화여대에서 학생들을 가르치는 것이었다. 하지만 예수님을 알고 난 뒤 나는 공부에 대한 우선순위를 내려놓았다. 그런 내게 하나님께서는 공부할 수 있는 기회를 다시 주셨다. 아이들이 초등학교와 유치원에 다니던 어느 날, 남편은 집에서 한 시간 거리에 있는 뉴욕 주립 대학(SUNY, 뉴 폴즈 캠퍼스)으로 내 손을 끌고 갔다. 남편의 손에 이끌려 입학하게 된 특수교육학과 대학원에서 학문을 다시 접할 수 있었지만, 나는 박사 학위를 끝내지 못하고 귀국했다.

귀국한 지 1년이 지났을 때, 스승인 추국희 교수님(이화여대 특수교육학과)이 봄 학기부터 이화여대에서 강의를 맡으라고 하셨다. 무척 기쁘기도 했지만, 한편 내가 맡은 첫 번째 과목인 '특수 교육 교재 개발'을 잘 가르칠 수 있을지 걱정이 앞섰다. 장애 아동 개인의 특성에 맞는, 교사가 만들어야 할 교재의 이론과 실재를 가르치는 과목이었는데, 미국은 상업용 교재가 풍부하지만 우리의 특수 교육 현장은 교재가 형편없이 부족했기 때문이었다. 추 교수님은 망설이는 나를 나무라셨다.

"시간이 충분히 있으니 지금부터 준비하면 되지, 다른 사람은 이런 기회를 얻지 못해 애쓰는데 너는 여전히 소극적이구나!"

나는 기도했다.

"하나님, 복음 전하는 도구로 저를 부르신다면, 필요한 서적을 구해 주세요."

한 달이 거의 다 지나갔지만 여전히 나는 자신이 없었다. 하루는 문서 선교에 열심인 미국인 친구 웨슬리 웬트 워스 씨가 우리 집에 다니러 왔다. 나는 혹시나 하는 마음으로 그에게 부탁했다. 그랬더니 그는 용산(미8군) 서울국제학교(Seoul American School)에서 특수 교사로 있는 친구를 소개해 주었다.

웨슬리의 친구는 풍부한 시청각 자료들과 함께 열한 권의 책을 내 앞으로 가지고 왔다. 그리고 친절하게 말했다.

"책은 필요한 사람의 것이니, 필요하면 모두 가져다 보세요."

학교 측에 내 최종 의사를 밝히기 전날, 신실하신 하나님께서는 정확하게 내 기도에 응답해 주신 셈이었다. 나는 강의를 준비하면서 주님이 나와 함께하신다는 설렘으로 그해 겨울을 보냈다. 하지만 개강일이 다가오자 나는 또다시 하나님의 확인을 받고 싶었다.

"주님, 내일 학교에서 하나님의 사람을 두 사람 만나게 하신다면, 이 시작을 주님께서 기뻐하시는 증거로 삼겠습니다."

이튿날. 신입생처럼 긴장된 마음으로 집을 나서는데, 남편이 말했다.

"마침 잘됐소. 당신 학교 가는 길에 '이대 학보사'에서 부탁한 내 원고를 직접 전해 줘요."

학교에 도착한 나는 학과 사무실에서 학보사로 전화를 했다. 내 통화 내용을 듣고 있던 대학원생 조교 강순구 양이 말했다.

"선생님의 사부님이 과학원의 김영길 박사님이신가요?"

"그래요."

"할렐루야! 선생님, 장혜성 언니와 저는 예수님을 믿는 교수님을 우리 학과에 보내 달라고 오랫동안 기도해 왔어요. 하나님께서 저희 기도를 들어주셨어요!"

이보다 더 확실한 하나님의 응답이 있으랴!

"주님, 학생들을 열심히 가르치며, 종강 시간에는 꼭 복음을 전하겠습니다."

그해부터 14년 동안, 한 번도 결강이나 지각하지 않도록 하나님께서는 내 건강과 환경을 지켜 주셨다. 여러모로 부족한 내가 학생들에게 한 가지 확실히 가르칠 수 있는 것은 '책임감과 성실함'이었다. 자기 일에 책임지는 사람, 성실과 열심으로 사는 삶은 어떤 실력보다 중요하다고 나는 생각했다. 때로 수업 시간이 채 되지 않아 강의실로 들어가면 학생들이 불평하기도 했다.

"선생님, 시간이 안 됐는데요?"

"미안해요. 아직 1분 남았군요. 하지만 나 한 사람이 1분 늦게 들어오면, 여러분 70명의 시간을 70분 낭비하게 됩니다."

드디어 종강 시간. 나는 마치 마지막 이 한 시간을 위해 한 학기가 존재하는 것처럼, 학생들을 향해 말문을 열었다. 시험 준비로 여념이 없던 학생들도 내 진지한 이야기에 고개를 들고 차츰 귀를 기울이기 시작했다.

"여러분, 한 학기 동안 배운 학문과 지식으로는 사람이 변화되지 않습니다. 전쟁터에서 싸우는 것은 무기가 아니고 사람입니다. 어떤 훌륭한 교재나 지식보다 교사의 역할이 중요합니다. 여러분은 하나님의 눈을 의식하며 더욱 성실하게 가르쳐야 합니다. 교사가 무능해서 잘못 가르쳐도 아무도 교사에게 책임을 돌리지 않고, 그 아동의 장애 탓으로 돌립니다. 그러나 하나님께서는 다 알고 계십니다.

특수교육은 하나님의 축복이 약속된 학문입니다. 장애 아동을 가르치다 보면 좌절할 때가 많을지라도, 여러분은 이생과 내세에 약속이 있는 학문을 전공하고 있는 것입니다. 성경에 잔치를 배설하거든 차라리 가난한 자들과 병신들과 저는 자들과 소경들을 청하라 그리하면 저희가 갚을 것이 없는고로 네게 복이 되리니 이는 의인들의 부활시에 네가 갚음을 받겠음이니라(눅 14:13-14) 하고 예수님께서 말씀하셨습니다. 인간의 사랑에는 한계가 있습니다. 사랑을 받은 사람만이 누군가를 사랑할 수 있습니다. 사람의 사랑, 이성의 사랑은 상황에 따라 변할 수 있습니다. 그러나 하나님의 사랑은 영원히 변치 않습니다.

하나님께서 우리를 사랑하셔서 독생자를 보내셨고 우리를 위해 십자가에서 죽으셨습니다. 이 사실을 믿기만 하면 누구나 영생을 얻는다고 성경은 말합니다. 나를 향한 하나님의 사랑이 어떠한지 알게 되면, 우리의 생은 놀랍게 변합니다. 그 하나님의 사랑을 쑥스러워하지 말고 어린아이처럼 받아들이십시오."

그러고 나서 내가 애송하는 시를 학생들에게 읽어 주었다.

사랑하는 친구야

잘 있었니? 내가 널 얼마나 사랑하는지, 내가 널 얼마나 아끼는지 말하고 싶어 이 글을 쓴단다. 어제 나는 네가 친구들과 함께 이야기하고 있는 것을 보았어. 나도 너와 이야기하고 싶어서 하루 종일 널 기다렸단다. 저녁 때 나는 네가 하루를 잘 마무리할 수 있도록 아름다운 황혼을 너에게 선물했지. 네가 좀 쉴 수 있도록 시원한 산들바람과 함께…. 그런데 넌 내게 오지 않더구나. 정말이지, 그 사실이 내 마음을 아프게 했어. 난 네가 잠드는 것을 바라보며, 네 이마를 가만히 만지고 싶어서 네 얼굴과 베개 위로 달빛을 쏟아 부었지. 그리고 다시 너를 기다렸어. 네가 깨면 서로 이야기할 수 있기를 바라면서.

난 너를 위해 선물도 많이 준비했단다. 하지만 넌 오늘도 늦게 일어나, 바삐 나가더구나. 내 생각은 조금도 하지 않고…. 그래도 난 널 사랑해. 내 눈물이 빗물에 섞여 내리고 있단다. 그런데 너는 오늘 무척 슬퍼 보이는구나. 그것이 또 날 아프게 하는구나. 나도 그런 네 마음을 알거든. 내 친구들도 여러 번 날 실망시키고 아프게 했기에…. 하지만 난 널 변함없이 사랑해. 만약 네가 "내가 널 사랑해!"라는 내 말에 조금이라도 귀 기울인다면!

파란 하늘에서도, 잔잔한 푸른 초장에서도 네게 말했어. 나뭇잎들과 아름다운 꽃들을 통해서도 난 너에게 속삭였어. 산속에 흐르는 시냇물을 통해서도 내 사랑을 너에게 전했었지. 새들에게도 너에 대한 내 사랑을 노래하게 했어. 난 너를 따뜻한 햇살로 옷 입히고, 자연 속의 꽃 내음으로 네 주위를 향기롭게 했단다. 너를 향한 내 사랑은 대양보다 깊고, 네가 가진 어떤 간절한 소원보다도 더 크단다. 내가 얼마나 너와 이야기하고 싶은지, 너와 동행하고 싶은지, 네가 알 수만 있다면… 우리는 천국에서 영원히 함께 살 수 있을 텐데….

하지만 그것이 이 세상에서는 너무 어려운 일이란 것을 … 나도 잘 알고 있어. 난 너를 도와주고 싶어. 나의 아버지에 대한 것도 너에게 알려 주고 싶고…. 내 아버지 역시, 널 돕고 싶어 하신단다. 친구야, 언제든지 날 불러 줘, 그리고 내게 말해 주렴. 제발 좀 나와 이야기해 보자. 날 잊지 말아 줘. 난 너에게 전해 줄 것이 너무 많은데…. 그래, 이제 더 이상 너를 귀찮게 하지 않을게. 나를 선택하든 거절하든 그건 네 자유니까. 그렇지만 나는 널 여전히 기다릴 거야. 왜냐하면 나는 너를 너무 사랑하니까.

너의 친구 예수로부터(작자 미상)

내 이야기를 듣던 한 학생이 눈물을 흘렸다. 순간 나도 모르게 목이 메었다. 나는 그 학생을 보지 않으려고 한쪽으로 고개를 돌린 채, 그날 종강 수업을 마쳤다. 며칠 지나서 집으로 편지 한 통이 왔다.

"그날 교수님의 말씀을 들으며, 잠자던 제 신앙이 다시 깨어났습니다."

강의 시간에 흐느끼던 그 학생이었다. 그 학생은 졸업한 후에도 "선생님을 통해 예수님을 소개받은 감격을 제가 담임하는 학생들과 나누도록 노력하겠습니다" 하며 특수학교 교사가 되어 종종 내게 편지를 보내왔다.(박영미는 현재 호주에서 두 아이의 엄마로 특수교육을 공부하며 박사 과정을 밟고 있다.)

선생님, 어제는 입학식 날이었습니다.

제가 맡은 반은 처음 학교에 오는 꼬마들 신입 반입니다.

아주 커다란, 스무 살이 넘은 녀석부터 이제 여섯 살이 된 꼬마에 이르기까지 얼굴이 다르고, 이름도 다른 녀석들이지만, 또 한 해 동안 웃고 울어야 할 새 식구들임이 분명했습니다. 처음 엄마 아빠랑 떨어져서 외톨이가 된 영표가 풀이 죽어 있어서 마음이 아팠는데, 수업 마치고 돌아가는 시간에 주머니에서 손을 꺼내 제 손을 잡아 주는 순간 얼마나 고맙고 감사했던지요. 엊그제 엄마가 그 녀석을 이곳에 맡기시면서 많이 우셔서, 그래서 저도 따라 울 뻔해서 더더욱 측은하고 가여웠던 녀석이었습니다. 잘 부탁한다고 신신당부하며 떨어지지 않는 발걸음을 재촉하며 가시던 모습이 지금도 눈에 선연합니다.

키는 150센티미터의 큰 녀석인데 듣지 못하고 삼키지를 못하는 녀석이 있습니다. 오늘 급식으로 우유를 나누어 주었는데 너무나 먹고 싶어서, 컵을 입에 댔지만 바닥에 흘러서 한 모금도 먹지 못하던 녀석이었습니다. 열심히 해야겠습니다. 이렇게 좋은 일을 허락하신 하나님을 위하여, 그리고 가난한 마음들을 지닌 우리 열세 명의 꼬마 천사들을 위해서. 게으름 피우지 말고 내 자식이듯 내 동생이듯 보살피고 사랑하며 한 해를 지내야겠습니다. 믿고 의지할 친구가 되고 언니가 되고 선생님이 되어서 가슴속 깊이 새어 나오는 따스함을 함께 나누며 한 해 동안 무얼 어떻게 가르쳐야 할지 많이 기도해야겠습니다.

샬롬! 1987년 3월 3일 박영미 드림.

가족이라는 빈 들에서 외치는 소리

얘야, 용왕님보다 예수님이 높으냐?

1979년, 귀국 직후 며칠 동안 어머니와 함께 지내면서 남편은 어머님을 간곡히 전도했다.

"어머니! 성경에서 인간은 모두 죄인이라고 해요. 어머니도 자신을 죄인이라고 생각해 보신 적이 있으세요?"

"암, 죄인이구 말구 사람처럼 악한 것 없지! 밭에 나는 것 다 뽑아 먹고, 바다에 나는 것 다 건져 먹고, 날아다니는 것 잡아먹고 그래도 사람 입에서 나오는 말은 악한 말이 나오니 죄인이고말고! 밤중에 길 가다가 짐승보다 사람 만나는 게 더 무섭거든! 그것만 봐도 사람이 죄인이지! 나도 물론 죄가 많지! 암 죄가 많고 말구!"

어머님은 순순히 자신도 죄인임을 시인하며, 그날 밤 예수님을 영접하셨다. 사람이 마음으로 믿어 의에 이르고 입으로 시인하여 구원에 이르느니라(롬 10:10) 하지만 그냥 믿어 버리기에 아무래도 미심쩍으셨는지, 어머님은 잠시 귀국한 셋째 아들에게 은밀히 물으셨다.

"얘, 호길아! 네 생각에 용왕님이 높으냐, 예수님이 높으냐?"

나는 거실에서 모자간의 대화에 귀를 기울였다. 시숙이 어떤 대답을 하실지 궁금했다. 어머님은 셋째 아들의 대답을 진지하게 기다리시는 듯했다. 어머니의 어린아이 같은 질문에 시숙은 한참 껄껄 웃으시더니, “어머니! 예수님은 큰집이고 용왕님은 작은집이라고 생각하시면 돼요. 이왕 믿으려면 큰집을 믿는 게 낫지요” 하고 말했다. 농담 섞인 아들의 대답에 어머님은 그제야 안심이 되시는지, “애야, 너도 그렇게 생각하냐? 고맙다” 하고 말씀하셨다.

얼마 후 서울에 오신 어머님은 세례를 받는 자리에서 두 손 모으고 합장하듯 목사님께 정중하게 인사했다.

“목사 양반, 참 고맙심니더!”

연로하신 어머님은 교회에 나가지는 못하셔도 틈틈이 성경을 읽으시며 매일 기도하셨다. 그해 겨울 방학에 고향에 다녀온 대학생 조카딸이 말했다.

“작은어머니, 이번 정월 대보름에도 할머니께서 용왕 먹인다고 음식을 차려 강가에 다녀오시던데요.”

얼마 후 서울에 오신 어머님께 나는 여쭤 보았다.

“어머님! 예수님 믿으신다고 세례도 받으셨는데 아직도 용왕님을 섬기시면 어떻게 해요?”

어머님은 내가 다 알고 있다는 사실에 낭패스런 표정으로 말씀하셨다.

“누가 너에게 그 말을 다 일러 주든? 아이구 애야, 사람도 갑자기 절박하게 끊으면 섭섭해한단다. 내 강가에 가서 용왕에게 내년부터 다시는 오지 않는다고 작별했다. 그것이 마지막인기라.”

어머님은 1년 후 집에 모시던(?) 성주 단지도 과감히 버리셨다. 그러곤 매일 아침 두 손을 모으고 정성스럽게 주기도문과 사도신경을 한마디 한마디 뜻을 음미하듯 천천히 외우셨다. 그러다가 중간 대목에서 잊어버리면, “아이구, 하나님 미안합니다. 내가 또 깜빡 잊어버렸으니 처음부터 다시 할랍니다” 하시곤 옛날 내방 가사 곡조를 읊으시듯 기도하셨다.

“하-늘-에 계-신 하--나--니임, 아-버-지이---이--름--이 거-룩-히 여어기임을 받-으-시-오-며….”

하루는 오랜만에 어머니를 뵈었을 때, 아들에게 이렇게 말씀하셨다.

"영길아! 성경을 읽어 보니 네가 요셉 같더라! 오랜 외국 생활을 하던 요셉이 나라와 집안에 복덩이가 되었더라. 너도 그럴 것이라!"

우리는 어머님이 성경을 이해하시는 것이 기뻤다. 주 예수를 믿으라 그리하면 너와 네 집이 구원을 얻으리라(행 16:31)

목사님, 큰 사업 하십니다

1986년 10월, 아시안게임 폐막식에 다녀오신 시아버님의 얼굴에 어쩐지 수심이 있어 보였다. 며칠이 지난 후, 아버님은 털어놓으셨다. 시내에서 택시를 타고 잠실 경기장으로 가는데 운전 기사가 말을 건네더라고 했다.

"시골에서 폐막식까지 구경하러 오신 할아버지, 참 행복해 보이십니다."

"암, 모두들 날보고 복 많은 사람이라고 부러워들 하지!"

"그런데 할아버지 예수 믿으십니까?"

"나는 안 믿지만 우리 넷째 아들, 며느리, 손자, 손녀 다 믿지!"

"지금 할아버지가 경기장에 입장하시려는데 본인 입장권이 없으면 못 들어가시잖아요? 마찬가지로 가족이 다 믿어도 할아버지 본인이 예수 믿지 않으면 아무 소용없습니다. 할아버지 연세도 높으신데, 어서 예수 믿고 천당 가는 입장권을 준비하셔야지요."

우리는 이 기회를 놓칠 수가 없었다. 용기를 내어 예수님이 어떤 분이신가 설명을 드렸다. 덕망 있는 어른께 '당신도 죄인이라는 사실'을 설명하는 것이 쉽지 않았다. 한참을 들으시던 아버님이 말씀하셨다.

"너희 집에 오면 호민이가 이야기를 술술 잘해서 무슨 말을 하나 자세히 들어보니, 또 예수 이야기를 들이미는 기라. 너희 집은 아이들까지 모두 예수 물이 다 들었더라, 허, 참!"

그랬지만 결국 그날 아버님은 예수님을 영접하는 기도를 드렸다.

“하나님, 내가 지금까지 하나님 모르고 살아온 것이 죄가 되는 줄 몰랐습니다. 이제부터 예수님을 내 구주로 영접합니다. 천국 갈 때까지 나를 지켜 주시기를 기도합니다.”

그때 중학교에 다니던 호민이가 할아버지의 기도를 몰래 녹음했다.

“할아버지, 여기 녹음 했으니 이제부터 사람들에게 예수 믿는다고 꼭 말씀하셔야 돼요. 여기 증거가 있습니다.”

“야! 너희들 간첩 포섭 작전보다 더 심하구나! 알았다. 이 할아버지도 너희들처럼 천당 가는 표를 받았으니 이제 할아버지 걱정일랑 하지 마라. 하지만 사람들한테는 소문 내지 마라. 이 나이에 예수 믿는다고 하면 사람들이 나보고 뭐라고 하겠느냐!”

그로부터 몇 달 후 서울에 오신 아버님은 드디어 온누리교회에서 세례를 받으셨다. 아버님은 하 목사님께 말씀하셨다.

“각자 본인이 예수를 믿어야 천당 가는 표를 받는다고 해서…, 그래서 왔소.”

아버님 생애에 처음으로 교회에 오신 날이었다. 금요일 오후, 교인들이 없는 텅 빈 교회당에서 여러 목사님들이 단 위에 둘러서서 아버님께 세례식을 베풀었다. 꿇어앉은 아버님을 뵈며 둘째 동서도 남편도 우리 모두 감격의 눈물을 흘렸다. 막 교회에 다니기 시작한 둘째 동서가 말했다.

“이 어른이 세례 받으시는 게 우리 집안에 ‘천지개벽할 일’이 일어난 것이네.”

세례를 받으신 후, 기분이 좋아지신 아버님은 교회당 안을 휙 둘러보시더니 목사님께 말씀하셨다.

“목사님! 큰 사업 하십니다.”

“네, 그렇습니다.”

하 목사님은 빙긋이 웃었다. 하 목사님이 안동에 계신 김광현 원로 목사님의 안부를 여쭙자 아버님은 서슴없이 대답했다.

“예, 그분은 이제 연로하셔서 장로로 물러앉았습니다.”

우리는 간신히 웃음을 참았다. 목사님이 은퇴하면 장로가 되는 줄 아셨던 것이다. 그 다음부터 아버님은 한자로 쓴 '사영리'를 비닐에 고이 싸서 양복 안주머니에 넣고 다니시며 틈틈이 읽으셨다. 다른 이로서는 구원을 얻을 수 없나니 천하 인간에 구원을 얻을 만한 다른 이름을 우리에게 주신 일이 없음이니라(행 4:12)

다 죽었는데 뭘 믿는단 말이고?

경상북도 성주군 한계 마을 규중 처녀였던 내 어머니는 처녀 시절 집으로 드나들던 방물장수에게 전도를 받으셨다. 비단이며 화장 분이며 바느질거리 따위를 이고 다니던 방물장수 아주머니는 전처 아이들을 학대한다는 소문으로 악명이 높았다. 하지만 언제부터인가 야소(耶蘇)를 믿더니 변해서, 전실 아이들에게 한없이 잘하고 있다는 칭찬이 온동네에 자자했다. 그녀는 집으로 찾아와도 보따리 물건들을 팔 생각보다는 '야소'라는 분을 이야기하는 데 더 열심이었다. 어쩔 때는 행복한 얼굴로 "주를 앙모하는 자 올라가, 올라가 독수리 같이…" 라는 찬송가를 부르기도 했다. 어머니는 그 야소님이 누구이신지 궁금하여 방물장수의 이야기를 즐겨 들었다고 했다.

그렇게 일찍이 복음의 씨앗을 받아들이신 어머님은 시집 온 후, 친척 아주머님의 전도를 받고, 신앙 생활을 시작하셨다. 어머님은 내조의 부덕으로 섬겨 높이며 아버지를 한없이 행복한 가장으로 일으켜 세우셨어도 전도는 못하셨다. 우리 부부는 친정 아버지께 전도를 하기까지 애타는 세월을 보내야 했다.

1977년 출장길에 친정 아버지가 미국의 우리 집에 처음으로 오셨을 때 우리 부부는 간곡하게 복음을 전했다. 10여 년 만에 만났는데 고작 예수 이야기만 하는 딸에게 아버지는 약간 실망하신 듯했지만 쾌히 대답하셨다.

"젊고 똑똑한 너희가 이리도 예수를 독실하게 믿는데, 까짓것 내 무조건 믿어버리지 뭐!"

귀국한 다음에도, 나는 틈만 나면 아버님께 복음을 전했다. 그때마다 아버지는 마지못해 내 이야기를 듣고 계셨다. 그러던 어느 날, 아버지는 예수님이 십자가에 못 박혀 죽으셨다는 대목에서 그만 방바닥에 벌렁 누우셨다.

"아이구, 야야, 그러니까 내가 못 믿겠다고 했지. 다 죽어 버렸는데 뭘 믿는단 말이고?"

한 고개를 넘으면 또 한 고개가 있었다. 그래도 나는 지치지 않고 아버지를 일깨워 고개를 넘어갔다. 아버지 기분을 맞춰 드리려고, 사위는 장인이 좋아하시는 바둑을 몇 판이고 계속 두어야 했다. 옆에서 나는 또다시 아버지께 조르며 다짐을 받았다.

"아버지, 한 판만 더 두시고 오늘 저녁 교회에 가시는 거예요?"

그렇게 두기 시작한 바둑이 어느 때는 서너 판 이어졌다. 그렇지만 우리는 바로 이 일을 위해 귀국하지 않았는가.

마침내 아버지는 교회에 이끌려 가셨다. 가까스로 모시고 간 교회에서 마침 부흥회를 열고 있었다. 아버지도, 함께 동행했던 작은아버지도 손들고 찬송을 부르는 분위기에 눈이 휘둥그레지셨다. 하지만 "천부여 의지 없어서 손들고 옵니다" 하는 찬송이 시작되자, 아버지는 씩 웃으시면서 작은 목소리로 내게 말씀하셨다.

"나도 이 곡조는 잘 안다. 그런데 네 엄마가 음치인 것 너 아냐? 그렇게 교회를 오래 다녔는데도 찬송가 첫 장부터 끝장까지 곡조가 다 똑같은 기라."

"형님, 이 노래는 가사만 틀리지 우리가 아는 곡인데요."

회중과 함께 손을 들고 찬송을 따라 부르는 두 분의 모습은, 마치 하나님 앞에 항복한 포로들 같았다. 나는 웃음 반 울음 반, 흐르는 눈물을 감추지 못하고 행복해했다.

공직에서 은퇴하신 다음, 아버지는 어머니와 함께 개척 교회를 도우셨다. '밝고 바른 하나님의 말씀을 전파하는 교회'가 되라는 뜻으로 아버지는 교회 이름을 '명현'(明賢)으로 지으시고 적극적으로 교회 일을 도우셨다. 얼마 후 아버님은 서울대병원에 갑자기 입원하시게 되었다. 놀랍게도 위암이었다. 나는 틈날 때마다 아버님께 예수님이 누구신지 다시 한 번 간곡히 말씀해 드렸다. 병상에서도 의문나는 것을 하나하나 짚어 가며 묻곤 하시던 아버지는 드디어 '자신이 하나님 앞에 죄인임을 시인하고 예수님이 자신의 모든 허물과 죄를 위해 돌아가셨다'는 진심 어린 고백을 주님께 드리셨다. 우리가 귀국한 지 꼭 3년 만이었다.

"아버지, 이제 세례를 받으셔야지요."

"세례는 우리 교회에서 받아야지" 하고 말씀하시던 아버지의 병환이 점점 깊어지자, 나는 하루 속히 세례를 받도록 해야겠다고 생각했다. 이튿날 대구 명현교회 목사님이 느닷없이 서울로 심방을 오셨다. 목사님은 아버님께 세례를 베풀 준비를 해 가지고 오셨다.

"목사님, 어떻게 아시고 이렇게 준비를…?"

"성령님께서 알려 주셨지요."

세례를 받으신 사흘째 되던 날, 아버지는 참으로 편안하게 하나님 품에 안기셨다. 아버지 연세 64세였다. 생명은 하나님께 속한 것, 얼마 남지 않은 인생의 말년에 예수님을 영접하고 교회를 개척하는 일에까지 쓰임을 받을 수 있었던 아버님은 니고데모처럼 실로 하나님의 은총을 입은 분이셨다.

남편과 나, 우리 부부는 그렇게 하나님의 말씀을 각자 맡은 일터에서 그리고 가족들에게 전했다. 그렇지만 그때만 해도 우리를 향한 주님의 계획이 이렇게 펼쳐지리라고는 전혀 상상하지 못했다.

03 김 느헤미야의 기도

한동호의 최초 승선자들

"대학을 시작하면서 가장 중요한 것은 학문적인 탁월성과 학생들을 섬길 사명감 있는 교수들을 찾는 일이라오. 다행히 창조과학회에 신실한 분들이 많으니, 그 분들 중에 한동대에 같이 가실 분들이 나왔으면 좋겠소. 아마 하나님께서 한동대를 위해 예비하신 분들이 있을 거요."

남편의 말대로 창조과학회의 동역자들이 속속 합류하기로 결정을 내렸다. 여호와여 내가 알거니와 인생의 길이 자기에게 있지 아니하니 걸음을 지도함이 걷는 자에게 있지 아니하나이다(렘 10:23) 건국대학 김종배 교수(면역학)의 결정은 그리 오랜 시간이 걸리지 않았다. 얼마 후 신현길 박사(건국대, 육가공학) 또한 그의 결단을 알려 왔고, 뒤이어 일본 쯔꾸바 연구소에서 연구년가를 보내고 있던 김영인 박사(생산기술연구소, 기계공학)도 결단을 내렸다. 주저함과 망설임도 있었지만, 모두들 새 일을 시작하신 하나님께 초청받았다는 자부심으로 정든

곳을 훌훌 떠나왔다. 무엇이든지 내게 유익하던 것을 내가 그리스도를 위하여 다 해로 여길뿐더러 또한 모든 것을 해로 여김은 내 주 그리스도 예수를 아는 지식이 가장 고상함을 인함이라(빌 3:7－8) 그때 어느 분이 말했다.

"지금까지 학문과 신앙이 별개인 양 가르쳐 왔는데 한동대에서 학문의 주인이 예수 그리스도인 것을 주저하지 않고 강의할 수 있으니, 얼마나 보람되고 신나는 일입니까?"

남편은 서울과 대전 카이스트와 포항 등을 바쁘게 오가며 개교 준비에 착수했다. 주말이면 포항에서 신임 교수 요원들과 대학의 청사진을 설계하느라 바쁜 나날들이었지만, 그는 포항에서 형님을 자주 만날 수 있다며 좋아했다. 1994년 3월 《한국일보》는 〈한 지역 형제 대학 수장〉이라는 제목으로 "형님과 동생이 과학자의 길을 나란히 걷다가 한 지역의 대학 총장으로 선의의 경쟁을 하게 되었다"고 소개하기도 했다.

1994년 4월 30일, 포항에서 하루를 보낸 남편이 서울에 막 도착했을 때, 전화가 울렸다. 숨 가쁜 소리였다.

"여기 포항공대입니다. 학장님께 사고가 났습니다. 운동장에서 교직원들과 발야구를 하시다가 넘어지셔서 운동장 옹벽에 머리를 부딪히셨는데… 그만."

"네? 뭐라구요?"

"조금 전에… 병원에서 손 쓸 새도 없이…."

남편은 그 자리에 털썩 주저앉고 말았다. 오늘 아침에 뵙고 온 형님인데, 무슨 말을 하는 것인가! 이런 허무한 이별이 있단 말인가! 80세가 넘은 연로하신 부모님을 두고 이 무슨 청천벽력 같은 소식이란 말인가! 몸의 한쪽이 떨어져 나간 듯 남편은 통곡했다.

동서양의 해박한 식견과 소탈한 인간미가 넘치던 시숙은 남편에게는 스승이요, 또한 학문의 선배였다. 시숙이 23년 만에 미국에서 영구 귀국하셨을 때, 이역만리 떠나보낸 아들을 조국의 품에 다시 안은 시부모님은 말할 수 없이 기뻐하셨다. 그 10년 후, 이런 참혹한 슬픔이 닥칠 줄 누가 알았으랴!

시숙을 그렇게 어이없이 잃어버린 후, 포항으로 가는 것이 더욱 큰 두려움으로 다가왔다. 송 이사장은 남편을 위로했다.

"김호길 박사가 계셨으면, 우리 학교에도 여러 가지로 큰 도움이 되었을 텐데… 어떻게 이런 일이…. 총장님, 하나님의 무슨 뜻이 계실 겁니다. 한 지역에 두 그루의 거목을 동시에 허락하시지 않나 봅니다. 한동대를 통해 김 박사님이 형님의 몫까지 하시기 바랍니다."

남편은 애통해했다.

"형님의 빈자리를 누가 대신할 수 있겠습니까? 하나님, 당신 외에는 아무도 의지하지 말라는 뜻입니까? 이제 철저하게 당신만 의지하라는 뜻입니까?"

실감할 수 없는 비극 가운데도 개교를 준비하는 일은 파도처럼 밀려들었다. 애통하거나 슬픔을 지니고 있을 겨를이 없었다.

시간은 냉정하게 흘러갔다. 그해 6월, 교수 모집을 위해 미국으로 떠나기에 앞서 남편은 예수원의 토레이(대천덕) 신부님을 만났다. 그분은 순수한 기독교 정신의 대학이 한국에 세워지기를 오랫동안 기도해 오셨다며, 한동대는 그의 기도 응답이라고 하셨다. 그러면서 아주 실제적이면서도 귀중한 조언을 해 주셨다.

"한동대가 순수한 기독교 정신의 대학이 되려면 교수의 자질이 제일 중요합니다. 인격, 실력, 신앙 이 세 가지를 고루 갖춘 교수를 모셔야 합니다. 그 중 가장 중요한 것은 인격입니다. 실력만 중요시한다면 일반 대학과 다를 바 없을 것입니다. 또한 신앙 못지않게 중요한 것이 교수의 인격이지요. 인격이 결여된 신앙은 바리새인이나 율법주의자와 같은 위선에 빠지기 쉽답니다. 비록 초보 신앙이라도 순수한 인격을 가진 분이 학생들에게 본보기가 될 것입니다. 신앙은 평생 자라며 성숙하는 것이니까요."

남편은 그분의 조언을 늘 잊지 않았다. 사람은 이해관계나 위기에 처할 때 비로소 그 사람됨을 알 수 있어서, 그 조언은 시간이 갈수록 실감이 났다. 예수님의 제

자들도 일곱 사도를 뽑을 때 주위에서 칭찬받는 사람들을 뽑지 않았던가!(행 6:3)

총장님, 개교가 어렵겠는데요!

꿈이 클수록 그 꿈이 실현되기까지는 숱한 장애가 있는가 보다. 순수한 하나님의 대학, 한동대의 출범에 아무런 장애 없는 탄탄대로가 펼쳐지리라 생각한 것은 아니었지만, 그 첫 번째 장애는 너무나도 빨리 전혀 예기치 않은 곳에서 나타났다.

남편이 한동대 교수 모집을 위해 미국 출장 중이던 1994년 6월 20일경, 조간 신문 사회면을 보던 나는 깜짝 놀랐다. 설립자 이사장이 경영하는 낯익은 회사에 큰 사고가 일어났던 것이다. 순조롭게 개교 준비를 하고 있는 이때, 충격이 아닐 수 없었다. 나는 불길한 예감이 들었다.(훗날 이 사건이 몰고 올 파란만장한 역경들을 그때는 상상이나 할 수 있었으랴!)

나는 미국에 있는 남편에게 이 소식을 알렸다. 남편은 귀국하자 곧장 포항으로 내려갔다. 그러나 송 이사장은 오히려 우리를 안심시켜 주었다. 하지만 얼마 지나지 않아 그분의 사업체가 매각된다는 소문과 함께 한동대가 내년에 개교하기 어려울 것이라는 소문이 들려왔다. 7월 말, 폭염의 무더운 날씨가 계속되었지만 그래도 남편은 개교 준비에 눈코 뜰 새가 없었다. 그는 아무 걱정도 없는 사람처럼 오직 개교를 위한 준비에 전신을 던졌다. 하지만 우려했던 대로 송 이사장은 개교하려는 모든 계획을 백지화해야겠다고 침통하게 말했다. 그러나 그분은 남편에게 한동대가 기독교 정신의 대학이니만큼 한국 기독교계의 도움을 얻든지, 학교를 맡아 줄 기독 실업인을 찾아보라고 했다.

그때 북한의 김일성 주석이 타계했다는 뉴스가 대서특필되었지만 내게는 눈앞의 학교 상황이 더 심각하게 여겨졌다. 이럴 땐 어떻게 해야 하나? 상식으로 행할 것인가, 믿음으로 행할 것인가? 하나님께 받아 든 시험지 한 장. 생애를 건 선택 앞에서 우리는 엄청난 고민의 늪 속으로 빠져들었다. 어찌 보면 이사장이 학교를 포기했는데, 총장 내정자가 더 이상 고민할 필요조차 없는지도 몰랐다.

“기독교 정신의 대학이 설 뻔했는데 하나님 뜻이 아니었나 봐요.”

그렇게 말한들, ‘하나님 이름을 마음대로 도용하지 말라’ 고 항의할 사람이 있겠는가? 이 땅에 이런 대학이 생길 뻔했다가 사라졌다는 사실로 통탄할 사람이 몇이나 되겠는가! 나는 내심으론 차라리 잘됐다 싶었다. 하지만 부인할 수 없는 음성이 마음 깊은 곳에서 들렸다.

‘네가 믿는 하나님은 이 땅의 사업이 흥하면 일할 수 있고, 그것이 무너지면 속수무책인 무능한 하나님이더냐? 너는 관념 속에서만 하나님을 믿었느냐? 너희는 지금까지 무에서 유를 창조하신 전능하신 창조주 하나님을 선포하고 다녔는데 그것은 네 입술만의 고백이더냐? 삶으로는 고백할 수 없느냐?’

우리의 믿음을 테스트하려는 하나님의 시험지. 정답은 너무나 분명했다. 정답을 알고서 틀리게 쓸 수는 없지 않은가!

‘하나님! 당신은 살아 계시고 전능하신 하나님이십니다.’

무릎 꿇고 엎드려 기도할 때면 하나님께서 기뻐하시는 믿음의 고백을 드렸지만, 눈을 뜨면 두려움에서 달아날 구실부터 찾았다. 믿음이란 무서운 위기를 동반하는 것인가. 지금의 결단은 총장직 수락을 놓고 고민할 때와는 비교도 되지 않았다. 우리는 하나님의 시선을 피하고 싶었다. 하지만 그런 마음이 들수록 또다시 주님의 음성이 들리는 듯했다.

“지금부터 너희의 믿음의 고백을 삶으로 보여 다오. 네 두려움과 염려를 알기에 너에게 여러 차례 내 뜻을 전달하지 않았느냐? 선견자를 통해서도 알려 주지 않았느냐? 너희는 아무 염려 말고 이 일을 진행해라. 그리고 나를 신뢰해라!”

네가 만일 돌아오면

큰 고민에 빠진 우리는 무더위조차 느끼지 못했다. 다시 한 번 하나님의 뜻을 확인해야 했다. 우리는 새벽마다 교회로 달려가 기도했다. 어느 날 새벽, 잠을 깨니 몸이 천근같이 무거웠다. 그날 하루는 쉬고 싶었다. 매일 새벽마다 시계처럼 나를 데리러 오는 이종실 집사(현 온누리교회 부목사)에게 전화를 걸려다가 수화기를 다시 내려놓았다.

"주님, 저 오늘 너무 힘들어요. 하루 쉬면 안 될까요?"

나는 속으로 주님께 투정을 부렸다. 주님은 내게 이렇게 말씀하시는 듯했다.

"내가 잠을 깨워 주었는데 왜 기도하지 않으려 하느냐?"

집을 나선 나는 차에 앉자마자 의자를 뒤로 젖히고 눈을 감은 채 말했다.

"집사님, 나 오늘 하루 쉬려 했었어요."

"어머! 권사님, 저도 몸이 좋지 않아 하루 쉬고 싶었는데, 권사님이 기다리실까 봐 왔어요."

"우리 두 사람에게 오늘 분명 큰 은혜가 있겠네, 우리 둘 다 가기 싫은 유혹을 받은 것을 보면!"

예배당에 들어서자 나는 늘 앉던 앞자리에 앉아 성경도 펴지 않은 채, 잠을 청하듯 눈을 감았다. 목사님께서 성경을 읽기 시작했다. 여호와께서 이같이 말씀하시되 네가 만일 돌아오면 내가 너를 다시 이끌어서 내 앞에 세울 것이며 네가 만일 천한 것에서 귀한 것을 취할 것 같으면 너는 내 입같이 될 것이라 … 내가 너로 이 백성 앞에 견고한 놋 성벽이 되게 하리니 그들이 너를 칠지라도 이기지 못할 것은 내가 너와 함께하여 너를 구하여 건짐이니라 여호와의 말이니라(렘 15:19-20) 성경 말씀이 내 귀를 때렸다. 순간 나는 벌떡 몸을 일으켜 급히 성경을 폈다. 네가 만일 돌아오면 … 네가 만일 천한 것에서 귀한 것을 취할 것 같으면 너는 내 입같이 될 것이라 나는 강대상 앞에 엎드려 두려움 없이 순종할 수 있도록 간절히 기도했다. 남편은 늘 말했다.

"실험실에서는 법칙을 그대로 따라야만 실험 결과가 잘 나오듯이, 내일 일을 위하여 염려하지 말라 내일 일은 내일 염려할 것이요 한 날 괴로움은 그날에 족하니라(마 6:34)고 하신 하나님의 법칙을 따릅시다. 우리가 하나님의 말씀에 순종할 때 그분이 살아 계신 증거들을 분명히 경험하게 될 거요."

하지만 나는 그 법칙을 실천하는 게 매우 힘들었다. 하나님에 대한 철저한 신뢰는 쉽지 않기 때문이었다. 하지만 하나님의 말씀을 믿지 않는 것은 곧 하나님을 믿지 않는 것이 아닌가. 나는 두려움을 몰아내기 위해 하나님을 기쁘시게 하는 비결이 담긴 성경 구절을 꼭 붙들었다. 믿음이 없이는 기쁘시게 못하나니 하나님께 나아가는 자는 반드시 그가 계신 것과 또한 그가 자기를 찾는 자들에게 상 주시는 이심을 믿어야 할지니라(히 11:6) 그날 새벽에 나는 주님께 부르짖었다. 주님께서는 "너희가 아무 일도 일어나지 않은 듯 학교를 세워 간다면, 나는 너희를 나의 '입'으로 사용할 것이다"라고 말씀하시는 것 같았다. 남편은 자신의 사명을 늘 외치는 '소리'라고 하지 않았는가!

아나돗의 밭을 사라!

조난당해 침몰하고 있는 파선호에서 우리가 들고 있는 가장 중요한 나침반은 오직 성경 말씀이었다. 우리는 회항하라는 하나님의 명령을 혹시 들을 수 있나 하는 간절한 심정으로 예레미야 32장을 읽고 있었다.

예레미야는 유다 왕 시드기야에게 "곧 유다가 바벨론에게 멸망하고 70년 동안 포로로 살 것"이라고 예언한 죄로 시위대 뜰에 갇히고 말았다. 그런 처지의 예레미야에게 하나님의 음성이 또다시 들렸다. "너는 고향 아나돗에 있는 숙부의 아들 하나멜의 밭을 사라! 이 기업을 무를 권리가 장차 네게 있느니라." 나라가 망하고 백성이 포로로 끌려가는 마당에, 하나님께서는 감옥에 있는 예레미야에게 "땅을 사라"고 명령하셨다. 예레미야 자신이 70년 후 이스라엘을 다시 회복시키실 하나님의 약속을 믿고 있는지를 백성들에게 보여 주시고자 함이었다. 그건 정말이지 순종하기 어려운 명령이었다.

우리의 처지가 꼭 예레미야와 같았다. 장차 이 대학이 감당할 시대적이며 역사적인 소명을 위해 우리가 학교를 세워 간다면 하나님께서 친히 한동대를 이끌어 가실 것이라는, 우리의 믿음을 그분이 보고 싶어 하신다는 생각에 더욱 두려워졌다.

한동대의 총장으로 부르시는 순종의 모험 앞에서, 남편과 나는 하나님의 말씀을 묵상하고 또 묵상하며 하나님의 음성에 계속해서 귀를 기울였다. 슬프도소이다 주 여호와여 주께서 큰 능과 드신 팔로 천지를 지으셨사오니 주에게는 능치 못한 일이 없으시니이다(렘 32:17) 슬픈 마음을 가진 예레미야가 드린 기도는 곧 우리의 기도였다.

예레미야서의 말씀은 계속해서 우리에게 주님의 음성을 들려주고 있었다. 내가 내 양 무리의 남은 자를 그 몰려갔던 모든 지방에서 모아 내어 다시 그 우리(한동)로 돌아오게 하리니 그들(학생들)의 생육이 번성할 것이며 내가 그들을 기르는 목자들(교수들)을 그들 위에 세우리니 그들이 다시는 두려워하거나 놀라거나 축이 나지 아니 하리라 여호와의 말이니라(렘 23:3–4) 이 성읍(한동대)이 세계 열방 앞에서 내게 기쁜 이름이 될 것이며 찬송과 영광이 될 것이요 그들은 나의 이 백성(한동인)에게 베푼 모든 복을 들을 것이요 나의 이 성읍(한동)에 베푼 모든 복과 모든 평강을 인하여 두려워하며 떨리라(렘 33:9)

아빠도 김 박사님도 모두 비정상이에요

뒤로 물러설 수 없이 어느덧 8월이 되었다. 송 이사장은 남편에게 학교를 맡아 줄 새 이사장을 적극적으로 찾아보라고 했다. 그래서 남편은 학교를 맡을 만한 기독 실업인을 찾아 나섰다. 1994년 여름, 포항의 온 산과 들은 유례없는 오랜 폭염으로 타들어 가고 있었다. 거의 2년 동안 비 한 방울 내리지 않아 제한 급수를 해야 할 형편이었다. 논밭은 거북이 등처럼 쩍쩍 갈라졌다. 학교 사정도 날씨처럼 점점 메말라 가고 있었다.

그때 마침 한동행을 결정한 김영섭 박사(미국 헌츠빌 인터그라프, 연구개발 부장)가 잠시 귀국한다는 연락이 왔다. 이런 상황에 그가 오면 어쩌나… 과연 14년 동안의 미국 생활을 포기하고 귀국할까…, 나는 남편에게 말했다.

"학교 문제가 좀 수습된 후에 오시면 좋을 텐데요?"

"하나님의 사람은 상황이 변해도 흔들리지 않을 거요. 내가 만난 그 사람은 분명 하나님의 사람입니다. 두고 봅시다."

포항을 다녀온 남편에게 물어보았다.

"김 박사님께 모든 상황을 설명하셨어요?"

"물론, 말했지."

"뭐라고 하시던가요?"

"궁금하면 당신이 직접 물어보구려."

나는 거실에 있는 그에게 말했다.

"김 박사님! 그래도 귀국하시는 건가요?"

"사모님! 하나님의 일이 어찌 기도 없이 순탄하게 이루어지겠습니까? 모든 게 기도하라는 하나님의 신호이지요! 저는 옵니다."

그의 말은 우리에게 큰 용기를 주었다. 이런 상황에서 열심히 학교의 비전을 이야기하는 남편이나 그래도 귀국하겠다는 교수나 모두 정상은 아니었다. 그때 우리의 대화를 듣고 있던 딸 종민이 내 손을 끌고 안방으로 갔다. 종민이는 손가락을 머리 위로 빙빙 돌리면서 말했다.

"김 박사님도 아빠도 비정상이세요. 하지만 믿음은 바라는 것들의 실상이요, 보지 못하는 것들의 증거(히 11:1)라는 말씀의 뜻을 이제야 이해할 것 같아요!"

종민이의 두 눈은 눈물로 반짝이고 있었다. 오직 나의 의인은 믿음으로 말미암아 살리라 또한 뒤로 물러가면 내 마음이 저를 기뻐하지 아니하리라 하셨느니라 우리는 뒤로 물러가 침륜에 빠질 자가 아니요 오직 영혼을 구원함에 이르는 믿음을 가진 자니라(히 10:38-39)

아, 믿음이란 무엇인가. 믿음은 우리의 상식을 뛰어넘는 행동을 요구하는 것인가. 눈에 보이지 않고 손에 잡히지 않고 귀에 들리지 않는 현실 앞에서 하나님께서 이루실 증거를 가진 듯이, 믿는바를 본 듯이, 행한다는 것은 너무나 두려운 일이었다. 앞으로 일이 순조롭게 풀리지 못한다면? 그 주일 하 목사님은 설교 중에 '두려움은 미래를 닫는 셔터' 라고 했다. 우리의 두려움은 무엇인가. 생각해보면 그것은 실패에 대한 두려움이었다. 그 두려움은 불신앙이었다.

국내에서 합류할 교수들도 흔들리지 않기는 마찬가지였다. 우리를 도구로 부르신 하나님께서는 이처럼 우리의 등을 밀면서 한 걸음씩 떼어 놓게 하셨다. 하나님께서는 우리의 앞날에 어떤 일들이 기다리고 있는지 미리, 그리고 멀리 볼 수 없도록 만드셨다.(우리 앞에 닥칠 수많은 고난과 핍박들, 결국 감옥까지 가야 할 것을 미리 알았더라면 그때 우리는 달아났을지도 모른다.) 주의 말씀은 내 발에 등이요 내 길에 빛이니이다(시 119:105) 그래서 주의 말씀은 멀리 내다볼 수 있는 하이 빔이 아니라, 겨우 몇 발짝만 볼 수 있는 발의 등이라 했는가.

누군가에게 등을 떠밀리듯

개교를 위해서는 늦어도 8월부터 학교 홍보를 시작해야 했지만, 한동대는 그럴 엄두조차 내지 못했다. 8월초. 뜻하지 않은 기쁜 소식이 전해졌다. 남편이 나사(NASA)에서 이룩한 연구 업적으로, 미국의 과학학술원(National Academy of Science & Engineering)이 선정하는 1994년도 미국 과학인명사전 (AMWS: American Men And Women Of Science) 에 수록된다는 것이었다.

나는 '한동' 이라는 이름이 사람들의 기억에서 슬슬 사라지는 것을 내심 바라고 있었다. 그래야만 도망가기가 쉽기 때문이었다. 하지만 우리의 바람과는 달리 주요 일간지에서는 그를 '한동대 총장 내정자' 라고 소개했다. 이 기사를 보는 순간, 보이지 않는 손이 우리에게 족쇄를 채워 버린 느낌이었다. 흔들리지 말고 학교 일을 진행하라고 하나님께서 등을 밀어내시는 것 같았다.

월간지, 주간지의 인터뷰 요청이 잇달았다. 앞으로 어떻게 전개될지 모르는 학교 형편과는 무관하게 학교 홍보 기회가 저절로 주어졌다. 고맙게도 기자들은 과학자 김영길 박사가 총장으로 내정된 지방 신설 대학에 대해 특별한 관심과 호의를 가지고 취재해 주었다. 우리 나라 대학 교육의 현실이 그만큼 새로운 대안 교육에 목말라하고 있었기 때문이리라.

"우리 나라 대부분의 대학 커리큘럼은 대동소이합니다. 그러나 한동대는 특성화, 차별화된 교육 프로그램으로 재교육이 필요 없는 기업이 선호하는 산업체 엘리트, 재교육이 필요 없는 실무형 인재를 위한 교육을 할 것입니다. 21세기 세계화 시대를 위해 외국인 교수들을 채용, 듣고 말할 수 있는 생활 영어 교육을 강화할 것입니다. 모든 학생들에게 전공과 관계없이 컴퓨터 교육을 부전공으로 할 것이며, 학과 간의 벽을 허물고 인접 학문을 연계하도록 학부제를 실시할 것입니다. 무엇보다 한동대는 기독 신앙을 바탕으로 인성을 교육할 것입니다. 그리하여 지성, 인성, 영성 교육의 전인적인 교육을 목표로 할 것입니다."

신문 기자들은 한동대의 비전을 확신에 차서 이야기하는 남편의 말을 진지하게 들어 주었다. 하지만 그의 말을 들으며 나는 불안했다. 저렇게 자신 있게 말하다니…, 어쩌려고? 무슨 돈으로 영어 교수를 초빙하고 컴퓨터를 구할 수 있단 말인가? '우물쭈물 하지 말고 너희는 전진만 해라!' 보이지 않는 하나님의 손을 의식하면서도 나는 여전히 불안해했다.

한동대 첫 기증품, 486컴퓨터

1994년 7월, 남편은 친척 아저씨이자 우리 나라 정보 통신 분야의 개척자인 삼보 컴퓨터 회장, 이용태 박사를 찾아가 한동대 비전을 자세히 말씀드렸다.

"영어, 전산, 한자 교육을 필수 과목으로 가르칠 계획입니다. 앞으로 중국과의 관계는 필연적인 것이 될 텐데요. 일본하고 일을 하려고 해도 한자를 알아야만 의사소통에 어려움이 없을 겁니다. 뿐만 아니라 모든 학생들에게 컴퓨터를 부전공으로 가르치려고 합니다."

이 회장님은 남편을 크게 격려했다.

"그런 대학이 절실히 필요한 이때, 선견지명이 있는 참 좋은 생각을 했구나.

너도 형 못지않구나!"

이 회장님과 시숙 김호길 박사는 서울대 문리대 물리학과 동창으로 두 분의 우정은 주변 사람들이 부러워할 정도였다고 했다. 피난지 부산에서의 대학 시절, 그들은 조국의 과학 기술 발전에 대한 꿈으로 가득 차 있었다. 가난한 두 대학생은 부산의 판자촌 언덕 위에서 탁 트인 바다와 전쟁으로 찌든 시가지를 내려다보며 크게 소리쳤다.

"대한민국 동포들 조금만 참으시오. 우리가 장차 살기 좋은 나라, 자랑스러운 나라, 편리한 세상에서 살게 해 드리겠습니다."

전쟁이 끝난 후, 서울로 올라온 그들은 굶기도 하고 버스비가 없어서 걸어 다닌 적도 많았지만 자신들의 꿈을 포기하지 않았다. 남편은 그 무렵 서울사대 부속 고등학교에 합격하여 안동에서 상경해 그들과 함께 자취하던 때를 가끔 회상하며, 조금만 힘들어도 견디지 못하는 요즘 젊은이들의 나약함을 한탄하곤 했다.

이 박사님은 그 자리에서 486컴퓨터 80대를 흔쾌히 기증해 주시기로 약속했다. 1994년 9월, 최신 기종 486컴퓨터를 실은 트럭이 학교에 도착했다. 개교 인가 심사에 때맞추어 기증된 것은 포기하지 말고 개교를 진행하라는 하나님만의 또 하나의 신호였다. 전산실에 가득 풀어 놓은 컴퓨터를 보면서 우리는 잠시나마 시름을 잊고, 컴퓨터 앞에 앉아 있을 학생들을 상상하면서 마음이 설레었다. 이 컴퓨터는 한동대 역사상 첫 기증품으로 기록되었다. 486컴퓨터가 도입되던 시기, 한동대는 교육용으로 최신 486컴퓨터를 사용하는 첫 대학이 되었다.

남편은 갓 태어난 심청에게 젖을 물려줄 유모를 찾는 심 봉사의 심정으로 학교를 맡아 줄 기독 실업인을 애타게 찾아다녔다. 그러던 8월 중순, 기독 인재 양성에 관심을 가진 S기업의 L회장 일행이 학교를 다녀갔다. 그 후로 그들이 신중하게 검토하고 있다는 연락을 받고 우리는 큰 기대를 가졌다. 시간은 뭉텅뭉텅 지나갔다. 훌쩍 10월이 되었으나 한동호의 출범 준비는 아무것도 결정된 게 없었다. 두 달째 확답을 미루고 있는 L회장에게서는 여전히 소식이 없었다. 나는 또다시 불안해지기 시작했다. 학교는 짙은 안개 속처럼 한 치 앞도 보이지 않았다. 우리 부부는 깊은 잠을 이룰 수 없었다.

경황 중에 어머니마저 여의고

그때 시어머님이 돌아가셨다는 비보가 날아들었다. 6개월 전에 셋째 아들을 가슴에 묻은 어머님이 기어이 세상을 떠나신 것이다. 한량없이 따뜻한 위로의 품이 되어 주시던 어머님마저 막내아들이 이렇게 숨차고 절박한 형편에 놓여 있을 때 떠나시다니! 상복을 입은 남편의 등이 한없이 슬프고 외로워 보였다.

믿고 의지하던 사람들을 한사람씩 떼 내어 데려가심은 '혈육이나 어떤 것도 의지하지 말고 오직 여호와 하나님만 의지하며 따르라'는 것인가. 상중에 안동 본가로 L회장 측이 속히 만나자는 전갈을 보내왔다. 칠일장을 마치자마자 우리는 서둘러 서울로 올라왔다. 학교 형편은 어머니를 잃은 슬픔을 가눌 시간조차 허락하지 않는 듯했다.

이튿날, L회장을 만나고 나온 남편이 저만치 주차장에서 고개를 푹 숙인 채 서 있었다. 남편은 나를 보자 고개를 가로저었다. 그의 바바리코트가 외로운 깃발처럼 바람에 펄럭였다. 그 순간 내 가슴이 덜컥 내려앉았다. 아! 이를 어쩌면 좋단 말인가. 석 달을 버텨 온 희망의 줄이 뚝 끊어지는 순간이었다. L회장은 어렵게 말을 꺼냈다고 한다.

"아무리 생각해 봐도 도저히 자신이 없습니다. 나이 80이 넘어서 대학을 하기엔 용기가 나지 않습니다. 10년만 젊었어도…."

남편은 허탈하게 웃으며 말했다.

"어쩌겠소? 하나님께서 허락치 않으시는가 보오. 다른 분을 또 찾아봐야지."

'그렇다면 진작 알려 주시지! 시간을 이렇게 끌다가 이제 와서야 못하시겠다면 우리는 어떻게 하라고!….'

나는 마음속으로 그를 원망했다. 그가 그토록 시간을 끌지 않았다면 우리도 진작 포기했을 텐데…. 하지만 여기에도 하나님의 섭리가 있었는가. 우리가 물러서지 않도록 하나님께서 지금까지 그를 붙잡아 두셨다는 생각에 원망하는 마음이 가셨다. 그렇더라도 이 엄연한 현실을 어찌하면 좋단 말인가. 언론 매체의 지속적이고 호의적인 보도 덕택으로 한동대가 내년에 개교한다는 것은 분명한 사실이 되고 있었으니…. 해외에 있는 신임 교수들도 귀국 준비를 서두르고 있는데, 이제는 포기할 수도 없었다.

드디어 대학 호적에 오른 한동

무엇보다 개교 인가에 필요한 교육부 예치금 30억 원이 시급했다. 그 만기일이 하루 하루 다가오고 있었다. 그 돈이 마련된다 해도 모든 문제가 해결되는 것은 아니었지만, 첫발을 떼지도 못하고 주저앉을 수는 없었다. 내가 산을 향하여 눈을 들리라 나의 도움이 어디서 올꼬 나의 도움이 천지를 지으신 여호와에게서로다 여호와께서 너로 실족지 않게 하시며 너를 지키시는 자가 졸지 아니하시리로다 … 여호와께서 너의 출입을 지금부터 영원까지 지키시리로다(시 121:1 –8)

그 즈음 온누리교회 새벽 기도회에서는 온 성도들이 한동대 탄생을 위해 뜨겁게 기도했다. 우리 형편을 애타게 지켜보던 하용조 목사님이 우리를 격려했다.

"온누리교회에서 한동대에 9억 원을 후원하기로 했습니다. 하나님께서 한동대를 시작하신 것이 분명하기 때문에, 우리가 먼저 씨앗 헌금(seed money)을 하면, 다른 교회들도 차차 참여하리라 생각합니다."

김삼환 목사님(명성교회)도 무이자로 5억 원을 흔쾌히 융통해 주셨다. 우여곡절 끝에 가까스로 예치금이 마련되었다. 1994년 12월 4일, 드디어 교육부 최종 개교 인가가 났다. 한동대가 비로소 대한민국 호적에 오르게 된 것이다. 여호와께서 가라사대 내가 임산케 하였은즉 해산케 아니하겠느냐 네 하나님이 가라사대 나는 해산케 하는 자인즉 어찌 태를 닫겠느냐 하시니라(사 66:9)

모험

Adventure

02

01 주춧돌을 놓다

총장님, 꿈입니다. 꿈!

신설 대학교의 수준은 대개 첫 입학생의 수준으로 자리 매김한다. 남편과 교수들은 한동대가 추구하고자 하는 교육 이념을 실천하기 위해 학생들의 응시 자격을 제한하자고 의견을 모았다. 수능 성적 상위 25퍼센트 이내, 또는 내신 성적 5등급 이내의 학생들만 한동대에 응시할 수 있도록 하자는 것이었다. 이런 주장에 대해 "미달되지 않으면 내 손에 장을 지지겠다"고 큰소리치는 사람도 있었고, 교육부 담당자도 반대하고 나섰다.

"총장님, 그것은 한마디로 꿈입니다. 꿈! 지방의 신설 대학이 후기 모집 하지 않는 것을 다행으로 여기셔야지요. 이렇게 응시 자격을 제한하면 정원 미달이 될 게 뻔합니다. 응시 자격 제한은 교육 평등 법칙에도 어긋납니다. 제가 이 자리에 있는 한 절대로 허락할 수 없습니다."

"입학 시험이란 어차피 능력의 우열을 가려서 학생을 뽑는 제도입니다. 미리 선발 기준을 밝혀 두면 과다 경쟁도 피하고 입시생들의 원서비도 줄일 수 있습니다. 우리 학교로서는 미달이 되어도 좋으니 허락해 주십시오."

남편은 몇 차례나 찾아가 설득했지만 그는 요지부동이었다. 학교의 몇몇 직원들도 반대했다.

"총장님, 지방 신설 대학이 첫 신입생을 모집하는데, 입학 성적이 경북 지역 중위권만 되어도 성공한 셈입니다. 응시 자격 제한은 승산 없는 계획입니다."

재정 대책조차 불투명한 학교로서 상식을 뛰어넘는 출발을 하겠다고 나섰으니, 그들이 우려하는 것도 당연했다. 하지만 남편은 '위대한 비전을 주신 분이 하나님' 이라면 분명히 이루어 주실 것을 믿으며 자신감을 가지고 밀고 나갔다. 입시 요강 발표를 더 이상 미룰 수 없게 되었을 때, 뜻밖에도 '그 자리에 있는 한 절대로 허락할 수 없다' 고 극구 반대하던 교육부 담당자가 갑자기 외국으로 장기 연수를 떠났다. 주님께서 그의 말을 들으신 게 분명했다. 주께서 나의 앉고 일어섬을 아시며 멀리서도 나의 생각을 통촉하시오며 나의 길과 눕는 것을 감찰하시며 나의 모든 행위를 익히 아시오니 여호와여 내 혀의 말을 알지 못하시는 것이 하나도 없으시니이다(시 139:2-4) 남편이 교육부를 다시 찾아갔을 때 후임자는 이렇게 말했다고 했다.

"대학도 자율화 시대인데, 자신 있으시면 소신껏 해 보십시오!"

마침내 응시 자격 제한이 '합리적 차별' 이라는 유권 해석을 얻어 냈던 것이다.

하나님의 고단수 홍보 작전

입시가 눈앞에 다가온 무렵, 남편이 교육부를 방문했을 때였다. 그곳의 한 직원이 남편을 인상 깊게 보았던지 다가와 살짝 귀띔해 주었다.

"총장님의 대학 교육 비전에 큰 감명을 받았습니다. 한동대를 효과적으로 알리시려면 교육부 출입 기자들을 만나 설명하시는 게 좋을 것입니다. 기존 대학과 차별화된, 참신한 한동대의 교육 방향을 설명하시면 아마 큰 호응을 얻을 것 같습니다. 이른바 고단수 홍보 작전이죠."

미처 생각해 보지 못한 그의 제안을 무척 고마워하며, 남편은 며칠 뒤 각 언론사의 교육부 기자들이 모인 자리를 찾아갔다.

"대학들도 21세기에 대비한 경쟁력을 갖추기 위해 국제화된 인재 양성에 총력을 기울여야 합니다. 대학은 학문을 연구하는 동시에 기업이 요구하는 인재를 양성하는 곳입니다. 현재 우리 나라 대학들은 커리큘럼이나 교육 내용이 다들 비슷 비슷합니다. 획일적인 교과 과정으로는 학생들의 자질 향상을 기대하기 어렵고, 21세기 국제 사회에 탄력적으로 대처할 수 없습니다. 우리 나라 대학 교육의 개혁이 시급한 때입니다."

점심도 거른 채 열변을 토하는 신설 대학 총장의 이야기를 기자들은 열심히 경청해 주었다. 기자 간담회는 뜻밖의 호응을 얻었다. 저녁 텔레비전 뉴스와 신문들은 일제히 최초로 입시 자격을 제한한 한동대를 새 대학 모델이라고 보도해서, 한동대는 많은 사람들의 관심과 주목을 끌었다. 기자 간담회에 참석했던 《중앙일보》의 김석현 기자는 포항에 내려와서 학교를 집중적으로 취재해 갔다.

김 기자의 〈새 대학 모델 선보인다〉가 사회면 톱으로 실리자마자 전국에서 전화 문의가 쏟아져 들어왔다. 서울과 포항의 대학 홍보실 전화선을 더 늘려야 할 정도였다. 한동대가 순식간에 전국적으로 알려질 만큼 언론의 위력은 대단했다. 교육부 인사의 말대로 광고비 한 푼 들이지 않고 고단수 홍보 작전에 성공한 셈이었다. 최적의 시간에 최고의 방법으로 최다의 효과를 내시는 보이지 않는 하나님의 손길을 다시 한 번 느낄 수 있었다. 여호와께서 내 편이 되사 나를 돕는 자 중에 계시니(시 118:7)

개교 인가 나기가 무섭게 교수들은 신입생 유치에 발 벗고 나섰다. 시간은 겨우 한달뿐이었다. 교수 2명씩 짝을 지어 서울, 대전, 대구, 부산, 광주 등 전국 각 지역의 고등학교, 입시 학원, 교회 고등부를 찾아가는 강행군이 시작되었다.

잠시도 쉴 새 없이 서울과 지방을 다니던 남편은 결국 독감에 걸려서 목소리조차 낼 수 없게 되었다. 밤에는 고열로 끙끙 앓다가도 아침이면 마스크를 하고 머플러를 단단히 두른 채 집을 나서곤 했다. 교수진들 모두 신입생 유치에 온 마음을 쏟았다. 황폐하고 무너진 성벽을 쌓기 위해 부름을 받아 나선 일꾼의 모습들이었다. 네게서 날 자들이 오래 황폐된 곳들을 다시 세울 것이며 너는 역대의 파괴된 기초를 쌓으리니 너를 일컬어 무너진 데를 수보하는 자라 할 것이며 길을 수축하여 거할 곳이 되게 하는 자라 하리라(사 58:12)

1995년 1월 5일, 그렇게 한 달이 지나고 드디어 신입생 원서를 접수하는 날, 합격 소식을 기다리는 수험생처럼 우리 모두는 흥분과 설렘으로 하루를 맞았다. 눈이라도 내릴 듯 잔뜩 흐린 날씨였다. 서울에 마땅한 장소를 구하지 못해, 온누리교회 1층 홀에서 원서를 접수하기로 했다. 9시부터 학생, 학부모들이 찾아오기 시작했다. 교회 찻집에서는 교수와 학부형과 학생 들이 군데군데 모여 상담하고 있었다. 정겹고 따뜻한 분위기는 다른 대학의 원서 접수 광경과 판이하게 달랐다. 첫날에는 접수 창구가 한산한 일반 대학과는 달리 첫날부터 고득점의 소신 지원자들이 줄을 이었다.

사람들이 놀란 입시 결과

사흘 동안의 원서 접수 기간이 지나고 그 결과가 발표되었다. 한마디로 기적이었다. 한 달이라는 짧은 홍보 기간, 응시 자격 제한에도 400명 모집에 무려 4,872명이 지원을 했던 것이다. 12대 1이 넘는 높은 경쟁률이었다. 그날 저녁 텔레비전 뉴스 시간은 온통 '지방 신설 대학 한동대 입시 돌풍, 입시 기적 이변'으로 가득했다.

세상의 떠들썩한 반응에 가장 크게 놀란 것은 우리들 자신이었다. 높은 경쟁률도 놀랍지만 1차 합격자의 평균 점수가 전국 상위권 5퍼센트 이내로, 서울의 수십 년 된 명문대와 비슷한 수준이었다. 첫해의 수석 합격자는 광주 과학 고등학교를 졸업하고 서울대 공과 대학에 합격한 배승희 군이었다.

응시한 학생들의 사연도 제각각 달랐다. 고등학교 담임 선생님들의 반대가 만만치 않았다는 학생들이 가장 많았다. 그 성적으로 하필이면 이름도 듣지 못한 지방 신설 대학으로 가느냐면서 반대하더라고 했다. 부모들의 거센 반대에 부딪힌 학생들이 있는가 하면, 부모님의 적극적인 권유로 마지못해 원서를 낸 학생들도 있었다. 기독교 교인은 아니지만 한동대의 새로운 교육 프로그램이 마음에 들어 지원했다는 소신파 학생들도 있었다. 김삼환 목사님은 서울의 모 명문대와 한동대에 선택을 두고 고민하는 학생에게 "잠시 좋으려면 서울의 명문대로 가고 영원히 좋으려면 한동대로 가라"고 말했다고 한다. 만일 하늘에서 주신바 아니면 사람이 아무것도 받을 수 없느니라(요 3:27)

물 떠온 하인들만 알더라

며칠 뒤 손님이 한동대를 찾아왔다. 우리 나라 대학 입시 제도를 주제로 '박사학위' 논문을 준비하는 이였는데, 한동대 입시 이변을 사례 연구로 삼겠다고 했다. 남편은 한동대의 독특한 교육 프로그램을 설명해 주면서 이렇게 덧붙였다.

"사실 한동대 입시 이변은 요한복음 2장으로 설명드릴 수 있습니다. 흥겹던 혼인 잔칫집에 갑자기 포도주가 떨어졌지요. 그때, 손님으로 초대받았던 마리아는 이 다급한 상황을 예수님께 조용히 아뢰었습니다. 그러자 이성이나 상식으로는 도저히 순종할 수 없는 지시가 하인들에게 떨어졌습니다. '항아리에 물을 가득 채워 포도주 대신 그 맹물을 연회장으로 배달하라' 는 예수님의 지시에 하인들은 참으로 황당했을 겁니다. 말도 안 되는 그 지시를 따랐다가는 어쩌면 파면을 당할 수도 있는 모험이었지요. 그러나 하인들은 예수님께서 시키시는 그대로 순종했습니다.

그랬더니 배달하는 동안 그 맹물이 포도주로 변해 버렸습니다. 그것도 처음보다 더 맛 좋은 포도주로! 이 맛 좋은 포도주가 어디서 났는지 연회장도 신랑, 신부도 하객들도 아무도 몰랐습니다. 그러나 유일하게 이 비밀을 아는 사람들이 있었습니다. 하인들이었습니다. 예수 그리스도께서 이 변화를 일으키신 장본인인 것을! 천지만물을 무에서 유로 창조하신 예수 그리스도(요 1:3)께서 그 잔칫집에 계셨기에 가능한 일이었습니다.

개교하기 전에 재정 지원을 받을 수 없게 된 한동대도 흥겹던 잔칫집에 포도주가 떨어진 것과 같은 상황이었지요. 하지만 우리는 성경 말씀을 현실에 적용하며 순종하고자 한 '하인들'일 뿐입니다! 한동대 입시 돌풍의 주역은 총장도, 교수들도, 교육 프로그램도 아닙니다. 살아 계신 하나님이신, 예수 그리스도! 바로 그분이 한동대의 입시 돌풍을 일으킨 주인공입니다! 그것은 이 시대에 한동대를 통해 하나님께서 하실 일이 분명히 있기 때문입니다. 우리는 그 일에 부름 받은 하인들이지요. 하인들만 아는 비밀이 쌓여 가고 있습니다."

첫 입학식

1995년 3월 7일, 한동 역사의 첫 페이지를 여는 날. 아무도 밟지 않던 태고의 땅에 첫발을 내딛는 선구자요 개척자들처럼 전국 곳곳에서 몰려온 학생들이 싱싱한 젊음의 물결을 이루고 있었다. 쌀쌀한 바닷바람과 겨우내 얼어붙은 산과 들, 참으로 황량한 캠퍼스였지만 식이 거행되는 학교 운동장은 따사로운 햇살로 가득 차 있었다. 새 식구들을 맞을 준비로 교직원들은 며칠 밤을 새다시피했다. 교수들은 새벽마다 학교 본관 기도실에서 기도 모임을 가지며 학생들과의 첫 만남을 설레는 마음으로 기다렸다.

개교식과 입학식, 또한 초대 총장 취임식이라는 세 가지 경사가 펼쳐지는 축제의 자리. 그러나 나는 거의 사색이 되어 앉아 있었다. 3월의 쌀쌀한 날씨 탓이 아니었다. 한동에 미래를 내맡긴 저들의 눈빛 때문이었다. 늠름하고 총명한 신입생, 기대에 찬 학부모, 교직원, 수많은 축하객 들의 저 눈빛. 엄청난 진통 끝에 옥동자를 낳았건만 이 아이를 어떻게 키워 갈 것인지 전혀 대책이 없었다. 남편이 꿈꾸는 새로운 교육에 대한 멋진 청사진이 재정적 뒷받침 없이 어찌 이루어질 수 있겠는가! 나는 이 모든 일의 책임자가 남편이라는 사실에 두려움으로 몸을 떨었다.

갑자기 구름이 해를 가리고 회색빛 어두움이 하늘을 덮었다. 운동장에 바람이 불기 시작했다. 단 위에 세워 둔 축하 화환들이 바람에 차례로 쓰러지고 있었다. 거센 바람 소리가 위협하듯 귀를 때렸다. 확성기에서 흘러나오는 연이은 축하 메시지들이 더 이상 들리지 않았다. 나는 옛날로 돌아가고 싶었다. 그날의 입학식은 학생들만의 것이 아니었다. 총장도 총장 가족도, 교수들과 그 가족들도, 학부형들도 다함께 입학식을 치른 것이었다. 그 학교의 이름은 광야 대학이자 하나님의 대학, 고난 대학이자 기도 대학, 성령 대학이었다. 진 에드워드는《세 왕 이야기》에서 이런 학교에 대해 말했다.

하나님께서는 학교를 하나 가지고 계십니다. 적은 수의 사람이 입학해서 아주 더 적은 수가 졸업을 합니다. 하나님께서 이 학교를 가지고 계신 이유는 그분께는 깨어진 사람이 필요하기 때문입니다. 그러나 하나님께는 깨어진 사람 대신 여러 종류의 사람들이 있을 뿐입니다. 하나님께서 주신 권위를 가진 자라고 주장하지만 그렇지 않은 사람들, 깨어진 사람이라고 부르짖지만 그렇지 않은 사람들, 그런가 하면 하나님에게서 권위를 받기는 했으나 미처 깨어지지 않은 사람들, 그리고 유감스럽게도 하나님 보시기에 이 모든 것을 요란하게 섞은 잡동사니의 사람들도 있습니다. 그분은 이런 사람들을 넘치도록 가지셨으나, 깨어진 사람은 없으신 것입니다.

순종과 깨어짐을 배우는 하나님의 학교에 학생들이 적은 이유는 그들이 겪어야 할 고통 때문입니다. 종종 고통을 안겨 주는 깨어지지 않은 지도자들—그들도 하나님께서 주권적으로 선택하셨지요—때문이기도 합니다. 다윗은 한때 이 학교의 학생이었고, 사울은 다윗을 깨뜨리기 위해 하나님께서 선택하신 방법, 즉 깨어지지 않은 권위였습니다.

이 광야 대학의 필수 과목은 '궁핍'과 '핍박'이었다. 그것은 선택 과목이 아니었다. 앞으로 우리가 배우게 될 교과서는 하나님께서 선택하실 것이다. 우리는 오직 한 가지, 적은 숫자지만 하나님의 대학을 졸업하는 깨어진 학생들에 속하고 싶었다.

별난 학교의 별난 제도

한동 명예 제도

개교 전부터 학교가 가졌던 꿈들이 하나하나 펼쳐지고 있었다. 유능하고 정직한 인재를 양성하겠다는 비전을 가지고 학생들에게 무감독 양심 시험을 실시하기로 했다. 나 여호와는 심장을 살피며 폐부를 시험하고 각각 그 행위와 그 행실대로 보응하나니(렘 17:10) 양심 시험 제도는 단순히 감독이 없는 시험 제도만이 아니었다. 이 제도는 눈에 보이는 사람뿐 아니라 보이지 않는 하나님 앞에서의 훈련을 위한 것이었다. 남편은 이미 명예 제도를 실시하고 있는 미국 브린모어 대학에 다니는 딸 종민이의 경험담을 진지하게 경청했다. 종민이는 명예 제도를 준비하는 한동대 학생들에게 편지를 보내왔다.

한동대 학생 여러분! 저는 명예 제도(Honor Code)를 실시하는 미국 대학(3년)에 다니는 학생이랍니다. 여러분 중에는 브린모어 대학에 대해 처음 들어 보신 분도 계시겠지만 브린모어 대학생들은 '정직하다'는 보증 평판을 가지고 있기 때문에, 미국 대학원과 기업 사회에 잘 알려져 있습니다. 미국 내의 많은 기업들이 우리 학교 졸업생들을 선호하고, 믿어 준답니다.

여러분도 정직을 바탕으로 하는 무감독 시험 제도가 무척 생소하셨겠죠? 저도 처음에는 우리 학교가 자랑하는 '명예 제도'에 대해 무척 놀랐답니다. 명예 제도는 '무감독 시험'에만 국한된 것이 아닙니다. 이 제도의 목적은 개인의 정직성을 훈련하고, 자신의 행동이 남에게 미치는 영향까지도 책임질 수 있도록 성숙한 인격체를 만드는 것이지요. 공부에 관한 것은 물론, 학생들 사이의 인간관계에서 신뢰가 이루어져야만, 명예 제도가 완성되어 갈 수 있답니다.

명예 제도가 잘못되면, 오히려 없느니만 못하게 되어 버리죠. 그러나 이 제도가 자신에게 얼마나 유익한 것인지 깨닫기만 한다면, 모든 면에서 일생토록 자유한 삶을 살게 됩니다. 자기의 생각과 행동을 양심에 맡기고, 언제나 우리를 지켜보고 계시는 하나님을 의식하고 사는 것이 습관이 된답니다.

명예 제도에 어떤 것들이 적용되는지 궁금하시죠? 언뜻 어려워 보여도 뭐 대단히 힘든 것도 아녜요. 몇 가지만 말씀드리면, 학생으로서 학업에 관련된 것–숙제와 리포트– 등을 친구와 함께 문제를 풀 경우, 그 사실을 옆에 적어 놓죠. 교수님께서 따로 지시하지 않는 한, 실험실에서 측정이나 리포트 작성 역시 각자가 작성하고, 남의 실험 결과를 보고 똑같이 쓰는 일은 없도록 하죠. 또한 '물어보기'를 습관화하는 것이죠. 남의 물건을 쓰고 싶다거나, 숙제를 누구와 함께하고 싶을 때, 항상 그 일과 관련되어 있는 사람(담당 교수 또는 담당 직원)의 허락 아래 이루어지도록 말이죠. 도서관 대출일이 지난 책들, 분실에 따른 벌금, 초과 날짜에 대한 벌금을 스스로 알아서 치르는 것도 또 하나의 신뢰죠.

제가 가장 낯설었던 것은 '교우간의 명예 제도'(Social Honor Code)였답니다. 친구 사이에서 의리니 우정이니 하는 명분으로, 숙제를 빌려 준다거나 시험에서 부정 행위를 보아도 슬쩍 눈을 감아 주는 경우가 있죠. 하지만 진정한 사랑이나 우정은 '눈을 감아 주는' 것이 아니라는 것을 성경은 우리에게 가르쳐 주고 있습니다. 하나님께서는 우리의 죄를 용서하셨습니다. 하지만 그에 대한 마땅한 죄의 값(예수님의 십자가 죽음)을 치르신 후에야 진정한 용서가 우리에게 이루어졌고, 그때부터 우리 삶이 변화되었던 것이죠.

만약 이 '명예 제도'를 위반하는 것을 목격했다면 어떻게 하는 것이 올바른 태도일까요? 이 명예 제도, 믿음과 신뢰의 제도는 남을 존중하는 데 바탕을 두기 때문에, 이 일과 관련되어 있지 않은 친구들과는 이야기해선 안 돼요. 절대 친구의 비밀을 보장해 주어야 합니다. 만약 어느 학생의 행동에 의심이 간다면 그 학생에게 직접 가서,

물어보고 위반했다고 생각되면 교수님께 직접 말하라고 충고해 주죠. 그러나 이것이 이삼 일 내에 이루어지지 않으면, 목격자 자신이 가서 이야기를 할 수밖에 없게 됩니다. 이것이 가장 힘든 부분이지만, 친구의 잘못을 보고 눈을 감아 주면, 그 역시 명예 제도를 위반한 셈이니까 각자의 양심에 맡긴 이 명예 제도는 무너지게 됩니다.

한 가지 꼭 기억해야 할 것은, 남을 존중하는 것을 잊어서는 안 된다는 것입니다. 설령 그 사람에게 물어봐야 하는 상황이 생겼더라도 절대로 공격적으로 나가서는 안 됩니다. 대화는 존중을 바탕으로 서로의 의견 교환과 상황 판단을 위해 이루어져야 합니다. 인신공격이나 '감시원'의 태도를 가지고 임한다면, 공산주의 사회 같은 감시의 상황이 되겠죠. 도움이 필요하다면 중립적인 입장을 가진 상담자에게 도움을 요청할 수도 있습니다. 우리 학교에서는 가끔씩 명예 제도를 어겨서 낙제 점수를 받거나 심하면 퇴학을 당하는 경우도 있지만, 그가 누구인지는 아무도 모릅니다.

참, 이 믿음 제도가 잘 이루어지려면, 중요한 것이 몇 가지 있답니다. 사람의 본능에 대한 이야기입니다. 원래 사람은 유혹을 잘 받습니다. 하지만 하나님께서는 그 유혹을 물리칠 수 있는 능력, 양심도 우리에게 주셨답니다. 유혹을 받지 않으려면 유혹을 받을 만한 상황을 미리 피해야 한다는 것은 아마 기본적인 상식이겠죠.

학교에서의 유혹은 대개 '경쟁심'에서 유발되죠. 경쟁심 때문에 커닝을 하게 되고, 성적을 잘 받으려고 친구의 숙제도 베끼게 되고…. 우리 학교에서는 친구 사이에 시험에 관한 질문은 주고받지 않는다는 무언의 약속이 있습니다. 경쟁심을 갖지 않으려는 것이죠. 오직 시험 결과는 교수님께서 주시는 평균 점수와 자기 점수를 비교하면서 끝납니다. 처음에는 익숙하지 않지만, 습관만 된다면 대학 4년은 물론 대학 졸업 후에도 한동대 학생 여러분은 하나님과 사람들에게서 신뢰를 받게 될 것입니다.

대학의 전통은 첫 입학생들부터 세워 나가야 합니다. 한동의 첫 테이프를 끊는 여러분께서 시작하신 이 명예 제도가 잘 이루어지고, 좀 더 정직하고 깨끗한 삶을 추구하는 것은 우리 예수님이 기뻐하시는 마음이라 생각합니다. 새로운 비전과 꿈을 가지고 새롭게 출발하는 한동대를 위해 저도 기도하겠습니다.

첫 중간 시험, 강의실에서 시험지를 나눠 주면서 어느 교수님이 말했다.

"여러분은 오늘 두 가지 시험을 치르게 됩니다. 한 가지 시험은 하나님 앞에서 행하는 정직성 시험이고 또 하나는 실력 테스트입니다. 하나님께서는 교회에만 계시지 않고 강의실에도 계십니다. 두 가지 시험 모두 잘 보시기 바랍니다."

교수님이 강의실을 나가자, 학생들의 처음 반응은 제 각각 다양했다. 속으로 쾌재를 부르는 학생도 있었다고 했다.

"야! 신난다. 커닝도 실력이니까, 실력 한 번 발휘해 보자!"

하지만 대부분의 학생들은 이렇게 말했다.

"학교에서 시험 볼 때는 고사하고, 심지어 우리 어머니도 방문을 조금 열어 두고 왔다 갔다 하시며 내가 방에서 무엇을 하고 있나를 감시(?)하셨는데! 지금까지 이런 대접을 받아 본 적이 없는 우리가 이 신뢰를 어찌 저버릴 수 있겠어요!"

"무감독 시험은 분명히 유혹이 커요. 공부한 내용인데 가물가물 생각이 나지 않으면, 슬쩍 책을 보고 싶어지는 마음이 간절해져요. 그러나 내 양심의 무게가 이 시험지보다는 무겁다는 생각에 유혹을 견뎌 냈어요."

한동대에 편입한 어떤 학생은 양심 시험 제도에 감동하기도 했다.

"제가 다녔던 학교의 시험 기간에는 축소 복사를 하는 학생들로 복사실은 붐볐어요. 아무런 죄책감 없이 많은 학생들이 커닝을 준비할 때, 정직하게 시험을 치르면 저만 손해를 보는 것 같았어요."

서울에서 포항까지 내려와서 한때 한동대 법학부 학생들에게 강의를 해 주셨던 김일수 교수(고려대)가 남편에게 말했다고 한다.

"한동대 학생들의 답안지는 채점하기가 편합니다. 모르는 문제는 아예 빈 칸으로 비워 두거든요."

이 이야기를 듣고 온 남편은 흐뭇해했다. 미주 한국 신문들과의 인터뷰에서 어느 기자가 허종욱 교수에게 물었다.

"한동대의 자랑거리가 있다면 무엇입니까?"

"양심 시험 제도지요. 채점한 시험 답안지를 학생들에게 나눠 주면서 저는 혹시 채점을 잘못했다면 알려 달라는 말을 합니다. 혹시 점수를 낮게 주지 않았나 걱정하면서요. 그러자 한두 명의 학생이 저를 찾아왔습니다. '교수님, 저한테 점수를 너무 후하게 주셨어요. 제가 답을 잘못 썼는데, 맞다고 점수를 주셨군요.' 그때 저는 솔직히 놀랐습니다."

너희가 죄와 싸우되 아직 피 흘리기까지는 대항치 아니하고(히 12:4)

이웃, 사회 봉사 제도

우리 사회의 입학 시험 제도, 입시 위주의 경쟁 교육은 '이웃'을 지워 버렸다. 친구들은 경쟁자들이요 나를 앞지르지 못하게 하는 대상이 되어 버렸다. 시험 점수에 온몸이 꽁꽁 묶여 있는 우리 청소년들에게는 사춘기라는 것도 없어진 지 오래되었다.

꿈도 낭만도, 자신을 깊이 들여다볼 기회조차 없어진 현실의 교육 풍토를 안타까워하며 한동에서는 '이웃'을 몸소 겪도록 울타리 밖으로 나가는 길을 열었다. 그것이 사회 봉사 활동(Social Work), 근로 의무(Work Duty) 제도다. 어떤 방법으로 누구를 돕든, 사랑과 헌신의 손길을 필요로 하는 곳에서 함께 일하고 도우면서 그들 속에서 자신을 발견하고 삶의 보람을 찾을 수 있도록 의무화한 것이다. 그래서 한동 캠퍼스에는 아름다운 에피소드들이 활짝 피어난다.

에피소드 하나, "형도 고아야?"

선린애육원에서 초등학교 2학년 아이들을 가르치고 있는 한 학생이 들려준 이야기.

"섬김 마당' 축제 때 아이들을 초대하여 생활관 내 방을 구경시켜 주었더니, 종상이가 말했다.

"형도 고아야?"

미안하게도 나는 언제라도 돌아갈 부모님이 계시는 집이 있다. 부모가 아니면 채워 줄 수 없는 사랑의 공백을 가진 아이들! 그래서 잘 삐치는 아이들! 어린 나이에 마음에 상처가 많은 것은 사랑이 부족해서일 것이다. 학교 버스를 놓치지 않으려고 "안녕" 하고 일어서는데, 애들이 조금만 더 있다 가라고 매달린다. 15분 후에 다음 버스가 있는 줄 아는 것이다. 그들은 사랑이 필요하다.

나와 우리 한동대생들이 이곳에서 할 수 있는 것은 무엇일까? 사랑을 나누어 주는 것, 마음의 빈 공간을 채워 주는 것, 그들의 조그만 빈손을 어루만져 주는 것일 것이다. 많은 사람들이 세상의 이런 구석 구석들을 볼 수 있다면 세상은 사랑으로 덮여질 것이다.

나는 지금까지 세상의 많은 부분을 보지 못하고 있었다. 하지만 이곳에서 나는 보았고 느끼고 경험했다. 애육원 아이들을 나는 잊지 못할 것이다. 앞으로 나는 교사가 되어 나를 필요로 하는 아이들에게 작은 힘이 되어 주고 싶다. 이 조그만 아이들이 자라서 올바른 길을 걸으며, 자기들이 받지 못한 사랑이 있는 가정을 이룰 수 있기를 바란다.

에피소드 둘, "어이, 그 친구 감기 다 낫나?"

미국에 살고 있는 어느 분이 학교를 방문했다가 내게 들려주신 이야기다.

나를 안내하는 교수님과 지나가는 학생이 나누는 대화를 듣게 되었습니다.

"어이 김 군, 자네 친구 이 군 감기 다 나았는가?"

"네, 교수님, 감기 약 먹고 이제 많이 좋아졌어요."

학생이 감기 든 것까지 챙기는 교수, 학생이 아프면 약을 사 들고 생활관에 나타나는 교수, 종종 학생들을 집으로 초대해 음식을 해 먹이는 교수! 오병이어 운동을 벌이며 등록금이 어려운 친구를 서로 돕는 사제지간, 학생의 경조사에 달려가는 교수와 학생들! 선배로, 상담자로, 때로는 부모처럼 밤낮없이 수고하는 생활관의 간사들! 뒤에서 수고하는 직원들의 이야기에 저는 신선한 충격을 받았습니다.

어느 교수는 팀 학생들에게 생일이 언제인지 함부로 말해 주지 않는다고 한다. 생일, 연구실 문은 요란스러운 카드로 화려하게 장식되고, 학생들이 새벽부터 몰려와 축가를 부르는 통에, 몸살이 날 지경이라고 행복한 불평(?)을 했다.

"교수님, 연구실 열쇠 좀 주세요."

"교수님, 자동차 열쇠 좀 빌려 주세요"

스승의 날이면, 교수들의 연구실 문은 색색 카드로 덮여지고, 연구실 안은 오색 풍선으로 장식된다. 학생들이 치워 놓은 깨끗하게 정돈된 연구실, 말끔히 씻은 자동차를 보며, 한동대 교수로서 보람과 행복을 느낀다. 학생들이 닦아 온 반들반들 윤기 나는 구두를 신은 교수, 학생들에게 기습적으로 양말을 벗기우고 발 마사지를 받았다는 교수들의 표정은 마냥 즐거운 모습이다.

한동의 성결 서약

한동의 남녀 학생들은 생활관에 살면서 얼굴을 맞대고 공부하며, 매일같이 식당에서 마주치며 산책도 즐긴다. 좋은 친구들을 많이 사귈 수 있는 한동 캠퍼스에서는 건전한 이성 교제가 이뤄지고 흔히 말하는 캠퍼스 커플도 많다.

하지만 한동인이 다른 대학생들과 다른 점은 결혼 전과 그후 평생토록 육체의 순결뿐만 아니라 마음을 구별되게 하나님께 드리자는 다짐으로 성결 서약식을 한다는 점이다. 이것은 젊음의 자유에 족쇄를 채우는 것이 아니라 하나님 앞에 자신을 드리고자 하는 순결의 축제이기도 하다.

혼전 순결을 서약하던 순결 서약은 곧 하나님의 신부로서 영혼과 몸을 성결케 하자는 성결 예식으로 변화되었다. 너희는 스스로 성결케 하라 여호와께서 내일 너희 가운데 기사를 행하시리라(수 3:5)

한동인이 세상을 뒤엎을 것입니다

영어를 가르칠 외국인 교수를 초빙하기 위해 고심하던 남편은 미국 창조과학회의 동역자인 테리 스폰(미국 리버티 대학 생물학 교수) 박사에게 전화를 했다. 생물학 대신 교양 영어를 가르쳐 달라고 부탁하기가 미안했지만 그에게 도움을 청했다. 남편의 간곡한 부탁을 받은 그는 1년 동안 연구년가를 얻어서 한동대에 오기로 했다.

1995년 2월, 스폰 박사는 식구들과 함께 포항 공항에 도착했다. 그의 부인 케이 여사도 영어를 가르쳤고, 부모에게서 홈스쿨 교육을 받기로 한 두 딸, 크리스티(15세)와 사라(12세)도 영어 보조 교사 역할을 단단히 했다. 에메랄드빛의 아름다운 눈과 금발의 십대 소녀들로 캠퍼스는 활기가 넘쳤다. 숫기가 없는 학생들도 망설이지 않고 그들과 잘 어울렸다. 결국 4명의 영어 교사가 생긴 셈이었다.

스폰 교수가 영어 별명을 하나씩 짓자고 말을 꺼내서 학생들은 저마다 좋아하는 별명을 지었다. 조나단, 마이클 조던, 제임스 딘, 비비안 리, 리처드 닉슨, 낸시, 레이건, 데이비드, 조셉, 멜롱 등… 가지각색이었다. 스폰 교수는 유쾌하게 말했다.

"나처럼 유명 인사들을 한꺼번에 한 학급에서 가르치는 교수는 아마 세계에서 없을 겁니다!"

한동에 머물던 1년 동안 학교에서 일어나는 갖가지 이상한 조짐들과 심상치 않은 사건들을 안타깝게 지켜보던 스폰 박사가 떠나면서 말했다.

"프레지던트 김! 힘들지만 하나님께서 주신 비전을 포기하지 말고 끝까지 참고 견디십시오. 앞으로 한동에서 한국을 이끌 지도자들이 쏟아져 나올 것입니다. 나는 그것을 확신합니다. 이들이 한국을 뒤집어엎을 것입니다!"

스폰 박사 이래로 많은 외국인 교수들이 한동에 부임해 왔다. 한 외국인 교수가 말했다.

"신입생들은 처음에는 우리를 피해 다닙니다. 그러나 한 학기만 지나면 우리들이 그들을 피해 다닙니다. 서로 다투어 이야기하려고 하니까요."

공부하는 대학 일단 합격

1995년 5월 30일 MBC 저녁 9시 뉴스에서는, 교육부에서 새롭게 추진하는 교육 개혁안이 발표되고 있었다. 미국의 하버드 대학, 영국의 옥스퍼드 대학, 독일의 함부르크 대학을 소개한 후, 뒤이어 한동대의 교육 프로그램을 자세히 보도했다. 석 달 전에 갓 태어난 한동대가 외국의 명문 대학들과 함께 나란히 소개되다니, 참으로 자랑스러웠다.

며칠 후, 서강 대학에서 열리는 교육부(박영식 장관) 주최의 전국 대학 총장 회의에서 남편은 한동대에서 실시하고 있는 교육 프로그램을 소개했다. 그날 저녁 숙대 이경숙 총장에게서 전화가 왔다.

"오늘 김 총장이 선배 총장님들 앞에서 한동대를 당당하게 소개하는 것을 들으면서 얼마나 자랑스러웠는지… 하나님께 감사드렸어."

공부하는 대학 일단 합격점

도서관, 전산실 주말까지 불야성, 학생들 힘들지만 '진짜 공부' 만족. 개교 한 달이 지난 한동대는 독특한 학사, 교과 운영과 활기찬 분위기 속에서 '대학 무한 경쟁 시대의 총아'로 이미 합격점을 받고 있다. 심야까지 개방되는 도서관과 전산실은 주말에도 밤을 잊은 학생들로 빈 자리가 거의 없다.

전국에서 모인 입학생들이 영어 회화와 컴퓨터, 그리고 원서로 된 교과서들을 놓고 벌이는 전쟁. 그래서 학생들은 자신들을 '한동고 4년생'으로 부르지만 결코 불평이 아니다. "다른 곳에선 상상 못할 여건 속에서 '진짜 공부'의 맛을 만끽하며 다들 가족처럼 지내요." 서울대 가정대에 합격했으나 '색다른 대학'의 유혹 때문에 이곳을 택했다는 한 학생은 한마디로 만족스럽다고 했다.

김석현 기자, 《중앙일보》 1995년 4월 11일자.

새로운 '대학 모델' 시험하는 김영길 총장의 비전

과학자 출신의 총장이 1년여에 걸쳐 '한동대 실험'을 하고 있다. 영어와 컴퓨터에 능통, 평균 연령 37세의 교수진, 무전공 무학과 입학, 담임 교수제, 양심 시험제, 한자 교육 강조…. 그가 내놓은 파격적인 상품들은 시장에서 학부모와 학생들로부터 선풍적 인기를 끌고 있다. 개교 1년여 만에 연고대 수준 버금가는 명문대 대열에 들 정도다. 재교육이 필요 없는 철저하게 실용적인 산업체 인재 양성을 목표로 한동대를 이끄는 김영길 총장의 꿈과 포부는 세계로 '열린 대학'을 지향하는 것이다.

양근만 기자, 《월간조선》 1996년 3월호.

새 이사장을 맞아들이다

어느 날 학교 설립에 노력을 아끼지 않았던 한 분이 남편에게 연락을 해 왔다.

"총장님, 한동대에 앞으로 의과 대학을 세울 계획이 있으시지요? 선린병원 김종원 협동원장님을 한 번 만나 보시지요."

그분과 함께 김종원 선린병원 원장님을 만나고 온 남편이 말했다. 연세(당시 82세)에 비해 퍽 정정하신 김 원장님은 이렇게 말했다고 했다.

"총장님을 만나고 싶었는데, 이렇게 찾아 주셔서 감사합니다. 제 평생의 기도 제목은 지역 사람들에게 양질의 의료 서비스를 제공하고, 의료 혜택을 받지 못하는 오지와 북한에 의료인들을 보내는 것입니다. 선린병원을 한동대에 기증하겠으니, 한동대에 의과대학을 세워 크리스천 의사들을 배출해 주십시오!"

평생 일구어 온 병원을 흔쾌히 기증할 의사를 밝히는 김 원장님의 말에 남편은 물론, 동행했던 그분도 적잖이 놀라는 눈치였다고 했다. 이후 기증 절차가 신속하게 진행되었다.

김 원장님은 사양했지만, 학교 측은 그를 새 이사장으로 적극 추대했다. 1995년 8월, 여름 방학 중에 초대 이사장과 신임 이사장의 이취임식이 있었다. 초대 이사장이 물러가는 것은 참으로 불행한 일이었다. 초대 이사장이 그동안 학교에 쏟아 부은 정성과 물질, 남모르는 애환을 생각하며 우리의 마음은 한없이 착잡하고 서글펐다. 앞으로 한동의 역사를 통해 한동대를 설립하기 위해 노력했던 그의 수고가 헛되지 않았음을 보여 줄 수 있기를 간절히 기도했다.

'하나님, 한동대를 통해 장차 이 나라와 이 민족이 필요한 훌륭한 인재가 배출되게 하소서! 그리하여 설립자에게는 보람을, 하나님께는 영광이 되게 하소서!'

02
보이지 않는 전쟁이 시작되다

총장님, 카페 좀 만들어 주세요

1995년 5월 어느 날, 퇴근한 남편이 느닷없이 말했다.

"학교에 카페를 차리려면 돈이 얼마나 들까?"

"갑자기 웬 카페예요?"

"오늘 낮에 학교 운동장을 지나가는데 학생들이 다가와서 하는 말이 '총장님, 저희는 생활관하고 도서관밖에 갈 데가 없어요. 차도 마시고 음악도 듣고 친구들 하고 이야기할 수 있는 카페 하나 만들어 주세요' 라고 조르더군. '그래서 해보자!' 고 했지."

"돈이 없는데 어떻게 하시려고요?"

"하나님께 기도해야지!"

남편은 신문에서 오려 낸 쪽지 하나를 내밀었다. '중고 응접 세트 이십만 원' 이라고 쓴 광고 쪽지였다.

"내일 이곳을 찾아가 봐요. 나한테 있는 돈으로 몇 세트는 살 수 있을 거야!"

남편은 한창 낭만을 즐길 나이에, 음악과 함께 차 한 잔 마실 곳이 없어 강의실을 맴도는 학생들에게 늘 미안하다고 했다. 학생들의 소박한 소원을 어찌하든 들어주고 싶다고 했다.

다음날 나는 광고 쪽지를 들고 몇몇 교수 부인들과 함께 시내 철도변에 있는 중고 가구점을 찾아갔다. 그러나 그곳의 소파들은 너무 낡아서 앉으면 금방이라도 내려앉을 것만 같았다. 새 건물에는 도무지 어울리지 않는 가구들이었다. 나는 밖으로 나왔다. 헌 가구를 기웃거리는 우리의 형편이 한없이 서글펐다. 구름 한점 없는 푸른 하늘을 올려다보았다.

"하나님, 저 가구들은 도저히 안 되겠어요. 새 가구 살 돈을 좀 주세요!"

곧 여름 방학이 시작되었다. 방학이 끝나면 학생들은 멋진 카페를 기대하며 학교로 돌아오겠지…. 돈은 여전히 생기지 않고, 아무 대책 없이 약속해 버린 남편이 원망스러웠다.

"당신은 공양미 삼백 석을 덜컥 약속한 심청이 아버지 같네요."

남편에게 농담으로 말했지만, 나는 빚진 마음으로 하나님께 간절히 기도했다.

"식언치 않으시는 하나님 아버지! 당신의 아들이 학생들에게 식언하면 되겠습니까! 카페를 만들 수 있도록 돈을 좀 주세요!"

남편의 체면이 깎이면 안 된다는 생각뿐이었다. 하나님의 영광보다 남편의 체면 수습을 위한 기도였다. 마침 우리는 성경 룻기를 읽고 있었다. 젊은 나이에 남편을 잃은 룻! 그는 편하게 살 수 있을 고향 모압으로 가지 않고 시어머니 나오미를 따라 베들레헴에 왔다. 미래는 보장되지 않았지만 '어머니의 하나님이 나의 하나님' 이라는 믿음의 고백과 함께였다. 하지만 그들을 기다리고 있었던 것은 혹심한 기근이었다. 그녀는 시어머니와 자신의 생계를 위해 곡식 이랑에서 농부들이 남겨 둔 낟알을 줍기 시작했다.

나는 룻의 심정을 생각해 보았다. 얼마나 자존심 상했을까? 또 이삭을 줍는 자기의 신세가 얼마나 처량했을까? 그리고 시어머니를 따라온 것을 얼마나 후회했을까? 그런데 어느 날 그녀 앞에 곡식 자루가 쏟아 부어졌다. 그녀 앞에 젊은 보아스가 서 있었다. 룻이 땅에 엎드려 절하며 그에게 이르되 나는 이방 여인이어늘 당신이 어찌하여 내게 은혜를 베푸시며 나를 돌아보시나이까 보아스가 그에게 대답하여 가로되 네 남편이 죽은 후로 네가 시모에게 행한 모든 것과 네 부모와 고국을 떠나 전에 알지 못하던 백성에게로 온 일이 내게 분명히 들렸느니라 여호와께서 네 행한 일을 보응하시기를 원하며 이스라엘의 하나님 여호와께서 그 날개 아래 보호를 받으러 온 네게 온전한 상 주시기를 원하노라(룻 2:10-12) 룻기를 읽으며 나는 울었다.

"하나님! 우리가 어떻게 여기까지 온 줄 잘 아시지 않습니까? 그런데 학생들을 위해 카페 하나도 차리지 못하다니… 우리에게도 보아스를 보내 주세요!"

그때부터 보아스를 보내 달라는 내 기도는 간절해졌다. 우리도 룻처럼 버리는 이삭을 줍기로 했다. 하지만 나는 학교의 가난을 공개적으로 소문 내기 싫었다. 나와 이야기를 나누던 이기복 교수가 온누리교회 성가대실을 찾아가기로 했다.

"버리기 아깝거나 쓰지 않는 소파나 가구가 있다면 우리 학교로 보내 주세요. 우리 학교는 신설 대학이라 가구가 많이 필요하답니다."

새벽 기도 때마다 늘 한동대를 위해 기도해 주던 눈치 빠른 성가대원들이 적극적으로 나섰다. 얼마 되지 않아 세 트럭 분의 가구가 학교에 도착했다. 마침 포항에서 짐을 싣고 올라간 화물 트럭을 수소문해서 절반 값에 싣고 올 수 있었다. 가구뿐만 아니라 운송료까지 보내 주신 분도 계셨다.

빈 강의실을 청소해 놓고 가구들을 맞이했다. 비교적 덜 낡은 가구들은 출입구 쪽에 놓았다. 정리가 다 되자 남편은 지나가는 학생들을 불렀다.

"여러분, 카페가 다 준비 되었으니, 들어와요!"

학생들이 실망하면 어쩌나 나는 마음이 조마조마했다. 카페를 둘러보는 학생들의 표정이 묘했다. 그러더니 그들은 머리를 숙여 정중하게 인사했다.

"총장님, 교수님, 그리고 사모님들 감사합니다."

나는 그 학생들의 얼굴을 차마 바로 쳐다볼 수 없었다. 새삼스레 방을 둘러보았다. 마치 총 천연색 중고 가구 전시장 같았다. 요즘 신세대 학생들 마음에 들리 없었다. 하지만 무언가 해 주고 싶어 하는 우리들의 마음을 그들은 알고 있었다. 가난할수록 자녀 중에 부모 심정을 아는 효자가 많다고 했던가!

얼마 후, 채플에 설교하러 오신 유진소 목사님(현재 로스앤젤레스 온누리교회)께 이 이야기를 했다.

"하나님께서는 어제나 오늘이나 영원토록 동일하십니다. 룻에게 보아스를 보내 주신 하나님께서 한동대에도 보아스를 보내 주실 겁니다. 저도 기도할게요."

그는 우리를 격려했다. 얼마 후, 유 목사님에게서 전화가 왔다.

"권사님! 드디어 보아스가 나타났습니다. 제가 그분들을 모시고 가겠습니다."

며칠 지나서 유 목사님은 젊은 부부와 함께 우리 집을 방문했다. 부인은 낯이 익었다.

"사모님, 저예요! 저를 기억하시겠어요?"

나는 그를 금방 알아보았다. 몇 년 전 나와 함께 성경 공부를 했던 기독실업인회(CBMC)의 성인숙 집사(강호규 사장의 부인)였다.

"아니, 집사님이! 어떻게 여기를?"

우리는 잠시 말을 잇지 못했다. 나는 조용하고 사려 깊은 성 집사를 늘 기억하고 있었다.

"사모님, 얼굴이 왜 이리 상하셨어요?"

몰라보게 초췌한 내 모습에 성 집사는 한눈에 우리의 고통을 읽었나 보다.

"사모님, 저희는 학교를 돌아보며 말할 수 없는 감동을 받았어요. 학생들의 얼굴들이 어쩌면 그렇게 순수할까요?"

이런 이야기를 들을 때마다 나는 부족한 나의 기도를 들어주신 하나님께 감사하며 말할 수 없는 기쁨을 느낀다. 때때로 나는 두 팔을 번쩍 들고 왕 같은 제사장이 되어 한동 학생들을 축복하는 기도를 드리곤 한다.

"하나님! 우리 한동인을 하나님의 거룩의 영으로 덮어 주세요. 이들이 이 세대를 본받지 않고 오직 마음을 새롭게 함으로 변화를 받아 하나님의 선하시고 기뻐하시고 온전하신 뜻이 무엇인지 분별(롬 12:2)할 줄 아는 청년들이 되게 해 주세요. 또한 하나님의 영광의 영으로 한동대를 덮어 주세요. 학교를 방문하는 사람은 누구든지 하나님의 임재하심을 느끼게 주세요."

내 손을 꼭 잡으며 성 집사는 말했다.

"사모님, 카페 만드세요. 저희가 돕겠습니다."

'아, 하나님! 이렇게 응답해 주시다니요! 감사합니다.'

그들 부부는 6개월 전 간암으로 돌아가신 친정 아버님에게서 유산을 받았다고 했다. 부친은 성미전자 고(故) 성운량 회장이셨는데, 그가 생전에 가족들도 모르게 가난한 이들에게 장학금도 주었다는 사실을 장례식에 찾아온 조문객들에게서 비로소 들었노라고 덧붙였다. 그들 부부는 유산 가운데 일부를 도움이 필요한 사람들과 나누고 싶었는데, 마침 이 이야기를 들은 유 목사님이 한동대 카페 후원을 부탁하셨다고 했다.

그들을 포항 공항까지 바래다주면서, 나는 후원금이 얼마나 될지 속으로 몇 번이나 묻고 싶었지만 차마 묻지 못하고 헤어졌다. 일주일 후 서울에서 우리는 다시 만났다. 이번에는 어머님과 그의 남동생도 함께였다. 한참 이야기를 나누던 나는 더 이상 참지 못하고, 옆에 앉은 성 집사에게 살짝 물어보았다.

"집사님, 얼마를 주실 건데요?"

"사모님, 20억 원입니다."

나는 내 귀를 의심했다. 놀라서 가슴이 다 뛰었다. 맞은편에 앉은 남편은 이 사실을 모른 채 한동의 비전을 열심히 이야기하고 있었다. 이 놀라운 이야기를 남편에게 전할 도리가 없었다. 처음에는 유산의 일부만 기부하려 했던 그들 부부는 시간이 갈수록 마음이 점점 더 뜨거워졌다고 한다. 한동대 이야기를 들은 동생들도 기꺼이 동참하겠다고 나섰다고 성 집사는 말했다.

"아버님이 주신 유산으로 더 넓은 아파트에서 더 좋은 자동차를 타고 좀 더 편하게 살 수는 있겠지요. 하지만 저희는 재산보다 더 값진 아버님의 정신적 유산을 물려받기로 했습니다."

그들을 현관에서 전송하자마자 나는 남편에게 말했다.

"여보! 얼만 줄 아세요? 20억 원이에요! 20억 원! 하나님께서 낟알을 셀 수 없는 곡식 자루를 우리 앞에 쏟아 부으셨어요! 우리에게도 마침내 보아스를 보내주셨어요!"

남편도 나처럼 놀라움과 감격을 감추지 못했다.

"할렐루야! 아! 하나님 감사합니다! 그런데 여보! 이 돈으로 우리는 먼저 채플을 지어야 해. 하나님의 대학에 교회가 먼저 세워져야지. 물론 카페도 옆에 짓고… 지금쯤 그분들이 집에 도착할 시간이니, 지금 당장 전화하십시다."

자정이 넘은 시간인데도 남편은 나를 재촉했다. 하는 수 없이 나는 그들 집으로 전화를 넣었다. 그들도 대환영이었다. 한동 채플과 카페가 탄생되는 순간이었다. 그날 밤 우리는 설레는 마음으로 잠을 이루지 못했다.

하나님의 말씀은 흔들리지 않는 "잘 박힌 못"과 같아서(전 12:11) 시대나 사람을 초월하여 변함없이 신실하시다. 처음에 우리는 2천만 원 정도만 있으면 좋겠다고 생각했다. 그런데 20억 원이라니! 우리 생각의 몇 배인가? 하나님께서는 우리 필요를 우리보다 더 잘 아시고 기대와 상상을 초월하여 예비하신 것이다.

여름 방학이 지나고 학생들이 학교로 돌아왔다. 남편은 이 기쁜 소식을 학생들에게 빨리 알리고 싶어 했다. 고맙게도 성 집사 부부는 이 일을 신속하게 진행해 주었다. 9월 초 채플 시간, 기증서를 전달하기 위해 강호규 사장은 건축 설계를 맡을 최동규 소장(성인건축)을 모시고 학생들 앞에 섰다. 강 사장이 말했다.

"여러분, 저는 대학(연세대) 4년 동안 데모만 하다 졸업했습니다. 저는 기독교 정신을 철저히 심어 주는 한동대에 다니는 여러분이 부럽습니다. 대학 시절 기독 동아리 회원이었지만, 한 번도 성경을 읽은 적이 없습니다. 한 번이라도 성경을 제대로 읽었다면 제 인생은 좀 더 달라졌을지도 모르죠. 저는 비로소 몇 년 전에 예수님을 저의 구주로 영접했습니다. 여기 제 옆에 서 계시는 최 소장님이 기독실업인회에 저를 초청해 주셔서 신앙 생활을 다시 시작하게 되었지요. 그런데 바로 그날의 초청 강사가 여러분의 김영길 총장님이셨습니다. 지금 이 자리에 그때의 세 사람이 나란히 서 있군요. 이런 자리에서 이렇게 다시 만나다니, 하나님의 섭리는 우연이 없고 참으로 놀랍습니다."

성 집사 부부는 현금 20억 원을 곧바로 송금했다. 성운량 회장의 호를 따서 건물의 이름을 '효암채플'이라 이름 지었다. 너희가 내 괴로움에 함께 참예하였으니 잘하였도다… 너희의 준 것을 받음으로 내가 풍족하니 이는 받으실 만한 향기로운 제물이요 하나님을 기쁘시게 한 것이라 나의 하나님이 그리스도 예수 안에서 영광 가운데 그 풍성한 대로 너희 모든 쓸 것을 채우시리라(빌 4:14–19)

엉뚱하게 쓰여진 20억 원

시숙과 시어머님에 뒤이어 심신이 병약하던 시누이와 시아버님마저 차례로 돌아가셨다. 우리는 욥처럼 2년 사이에 사랑하는 가족 네 분을 한꺼번에 잃어버린 것이다. 시아버님을 잃고 상(喪) 중에 있는 우리에게 또 한 번 놀라운 소식이 전해졌다. 우리에겐 슬퍼할 여유조차 허락되지 않는 것 같았다.

"총장님, 10월 말에 20억 원 어음이 돌아옵니다. … 갚지 못하면 학교가 부도 납니다."

그 즈음 학교 안팎에는 재정난이 심각한 한동대를 시립대학화하라는 목소리가 일부에서 나오기 시작했다. 시립대학이 된다면 '하나님의 대학 한동대'라는 학교의 정체성을 지킬 수 없을 뿐만 아니라 하나님의 대학이라는 이유로 세상의 명문대를 포기하고 입학한 400명 학생들의 장래는 어떻게 되는 것인가! 남편은 그때까지 학교 재정이 어떻게 돌아가는지 전혀 아는바가 없었다. 하지만 이제는 한동대의 정체성을 지키기 위해 학교의 재정을 끌고 가야만 하는 무거운 짐을 짊어져야 했다.

가을이 되자 교정에는 코스모스며 소국이며 아름다운 꽃들이 여기저기 활짝 피어났다. 하지만 우리는 자연의 아름다움을 누릴 새가 없었다. 시간이 흘러갈수록 1996년 신입생을 위해서 하루빨리 새 생활관을 착공해야 한다는 초조함이 남편의 마음을 짓누르고 있었다. 해는 눈에 띄게 짧아지는데, 학교는 건물을 지을 형편도 못 되고, 그렇다고 돈이 마련될 때까지 마냥 기다릴 수도 없었다. 남편은 통 잠을 이루지 못했다.

그러던 어느 날 남편은 마침내 결단한 듯, '금과 은의 주인이 하나님' 이신 것을 믿으며 건축을 시작하겠다고 했다. 하지만 나는 건축비를 갚지 못하면 남편에게 큰 어려움이 닥칠지도 모른다는 두려움이 앞섰다. 보이지 않는 길을 따라가는 새로운 모험이 또다시 시작되었다. 다행히도 P건설 회사가 생활관 공사를 맡아 주었다. 하지만 너무 늦게 시작한 탓에, 아무리 서둘러도 다음 해 3월 신입생들이 입주하기는 힘들다는 통보를 받았다. 게다가 김종원 새 이사장의 교육부 승인이 어쩐 일인지 지연되고 있었다. 설상가상으로 우리 힘으로는 도저히 마련할 수 없는 20억 원 어음 만기일은 점차 다가오고 있었다. 남편의 고뇌는 날로 깊어만 갔다. 지친 모습으로 퇴근한 남편이 말했다.

"오늘이 어음 만기일이었는데, 효암채플 기금 20억 원을 담보로 18억 원을 융자 받아 가까스로 어음을 막았소."

나는 절망감으로 끝내 울음을 터트렸다.

"결국 우리는 성 집사 가족에게 엄청난 빚을 지고 말았군요. 지금 한동대를 시립화하겠다고 야단들인데, 채플 기부금이 그렇게 없어져 버리면, 이제 그들을 어떻게 보겠어요!"

내 절규에 남편이 침통하게 말했다.

"다른 방법이 없었잖소. 당신마저 이러면 나도 머리가 돌 것 같소…."

남편의 말에 나는 움찔했다. 그제야 나보다 남편이 훨씬 고통스러우리라는 데 생각이 미쳤다. 나는 울음을 속으로 삼켰다. 잠시 후 남편이 말했다.

"살아 계신 하나님께서는 한동대에 부도가 나서 관선 이사가 파견되는 일이 절대 없도록 하실 거요."

엉뚱하게 쓰여진 20억 원 이야기를 전해 들은 성 집사 부부는 오히려 남편을 위로해 주었다.

"총장님! 너무 걱정하지 마십시오. 어차피 학교를 위해 하나님께 드린 것입니다. 저도 사업하는 사람이라 처음에는 생각이 많았지요. 건축이 시작될 때까지 그 돈을 은행에 예금해 두면 이자만 해도 큰 돈인데, 뭐에 씌운 듯 급히 학교로 송금했던 것은 아마 이때를 위함이었던 것 같습니다. 저희가 포항에 처음 갔을 때 권사님의 여윈 얼굴을 보고 집사람이, '저분들이 뭐가 아쉬워서 저 고생을 하겠느냐' 며 하루라도 빨리 송금하라고 제게 성화였거든요."

이제와 생각해 보니 채플 기부금과 어음 액수가 정확하게 일치하는 것도 묘했다. 이 20억 원은 우리 힘으로 어찌할 수 없는 사건에 대해 하나님께서 예비하셨던 여호와 이레의 증거였다. 그런데 문제는 엉뚱한 데서 터졌다. 지역 신문에는 '김영길 총장 20억 원 기부금 유용으로 공금 횡령' 이라는 기사가 등장했다. 고발 전쟁의 신호탄이었다.

이사회 열리기까지 단 하루

그 기사와 함께 학교와 총장을 정면으로 비방하는 성명서가 몇몇 지역 신문 사회면을 장식하기 시작했다. 시간이 갈수록 공격의 강도도 높아만 갔다. 선린병원을 통째로 기증하고도 터무니없는 공격을 받고 있던 김종원 원장님이 말했다.

"총장님, 어떻게 그렇게 늘 웃고 다닐 수 있습니까? 요즈음 저는 하루에도 수없이 하나님께 기도만 드립니다."

이사장 선임 절차를 위한 이사회를 이틀 앞둔 저녁, 선린병원 측에서 남편을 찾는 전화가 왔다.

"총장님, 요즘 김 협동 원장님의 심려가 너무 크셔서 식사도 못하시고 잠도 제대로 주무시지 못합니다. 그래서 저희들이 원장님께 이사장직을 사퇴하시도록 권유했습니다. 총장님께서 법인 이사님들 중에서 기독교 대학으로 이끌어 가실 분을 다시 추천하시면 저희도 적극 지지하겠습니다."

통화 내용을 남편에게서 전해 들은 나는 온몸에 힘이 다 빠져나가는 듯했다. 하루 만에 누구를 새 이사장으로 모실 수 있다는 말인가! 학교를 맡을 새 이사장을 주시도록 그토록 기도했건만, 하나님께서는 침묵만 하고 계셨다. 그때 전화벨이 또 울렸다. 몇 분 전에 퇴근한 김 기사였다.

"총장님! 퇴근길에 술 취한 오토바이가 제 차에 뛰어들어 사고가 났습니다. 다친 사람을 입원시켰는데 다행히 생명엔 지장이 없다고 합니다."

'아! 하나님 어찌하여 이 밤은 이토록 놀라운 일들만 생기는지요….'

창 밖을 내다보았다. 바다는 칠흑같이 어두웠다. 정신없이 뛰어다닌 나날들이 스쳐 지나갔다. 어음이니 부도니 관선 이사 파견이니 시립대학이니 우리에겐 모두 낯선 말이었다. 지금 이 순간 우리는 무엇을 어떻게 해야 하는가? 앞이 보이지 않았다. 학교는 장차 어떻게 될 것인가? 앞으로 우리 학생들의 장래는? 그리고 교수들은…? 우리는 둘 다 한참 동안 멍하니 앉아 있었다.

누가 한동대 이사장이 되든지 김 원장님과 같은 수모와 공격을 당할 게 뻔했다. 더구나 김 원장님의 갑작스러운 이사장 사퇴 소식이 밖으로 알려진다면? 아무리 생각해 보아도 현재 학교의 부채와 앞으로의 재정을 책임질 사람은 아무도 없었다. 법인 이사 가운데 우리가 부탁할 분은 하용조 목사님뿐이었다. 밤 11시가 넘었지만, 남편은 전화를 걸었다.

"목사님, 한동대의 미래와 학생들의 장래가 달린 문제입니다. 한동대의 정체성을 지키기 위해서 목사님께서 이사장이 되어 주십시오. 모레 이사회가 열리기 전에, 결정하셔야 합니다."

남편의 간곡한 부탁에 목사님은 간절히 기도해 주셨다.

"하나님! 풍전등화 같은 위기의 한동대를 살려 주소서!"

이사회가 열리기까지 남은 시간은 이제 겨우 하루뿐. 한동호는 침몰하느냐 회생하느냐의 기로에 서 있었다. 우리 부부는 잠을 이룰 수 없었다. 뜬눈으로 밤을 새운 우리는 새벽에 일어나 학교 기도실로 향했다. 자동차 불빛이 비추는 낯익은 풍경들이 낯설게 보였다. 파도 소리만 새벽의 고요를 깨우는데, 나도 모르게 쉴 새 없이 눈물이 흘러내렸다. 학교 앞 마을과 논밭도 단잠에 취해 있었다. 불이 꺼진 생활관. 저곳에 우리 학생들이 평화로운 잠에 빠져 있으리라! 우리가 이 새벽에 기도실로 달려와 부르짖는 사연을 깊이 잠든 학생들이 알 리 있으랴! 우리는 캄캄한 기도실에서 두 손을 번쩍 들고 하나님께 눈물로 기도했다.

"하나님! 한동대를 살려 주소서! 교수들과 학생들의 장래를 인도해 주소서! 주님이 우리 모두를 이곳으로 불러 주시지 않았습니까?"

새벽의 냉기마저 느껴지지 않았다. 히스기야가 낯을 벽으로 향하고 여호와께 기도하여 가로되 여호와여 구하오니 내가 진실과 전심으로 주 앞에 행하며 주의 보시기에 선하게 행한 것을 기억하옵소서 하고 심히 통곡하더라(왕하 20:2 –3)

한 달 동안의 안식

하루 종일 마음 졸이며 기다렸지만 하 목사님에게서는 아무 소식이 없었다. 밤 9시가 넘었을 때 전화가 울렸다. 기다리던 하 목사님의 밝은 목소리였다.

"장로님 내외분의 간절한 기도를 하나님께서 들으셨나 봅니다. 마침내 어느 분이 학교를 돕겠다고 하셨습니다."

"아! 하나님 만세, 감사합니다!"

이제 한동대는 가라앉지 않는구나! 광풍을 비껴가는구나! 왕의 조상 다윗의 하나님 여호와의 말씀이 내가 네 기도를 들었고 네 눈물을 보았노라(왕하 20:5)

그렇게 해서 하용조 목사님은 졸지에 한동대 제2대 이사장이 되었다. 누구도 예측 못한 일이었다. 하지만 안도의 숨을 쉰 것도 잠시. 하 목사님의 간곡한 부탁을 받고 학교를 돕기로 했던 그 기업가에게 발신인 불명의 우편물들이 수차례 전달되었다. 뜻밖의 상황에 곤혹스러워하던 그분은 학교를 지원하려던 모든 계획을 백지화하고 말았다. 결국 하용조 목사님 홀로 한동대의 무거운 짐을 맡게 된 것이다.

우리는 이 환난의 소용돌이 속에 하나님께서 개입하고 계신다는 것도 잊은 채, 목사님마저 곤란한 처지로 몰고 간 자책감에 괴로워했다. 하지만 정작 목사님은 누구도 원망하지 않고 담담히 말했다.

"총장님, 제가 하나님 앞에 회개할 것이 있습니다. 제가 하나님보다 사람을 더 의지했던 것 같습니다. 저를 잘 아시는 하나님께서 제가 의지하던 안전 발판을 빼 버리셨습니다. 이제부터 철저히 하나님만 의지하라는 뜻이지요."

그 기업가의 재정 지원 약속이 없었더라면 하 목사님은 한동대 이사장이 되었을 리 없다. 하나님께서 하 목사님을 한동대 이사장으로 세우시기 위해 잠시 그 기업가를 쓰셨다고 생각했다. 잠시나마 학교의 돈 걱정에서 자유로웠던 '한 달 동안의 안식'을 우리는 하나님께 감사했다. 하나님께서는 우리 눈에 보이지 않고 이해할 수 없는 방법을 다 가지고 계시는 분이시다. 여호와의 말씀에 내 생각은 너희 생각과 다르며 내 길은 너희 길과 달라서 하늘이 땅보다 높음같이 내 길은 너희 길보다 높으며 내 생각은 너희 생각보다 높으니라(사 55:8-9) 한동호는 또다시 앞이 보이지 않는 광풍 속의 항해를 계속했다.

하나님 일에는 공짜가 없어요

아무리 서둘러도 생활관 2호관의 완공이 어렵게 되자, 하 이사장과 남편은 두 달이면 완공할 수 있다는 철근 건축물로 외국인 교수 게스트 하우스를 짓고, 그 건물을 한 학기 동안 학생들 생활관으로 사용하기로 했다. 이상욱(온누리교회 장로, 경도건축 사무소) 소장이 무료로 설계를 맡아 주었다.

하지만 좀처럼 건축 허가가 떨어지지 않았다. 연말 연휴를 제하면 시간이 너무 촉박했다. 할 수 없이 학교는 대지 정지 작업을 시작했다. 이 때문에 하 이사장과 이상욱 소장은 건축법 위반으로 형사 고발을 당했다. 결국 이 소장은 한 달 동안 업무 정지 처분을 받았고, 하 목사님은 벌금을 물어야 했다. 미안해하는 우리를 이 소장은 오히려 위로해 주었다.

"총장님! 조금도 염려 마세요. 우리 회사는 아무 지장이 없습니다. 이상하게도 정지 처분 받기 한 달 전에 설계 의뢰가 한꺼번에 쏟아져 들어와서, 한 달 동안 더 바쁘게 지냈습니다. 하나님께서 미리 아셨던 거지요. 게다가 그 사이에 큰 프로젝트를 맡게 되었습니다. 하나님 일에는 공짜가 없습니다."

그런 우여곡절 끝에 가까스로 게스트 하우스 마감 공사를 끝낼 수 있었다. 공학관 맞은편 언덕 위에 세워진 게스트 하우스의 철근 건축물은 내구성이나 디자인도 여느 건물에 비해 손색이 없었다.

그곳에 입주한 학생들은 아파트에 살게 되었다며 좋아라 했다. 그렇게 노력했음에도 여전히 방이 모자랐다. 하는 수 없이 학생관 2층을 임시로 개조해서 생활관으로 사용하기로 했다. 하지만 이 일로 남편은 또다시 형사 고발을 당했다.

고발 전쟁의 시작

정신을 차릴 새도 없이 어음이 돌아오기 시작했다. 언제, 무엇에, 어떻게 쓰여졌는지도 모르는 어음이었다. 남편은 줄곧 휴대폰을 들고 살다시피 했다. P사의 어음 16억 원에 대해 한 달 동안의 지불 연기를 겨우 얻어 내고 한숨 돌리려는데, 은행 마감 시간 직전 P사의 자금 담당 전무에게서 전화가 걸려 왔다.

"총장님, 저도 이해할 수 없는 일이 벌어졌습니다. 갑자기 결정이 번복되었습니다. 어음을 돌리라는 윗분의 지시가 있었습니다. 저로선 어찌할 수 없군요. 죄송하게 됐습니다."

마침 함께 있던 하 목사님과 남편은 망연자실했다. 2시간 안에 16억 원을 마련하지 못하면 학교는 1차 부도 처리가 된다고 했다. 그 다음엔 학교에 관선 이사가 파견되고… 이 시나리오는 여전히 우리를 위협했다.

뜻밖의 상황에, 두 사람은 개교할 당시의 교육부 예치금 10억 원이 은행에 아직도 예금되어 있다는 것을 알아냈다. 16억 원의 어음을 갚아야 할 은행과 같은 은행이라는 사실도 또 하나의 우연이었다. 그 돈을 쓰려면 이사회와 교육부의 허가를 받아야 했지만, 다급한 나머지 사후 승인을 받기로 하고 그 돈을 쓰기로 했다. 학교가 부도가 나는 판에 절차를 챙길 시간적 여유가 없었던 것이다. 나머지 6억 원이 문제였다. 그 순간 하 이사장은 며칠 전, 미국의 한 기업가에게서 받은 전화 한 통을 기억해 냈다.

"목사님, 신설 대학 이사장이라는 중책을 맡으셨더군요. 제가 한국에서 사업을 시작하려고 예금한 돈이 있는데, 한 달 동안은 무이자로 융통해 드릴 수 있으니 필요하시면 연락을 주십시오."

또 다른 우연이었다. 그렇게 해서 이튿날 어음 16억 원을 모두 막을 수 있었다. 하지만 시내에는 한동대가 부도난다는 소문이 파다하게 퍼졌다. 게다가 하 이사장과 남편은 이사회의 결의를 거치지 않고 예치금을 썼다는 이유로 또다시 형사 고발을 당했다. 항간에서는 '돈도 없는 총장이 국제적인 대학'을 만들려 한다고 비웃는 소리도 들려왔다. 산발랏이 우리가 성을 건축한다 함을 듣고 크게 분노하여 유다 사람을 비웃으며 자기 형제들과 사마리아 군대 앞에서 말하여 가로되 이 미약한 유다 사람들의 하는 일이 무엇인가, 스스로 견고케 하려는가, 제사를 드리려는가, 하루에 필역하려는가, 소화된 돌을 흙 무더기에서 다시 일으키려는가 하고 암몬 사람 도비야는 곁에 섰다가 가로되 저들의 건축하는 성벽은 여우가 올라가도 곧 무너지리라 하더라(느 4:1-3)

공격당하는 온누리교회

선린병원 김 원장님을 공격하던 화살이 온누리교회와 하 목사님을 향해 날아오기 시작했다. '온누리교회를 사랑하는 성도 모임' 이라는 발신인 미상의 괴 편지들이 교인들의 집집마다 배달되었다. 하 목사님을 원색적으로 비방하는 열한 차례의 흑색 편지는 전국의 목회자들과 장로들에게도 '빠른우편' 으로 우송되었다. 남편과 한동대를 비방하는 투서들이 관계 기관과 지역 유지들에게도 우송되었다고 했다.

급기야 하 목사님도 검찰에 소환되었다. 보이지 않는 세력들이 갖은 방법을 동원해 공격해 왔지만 하 이사장과 남편은 침묵했다. 초대 교회가 핍박을 받자 영적 부흥이 일어났듯이, 이 일로 인해 온누리교회에는 새벽 기도의 불길이 더욱 뜨겁게 일어나기 시작했다. 하나님 여호와께 부르짖어 가로되 여호와여 강한 자와 약한 자 사이에는 주밖에 도와줄 이가 없사오니 우리 하나님 여호와여 우리를 도우소서 우리가 주를 의지하오며 주의 이름을 의탁하옵고 이 많은 무리를 치러 왔나이다 여호와여 주는 우리 하나님이시오니 원컨대 사람으로 주를 이기지 못하게 하옵소서(대하 14:11)

하 목사님은 어음을 정신없이 막아 나갔다. 놀랍게도 학교의 긴급한 상황을 피할 수 있도록 돈을 융통해 주는 분들이 때맞추어 나타났다. 하지만 우리는 하 목사님을 옆에서 바라보기가 점점 민망해졌다. 어느 날, 목사님이 다녀가신 후, 우리 집 책상 위의 메모지에는 '자연인 하용조? 목사 하용조?' 라는 낙서가 남아 있었다. 한동대 이사장으로서의 막중한 재정적 책임이 얼마나 무거웠으면! 병약한 목사님을 이 환난의 소용돌이 속으로 끌어들인 장본인인 우리는 죄인의 심정으로 전처럼 마음 편히 교회에 갈 수도 없었다. 그러던 어느 주일 당회가 열렸다. 하 목사님은 무겁게 입을 열었다.

"한동대는 하나님께서 세우신 대학임을 저는 분명히 확신하며 한동대를 돕는 일은 하나님께서 기뻐하시는 일이라고 믿습니다. 재정적 위기에 처한 한동대는 지금 가장 도움을 필요로 하고 있습니다. 도움이란 가장 절실할 때 도와주어야 보람 있지 않겠습니까?"

수차례 회의를 거듭한 끝에 온누리교회가 그 당시의 상당한 한동대의 부채를 떠맡기로 했다는 소식을 듣고 나는 안도의 한숨을 내쉬었다. 그러나 내 마음은 한없이 위축되었다. 그런 나에게 남편이 말했다.

"한동대와 함께하시는 하나님의 증거들을 그동안 수없이 보아 오지 않았소? 두고 보시오. 존경받는 지도자가 필요한 우리 나라에 이제 머지않아 한동대 졸업생들이 사회 각계각층에서 영향력을 발휘하게 될 날이 올 거요. 건물은 수십 년 지나면 다 낡아 버리지만, 한 사람의 탁월한 지도자는 그 나라와 그 시대를 바로 세울 것이오. 국내외 학생들을 각 분야에서 하나님의 사람으로 훈련하고 양성하는 한동대의 사명은 조국의 장래를 위한 것이오.

미국을 위시한 세계 교육의 역사를 보면 많은 교회들이 기독교 학교를 세우고 적극적으로 후원해 주었소. 그래서 기독교 학교가 세속화되지 않고 본래 기독 신앙의 정체성을 지켜 나갈 수 있었소. 그러나 근래에는 교회가 그렇게 하지 못하는 것이 아쉽소. 대부분의 기독교 대학들이 학생 등록금을 주 재원으로 하기 위해 학생수를 증가시키는 경우가 많기 때문에 전인 교육을 소홀히 하고 있어요. 학교 재정 문제를 해결하는 가장 쉬운 방법은 학생수를 늘리면 되겠지만, 나는 대학 교육은 경영도 중요하지만 참된 전인 교육이 더 중요하다고 생각한다오. 한동대를 도와준 온누리교회는 우리 나라 기독교 대학 교육의 정상화에 새로운 본을 보여 주고 있소. 또한 하나님의 역사 속에 길이길이 큰 긍지와 보람으로 남을 것을 나는 믿어요."

그렇게 늘 확신에 찬 남편을 보며 하 목사님이 말했다.

"장로님은 어려운 일은 기억에서 다 잊어버리고 항상 긍정적인 것만 기억하시니, 내가 만난 사람 중에서 자존감이 가장 건강한 사람 중에 한 분입니다."

03 고난 속의 행진

마른 땅에 잔디를

개교 후 첫 겨울 방학을 맞았다. 매서운 바닷바람이 몸을 움츠리게 했지만, 학생들이 있는 교정은 여전히 활기가 넘쳐났다. 이번 방학에도 많은 학생들이 공부를 더하겠다고 집에 가지 않고 학교에 남았다. 교수들은 학생들의 향학열에 만족해했다.

입시철이 되자 집으로 간 학생들도 학교 일을 돕겠다고 하나 둘씩 학교로 돌아왔다. 학생들이 있는 캠퍼스는 지난해의 입시 풍경과는 사뭇 달랐다. 학교 안팎으로는 어수선한 일들이 벌어지고 있었음에도 학생들은 후배들을 맞이한다는 설렘으로 자원해서 학교 일을 도왔다. 입시 상담 안내 전화도 친절하게 받고 서로 머리를 맞대고 기발한 계획들도 짜내는 모습에 나는 가슴이 벅찼다.

면접일, 서울 경기 지역 입시 지원생들을 태운 십여 대의 수송 버스에는 재학생 도우미 학생들이 동승했다. 새벽부터의 장거리 여행을 지루하지 않게 하려는 학생들의 배려였다. 지원생들의 긴장을 풀어 주고, 학교 자랑에 여념이 없는 그들은 가장 설득력 있는 한동대 홍보 요원이었다.

"하나님의 대학 '한동대' 에 지원하신 여러분을 한동인 모두 환영합니다."

학교 입구에 걸려 있는 현수막이 마치 손을 흔들듯이 바람에 펄럭이며 입시생들을 환영했다. 덩그러니 건물 네 동뿐이었지만 마치 매머드 캠퍼스를 안내하듯 깃발을 들고 앞장서서 자연과학동, 공학동, 생활관, 학생관(식당) 등을 안내하는 학생들은 진지하고 당당했다. 재치 있는 넌센스 퀴즈로 면접생들의 긴장을 풀어 주는가 하면 채플에서는 예일대 음대 졸업생으로 구성된 실내 악단 소마트리오의 챔버 음악 콘서트가 열렸다. 학교 카페에서는 학부형들과 입시생들에게 따뜻한 차를 대접하기도 했다. 기도실에서는 학부형들의 기도 소리가 멈추지 않았다. 한 학생이 학부모들과 수험생들 앞에서 짧은 연설을 했다.

"여러분! 100년 전, 하나님께서는 우리 나라를 축복하셔서 선교사를 통해 복음을 전해 주셨습니다. 그로부터 100년이 지난 지금, 하나님께서는 우리 나라를 사랑하셔서 또 하나의 새로운 일을 시작하셨습니다. 21세기의 문턱에서 하나님의 대학, 한동대를 세우신 일입니다. 세상을 변화시키려는 꿈을 가진 교수님과 학생 들이 한동에 모였습니다.

우리 학교는 돈도 없습니다. 역경과 고난도 많습니다. 하지만 한동대는 공부하는 대학입니다! 우리는 스스로를 '한동고 4학년' 이라고 부릅니다. 한동대의 주인은 예수 그리스도이시며, 하나님의 방법을 배우는 대학입니다. 공부하는 목적이 자신만을 위한 것이라면 여러분은 굳이 우리 학교를 선택할 필요가 없습니다. 한 손에는 복음을 한 손에는 전공 지식을 가지고 세상을 변화시키려는 꿈과 비전을 가진 분들은 우리 학교로 오십시오. 여러분을 초청합니다!"

면접 일정이 거의 끝나갈 무렵, 뉘엿뉘엿 석양이 지는 한동 언덕에 겨울 햇살이 비추고 있었다. 차가운 바람에 옷깃을 여미며 면접을 끝내고 돌아가는 후배들을 향해 1학년 선배들은 두 팔을 벌려 축복의 노래를 불러 주었다.

"너는 택한 족속이요 왕 같은 제사장이며 거룩한 나라 하나님의 소유된 백성 … 너의 영혼 통해, 큰 영광 받으실 하나님을 찬양, 오, 할렐루야!"

잔디밭 비전 광장

유난히 바람 많은 한동의 겨울 캠퍼스를 학생들은 '폭풍의 언덕'이라 불렀다. 그날도 학교를 찾아온 수험생과 학부모 들을 환영하듯 한바탕 먼지바람이 불었다. '잔디밭이 있으면 이렇게 흙먼지가 일지 않을 텐데….' 그때 마침 유강로 감독(유진소 목사님의 아버지)이 내 옆을 지나가고 있었다. 유 감독은 학교의 궂은 일을 마다하지 않는, 학생들의 인기를 한 몸에 받고 있는 한동 식구였다. 학생들은 그를 유 집사님이라고 불렀다.

"유 감독님! 이곳에 잔디를 깔려면 돈이 얼마쯤 들까요?"

"땅이 약 800평쯤 되니, 아마 천만 원은 들 겁니다."

"여기에 잔디가 있으면, 먼지가 덜 나겠지요? 잔디밭을 깔도록 하나님께 부탁드려야겠어요."

그날 오후 누군가 나를 찾고 있다는 연락이 왔다.

"권사님, 오전에 운동장을 지나다가 두 분께서 이야기하시는 것을 우연히 듣게 되었어요. 하나님께서 제게 그 잔디를 깔라는 생각을 줄곧 주셔서요. 그 기회를 제게 주시면 감사하겠습니다."

남덕자 권사(온누리교회)였다. 하필이면 그 순간, 그곳을 지나가며 우리 이야기를 듣다니…. 나는 너무나 고마운 마음에 그의 손을 덥석 잡았다. 그리고 하나님께도 꾸벅 절하며 감사를 드렸다.

"아! 하나님, 감사합니다. 제 소원을 이처럼 빨리 들어주시다니요!"

여름이 오면 학생들이 파란 잔디밭을 보게 되겠구나, 나는 마음이 부풀어 올랐다. 여호와를 기뻐하라 저가 네 마음의 소원을 이루어 주시리로다(시 37:4)

이른 봄, 유 감독은 물이 잘 빠지도록 배수 시설을 한 후 잔디 띠를 심었다. 맨

살을 드러냈던 땅이 옷을 입고 있었다. 잦은 봄비에 파란 윤기를 내며 잔디는 하루가 다르게 자라났다. 학생들은 그곳을 '비전 광장'이라 이름 지었다. 유 감독 부부는 시간만 나면 잔디에 물을 주고 잡초를 뽑았다. 유난히 가물었던 여름이라 사람도 아껴 쓰는 물을 그들은 밤에 나와 잔디밭에 몰래 주곤 했다. 잔디에 쏟았던 그분들의 정성을 익히 알고 있는 학생들은 감히 잔디밭을 밟고 다니지 못했다.

어느 날 학교를 방문한 손님이 넓고 휑한 학교 교정을 둘러보며 말했다.

"이렇게 넓은 캠퍼스에 나무를 심으려면 돈이 무척 많이 들겠어요."

얼마 후 그분에게서 전화가 왔다.

"친구가 청주에서 철쭉 묘목 농장을 하는데, 한동대에서 원하는 만큼 철쭉을 뽑아 가라고 합니다. 큰 트럭을 가지고 와서 마음껏 뽑아 가세요."

유 감독 일행은 트럭이 내려앉을 만큼 나무를 포개고 또 포개어 트럭 한 가득 철쭉 묘목을 싣고 왔다. 한 트럭 분의 묘목도 넓은 교정에는 간 곳이 없었다. 하지만 해가 갈수록 봄이 되면 분홍, 빨강, 흰색의 꽃들이 흐드러지게 피어나서 한동대를 사랑하는 분들의 마음을 아름답게 전해 주고 있다.

결코 포기하지 마세요 Never give up

어느새 두 번째 입학식을 치르게 되었다. 우리의 감회는 지난해와 또 달랐다. 축사를 하기 위해 단상에 서신 김선도 목사님(광림교회)은 두 장의 종이를 들고 한 종이를 움켜쥐어 구겼다가 펴고, 또 한 종이는 차곡차곡 접었다가 펴 보이면서 말했다.

"저는 한동대의 근본 이념과 교육 내용을 듣고 가장 기뻐한 사람 중의 한 사람입니다. 이 구겨진 종이와 잘 접혀진 종이를 비교해 보십시오. 잘 접혀진 종이는 얼마든지 유용하게 칸칸이 쓰일 수 있습니다. 성경은 여호와를 경외하는 것이 지식의 근본이어늘 미련한 자는 지혜와 훈계를 멸시하느니라(잠 1:7)고 말하고 있습니다. 지식의 근본이신 하나님을 모르는 학문은 쓸모가 없는 이 구겨진 종이와 같습니다. 바른 윤리관에 기초를 두지 않은 지식은 오히려 해가 될 수 있습니다. 여러분은 무엇을 위해 무엇 때문에 공부해야 하는가에 대한 근본적인 질문을 자기 자신에게 먼저 해야 합니다. 학문의 목적, 올바른 가치관과 윤리관을 가르치는 대학이 드뭅니다. 하지만 한동대는 다릅니다. 여러분은 한동대에서 그 해답을 찾으며 공부할 것입니다. 여러분은 현명한 선택을 했습니다. 여러분, 결코 포기하지 마십시오. 한동대는 하나님께서 함께하시는 대학입니다. Never give up! Never give up! Never, never, never!!"

물이 안 나와요!

한동대를 공격하는 표면적인 이유는 한동대가 지나치게 기독교적이어서 선교사 양성 대학으로 변질되었다는 것과, 지역 학생들이 마음놓고 입학할 수 있는 학생 정원 만 명 이상을 수용하는 대학으로 전환해야 한다는 것이었다.

학생수는 교육부의 허락 없이 학교 마음대로 정할 수 없는 사항이었으며, 이 말은 갓 태어난 아기를 순식간에 몸집이 큰 어른으로 키우라는 말처럼 들렸다. 남편은 앞으로 몇 년 후면 우리 나라 대학 정원수와 학생의 비율이 크게 낮아져 지방 대학은 미달 사태가 벌어질 것이라고 예측하면서, 우리 나라에도 질적으로 내실 있고 특성화된 지방 명문 대학들이 많이 생겨야 한다고 말했다. 하지만 몇몇 인사들의 위압적인 공세는 모든 시민을 대변하는 것처럼 보였다.

그들은 김영길 총장과 하용조 이사장은 특정 종교에 치우쳐서 한동대의 설립 이념을 변질시킨다는 성명서를 발표했다. 게다가 그 당시 몇몇 지역 언론은 일방적인 정보만으로 왜곡된 보도를 하고 있었다. 한동대는 지역에서 철저하게 따돌림을 당하는 것 같았다. 바로와 그 신하들이 백성에 대하여 마음이 변하여 가로되 우리가 어찌하여 이같이 하여 이스라엘을 우리를 섬김에서 놓아 보내었는고 하고 바로가 곧 그 병거를 갖추고 그 백성을 데리고 갈새 특별 병거 육백 승

(乘)과 애굽의 모든 병거를 발하니 장관들이 다 거느렸더라(출 14:5-7)

학교 안에도 심상찮은 분위기가 감돌았다. 학교 안에도 밖의 목소리를 따르는 움직임이 일어나기 시작했다. 학교 본관 로비는 농성장이 되었고, 평화롭던 학교는 전쟁터처럼 살벌해져 갔다. 두 번째 입학식을 치른 며칠 후, 봄은 아직도 먼 곳에 있는 듯 바닷바람이 쌀쌀한 이른 아침, 집으로 전화가 걸려 왔다.

"총장님, 큰일났습니다. 어젯밤부터 학교에 물이 나오지 않습니다. 전기도 끊겼습니다. 8백 명이 넘는 학생들 아침을 준비해야 하는데, 겨우 150명 분밖에 준비하지 못했습니다."

전화기를 내려놓는 남편의 얼굴이 처참하게 일그러졌다. 전교생이 생활하고 있는 생활관에, 전기가 끊기고 수도 공급이 중단되었다는 것이다. 설마 했던 일이 기어코 터지고 만 거였다.

"나 한 사람 고통당하는 것은 참을 수 있지만, 학생들까지…."

남편은 말을 잇지 못했다. 창가에 선 남편의 뺨에 눈물이 흘러내렸다. 무심한 동해 바다는 아침 햇살을 받아 눈부시게 반짝이고 있었다. 개교를 하느냐 마느냐 했던 갈림길에서도, 자신을 향한 무자비한 인신공격에도 그는 이처럼 고통스러워하진 않았다. 그런데 지금 아무것도 모르는 사랑하는 학생들까지 겪어야 하는 고통에, 그는 굵은 눈물 방울을 말없이 떨구고 있었다. 그는 아침도 거른 채 황망히 집을 나섰다. 학생들이 굶고 있다는데 아침상이 눈에 보일 리 없었다.

학교에 도착해 보니 학교의 모든 급수와 난방, 전기 배선이 집결되어 있는 동력실의 기계 시설이 모두 멎어 있었다. 전문 기술자가 아니면 해독하기가 어려워 기계 장치를 복구하는 것은 쉽지 않다고 했다. 기계공학부 교수들이 기계 구조를 파악하는 데도 꽤 많은 시간이 걸린다는 것이었다.

학생들에게는 아침 식사로 빵과 우유를 배급하고 급수차가 와서 점심은 국수로 대신했다. 생활관 방마다 생수를 넣어 주었지만 이제부터가 문제였다. 시간이 가면서 화장실에서부터 강의실과 복도까지 배어 나오는 고약한 냄새는 앞으로의 어려움을 극명하게 말해 주고 있었다.

세수도 하지 못한 채 경황없는 아침을 맞게 된 학생들은 조금도 동요하지 않고 강의실로 향했고, 교수들도 평상시와 다름없이 수업을 진행했다. 기계과 교수들은 급수를 재개하기 위해 하루 종일 모든 노력을 쏟고 있었다. 정신없는 참담한 하루가 지나갔다. 남편이 침통한 목소리로 말했다.

"아무래도 정수 시설을 시공한 회사를 찾아야겠는데…, 그 회사를 찾도록 하나님께 기도합시다."

그때 갑자기 내 머릿속에 떠오르는 한 사람이 있었다. 얼마 전 포항 북부교회의 성가대 수련회 강사로 초청받았던 나는 좀 일찍 교회에 도착했었다. 그때 한 남자가 내게 다가와 말을 건넸다.

"한동대 총장님 사모님이시죠? 처음 뵙겠습니다. 요즘 학교 일로 얼마나 마음고생이 많으십니까? 총장님께서 이렇게 고생을 하시니 참으로 마음이 아픕니다."

따뜻한 인사를 건네며, 그는 말을 계속했다.

"사모님, 저도 한동대와 무관하지 않습니다. 저는 덴마크 수도 정수 회사 그런포스펌프(주)의 지사장입니다. 2년 전 저희 회사에서 한동대의 정수 시설 공사를 맡았었지요. 각별한 정성으로 지하 물탱크 시설을 했기 때문에, 여간 가물어도 학교에 물 걱정은 하지 않으셔도 될 겁니다."

그의 얼굴은 떠올랐지만 나는 그의 이름조차 모르고 있었다. 어떻게 그를 찾아야 할지 난감했다. 하지만 그때 우리가 이야기하는 장면을 지켜본 사람이 있었음을 기억해 냈다. 그 교회 성가 대원이었던, 총장 비서실에 있는 박남주 양이었다. 밤 11시가 넘어 가까스로 그와 연락이 닿았다.

"오늘 밤은 너무 늦었으니, 내일 도와주시면 감사하겠습니다."

"총장님, 지금 당장 가 보겠습니다. 학생들이 고생하고 있는데 내일까지 기다릴 수 없지요."

그가 바로 정희정 사장이다.

자정이 가까운 늦은 밤, 이웃의 이기복 교수와 함께 나는 학교로 갔다. 기계과 교수들에게 정 사장을 소개하기 위해서였다. 학교로 향하는 밤길에 가랑비가 부슬부슬 내렸다. 비에 젖은 아스팔트가 불빛에 번쩍거렸다. 어쩌다가 학교가 이런 지경까지 이르렀는지, 자꾸만 눈시울이 젖어 왔다. 학교에 소요를 일으키고 있는 사람들 눈에 띌까 봐, 자동차 미등만 켠 채 이 교수는 천천히 차를 몰았다. 짙은 어둠이 우리의 긴장과 두려움조차 삼켜 버린 듯했다.

먼저 도착한 정 사장이 동력실 안으로 들어가고, 우리는 가슴 졸이며 차 안에서 그를 기다리고 있었다. 그때 갑자기 저 모퉁이에서 시커먼 그림자 두 개가 나타났다. 그림자는 점점 이쪽으로 가까이 오고 있었다. 우리는 눈을 크게 뜨고 숨을 죽인 채 어둠 속을 뚫어지게 바라보았다. 이 밤중에 누가…. 그림자 주인공들도 우리를 보자 깜짝 놀랐다.

"아니 이 밤중에 교수님과 사모님이 여기 어쩐 일이세요?"

"너희들은 웬 일이니?"

"이 친구랑 산에서… 용변을 보려고…. 다른 데 가야겠어요."

학생들의 손에는 화장지가 들려 있었다. 참고 있던 눈물이 왈칵 쏟아졌다. 이런 상황을 그저 묵묵히 참아 주고 있는 학생들이 안쓰럽고 고마웠다.

한참 후, 동력실 기계를 살펴보고 나온 정 사장이 말했다.

"아무래도 내일 대구에서 전문 기술자를 불러와야겠어요. 물탱크엔 물이 한 방울도 없습니다. 며칠 전부터 탱크에 물이 들어가지 않은 것 같습니다. 탱크에 물이 차서 정수를 하려면 시간이 좀 걸릴 것 같습니다."

이튿날 남편은 학생들에게 이렇게 말했다.

"여러분! 유감스럽게도 여러분이 이토록 불편을 겪는 불행한 일이 학교에 일어났습니다. 더구나 갓 입학한 신입생들은 얼마나 놀랐습니까? 총장인 제가 어떤 고통을 겪더라도, 또 어떤 책임을 감수하더라도 최선을 다해 이 문제를 해결하겠습니다. 여러분이 불편을 겪는 것을 생각하면 참으로 마음이 아픕니다."

남편은 그만 목이 메어 말을 끝맺지 못했다. 학생들도 훌쩍이기 시작했다. 나는 남편도 학생들도 안쓰러워 가슴이 아팠다. 그렇지만 학생들은 오히려 남편을 위로해 주는 게 아닌가.

"총장님, 총장님께 무슨 일이 일어나는 것을 원치 않습니다! 저희는 참을 수 있어요."

물이 나오지 않아 제일 먼저 난리가 난 곳은 화장실이었다. 단수 이틀 째, 향기롭지 못한 냄새가 캠퍼스 곳곳에 퍼졌다. 생활관은 물론 학교 건물의 모든 화장실이 도저히 더 사용할 수 없을 만큼 가득 찼다. 외국인 교수들은 혹시 전염병이 돌까 염려했고, 복도에서 마주치면 늘 웃으며 인사말을 건네던 학생들이 고개만 까딱하고 입을 열지 않았다.

"어이, 자네들 갑자기 벙어리가 됐나?"

"입 벌리면 똥 냄새가 들어와요. 그래서 입을 다물고 인사하는 겁니다."

학생들 사이에서는 그 사이 터득한 화장실 사용 비법이 발 빠르게 전해졌다.

"어느 층의 화장실이 비교적 덜 쌓였니?"

"몇 층 몇 번째가 그래도 덜 찼어. 참, 일 볼 때 각도를 잘 맞추어야 해."

몇몇 학생들은 자전거를 타고 학교 앞 마을 곡강리에 가서 세수를 하고 오기도 했다. 마을 사람들은 친절하게도 3월이라도 아직 춥다면서 세숫물을 따뜻하게 데워 주었다고 했다. 급한김에 사이다로 양치했다는 학생이 있는가 하면, 학교와 가까운 대중목욕탕은 한동대 여학생들로 만원을 이루었다.

이튿날 새벽, 정 사장은 대구에서 기술자들을 데리고 왔다. 그날 오후 드디어 동력실의 엔진이 돌아가고 배수관에 물 흐르는 소리가 들리더니, 얼마 지나지 않아 메말라 있던 수도꼭지에서 물이 쏟아져 나오기 시작했다. 현장에 있던 교수들과 학생들은 환호성을 질렀다. 단수된 지 36시간 만이었다. 광야에서 물이 없어 고통당하던 이스라엘 백성들을 위해 모세가 반석을 치자 물이 콸콸 솟았듯이, 드디어 한동의 광야에도 물이 쏟아져 나오기 시작한 것이었다. 이 일이 있기 보름 전 정 사장과의 만남은 우연이 아닌, 이때를 위한 '여호와 이레' 였다. 우리의 도움은 천지를 지으신 여호와의 이름에 있도다(시 124:8)

사랑하는 한동인의 아빠 총장님!

개강을 한 지 벌써 3주가 지났습니다. 후배가 생기고 새로운 과목을 공부하며 여러 가지로 바쁜 나날들이었습니다. 저는 한동대에 와서 직접 간섭하시는 하나님의 손길을 느끼고 체험하고 있습니다. 지난 한 해는 우리 95학번 400명 가족만 살아서 캠퍼스가 좀 쓸쓸하기도 했었지만, 서로 깊이 정이 들었습니다. 지나고 보니 저희들은 총장님과 교수님들의 사랑을 너무 독차지한 것 같습니다. 서로 위해 기도하고, 시간을 나누고, 아름다운 추억들을 많이 만든 한 해였습니다. 저희들은 1학년 때의 그 소중한 기억들을 결코 잊지 못할 것입니다.

총장님 웃으세요. 총장님의 함박웃음을 보고 싶어요. 총장님! 많이 힘드시고 지치시리라는 것, 저희들 잘 알고 있어요. 하지만 총장님! 총장님과 저희들은 이 엄청난 하나님의 사역에 동참했다는 것만으로도 감사드려야 할 것 같아요. 하나님께서는 이 어려움을 통해 저희들을 더 정(淨)하게 빚으실 것입니다. 저희가 주님만 의지하고 나아간다면, 주님께서 귀히 쓰시는 강한 용사가 되리라 믿습니다.

물이 안 나오던 날, 총장님께서 마음이 많이 아프시다고 하셨지요. 저희는 총장님께서 모든 걸 다 책임지실 터이니 사람을 부르든지 해서 물이 나오게 하겠다고 말씀하셨을 때, 저희 마음도 아팠습니다. 총장님! 저희는 물보다 총장님이 더 중요해요. 왜냐하면 우리 한동 가족의 아빠시니까요. 한 번 아빠는 그 가족이 존재하는 한 영원하다는 거 아시지요? 여호수아가 전쟁에 나가 싸울 때 기도하는 자들이 뒤에 있었던 것처럼, 총장님 뒤에는 기도하는 한동인들이 있음을 잊지 마세요. 누가 우리를 그리스도의 사랑에서 끊으리요 환난이나 곤고나 핍박이나 기근이나 적신이나 위협이나 칼이랴 기록된바 우리가 종일 주를 위하여 죽임을 당케 되며 도살할 양같이 여김을 받았나이다 함과 같으니라 그러나 이 모든 일에 우리를 사랑하시는 이로 말미암아 우리가 넉넉히 이기느니라(롬 8:35-37)

총장님을 사랑하는 한동인 드림.

쑥스럽지만 총장님께 꼭 편지를 쓰고 싶었어요. 입학한 지 일주일이 조금 지났는데 많이 달라진 것은 학교에 대한 저의 마음입니다. 지금까지 12년 동안 다닌 학교에서는 느끼지 못했어요. 입학한 지 겨우 일주일이지만 진정으로 학교를 사랑하는 마음을 갖게 되었습니다. 비록 지금 학교가 어려움에 처해 있지만, 그 어려움조차 하나님께 감사드립니다. 이런 일을 통해 안일하고 방종해지기 쉬운 우리들을 하나로 단결시키시고, 주님께서 세우신 우리 학교를 더욱 사랑하는 마음 갖게 하셔서 하나님께 감사드리고 싶습니다.

저는 하나님께서 저희 한동대를 세우셨고 그리고 지키신다고 믿습니다. 그러기에 저희들은 이런 어려움에 결코 좌절하지 않아요. 환난 가운데 더욱 하나님을 의지하시는 총장님의 모습을 하나님께서는 더욱 사랑하실 것입니다. 총장님 이하 훌륭한 여러 교수님들과 사랑을 보여 주시는 선배님들, 다른 학교에서는 볼 수 없는 모습들입니다. 저는 한동인이 된 것이 너무나 자랑스럽습니다. 하나님께서 총장님의 힘이 되시겠지만, 주위의 많은 분들이 학교와 총장님을 위해서 기도하고 있음을 아시고, 총장님께서 힘을 내셨으면 합니다. 하나님 보시기에 선하고 아름다운 학교가 되도록 늘 지도하고 인도해 주십시오. 주님의 평안과 은혜와 사랑이 총장님께 늘 함께하시길 기도합니다. 여호와께서 집을 세우지 아니하시면 세우는 자의 수고가 헛되며 여호와께서 성을 지키지 아니하시면 파수꾼의 경성함이 허사로다(시 127:1)

한동 신입생 올림.

파수꾼이 된 학생들

단수 사건을 계기로 학교에는 '응급조치'가 취해졌다. 학생들의 면학을 방해하는 어떤 집회나 활동도 학교 내에서 할 수 없도록 하는 법적 제재였다. 살벌하던 학교 교정에는 오랜만에 평온이 찾아왔다. 학생들은 빗자루와 젖은 걸레를 들고 벽과 창문에 어지럽게 붙은 벽보들을 말끔히 떼어 냈다.

기계제어(시스템)공학부 학생들은 언제 또다시 이런 일이 일어날지 모른다면서 조를 짜서 교대로 동력실을 지키기 시작했다. 교수들도 수시로 동력실에 들러 학생들에게 기계 작동 원리를 가르쳐 주었다. 학생들은 공부하랴 학교 시설을 관리하랴 바빴다. 남편은 하루에도 몇 차례 동력실을 찾았다.

"자네들 참으로 수고하네. 고생스럽지?"

"총장님! 저희들 염려는 마세요. 오히려 재미있습니다. 3학년 때 배울 기계공학 실습을 미리 해서 좋아요. 저희들의 노력으로 친구들이 온수를 공급받고, 따뜻한 생활관에서 잠을 잘 수 있다고 생각하니 마음이 뿌듯해요."

동력실을 지키던 정성인(기계제어공학부 95학번) 군이 말했다. 느헤미야가 무너진 예루살렘의 성벽을 쌓을 때 한 손에 쟁기를, 또 한 손에는 병기를 들고 성벽 재건을 방해하는 자들을 방어했듯이, 교수와 학생들은 한마음으로 학교의 어려움을 헤쳐 나갔다. 우리가 우리 하나님께 기도하며 저희를 인하여 파수꾼을 두어 주야로 방비하는데… 너희는 저희를 두려워 말고 지극히 크시고 두려우신 주를 기억하고 너희 형제와 자녀와 아내와 집을 위하여 싸우라… 성을 건축하는 자와 담부하는 자는 다 각각 한 손으로 일을 하며 한 손에는 병기를 잡았는데… 밤에는 우리를 위하여 파수하겠고 낮에는 역사하리라(느 4장)

학부모 기도회의 탄생

단수 소식이 알려진 후, 어느 날 전국의 학부모들이 학교로 속속 모여들었다. 이미 학교를 비방하는 발신인 미상의 괴편지들을 받았던 학부모들은 '하나님의 이름' 으로 세워진 대학에 닥치는 여러 가지 시련들을 이상하게 여기지 않았다. 한 학부모는 말씀으로 위로해 주었다. 의를 위하여 핍박을 받은 자는 복이 있나니 천국이 저희 것임이라 나를 인하여 너희를 욕하고 핍박하고 거짓으로 너희를 거스려 모든 악한 말을 할 때에는 너희에게 복이 있나니 기뻐하고 즐거워하라 하늘에서 너희의 상이 큼이라 너희 전에 있던 선지자들을 이같이 핍박하였느니라(마 5:10-12)

또 한 학부모가 남편에게 물었다.

"총장님, 학교가 어렵고 총장님을 이토록 공격해도, 설마 학생들을 두고 학교를 떠나시진 않겠지요?"

"하나님의 허락 없이 어찌 제 마음대로 떠날 수 있겠습니까?"

학부형들은 눈물로 뜨거운 기립 박수를 보냈다. 남편은 어린아이처럼 흐르는 눈물을 옷소매로 닦았다. 학교의 단수 사건으로 전국에 90여 개의 '한동대 학부모 기도회'가 탄생했다. '보물이 있는 곳에 마음'이 있듯이, 소중한 자녀가 다니는 학교의 어려움을 서로 나누며 기도하기로 했다는 것이었다. 학교를 위해, 또한 총장이 지쳐서 주저앉지 않도록 중보하는 학부모 기도회가 있는 대학은 세계 어디에도 찾아볼 수 없을 것이다.

때문에 한동 가족은 한동인이라는 것에 자부심을 가졌다. 썩지 않고 더럽지 않고 쇠하지 아니하는 '하나님'의 기업을 잇게(벧전 1:4)하는 한동인이 된 것을 자랑스러워한다. 예수 그리스도의 피로 혈육보다 더 가까운 동반자들이 광야에 함께 있다는 것에 우리는 새 힘을 얻었고, 사나운 풍랑으로 인해 한동호는 더 빨리 항해하고 있었다. 이와 같이 우리 많은 사람이 그리스도 안에서 한 몸이 되어 서로 지체가 되었느니라(롬 12:5)

한동의 동역자들

세계 곳곳에는 하나님의 대학, 한동대와 동역하는 사람들이 많이 있다. 김경회 선생은 국제통화기금(IMF)에서 25년 동안 근무하다가 이화여대 총장 비서실장으로 내정되어 귀국했으나, 그곳 일은 잠깐이었고 얼마 지나지 않아 한동대 생활관 관장으로 부임해 왔다. 그녀는 정년 퇴임하기까지 7년 동안, 집을 떠난 학생들의 따뜻한 어머니로서 인성 교육의 기치를 내건 생활관 교육의 기틀을 마련했다. 서동찬(서울대 정치과 졸업, 현재 타타르 선교사) 씨는 영국에서 한동대의 출범 소식을 듣고 때맞추어 한동에 나타났다. 미국 유학 준비 중에 있던 김휘준(서울대 교육학과 졸업, 현재 청년 사역자) 씨도 계획을 잠시 미루고 한동대로 왔다.

이들은 첫 입학생들의 선배가 되어 생활관 사감으로서 때로는 상담자로서 학생들을 섬기며, 그들의 손길이 필요한 학교 일에 몸을 아끼지 않았다. 그들의 뒤를 이어 H건설에 근무하던 최상락(서울대 건축과 졸업) 씨도 회사를 그만두고, 한동인들에게 인생의 황금기 한 토막을 헌신한 후 T국 선교사로 떠났다. 하나님께서 주신 재능을 하나님의 일에 멋지게 사용한 청년들이었다. 우리는 그의 만드신바라 그리스도 예수 안에서 선한 일을 위하여 지으심을 받은 자니 이 일은 하나님이 전에 예비하사 우리로 그 가운데서 행하게 하려 하심이니라(엡 2:10)

먹구름이 몰려오듯 어려운 일들이 여기저기서 터지기 시작하던 개교 이듬해 첫 월요일, 온통 흰 눈으로 덮여 있는 학교 캠퍼스를 자정이 넘은 시간에 찾아온 손님이 있었다. 앞으로 1년 동안 한동대를 위해 중보 기도를 하겠다고 오신 분이었다. 그 이후, 그분은 매주 월요일 저녁이면 어김없이 학교 본관 기도실에 나타났다. 오후 5시에 서울을 떠나 밤 11시쯤 포항에 도착하는 그분과 함께 몇몇 교수 부인들과 나는 학교 본관 4층 기도실로 올라갔다. 학교에 아무 연고도 없는 분이 기도하기 위해 서울에서 여기까지 오는데, 당사자인 우리들이 기도하지 않을 수 없었다. 동트는 무렵, 철야 기도를 마치면 그분은 우리의 만류를 뿌리친 채, 새벽 버스로 다시 서울로 떠나곤 했다. 그분의 순례 행진은 눈이 오나 비가 오나 한 주일도 거르지 않고 1년 동안 계속되었다.

입에서 김이 날 정도로 추운 한겨울엔 석유난로를 피워 놓고 기도실의 찬 기운을 이겨 내며, 모포를 뒤집어쓰고 하나님께 부르짖었다. 무더운 여름 날씨엔 달려드는 모기를 쫓느라 모기향을 피워 놓고 기도했다. 기도는 노동이라고 했던가. 기도실 바닥은 눈물과 땀으로 얼룩지곤 했다.

그분이 홍정옥 권사(온누리교회)이다. 홍 권사는 그렇게 하나님과의 약속을 신실하게 지켰다.

"이 모든 것이 제 힘이 아니었지요. 제가 그 약속을 지킬 수 있도록 1년을 붙들어 주시고 축복해 주신 하나님께 감사를 드립니다. 오히려 1년 동안 하나님께서 저를 축복해 주신 증거들이 너무도 많답니다."

식탁, 냉장고 심지어 탁자 위에도 한동대 기도 제목을 써 놓고, 이를 기도하지 않으면 몸이 아프다는 임희자 권사님(충주 신촌교회), 책임감과 성실함으로 기도 제목을 일일이 수첩에 적어 가며 성실하게 기도해 주시는 김영예 사모와 진선녀 권사는 우리의 귀한 중보자이다. 이 밖에도 초창기 한동의 재정이 어려움을 알고 후원해 준 많은 분들이 있다. 첼로 레슨을 하면서 한동대 후원금을 마련한 정현애 권사, 하나님께서 원하시는 곳에 헌금을 하고자 틈틈이 모아 온 선교헌금을 통째로 주신 장윤자 권사(영락교회), 유신애 의사(삼성의료원), 정호균 박사(삼성전자), 한동을 후원했다가 나중에 학부모까지 된 남상만 회장, 오황해 권사(두레교회), 토성회 성경 공부 회원들 등 초창기에 재정이 극도로 어려웠던 시절 한동대를 도왔던 많은 분들의 이름은 학교 곳곳에서 빛나고 있다.

아말렉과의 전투에서 모세의 손을 아론과 훌이 들어 주었듯이 이들의 기도와 헌신이 없었다면 우리의 손은 지쳐서 이미 내려왔을 것이다. 여호수아가 모세의 말대로 행하여 아말렉과 싸우고 모세와 아론과 훌은 산꼭대기에 올라가서 모세가 손을 들면 이스라엘이 이기고 손을 내리면 아말렉이 이기더니 모세의 팔이 피곤하매 그들이 돌을 가져다가 모세의 아래에 놓아 그로 그 위에 앉게 하고 아론과 훌이 하나는 이편에서, 하나는 저편에서 모세의 손을 붙들어 올렸더니 그 손이 해가 지도록 내려오지 아니한지라(출 17:10-12)

공격의 표적

1996년 3월 말, 이사회가 열리던 날, 며칠 전부터 심상찮은 일이 터질 조짐이 여기저기 보였다. 주민들이 학교로 몰려온다는 소문이 무성했다. 공격의 표적은 늘 그렇듯 남편이었다. 그날 동해 바다의 하늘은 무겁게 가라앉아 있었다. 나는 비가 오기를 간절히 기도했다. 산천이 겨울 가뭄으로 메말라 있었기 때문만은 아니었다. 만약 비가 온다면 하나님께서 우리의 편이라는 징표가 될 것 같았다.

만일 재앙이나 난리나 견책이나 온역이나 기근이 우리에게 임하면 주의 이름이 이 전에 있으니 우리가 이 전 앞과 주의 앞에 서서 이 환난 가운데서 주께 부르짖은즉 들으시고 구원하시리라 하였나이다… 우리를 치러 오는 이 큰 무리를 우리가 대적할 능력이 없고 어떻게 할 줄도 알지 못하옵고 오직 주만 바라보나이다(대하 20:9-12)

"하나님, 오늘 무서운 일이 벌어질지 모릅니다. 비를 펑펑 쏟아 부어 주세요!"

그런데 아침부터 흩뿌리던 안개비가 차츰 빗발이 굵어지더니 어느새 장대비로 변했다. '오, 하나님! 우리 편이 되어 주시는군요! 감사합니다. 감사합니다.' 집에서 점심 식사를 마친 하 목사님과 남편이 학교로 막 출발하려는데, 비서실에서 전화가 왔다.

"총장님, 조금 전부터 정체불명의 청년들이 학교로 하나 둘씩 모여들기 시작했어요. 아무래도 분위기가 심상찮습니다. 총장님 승용차를 타시지 말고 김 기사 지프로 오시는 게 좋을 것 같습니다."

빗발은 더욱 굵어져서 사정없이 땅을 두들기고 있었다. 폭포같이 쏟아 붓는 빗속에서 워키토키를 든 괴청년들이 학교 입구에서 수배 차량을 찾듯 연신 교신을 하고 있었다. 쏟아지는 비 때문에 차 안의 사람을 분간할 수 없었다. 지프는 학생회관을 돌아서 본관 뒷문에 도착했다. 현관에서는 괴청년들이 기세등등하게 이사장과 총장을 기다리고 있었다. 두 사람은 서쪽 문을 통해 무사히 회의실로 들어갔다. 무슨 첩보 영화의 한 장면 같았다. 시간이 갈수록 본관 현관의 분위기는 살벌해졌다.

오후 2시쯤 학교 본관에는 학생들이 하나 둘 모여들기 시작하더니 차례로 복도와 계단에 겹겹이 앉았다. 마치 몸으로 바리케이드를 만들려는 것 같았다. 이게 무슨 일인가 싶어 물어보니 만일의 사태를 대비해서 지난밤 생활관에 모여 전략을 짰다는 거였다. 모두 게스트 하우스 21호 식구들이었다. 다른 친구들과 함께 곳곳마다 책임자를 정했다. 침착하게 화를 내지 않을 자신이 있는 학생들을 맨 앞줄에 앉게 하고, 스스로 최대한 자제할 것과 어떤 경우에도 충돌을 피하자고 다짐했다. 며칠 전 갓 입학한 96학번 후배들은 현관에 배치했다. "때리면 맞자, 맞되 효율적으로 맞자" "욕하더라도 웃자"고 굳게 약속했다고 했다.

시내에서 사람들을 태운 버스들이 도착했다. 거대한 태풍이라도 몰아칠 기세였다. 그들은 본관 건물 안으로 우루루 들어왔다. 이사장과 총장이 탄 차를 기다리며 빗속에서 교신하고 있었던 사람들도 들어왔다. 그들은 거친 말투로 학생들에게 으름장을 놓고 시비를 걸었다.

"왜 서울 놈들이 여기까지 와서 주인 행세를 하느냐?"

"아저씨, 여기는 우리 학교입니다. 왜 아저씨들이 우리 학교에 와서 이러세요?"

"뭐, 이게 무슨 학교야! 예수쟁이들이 모인 광신 집단이지!"

그들은 우산대로 삿대질을 하며 학생들을 윽박질렀다. 맨 앞 줄 학생이 흥분하면 뒤에 앉은 학생이 그를 끌어당겼다. 계속되는 욕설과 횡포를 참지 못하고 대들려고 하면, 또다시 뒷줄의 학생이 그 친구를 뒷자리에 앉게 했다. 학생들의 태도는 참으로 성숙했고 눈물겨웠다. 교수들도 격해지려는 마음을 자제하느라 애썼다. 분위기는 점점 험악해졌다. 갖은 욕설이 여기저기서 터졌다. 본관 로비 한쪽은 회의실에 함부로 들어서려는 사람들과 그들을 저지하려는 학생들로 아수라장이 되었다.

이때 한 학생이 찬송을 부르자, 학생들 모두 따라 부르기 시작했다.

"주는 평화, 막힌 담을 모두 여셨네, 주는 평화 우리의 평화,
염려 다 맡겨라 주가 돌보신다, 주는 평화 우리의 평화"

학생들은 전혀 대항하지 않았다. 어떤 신입생은 운동장에서 비를 맞으며 무릎을 꿇고 기도했다. 그들의 눈엔 영락없는 광신 집단으로 비쳤을 것이다. 갓 입학식을 치른 신입생들이 받은 충격과 놀라움은 실로 엄청났을 것이다. 기획처장실에 몰려든 무리들은 당장 총장을 불러내라고 호통을 쳤다. 남편이 그 방으로 가려고 복도로 나오자 학생들은 순식간에 양 옆으로 통로를 만들며 외쳤다.

"김영길! 김영길!"

마치 운동 선수를 응원하듯 학생들은 자신들의 총장님 이름을 연호했다. 그 소리는 차라리 눈물겨운 것이었다. 김승환 군의 에스코트를 받으며 기획처장실로 향하는 남편의 마음은 어땠을까. 이 진귀한 광경에 외국 교수들도 침착히 대처하는 학생들을 가리키며 소리쳤다.

"저기 내가 가르치는 학생이 있어요. 저기도요! 오! 나는 이들이 정말 자랑스러워요!(Oh! I' m so proud of you! He' s my student! She' s my student!)"

산발랏과 도비야와 아라비아 사람들과 암몬 사람들과 아스돗 사람들이 예루살렘 성이 중수되어 그 퇴락한 곳이 수보되어 간다 함을 듣고 심히 분하여 다 함께 꾀하기를 예루살렘으로 가서 쳐서 요란하게 하자 하기로(느 4:7–8)

여호와께서 내 편이 되사

며칠 후 느닷없이 모 방송국의 촬영 팀이 학교에 들이닥쳤다. 한동대 김영길 총장이 교수를 채용하면서 금품을 요구했고, 특정 종교에 치우쳐서 학교를 파행적으로 운영한다는 제보가 있어서 취재하러 왔다는 거였다. 이미 선입견을 갖고 온 듯한 취재팀이 돌아간 후, 시내 곳곳에는 현수막이 붙었다.

"3월 ○일 저녁 ○시, ○○방송 ○○○○을 보라! – 한동대 원초적 비리 폭로!"

이 프로그램이 방영되면 한동대와 총장 개인의 명예는 땅에 떨어질 것이었다.

우리 학생들이 받을 충격은 또 어떠하겠는가. 나는 두려움으로 몸을 떨었다. 오, 하나님, 이 무서운 위기에서 우리를 건져 주소서! 하나님이여 나의 근심하는 소리를 들으시고 원수의 두려움에서 나의 생명을 보존하소서 주는 나를 숨기사 행악자의 비밀한 꾀에서와 죄악을 짓는 자의 요란에서 벗어나게 하소서… 나는 시편 64편의 말씀을 붙들었다.

그때 아주 오랜 기억 속에서 한 사람이 떠올랐다. 9년 전이었다. 모 방송국의 제작 책임자가 홍릉의 카이스트 연구실로 남편을 찾아왔다.

"저희 방송국에서 김 박사님에 대한 특별 프로그램을 제작하려고 합니다. 박사님께서 벽촌에서 태어나 과학자가 되기까지의 이야기를 '두메산골과 첨단 과학자' 라는 제목으로, 1987년 새해 아침에 방영할 예정입니다. 건국 이래 처음으로 독일로 첨단기술 수출 1호를 기록한 반도체 신소재 개발, 미국의 모터롤라 등 유수한 반도체 회사에서 김 박사님이 발명한 합금 소재를 쓰게 된 연구 개발 쾌거는 우리 국민들에게 자긍심과 꿈을 심어 줄 것입니다. 부디 협조해 주십시오."

"제 개인이 자랑할 것은 하나도 없습니다. 지금까지의 저의 모든 연구 업적이나 성과는 제가 잘나서 한 것이 아닙니다. 카이스트의 우수한 제자들, 좋은 연구 여건, 그리고 무엇보다 하나님께서 제게 지혜를 주셨기 때문입니다."

남편은 사양했지만, 그는 물러서지 않고 거듭 설득했다. 그러자 남편은 한 가지 조건을 제시했다.

"크리스천 과학자로서 하나님께서 주신 지혜로 이런 연구 결과를 얻을 수 있었다는 것을 반영해 주신다면 응하겠습니다."

"잘 알겠습니다. 김 박사님 개인의 신앙적인 면모도 부각시키겠습니다."

그가 바로 ○○○방송국의 김영신 PD다. 그후 방송국의 촬영 팀이 카이스트 연구실, 안동의 지례마을과 그가 다녔던 초등학교, 구리 합금 소재 반도체 리드 프레임을 생산하는 풍산 금속 온산 공장 등을 두루 다니며 촬영했다. 그동안 그와 우리 부부는 퍽 친해질 수 있었다. 냉철하면서도 따뜻한 그의 인품을 우리는 오랫동안 기억하고 있었다. 이 절박한 순간에 나는 그의 이름을 생각해 냈다.

"여보, 김영신 PD를 찾읍시다. 그분이면 우리를 도와줄 것 같아요."

"지금 그분을 어떻게 찾겠소. 아직 그가 그 방송국에 근무하는지도 모르겠고…. 하나님께서 찾으시도록 기도합시다."

사흘 뒤면 한동대를 고발한 그 프로그램이 전국적으로 방영될 것이었다. 사실 그때, 우리는 그를 찾을 만한 여유조차 없었다. 우리가 할 수 있는 것은 오직 기도뿐이었다. 바로 그날, 남편이 집으로 전화를 했다.

"여보, 우리가 찾던 사람을 하나님께서 찾아 주셨소! 자세한 이야기는 집에 가서 하겠소."

나는 감사와 안도의 한숨을 절로 내쉬었다. 집에 돌아온 남편은 말했다. 회의를 마친 그에게 비서가 건네준 메모 쪽지에는 "총장님, 연락 바랍니다. ○○○방송국 김영신"이라고 적혀 있었다. 우리가 찾으려던 바로 그 사람이 아닌가! 남편은 즉시 그에게 전화를 걸었다.

"안녕하세요? 총장님, 저를 기억하시겠습니까? 오늘 한동대의 필름을 보다가 무척 놀랐습니다. 총장님이 이상한 사람으로 취재되어 있더군요. 제가 아는 김박사님은 그런 분이 아닌데 분명 무슨 사연이 있을 것 같아서 전화 드렸습니다."

그는 이 프로그램의 책임 PD였던 것이다. 또 한 번의 기막힌 우연이었다. 그는 취재팀을 불러서 취재할 때 혹시 치우친 점은 없었는지 물어보았다고 한다. 그랬더니 담당 PD들은 그런 점이 없지는 않았다고 솔직히 시인하더라고 했다. 남편은 그에게 우리가 처한 기막힌 상황을 설명했다.

"공신력 있는 방송국이 제보만 믿고 함부로 방송이 나갈 수 없습니다. 총장님의 인격과 인품을 몰랐더라면 크게 실수할 뻔했습니다."

이렇게 해서 고발자들의 기대는 무참히 깨어지고 말았다. 나는 우리 나라 방송의 정의가 살아 있는 것이 감사했다. 생각해 보면 만남이란 어느 것 하나 소중하지 않은 것이 없다. 우리의 인생길에 수놓아지는 무수한 씨줄과 날줄의 만남들은 먼 훗날 또 하나의 아름다운 무늬를 미리 준비하는 것이다.

9년 전의 만남을 오늘의 섭리로 이끌어 가시는 전능자의 은총이, 잠 못 이루며 가슴 졸였던 며칠 동안을 기쁨과 안도로 바꾸어 주셨다. 여호와는 내 편이시라 내게 두려움이 없나니 사람이 내게 어찌할꼬…그러므로 나를 미워하는 자에게 보응하시는 것을 내가 보리로다 여호와께 피함이 사람을 신뢰함보다 나으며 여호와께 피함이 방백들을 신뢰함보다 낫도다… 네가 나를 밀쳐 넘어뜨리려 하였으나 여호와께서 나를 도우셨도다(시 118:6–13)

부러우면 가져가요

어느 날 조간 신문을 펼치는데 광고지 하나가 툭 떨어졌다. 무심코 그것을 본 순간 나는 깜짝 놀라고 말았다. 며칠 전 지역 신문에 실린 학교와 남편에 대한 비방 성명서를 확대한 복사지였다. 나는 한참 동안 놀란 가슴을 진정해야 했다. 그뿐 아니었다. 그 유인물이 우리가 사는 아파트 우편함마다 꽂혀 있는 게 아닌가. 떨리는 손으로 그 유인물을 뽑아 들던 나는 서둘러 집으로 들어오고 말았다. 산발랏이 다섯 번째는 그 종자의 손에 봉하지 않은 편지를 들려 보내었는데 그 글에 이르기를 이방 중에도 소문이 있고… 네가 유다 사람들로 더불어 모반하려 하여 성을 건축한다 하나니 네가 그 말과 같이 왕이 되려 하는도다(느 6:5–6)

예루살렘의 성벽 재건을 마무리하기까지 느헤미야는 여러 장애물을 넘어야 했다. 느헤미야의 대적들은 그의 역사를 조롱하고 위협하고 모함하는 것으로, 못된 소문을 퍼뜨리고 협박해서 그 일을 중단시키고자 했다. 우리도 느헤미야가 당한 고통을 고스란히 겪었다. 때로는 한밤중에 거친 목소리의 협박 전화가 걸려 왔다.

"총장! 생명의 위험을 각오하든지 학교를 떠나든지 하라!"

자정이 넘은 시각, 잇단 협박 전화에 잠을 설치며 전화기를 내려놓기도 했다. 그들은 우리가 지쳐 포기하기를 바라는 모양이었다. 이는 저희가 다 우리를 두렵게 하고자 하여 말하기를 저희 손이 피곤하여 역사를 정지하고 이루지 못하리라 함이라 이제 내 손을 힘있게 하옵소서 하였노라(느 6:9)

나는 동네 사람들과 마주치기 싫어 외출하는 것도 꺼렸다. 사마리아 여인이 사람들을 피해 뜨거운 대낮에 물을 길었듯(요 4장), 나도 한밤중에 쓰레기를 버리려고 밖으로 나왔다. 해쓱해진 나를 옆집 이기복 교수가 위로해 주었다.

"저는 솔직히 총장님 내외분이 부러워요. 이런 고난 아무나 받지 않습니다. 저희도 주님으로 인해 이런 고난을 받았으면 좋겠어요! 이 모든 연단을 통해 하나님께서 두 분을 정금같이 빚으실 겁니다."

"아이구, 부러우면 우리 대신 가져가요! 나는 정금 같지 않아도 좋으니 제발 이런 무서운 핍박은 안 받았으면 좋겠어요!"

네 이마를 굳게 했으니

서울을 자주 오가며 나는 공항에서 사람들을 만나는 것조차도 꺼리게 되었다. 어느 날, 공항에서 나는 남편에게 말했다.

"여보, 차에 좀 더 앉아 있다가 탑승 안내 방송을 할 때 안으로 들어가요."

"그럼 나 먼저 들어갈 테니, 당신은 천천히 들어오구려."

그는 차에서 내려 공항 안으로 먼저 뚜벅뚜벅 들어갔다. 나는 예수님을 멀찍이 따라갔던 베드로의 심정을 이해할 수 있었다. 자신의 이름이 매일 대문짝만하게 신문에 실려도 그는 담담했다. 나는 그에게 말했다.

"신앙의 자유가 있는 나라에, 어쩌면 이토록 당신을 핍박할까요? 만약 우리가 다른 나라의 선교사로 가도 이렇지는 않을 것 같아요. 그런데 지도자는 얼굴이 두꺼워야 한다더니 당신은 확실히 얼굴이 두꺼운가 봐요. 아무리 신문에 나도 아무렇지 않은 듯 잘 견디시니…."

"사람들의 이목보다 하나님께서 나를 판단하시는 것이 더 중요하오."

너를 방언이 다르거나 말이 어려워 네가 알아듣지 못할 열국으로 보내는 것이 아니니라 내가 너를 그들에게 보내었더면 그들은 정녕 네 말을 들었으리라 그러나 이스라엘 족속은 이마가 굳고 마음이 강퍅하여 네 말을 듣고자 아니하리니 이는 내 말을 듣고자 아니함이니라 내가 그들의 얼굴을 대하도록 네 이마를 굳게 하였으되 네 이마로 화석보다 굳은 금강석같이 하였으니 그들이 비록 패역한 족속이라도 두려워 말며 그 얼굴을 무서워 말라(겔 3:6-9)

에스겔도 무서움과 두려움이 있었던가, 하나님께서는 그에게 무서워하지 말고 두려워 말라고 당부하셨다. 나는 큐티를 하다가 남편에게 말했다.

"어머, 당신 얘기가 여기 있네요. 이제 보니 당신이 이 무서운 시련을 견딜 수 있도록 그분께서 당신 이마를 금강석보다 더 단단하게 하셨군요! 에스겔처럼!"

역경을 이길 수 있도록 그날 우리에게 주신 말씀은 꿀송이보다 달고 오묘했다. 내게 이르시되 인자야 내가 네게 주는 이 두루마리로 네 배에 넣으며 네 창자에 채우라 하시기에 내가 먹으니 그것이 내 입에서 달기가 꿀 같더라(겔 3:3)

우리의 머리를 들어 주시는 하나님

1996년 5월부터 한동대를 비방하는 현수막이 시내 곳곳에 붙었다. 많은 사람들이 왕래하는 길목이나 백화점 앞에 책상까지 놓고 행인들에게서 서명을 받아 내기도 했다. 여호와여 나의 대적이 어찌 그리 많은지요 일어나 나를 치는 자가 많소이다… 많은 사람들이 있어 나를 가리켜 말하기를 저는 하나님께 도움을 얻지 못한다 하나이다 내가 나의 목소리로 여호와께 부르짖으니 그 성산에서 응답하시는도다… 여호와여 일어나소서 나의 하나님이여 나를 구원하소서…(시 3편)

1996년, 교육부는 대학 교육의 개혁 의지를 천명하고, 교육 개혁 우수 대학을 선정해서 지원금을 주겠다고 발표했다. 한동대는 이미 이러한 교육을 실시하고 있었기에, 이 기회가 마치 한동대를 위해 마련된 제도라는 생각까지 들었다.

여름 방학 동안 열심히 자료 준비에 몰두한 교수, 그들을 도와준 학생, 뒤에서 열심히 기도하는 교수 부인, 학부모 들 모두 한마음으로 한동대가 선정되기를 기다렸다. 마침내 한동대가 전국 160여 개의 대학 중, 1차 명단에 선발되었다는 소식에 우리는 크게 기뻐했다. 모두들 최종 발표 날짜를 기다리고 있었다. 하지만 최종 선정을 방해하는 움직임이 있다는 소식이 들려왔다. 남편과 여러 교수들은 사실에 근거한 소명 자료를 가지고 그 내용을 꼭 알아야 할 분들께 자세히 설명할 기회를 가져야 했다. 우리의 기도는 다시금 눈물겨워졌다.

주위에서 온갖 방해를 받았으나 마침내 한동대는 교육 개혁 특성화 부문 최우수 대학으로 선정되었다. 개교한 지 1년밖에 되지 않은 신생 대학의 프로그램이, 종교 집단으로 비판받는 학교가 공식적으로 인정을 받게 된 것이었다. 아픔이 컸던 만큼 우리의 기쁨도 컸다. 한동대는 온갖 서러움과 핍박에 항변하듯, '한동대 교육개혁 우수대학 선정' 이라는 현수막을 걸었다. 여호와여 주는 나의 방패시요 나의 영광이시요 나의 머리를 드시는 자니이다(시 3:3)

04 죽기로 작정한 사람은

송장이 벌떡 일어나는 것 보았소?

학교에 돈은 없고 기습적으로 공격을 당하듯 악몽 같은 사건이 연달아 터졌다. 어느 주일 아침, 나는 세수만 한 채 맨 얼굴로 서울행 첫 비행기에 올랐다. 화장도 하지 않고 떠나온 나의 초췌한 몰골은 전쟁터에서 상처받고 후방으로 실려온 부상 군인 같았다. 나는 곧장 교회로 달려갔다. 예배 시간이 한참 남아 있는 예배당 곳곳에서 성경 공부를 하는 얼굴들이 눈에 띄었다. 한없이 평화로운 그 광경이 내게는 낯설었다.

어쩐지 나는 쫓겨난 자 같았고, 외면당한 자 같았다. 나 여호와가 말하노라 그들이 쫓겨난 자라 하며 찾는 자가 없는 시온이라 한즉 내가 너를 치료하여 네 상처를 낫게 하리라(렘 30:17) 자꾸만 눈물이 쏟아졌다. 하나님을 의지하고 따라 나선 길이건만…. 버림받은 사람처럼 얼굴을 들고 다닐 수 없었다. 눈물을 흘리며 고개를 숙이고 앉아 있는데 목사님이 설교를 시작했다.

“죽기로 작정한 사람은 성공이나 실패가 문제되지 않습니다!”

설교의 첫 말씀이었다. 그 한마디가 내 마음에 화살처럼 꽂혔다. 아! 무엇이 나를 이토록 두렵게 하는가? 그렇다. 그것은 실패에 대한 두려움이었다. 만약 학교와 학생들이 잘못되면 어쩌나 하는 두려움! 한동대의 주인이 하나님이라고 말하면서도, 우리가 모든 짐을 지고 가는 것처럼 짓눌려 있었다. 우리는 하인일 뿐인데, 하인이 주인의 일을 두고 이렇게 걱정을 하다니, 죽기를 작정하고 나면 훼방자들의 어떤 행패나 음모는 아무것도 아닌데…. 죽기를 각오하면 겁나는 것이 없지 않은가. 지금 내가 이렇게 초주검이 되어 염려와 두려움에 묶여 있는 것은 사람들의 이목을 의식하기 때문이었다.

훼방자들의 공격은 갈수록 강해졌다. 드디어 하용조 목사님과 김영길 총장을 맹공격, 비난하는 성명서가 여러 중앙 일간지에까지 등장했다. 모두 네 차례나 실린 그 성명서에는 지역 인사들과 단체장의 이름이 화려하게 나열되어 있었다. 그 위세가 얼마나 막강해 보였겠는가. 두 사람은 볼썽사나운 대학의 부도덕한 사람으로 보이기에 충분했다. 학교를 위기에서 도와준 하 목사님까지 이런 비난을 받게 하다니, 우리는 죄인의 심정이었다. 학교와 총장을 비방하는 유인물이 정부 고위 기관에까지 날아 들어가는 사태가 벌어졌다. 설교 말씀으로 위로와 용기를 얻은 것은 한순간뿐, 나는 또다시 사람들의 이목이 두려워졌다.

“야, 너 참 불쌍하구나! 너는 너무 순진하게 예수를 믿고 있는 거야. 네 남편 말이야, 카이스트 교수로, 또 창조과학회 회장으로, 장로로 교회 생활이나 착실하게 하면 되는 거지, 개교도 하기 전에 학교 법인 기업의 사고로 재정 지원이 어렵게 된 학교를 어쩌자고 하나님만 믿고 겁없이 떠맡았니? 아무 대책도 없이! 너 때문에 하나님도 망신당하는 거 알아? 너희는 현실 감각이 없는 사람들이야!”

나는 두려움에 떨면서 성명서가 실린 신문에 얼굴을 묻고 울었다. 뒤늦게 신문을 본 남편이 말했다.

"뭐, 그래도 생각보다는 괜찮네!"

"이것이 어떻게 괜찮다는 거예요? 하나님께서 당신은 감정 나사를 하나 푸시고 좀 둔하게 창조하셔서 좋으시겠어요. 하지만 당신보다 예민한 나는 견딜 수가 없네요. 이 신문이 이제 전국으로 퍼져 나갈 텐데, 이 성명서를 읽은 사람들이 당신이나 하 목사님을 어떻게 생각하겠어요? 이 성명서만 보면, 마치 목사님이나 당신이 학교를 부당하게 빼앗은 나쁜 사람들 같잖아요? 지금까지 깨끗하게 살아온, 과학자로서의 당신 명예는 어떻게 되고, 존경받던 하 목사님의 목회자 이미지는 또…."

내 말을 듣던 남편이 입을 열었다.

"여보, 저 벽에 걸려 있는, 당신이 좋아서 걸어 놓은 성경 구절은 장식으로 걸어 놓았소?"

액자는 눈앞에 걸려 있었다.

> 내가 그리스도와 함께 십자가에 못 박혔나니 그런즉 이제는 내가 산 것 아니요 내 안에 그리스도께서 사신 것이라 이제 내가 육체 가운데 사는 것은 나를 사랑하사 나를 위하여 자기 몸을 버리신 하나님의 아들을 믿는 믿음 안에서 사는 것이라(갈 2:20)

예수님을 영접한 뒤로, 나는 이 성경 구절을 제일 좋아했다. 하지만 마음으로 좋아하는 것과 몸으로 살아가는 것은 같지 않았다. 하나님께서는 이제 이 말씀을 영혼뿐만 아니라 몸으로도 살라고 이런 고난의 숙제를 주셨는가. 순간 순간마다 '나'를 죽이고 '나'를 지워 간다는 것은 얼마나 고통스러운 일인가. 좋은 성경 구절이 얼마든지 있는데, 하필 이 말씀을 왜 좋아했던가 은근히 후회가 밀려들었다. 마치 모든 고난의 원인이 그 액자에서 흘러나온 것처럼….

때로 신앙을 다짐해 주던 그 말씀을 슬그머니 벽에서 떼어 내려놓기도 했다. 그러다가 또 며칠이 지나면 다시 그 액자를 벽에 걸어 놓았다. 그래도 나는 그 말씀을 좋아할 수밖에 없었다. 애꿎은 액자만 벽에서 내려졌다가 다시 올라가는 수난을 겪는 중이었다. 남편은 말을 이었다.

“그리스도와 함께 십자가에 못 박힌 우리는 이미 죽은 송장이요. 죽은 송장이 명예 훼손되었다고 벌떡 일어나는 것 봤소? 나는 괜찮아요! 나 김영길이 뭐에 그리 대단한 사람이오? 내 이름이 뭐 그리 중요하오? 몇십 년 지나면 아무도 내 이름을 기억하는 사람이 없을 게요. 하나님께 내 이름을 쓰시도록 올려 드렸는데, 그분이 높여 주실 때만 나를 드리고, 낮추실 때는 드리지 않을 작정이었소?”

남편은 태평스레 우스갯소리까지 했다.

“내 이름의 주인 되시는 분이 내 이름을 가지고 볶아 잡수시든지 삶아 잡수시든지 나는 아무 권리가 없소!”

그제야 그 평안이 내게도 전달되어 어느새 나도 웃고 말았다.

“그야 신문에 난 이름이 김영길 씨이지 김영애가 아닌데 당신이 괜찮다니 나도 상관없어요!”

곰곰 생각해 보면 낙심되고 시험에 드는 이유는 나 자신을 너무 중요하게 여기기 때문이었다. 자존심이 깨어지고 명예가 훼손될지라도, 나를 통해 예수 그리스도가 존귀하게 된다면…. 나는 내가 두려워하는 것들에게서 자유하는 법을 조금씩 배워 나갈 수 있었다. 나의 간절한 기대와 소망을 따라 아무 일에든지 부끄럽지 아니하고 오직 전과 같이 이제도 온전히 담대하여 살든지 죽든지 내 몸에서 그리스도가 존귀히 되게 하려 하나니 이는 내게 사는 것이 그리스도니 죽는 것도 유익함이니라(빌 1:20-21)

신문의 성명서는 위력이 대단했다. 하지만 내가 우려했던 것처럼 그것을 곧이곧대로 믿는 사람만 있지는 않았다.

“하나님께서는 돈 한 푼 들이지 않으시고 직접 한동대를 홍보하시던데요? 아무리 신문에 성명서가 나고 한동대와 총장님을 공격해도 걱정하지 마십시오. 그 일을 통해 하나님께서는 우리가 생각지도 못한 일을 하고 계실 겁니다. 공격받는 것을 감사하십시오. 만일 학교에 돈도 넉넉하고 이런 핍박도 없었더라면, 단시일에 이렇게 유명한 학교가 되지 않았을 겁니다."

자신도 속이 상했을 텐데 남편은 나를 달래 주었다.

"우수한 학생들, 헌신적인 교수들, 좋은 교육 프로그램, 그 위에 돈까지 넉넉하다면 아마 우리들은 우리 힘으로 학교를 이끌어 가고 있다고 자만하게 될 거요. 그러니 학교에 돈이 없는 것이 축복인 줄 아시오."

남편은 나를 흔들어 깨우는 말씀의 대언자였다. '그들이 던지는 독 묻은 화살을 피하지 말고 전신으로 받으라! 그 공격의 화살을 맞고 네 옛사람을 죽이라! 내가 주목하는 것은 그들이 아니라 바로 너다!' 이 지옥과 같은 상황에서 우리가 어떤 모습으로 깨어지고 부서져서 그분이 쓰시기에 합당한 도구로 빚어지고 있는지 하나님께서 주목하고 계시리라!

아들 호민이가 너무나 힘들어 하는 나를 위해 기도해 주었다.

"하나님 어찌하여 부족한 저희들에게 기적의 최전선에서 그것도 고통의 로열박스에서 하나님의 살아 계심을 목격하게 하십니까? 참으로 감사합니다. 그러나 우리 어머니는 아직도 떠나온 본토 친척 아비집을 그리워하니 우리 어머니 마음을 좀 만져 주세요."

비록 무화과나무가 무성치 못해도

우리 집에는 또 하나의 소중한 액자가 있었다. 남편이 교회에서 장로로 취임할 때 교회 식구들이 준 선물이었다.

> 세상에서 거저 주는 열 가지 기쁨보다 주 안에서 한 가지 고통을 감사하며
> 만인의 조롱함을 무서워하기보다 주님의 외면을 두려워할 것이며
> 인간의 방법으로 존경받는 자보다 주님의 뜻 안에서 인정받는 종 되며
> 천 마디 만 마디의 가증한 입술보다 한 가지 실천하는 산 믿음 되게 하사

그때 나는 그 선물을 가져온 분들에게 말했다.

"집사님! 나 이런 내용 싫어요. 세상의 기쁨을 포기한 채, 오직 주님이 주시는 고통을 감사하라는 뜻인데, 나는 이렇게 살 자신이 없는데요."

"우리들은 장로님 집이라 좋아하실 줄 알고 골랐는데…."

"아무리 그래도 그렇지, 이건 너무 부담스러운 내용인데요?"

"권사님, 그럼 바꿔 올까요?"

액자를 들어 보니 제법 무거웠다. 체면상 바꿔 오라고 할 수도 없었다.

"…그냥 두고 가세요. 제가 좋아하도록 노력해 볼게요."

나는 내키지 않는 마음으로 그 직사각형의 긴 액자를 눈에 잘 띄지 않는 거실의 한구석에 걸어 두고, 가끔씩 힐끔힐끔 읽어 보곤 했다. 똑바로 보는 것도 부담스러웠다. 한동대에 와서 늘 두려움으로 벌벌 떨고 있는 내게, 어느 날 그 액자의 글귀가 선명히 들어왔다. '아! 나도 이런 고백을 할 수 있다면!' 비록 무화과나무가 무성치 못하며 포도나무에 열매가 없으며 감람나무에 소출이 없으며 밭에 식물이 없으며 우리에 양이 없으며 외양간에 소가 없을지라도 나는 여호와를 인하여 즐거워하며 나의 구원의 하나님을 인하여 기뻐하리로다(합 3:17-18)

얼마나 근사한 믿음의 고백인가! 그러나 실제로 우리가 누리던 것들이 다 없어지는 상황이 벌어진다면 그것은 저주받은 삶이요, 한마디로 '망한 인생'이 아닌가! 이럴 때도 과연 나는 여호와로 인하여 즐거워한다고 고백할 수 있을 것인가? 주 여호와는 나의 힘이시라 나의 발을 사슴과 같게 하사 나로 나의 높은 곳에 다니게 하시리로다(합 3:19) 지금까지 누리던 나의 명예, 지위, 재물, 건강, 젊음 등 모든 것이 하나씩 사라지고 세상에서는 실패한 자가 되더라도, 하나님의 자녀가 되었다는 구원의 감격 때문에 즐거워한다는 고백의 자리가 바로 높은 곳이 아닌가.

날쌘 다리를 가진 사슴이 빈 들이나 계곡이나 가파른 절벽이나, 어디든지 사뿐사뿐 다니듯이, 가난에도 부에도 억울한 처지에도 어떤 희생이나 손해를 보는 자리에서도 자족의 비결을 지닌 삶! 비록 나는 이런 고백을 할 수 없어도, 하나님의 열심과 고집은 기어코 그 고백을 드릴 수 있는 '높은 곳' 으로 나를 인도하고 마실 것이다. 주 여호와가 내 힘이 되시기 때문에!

한동의 복병들

어느 늦은 밤, 학교 운동장에서 한 부부를 만났다.

"저희는 때때로 밤에도 한동대에 와서 기도하고 갑니다. 언젠가 제가 외국 손님을 모시고, 한동대 교회의 주일 영어 예배에 참석했지요. 채플을 가득 메운 학생들이 영어 설교를 알아듣고 찬양하고 기도드리는 모습을 보면서 그날 저는 큰 충격을 받았습니다. 이런 예배를 한국의 어느 대학에서 볼 수 있겠습니까? 희망찬 한국의 미래를 보는 것 같았습니다.

제가 지역 모임에 참석할 때마다 안타까운 것은 그 모임을 주도하는 몇 분들이 한동대에 대해 비판적이고 부정적인 태도를 가지고 있는 것이었습니다. 총장님이 그토록 미움을 받고 있다는 것이 참으로 안타까웠습니다. 마치 연약하고 어린 다윗과 거인 골리앗의 전쟁 같다고 느꼈습니다. 그러나 사모님, 조금도 염려하지 마시고 꿋꿋이 나아가십시오. 골리앗과의 싸움에서 하나님의 사람 다윗이 이겼지 않습니까? 한동대와 총장님을 위해 곳곳에서 기도하는 복병들이 지역에도 많이 있습니다."

그가 김동석 집사다.

하루는 학교 소송 사건을 무료로 맡아 주고 있는 이종순 고문 변호사를 만났는데, 그 얼굴에는 고뇌의 빛이 역력했다.

"한동대 송사 사건은 마치 줄줄이 따라오는 고구마 줄기처럼 끝이 없군요. 어쩌다가 이런 복잡한 사건을 제가 맡게 되었는지, 때로는 후회한 적도 있습니다.

제가 자진해서 맡지 않았다면 아마 중간에 그만두었을 겁니다. 변호사는 최선을 다한 후엔 재판 결과에는 자유롭습니다. 그러나 한동대 사건은 그렇지 않습니다. 지면 안 되는 재판이기 때문입니다. 재판 결과는 학생들의 장래가 달려 있고, 교수와 학부모와 한국 기독교계뿐만 아니라 국내외의 수많은 한동대 후원자들이 이 재판을 지켜보고 있습니다. 무엇보다 하나님께서도 주목하시는 재판이기 때문에 저는 더욱 중압감을 느낍니다. 저를 위해 기도해 주십시오."

그의 부인 윤순자 권사는 말했다.

"경주 법정을 다녀오는 날이면 남편은 너무 신경을 써서 그런지, 때로 앓아눕기도 한답니다. 하지만 한동대 첫 재판이 열리던 날, 남편이 맡은 큰 소송 사건이 대법원에서 승소 판결을 받았어요. 한동대를 무료로 변론하니, 하나님께서 다른 사건을 통해 우리를 보상해 주셨어요."

이들 부부는 이것을 하나님께서 이 변호사가 한동대의 변호사가 된 것을 기뻐하시는 증거라고 말했다.

이종순 변호사가 한동대의 무료 변호사가 되기까지, 오래 전의 한 만남을 빼놓을 수가 없다. 10여 년 전, 나와 일대일로 성경 공부를 하던 부인이 어느 날 그의 친구를 데리고 왔다. 개구쟁이 사내아이가 셋이라는 그녀를 보며 몇 번 나오다 말려니 생각했다. 그러나 총명한 그녀의 행보는 가볍지 않았다. 처음 들어 보는 복음에 날이 갈수록 은혜를 받기 시작하며, 만만찮은 성경 읽기 숙제도 어김없었고 결석 한 번 하지 않는 모범생이었다. 그녀와의 성경공부는 오랫동안 계속되었다. 곧 그녀는 예수님을 영접하고 거듭난 크리스천이 되었다. 이후 지독한 불교 집안인 시댁과의 어려움이 시작되었으나, 그녀는 지혜롭고도 꾸준하게 남편을 전도했다. 그녀의 손에 이끌려 마지못해 교회에 나온 날, 하필이면 옆자리의 사람이 큰 소리로 기도하는 것을 본, 그녀의 남편은 그만 벌떡 일어나 밖으로 나와 버렸다.

"당신이 점점 이상해지는 걸 보고 내 이런 광신 집단인 줄 진작 알았지. 당신!

다시 교회에 나가기만 하면 집에서 당장 쫓겨날 줄 아시오!"

그러던 그녀의 남편 전영호 씨는 지금 착실하게 신앙 생활을 하고 있다. 그녀가 바로 이종순 변호사의 처제인 윤숙자 집사이다. 그녀로 인해 그녀의 친정에도 복음의 새 바람이 불기 시작했다. 그녀는 형부와 언니에게도 신앙의 도전을 주었던 것이다. 한동대의 시작을 누구보다 잘 알고 있던 윤 집사는 우리의 고난을 옆에서 보면서, 형부가 어려움에 처한 한동대를 도울 수 있기를 기도했다고 한다. 학교 일이 힘들 때마다 "처제 때문에…"라며 그의 귀여운 처제를 원망(?)하려고 하는 이 변호사에게 윤 집사는 말했다.

"형부만큼 복 받은 변호사가 우리 나라에 있으면 나와 보라고 하세요. 한동대 학부모님과 수많은 후원자, 그리고 학생과 교수 들이 형부를 위해 끊임없이 기도하고 있잖아요!"

어느 날, 손님 한 분이 총장실을 찾아왔다.

"저는 한동대를 반대하는 모 단체의 발기인 중의 한 사람입니다만, 몇몇 인사들과 일부 지역 언론들이 총장님과 학교를 일방적으로 매도하는 것 같아서, 상황을 바로 알려고 찾아왔습니다."

그는 지역에서 진실을 알려는 최초의 사람이었다. 그 당시 한동대는 지역 사회에서 찬물에 기름 돌 듯 따돌림을 당하고 있던 처지여서 한동대를 드러내 놓고 옹호하는 사람은 힘있는 주류 사회에 들지 못하는 분위기였다. 그의 용기 있는 행동이 너무 고마웠다. 이제 내가 사람들에게 좋게 하랴 하나님께 좋게 하랴 사람들에게 기쁨을 구하랴 내가 지금까지 사람의 기쁨을 구하는 것이었더면 그리스도의 종이 아니니라(갈 1:10)

그가 다녀간 후로 전에 없던 변화가 일어나기 시작했다. 그는 남편과 지역 인사들과의 만남을 차례로 주선하기 시작했다. 그의 행동은 신중하고 지혜로웠다. 왜곡된 정보만으로 편견을 가졌던 분들이 서서히 학교를 이해하기 시작했다. 그를 통해 지역 인사들과의 대화 통로가 열리고 있었다. 그가 김영문 장로(선린대 겸임 교수)이다.(나중에 그는 당시를 회상하며 말했다. "그때 김 총장님은 의지할 것 하나 없이, 홀로 외롭게 허공을 잡고 있는 것 같았습니다.")

궐기 대회

학교를 비방하고 공격하는 사건들은 그칠 줄 모르고 잇달아 일어났다. 한동대의 교육 방침에 반대하는 궐기 대회가 열리기까지 했다. 하지만 밖에서 벌어지는 소동과 상관없이, 학교 안은 조용하기만 했다. 학생들은 거리로 뛰쳐나가지 않았고, 우리 학교 일에 왜 간섭하느냐고 부르짖거나 따지려 들지 않았다.

모압과 암몬 자손이 여호사밧을 치러 왔을 때 여호사밧 왕과 온 백성이 여호와의 성전 뜰 앞에 엎드려 하나님께 간구했듯이, 바로 그 시간 한동인 모두 학교 비전 광장에 엎드려 하나님께 기도했다. 여호와께서 너희에게 말씀하시기를 이 큰 무리로 인하여 두려워하거나 놀라지 말라 이 전쟁이 너희에게 속한 것이 아니요 하나님께 속한 것이니라 … 이 전쟁에는 너희가 싸울 것이 없나니 항오를 이루고 서서 너희와 함께한 여호와가 구원하는 것을 보라(대하 20:15-17)

궐기 대회가 열린 지 한 달 뒤 이호현 목사(대광교회, 포항시 기독교교회연합회 회장)를 비롯한 지역 기독교 지도자 500여 명이 한자리에 모였다. 그들은 한동대를 특정 종교 집단으로 매도하는 단체들의 주장을 더 이상 두고 볼 수 없다고 밝히며 적극적으로 한동대를 방어해 주었다. 그러자 광신 집단으로 몰아부치며 집요하게 추격해 왔던 공격 여세가 잠시 주춤해졌다. 내가 (궐기) 대회로 인하여 근심하는 자를 모으리니 그들은 네게 속한 자라 너의 치욕이 그들에게 무거운 짐이 되었느니라 그때에 내가 너를 괴롭게 하는 자를 다 벌하고 저는 자를 구원하며 쫓겨난 자를 모으며 온 세상에서 수욕받는 자로 칭찬과 명성을 얻게 하리라(습 3:18-19)

모자란 사람들만 모인 학교

한동대가 숨가쁜 위기 상황을 넘어서자 하 목사님은 이사장직을 사임할 뜻을 밝혔다.

"장로님, 많이 힘드시지요? 폭풍우가 몰아칠 땐 그 폭풍을 맞아야 하며 그것이 지나가도록 기다려야 합니다. 언젠가 태풍은 사라질 것입니다. 한동의 어둡고 추운 겨울은 지나가고 머지않아 봄이 올 것입니다. 학교가 가장 어려울 때 하나님께서 저에게 한동대 이사장으로서의 책임을 맡기셨습니다. 앞으로도 저는 한동대를 위해 변함없이 뒤에서 기도하며 돕겠습니다."

든든한 후견인을 잃게 된 우리는 또다시 막막해졌다. 하지만 더 이상 목사님을 붙잡을 수도 없었다.

이리저리 흔들리는 한동호에 누가 선뜻 선장으로 승선하겠는가! 하지만 하나님께서는 한동대를 위해 또 한 분을 예비해 두셨다. 두 달 전 한동대 후원회장이 되신 이영덕 전 국무총리였다. 그를 아끼는 주위 사람들은 시끄러운 시골 대학의 책임을 맡지 말라고 말렸다고 했다. 그랬지만 그는 한동대의 이사장이 되기로 결단했다.

"한동대를 도와준 이유로 하 목사님과 온누리교회가 공격을 받고 한동대가 이처럼 어려운 상황에 처했는데, 제가 어떻게 가만히 보고만 있겠습니까! 하나님께서 부족한 저를 이때를 위하여 부르셨으니, 기꺼이 순종하겠습니다. 저는 현재 한국정신문화연구원 원장으로 있지만, 둘 중 하나를 택하라면 서슴없이 한동대를 택하겠습니다. 정신문화원은 저 말고도 하실 수 있는 분들이 많지만, 지금의 한동대 이사장은 누구나 할 수 없기 때문입니다. 한동대야말로 이 시대에 하나님께서 기뻐하시는 하나님의 대학임을 저는 확신합니다."

1996년 9월, 바람이 몹시도 불었다. 그날 학교 운동장에서 제3대 한동대 이사장의 이취임식이 있었다. 확성기에서 토해 내는 거센 바람소리는 학교의 험난한 세월만큼이나 스산했다. 하용조 목사님이 단 위에 섰다. 만감이 교차되었다.

"한동대의 이사장직을 맡고 있었던 지난 10개월 동안은 생애에서 가장 고통스럽고 힘들었던 기간이었습니다. 하지만 한편으로는 가장 복되고 또 보람 있는 시간이기도 했습니다. 한동대와 함께하시는 하나님을 생생하게 경험했기 때문입니다. 온누리교회는 지금까지 한동대에 86억 원을 후원했습니다. 하나님에 대한 사랑은 하나님의 일에 투자한 만큼 커지는 것을 느꼈습니다. 나라와 민족을 책임지고 하나님 나라를 가슴에 품은 인재 양성에 우리의 소중한 것들을 투자하는 것만큼 더 보람된 일은 없다고 생각합니다. 저와 온누리교회 성도들의 한동대에 대한 사랑은 그만큼 크고, 앞으로도 변함이 없을 것입니다. 왜냐하면 학생 한 분 한 분 모두가 하나님의 귀한 인재들이기 때문입니다."

뒤이어 신임 이영덕 이사장의 취임 인사.

"한동대는 모자라는 사람들만 모였습니다. 아쉬울 것 없는 과학자로서 탄탄대로의 길을 버리고 이 시골구석까지 내려온 김영길 총장님이나 함께 동참하기 위해 기꺼이 합류한 교수님들, 그리고 헌신된 직원들까지 모두 모자라는 사람들입니다. 어려움을 무릅쓰고 학교를 위기에서 건져 준 하용조 전 이사장님이나, 평생 일구어 온 병원을 흔쾌히 기증하고도 오히려 감사하시는 선린병원 김종원 협동원장님도 그렇습니다. 그뿐 아닙니다. 서울과 지방의 명문 대학에 진학할 수 있었음에도 이곳까지 온 학생들도 좀 모자라는 사람들입니다. 학부모님들은 더욱 모자라는 사람들입니다. 12년 동안 자녀들을 정성들여 뒷바라지하시고, 지방 신설 대학인 한동대로 보냈으니 말입니다.

그러나 이들은 모두 세상 사람들이 보지 못하는 황홀한 세계를 본 사람들입니다. 그것은 믿음의 눈으로만 볼 수 있는 세계입니다. 저 또한 여러분과 같이 모자란 사람들에 속하고 싶어서 한동대 이사장직을 맡게 되었습니다.

한동대야말로 제 자신이 평생 꿈꾸어 오던 대학입니다. 제가 국무총리로 재직할 당시에 성수대교가 무너졌습니다. 그 뒤로도 삼풍 백화점이 주저앉고 강력한 사건들이 잇달아 발생했습니다. 이런 사건들을 보면서 저는 한때 나라의 미래에 대해서 절망감마저 들었습니다. 그러나 한동대를 방문하고 나서, 하나님께서 우리 나라를 버리지 않으신다는 것과, 조국에 소망이 있다는 것을 믿을 수 있게 되었습니다.

한동대에서 시행하고 있는 교육 프로그램은 교육 전문가인 저로서도 그저 놀랍기만 합니다. '우리 나라 최초의 무전공 무학과 입시 제도' 나 '인접 학문을 통합하는 다 전공 복합 학문의 시도' 는 지금 대학가에 새로운 바람을 일으키고 있습니다. 학생들의 학문에 대한 열심, 교수님들의 학생들에 대한 사랑, 특히 한동대에서 중시하는 인성 교육, 무감독 양심 시험 제도, 지역 사회 봉사 제도, 자연과 학교 환경을 사랑하는 근로 의무 등 다른 대학에서 볼 수 없는 교육입니다. 제가 평생 동안 꿈꾸어 오던 일이 한동대에서 이루어지고 있습니다. 저는 총리로 재직했던 지난날보다 한동대 이사장으로서 여러분을 섬길 수 있게 된 것을 더욱 영광스럽게 생각합니다."

또 하나의 모퉁이를 돌아, 한동대는 새 이사장과 함께 거센 파도 속을 헤쳐가고 있었다.

고난 속 광야의 파티

고난 중에도 가끔씩 하나님께서 허락하신 즐거운 축제의 시간이 있었다. 개교 이듬해 봄, 우리는 집을 떠나 학교 음식만 먹는 학생들에게 고기를 실컷 먹이고 싶었다. 우리의 이런 바람을 들은 분이 고기 값을 선뜻 보내 주었다. 바비큐 그릴을 살 돈을 보내 주신 분도 있었다.

전교생 800여 명이 먹을 고기 분량은 400킬로그램 큰 부대 자루로 한가득이었다. 교수 부인들은 신이 나서 팔을 걷어붙이고 음식을 장만했다. 엄청난 분량의 고기와 양념을 40개의 비닐 봉지에 나누어 담고 흔들어서 고루 간이 배게 했다. 바비큐 그릴과 숯, 고기가 40개 팀 별로 분배되었고 수업만 끝나면 저녁 파티가 열릴 예정이었다.

하지만 그날 아침부터 하늘에 먹구름이 끼고 먼지 바람이 일었다. 중간고사도 끝나고 모처럼 홀가분하게 파티를 고대하던 우리들의 실망은 이만저만 아니었다. 더구나 낮에는 비까지 내렸다. 어떤 학생들은 젊은 열기를 식히려는 듯 비에 흠뻑 젖은 채 운동장에서 농구를 했다. 비는 좀처럼 그칠 것 같지 않았다.

"하나님, 모처럼 파티를 열려고 하는데 비 좀 그치게 해 주세요!"

흩뿌리는 빗발 속에서 숯불을 피우기 시작했다. 여기저기 숯불 연기가 피어날 즈음, 역풍이 불면서 어둡던 하늘이 개더니 거짓말처럼 비가 그쳤다! 다들 얼굴에 웃음꽃이 한가득 피어났다. 봄가을이면 바람과 비와 안개 때문에 비행기가 자주 결항되는 포항. 오늘 같은 행사가 있을 때마다 한동 식구들은 조마조마한 마음으로 기도했고, 그때마다 하나님께서는 우리에게 아슬아슬한 기쁨을 선사해 주셨다. 그냥 우연의 일치일 뿐이라고 할 사람도 있겠지만, 바람 많은 포항에서 좋은 날씨가 아니라면 이 광야의 파티는 이루어질 수 없었기에 나는 하나님께 감사드렸다.

금세 숯 타는 냄새, 연기 냄새, 구수한 고기 냄새가 운동장을 가득 채웠다. 한동 식구들은 젓가락을 들고 뜨겁게 달구어진 그릴 주위에 빙 둘러섰다. 고기가 익을 새도 없이 모두들 정신없이 젓가락을 입으로 가져갔다. 한 차례 배를 채우자, 그제야 서로의 입에 고기를 넣어 줄 여유가 생겼다.

"마른 논에 물 들어가는 것과 자식 입에 밥 들어가는 것처럼 기분 좋은 것 없다"던 옛말처럼 나는 모처럼 행복했다. 남편은 학생들 사이를 오가며 그들의 어깨를 두드렸다. 웃음소리, 노래 소리, 풍악 소리, 학생들은 덩실덩실 춤을 추며 운동장을 돌기 시작했다. 학생, 교수, 가족들이 한데 어울려 어깨동무하고 흥겹게 운동장을 돌았다. 광야의 파티는 밤늦도록 계속되었다. 그 다음날, 식당 게시판에 쪽지 하나가 붙었다.

"어제 밤 너무 늦어 우리 팀의 바비큐 그릴을 치우지 않고 잤습니다. 그런데 아침에 일어나 보니 누군가 깨끗이 청소해 놓았더군요. 몹시 부끄러웠습니다.

저희에게 게으르지 말라는 교훈을 주셔서 감사합니다."

그후로 수요일이면 학교 캠퍼스에는 구수하게 고기 굽는 냄새가 종종 난다. 어느 팀인가 바비큐 파티를 열고 있는 것이다.

샥샥샥 귀신 소리?

한동대에는 보이지 않는 하나님의 손길이 묻어나지 않는 곳이 없었다. 농구장만 해도 그렇다. 아들 호민이가 나를 설득하기 시작했다.

"흙바닥에서 농구를 하면 다치기 쉬운데…. 농구장을 위한 모금 운동을 어머니가 한 번 시작해 보시죠. 학교에서 직접 공사를 하면 비용도 적게 들 텐데요."

학교 형편을 아는 우리 학생들은 농구장이 없어도 크게 불평하지 않았다. 농구장이 있다면야 얼마나 좋겠는가. 사고 위험도 줄고….

얼마 후 나는 하나님께 간구하는 마음으로 기금 마련에 나섰다. 몇몇 분의 도움으로 농구장 기금이 어느 정도 마련되었다. 겨울바람이 손끝에 시렸지만, 곧 방학이 끝나면 새로 생긴 농구장에서 날렵하게 뛸 학생들의 모습을 그려 보며 내 마음은 한없이 설레었다. 개학을 며칠 앞둔 어느 날, 이기복 교수는 바삐 지나가는 민준호 군을 불러세웠다.

"준호야! 너, 저게 뭔 줄 아니?"

한창 바닥 공사가 진행 중인 농구장을 가리키며 말했다.

"교수님, 뭔데요?"

"농구장이야."

그러자 준호 군은 놀란 표정으로 대뜸 물었다.

"교수님, 돈이 어디서 났는데요?"

"어디서 나긴, 하나님께서 주셨지!"

"그러고 보니 우리 총장님과 학생회장 재수 선배는 비슷한 데가 많아요. 돈이 없는데도 '밀고 나가자' 하시는 것이 비슷해요. 내일 연세대학 총학생회 임원들이 우리 학교를 방문하는데, 지금 우리한텐 몇만 원밖에 없거든요. 그래서 지금 선배가 기도실에서 기도하고 있어요."

이 교수는 마침 학교를 후원하려고 모아 두었던 돈을 준호에게 내밀었다.

"이 정도면 되겠니?"

수표를 세던 준호가 놀라면서 말했다.

"우와, 백만 원이 넘잖아요! 재수 선배 기도발 정말 세네. 기도하러 간 지 몇 분도 안 됐는데 하나님께서 이렇게 빨리 응답해 주시다니! 교수님 감사합니다. 선배에게 가서 기도가 응답되었다고 알려야겠어요."

준호 군은 신이 나서 뛰어가다가 돌아서서 말했다.

"아! 참, 교수님! 어젯밤 총학생회 일로 모두들 새벽까지 일했거든요. 그런데 어디 선가 샥샥샥 하는 소리가 들리는 거예요. '이게 무슨 소리야? 귀신 소리인가?' 하고 밖에 나가 보니까, 어떤 남자가 몸을 굽히고 앉아 긴 막대기로 땅바닥을 밀고 있잖아요. 자세히 보니 유 감독님이었어요. 그게 바로 농구장이었군요!"

유 감독은 한밤중에도 시멘트가 굳기 전에 바닥을 고르고 있었던 것이다. 좌우간 귀신 소동의 주인공 유 감독은 못 말린다면서 이 교수와 나는 오랜만에 신나게 웃었다.

평생을 건축 공사 일에 종사했다는 유 감독은 1995년 학교에 오자마자 몇 사람 몫의 일을 너끈히 감당해 낼 정도로 열심이었다. 학교 구석구석에는 굳살이 박힌 투박한 그의 손이 미치지 않는 곳이 없었다. 허리에 찬 삐삐가 울리면, 그는 생활관으로 물이 내려가지 않는다는 화장실로, 학교 동력실로, 아픈 학생을 태우고 병원 응급실로 향했다. 한밤중에도 차편이 없다고 호소하는 학생을 데리러 시외버스 터미널로 가는 그의 발걸음은 환갑을 바라보는 나이에도 언제나 청년처럼 날렵했다.

아무리 많은 학생들이 올라가서 뛰고 춤을 추어도 끄떡없을 정도로 튼튼한 오픈 광장의 철제 무대도 그가 경비를 절약하려고 철근을 직접 사가지고 와서 학생들과 함께 만든 것이었다. 학생들의 장기 자랑 심사위원으로 추대되어 양복을 말쑥하게 차려 입고 위원석에 앉아 점수를 매기랴, 연신 울리는 삐삐에 대답하랴, 그는 학교에서 가장 바쁜 사람이었다.

그도 젊었을 땐, 가족들의 애간장을 태우며 한가락하던 사람이었다고 한다. 하지만 한동대에 온 뒤로는 순한 양처럼 변했다고 했다. 그는 학생들을 지극히 사랑했고, 학생들도 그를 무척 따랐다. 학생들 이름을 줄줄이 외며, 누구끼리 CC이고 누구는 깨어졌고… 하는 학생들 사정도 훤히 꿰고 있었다. 그의 집에는 아무 때고 불쑥 찾아오는 학생들을 위해 늘 따뜻한 밥이 준비되어 있을 정도였다. 부모가 그리운 학생들이 찾아와 한숨 자며 놀다 가는 곳이기도 했다. 그는 한동대라는 고난의 현장에서 하나님이 살아 계심을 함께 목격할 때마다 굵은 눈물을 쏟아 내는 열정의 신앙인으로 어느새 거듭나 있었다.

한동의 고레스 왕

남편은 처음 한동대가 개교했을 때부터 인성 교육을 위해 기숙사 공동체 생활을 강조해 왔다. "지금까지 우리의 교육 풍토는 친구들을 배려하고 격려하기보다 묘한 경쟁 관계 속에서 자기도 모르게 이기적인 사람이 되기 쉬운 게 현실이오. 그런데 한동대 생활관에서 4년 동안 연령, 성격, 가정 환경, 문화가 다른 국내외의 다양한 학생들이 더불어 살면 '철이 철을 날카롭게 하듯이 친구가 친구의 얼굴을 빛나' 게 하듯이(잠언) 서로를 통해 인격이 다듬어지며 성숙할 거요."

남편의 뜻을 모르는 것은 아니었지만, 입학생들의 숫자만큼 매년 생활관을 짓기에는 학교 운영비가 턱없이 모자라다는 것을 나는 잘 알고 있었다. 후원금과 융통 자금으로 학교 재정이 충당되고 있는 지금, 불확실한 후원금으로 한 해의 예산을 세우고 게다가 해마다 생활관을 짓는 것은 퍽 무모한 일이라고 남편도 속을 털어놓았다.

"경영학적으로 보면 난 빵점이야. 우리 학교는 다른 건물보다 생활관이 더 많으니 상식적으로 보면 비정상이지. 더구나 빚을 지며 해마다 생활관을 짓다니!"

하지만 남편은 생활관에서 학생들이 인성 교육을 받아야 한다는 꿈을 포기하지 않았다. 예수께서 대답하여 가라사대 너희가 먹을 것을 주라(막 6:34-37) … 이렇게 말씀하심은 친히 어떻게 하실 것을 아시고 빌립을 시험코자 하심이라(요 6:5-6) 제자들의 빈 주머니 사정을 다 알고 계신 예수님은 상식 밖의 명령을 하셨다. 주님은 제자들의 믿음을 보기 원하셨던 것이다. 우리의 사정을 다 알고 계시는 주님께서 우리에게도, "너희가 학생들을 위해 생활관을 지어라!" 하고 말씀하시는 것만 같았다. 하지만 개교 3년째 H건설 건축비 상환도 아직 다 갚지 못한 형편이고 학교가 부도날지도 모른다는 소문이 파다한데, 외상으로 생활관을 지어 줄 회사가 또 나타날까. 우리 부부는 간절히 기도했다.

"하나님, 또다시 새 생활관을 지으라는 당신의 뜻을 확인하고 싶습니다. 도와주소서."

하나님께서는 당신의 뜻을 알아차릴 수 있는 징표(사인)를 우리에게 주셨다. 어느 날 남편이 말했다.

"오늘 지역의 한 건설 회사 사장이 학교로 찾아왔소. 규모가 그리 큰 회사는 아니었지만 생활관을 외상으로 지어 주겠다고 했소. 거송건설의 최병원 사장인데, 사실은 생활관뿐만 아니라 효암채플 건축도 시급하지 않소? 학교의 첫 번째 어음을 막아 준 채플 기금 20억 원은 받은 지 어느덧 3년이 지났지만 채플 건축은 엄두도 못 낼 형편이라 했더니, 최 사장은 효암채플도 짓겠다고 나서 주었소. 얼마나 기뻤는지 모른다오."

늦더위가 한창이던 8월 말, 조용하던 캠퍼스에 크레인 소리가 들리고, 공사장은 인부들로 활기를 띠기 시작했다. 공사를 시작한 지 얼마 지나지 않아 곧 IMF 경제 위기로 거송건설 또한 자금 사정이 나빠져서 공사가 일시 중단되기도 했다. 그렇지만 최 사장은 자신의 개인 재산을 담보로 은행 융자를 얻어 공사를 진행했다. 바사 왕 고레스는 말하노니 하늘의 신 여호와께서 세상 만국으로 내게

주셨고 나를 명하사 유다 예루살렘에 전을 건축하라 하셨나니(스 1:2)

이번에도 새 학년도 입학식 이전에 생활관 공사를 마무리해야 하는데, 해는 짧아지고 날씨도 추워지고 여간 걱정이 아니었다. 오 사무처장이 말했다.

"시일이 너무나도 촉박해서 모포로 건물을 싼 후 열풍기로 시멘트를 건조시키다가 모포에 불이 옮겨 붙어 공사장에서 불이 나는 소동까지 벌어졌었지요. 엎친 데 덮친 격으로 불 끄던 학생이 구덩이에 빠져 발목을 다치는 바람에 선린병원 응급실로 옮기랴, 허겁지겁 불을 끄랴 그야말로 정신없는 하루를 보내기도 했습니다."

어느 날, 건설 현장에서 만난 최 사장이 말했다.

"저는 기독교인은 아니지만 한동대는 확실히 다른 것이 있습니다. 다른 공사장과 뭔가 다릅니다. 한동대에서 일하시는 분들은 잠시도 한눈을 팔지 않고 저렇게 성실한 사람들만 옵니다. 저기 저 건물 좀 보세요. 벽돌 하나, 줄 눈 하나 비뚤지 않고 매끈하지 않습니까! 그리고 무엇보다 지독히 어려운 고비들을 아슬아슬하게 넘기며 학교가 여기까지 온 것을 보면, 확실히 한동대를 지켜 주시는 하나님이 계시긴 계신 것 같습니다. 그래서 저도 좀 위험합니다. 이러다가 저도 언젠가 기독교인이 될 것 같아서…."

효암채플 헌당 예배를 드리는 날 그에게 감사패를 전달하며 남편이 말했다.

"개인의 재산을 담보하면서까지, 이 아름다운 채플을 완성해 주신 최 사장님께 진심으로 감사드립니다. 최 사장님은 한동의 고레스 왕입니다."

우리는 악연입니다, 악연!

H건설이 시공하는 생활관 공사가 반쯤 진행되고 있을 때였다. 중간 대금을 치르지 못하고 있던 어느 날, 건설 소장은 서울에서 부인과 어린 아들까지 데리고 총장실에 나타났다.

"총장님, 공사 현장 책임자인 제가 이곳의 모든 책임을 지게 되어 있습니다.

학교에서 돈을 주지 않으면 우리 가족은 갈 데도 없습니다."

며칠 뒤에는 또다시 오 사무처장을 찾아와서 볼멘소리로 말했다.

"우리는 한동대 공사를 중단하고 내일 모두 철수합니다."

"왜요?"

"돈을 주지 않는 공사를 계속할 수 없습니다."

"그렇겠지요. 그러나 우리 이야기 좀 해 봅시다."

"그럴 필요 없습니다. 우리는 악연입니다. 악연!"

"돈을 제때 못 드린 것은 참 죄송하지만, 우리가 악연은 무슨 악연입니까?"

악연이라는 말은 건설소장이 잘 쓰는 말이었다. 그는 못 들은 채, 뒤도 돌아보지 않고 방을 나가 버렸다. 분통을 터뜨리고 떠난 그가 며칠이 지난 후, 싱글벙글하며 사무처장 앞에 나타났다.

"우리 회사에서 생활관 공사를 마저 끝내기로 결정했습니다."

"어떻게 그렇게 됐습니까?"

"짓던 것 끝까지 지어야지요. 며칠 전 전국 현장 소장 회의가 있었어요. 그때 제가 '한동대 생활관을 지어야 한다' 고 역설했습니다. 한동대 학생들은 다른 대학 학생들과 다르다는 말을 했습니다. 학생들이 공사장을 그냥 지나치지 않고 '아저씨들 참 수고하십니다' 라는 인사를 잊지 않아요. 한동대는 돈 없는 것 외에는 참 좋은 학교입니다. 고맙게도 회사에서 제 말을 들어주었습니다. 건물 다 짓고 나서 설마 돈 못 갚았다고 회사에서 건물 뜯어 가겠습니까?"

공사가 끝나 갈 무렵, 현장 소장은 170만 원을 들고 사무처장실에 나타났다. 공사 현장 직원들의 간식비를 줄여서 장학금으로 모은 돈이라고 했다. 그뿐만 아니라 그 다음에도 어려운 학교 사정을 진심으로 이해하며 협조해 주었다. 한동대에서 공사하는 몇 개월 동안 틈틈이 공부했던 그는 시공기술사 자격 시험에 당당히 합격해서 과장에서 차장으로 승진되었다는 소식에 우리는 기뻐하며 주님께 감사드렸다.

드디어 여학생 생활관이 아름답게 완공되었다. 물론 건축비를 다 갚지 못한 채 학생들은 새 생활관에 입주했다. H건설이 지은 여학생 생활관은 다른 생활관 건물보다 외관이나 내부 구조가 더 멋이 있어서 남학생들은 그곳을 호텔이라 부르며 시샘(?)의 눈길을 보내기도 했다.

오 사무처장은 "여학생들이 걸어 나올 때 선녀처럼 보이도록 정원도 잘 꾸미려고 합니다" 하고 멋진 계획을 말했지만 따로 조경 예산이 있을 리 없었다. 그는 소나무를 간택하기 위해서 학교 뒷산, 솔숲을 며칠 동안 오르내렸다. 벌레에 물리면서까지 며칠 동안 숲속을 헤매다가 옆으로 가지가 멋스럽게 뻗은 키 큰 소나무 두 그루를 찾아냈다. 그 소나무들은 여학생관 앞을 한층 더 돋보이게 했다. 옮겨 심은 나무가 몸살 하지 않도록 각각 링거 주사도 맞혀 주었다. 우리 아들들은 어리다가 장성한 나무 같으며 우리 딸들은 궁전의 식양대로 아름답게 다듬은 모퉁이 돌과 같으며(시 144:12)

우리 학교는 보통 학교가 아닙니다

공대 건물로 가는 길은 비포장이라 비나 눈이 내리면 학생들 신발이 온통 흙투성이가 되었다. 새로 증축한 학생관 주변도 사정은 마찬가지였다. 하루 빨리 보도블록을 깔아야 했지만 학교는 그럴 만한 여유가 없었다.

학생관 증축 공사가 마무리되어 가던 어느 날, 보도블록을 만드는 회사 직원이 학교를 찾아왔다. 1997년 말부터 불어닥친 경제 위기로 회사는 문을 닫아야 했고, 회사는 직원들에게 월급 대신 보도블록을 주기로 했다는 것이다. 그는 싼 값으로 보도블록 재고품을 팔기 위해 찾아온 것이었다. 마침 학교는 보도블록이 필요했으니 그의 요청을 마다할 리 없었다. 그해 겨울 방학을 이용해 공사가 시작되었다. 학생들에게 아르바이트 기회도 주고 인건비도 절약할 겸, 그 일을 학생들에게 맡겼다. 비록 전문가보다 기술은 부족할지라도 학생들은 정성을 다해 작업을 해 주었다.

블록을 깔고 있는 현장을 둘러보던 사무처장에게 갓 입학한 신입생인 듯한 학생이 다가와 말을 건네더라고 했다.

"보도블록을 잘 깔도록 감독 좀 잘해 주세요. 우리 학교는 보통 학교가 아니랍니다. 앞으로 건물도 많이 지을 텐데 아저씨가 감독을 잘 하셔서 학생들이 꼼꼼히 깔도록 해 주셔야 해요."

광야의 위기

1997년 연말, 학교의 자금 사정은 날로 악화되어 날마다 숨통을 조여 오는 듯했다. 학교의 재정 형편은 경상비조차 마련하기 힘들었고, 교직원들의 월급도 제때 지급하지 못할 정도였다. 여학생 생활관을 멋있게 지어 준 H건설은 학교 형편을 최대한으로 배려해 주었지만, 더 이상 건축비 지급을 미룰 수도 없었다. 그런데 융자를 해 주기로 했던 은행에서 뜻밖의 통고를 해 왔다.

"죄송합니다. 한동대를 도와주면 거래를 끊겠다고 하는 무시 못할 큰 고객 분이 있어서…, 도와드릴 수 없게 되었습니다."

보이지 않는 방해의 손이 끊임없이 움직이고 있었던 것이다. 이때다 싶었는지 사단이 내 귓가에 속삭였다.

'이러다가 학교에 부도가 나면 관선 이사가 파견되고 학교는 그들의 주장대로 일반 대학이 될지도 모른다. 남편은 어쩌면 법정에 끌려가는 신세가 되고, 우리는 사람들 앞에 수모를 당하게 될지도 모른다. 이미 수없이 고소와 고발을 당해서 지금도 걸핏하면 법정에 서고 있지 않은가….'

내가 가상 시나리오를 되풀이해서 펼쳐 보는 동안 남편은 마치 조난당한 사람이 나침반을 들여다보듯 느헤미야서를 읽고 또 읽었다. 그런 남편을 보고 나는 말했다.

"당신 나중에 느헤미야에 대한 논문도 쓰겠어요."

남편이 성경 외에 열심히 탐독하는 책이 있었다. 《조지 뮬러의 자서전》과 《리즈 하월즈(영국 웨일즈 성경 학교를 세운 탁월한 중보 기도자)》와《 벼랑 끝에 서는 용기》 등이었다. 남편은 이런 책을 너무 깊이 읽은 나머지 늘 이런 말을 했다.

"조지 뮬러는 이렇게 했고…, 리즈 하월즈는 돈이 없어도 일을 먼저 저질렀고…. 리즈 하월즈와 조지 뮬러를 각각 다른 방법으로 인도하셨던 주님께서 한동대는 느헤미야처럼 또 다른 방법으로 인도하고 계시는 가 보오."

어쩌면 남편과 나는 하나님의 선하심과 신실하심을 거듭 확인하고 싶었던 것인지도 모른다. 우리는 한동대에서 살아 있는 주님의 섭리를 매순간 느끼면서도 인간의 힘으로는 어쩔 수 없는 상황이 닥치면 언제나 하나님의 살아 계심을 다시 한 번 확인하고 싶어 했다.

돈 나올 곳은 전혀 없는데, 갑자기 10억 원이니 20억 원이니 하는 어음이 돌아올 때면 막막하다 못해 기가 질렸다. 빌린 돈의 이자도 매달 불어 갔다. 때로는 당장 학교 운영비가 부족해 몇천만 원, 몇백만 원이라도 구해야 했다. 돈을 꾸어 본 사람만 절박한 심정을 이해할 수 있을 것이다. 빚지고 산다는 이유로 자존심은 그만두고 처참한 모멸감에 몸을 떨어야 했다. 한동대 총장이 되기 전 남편은 은행에도 가 본 적이 없던 사람이었다. 지갑에 돈이 얼마 있는지조차 관심이 없던 사람이었다. 그래서일까, 이제는 돈 단위와 상관없는 사람처럼 걸핏하면 몇억, 몇천만 원이 필요하다고 그가 예사로이 말할 수 있는 것은….

하나님 말씀을 현실에 적용하고자 할 때는 혹독한 시험과 시련이 뒤따르는 것인가! 사방을 둘러보아도 돈 나올 곳은 아무 데도 없었다. 우리는 참으로 무서운 궁핍의 광야를 지나가고 있었다. 그 주일, 하 목사님은 광야에 대해 설교했다.

"오직 하나님 말씀만 바라보아야 하는 광야! 절대무능을 느끼는 곳이 광야입니다. 그러나 광야의 위기는 양식이나 물이 없는 것이 아니라, 하나님이 과연 살아 계시는가 하는 의심이 들 때가 가장 무서운 위기입니다."

나는 지금까지 내 삶을 인도해 주신 하나님의 신실하심을 다시 한 번 떠올려 보았다. 주 여호와여 내 눈이 주께 향하며 내가 주께 피하오니 내 영혼을 빈궁한

대로 버려두지 마옵소서 나를 지키사 저희가 나를 잡으려고 놓은 올무와 행악자의 함정에서 벗어나게 하옵소서 악인은 자기 그물에 걸리게 하시고 나는 온전히 면하게 하소서(시 141:8–10)

05

모세를 갈대상자에 띄워 보내듯

갈대상자의 시작

모세가 태어날 무렵, 애굽에서 태어난 히브리 남자 아이는 모두 죽임을 당했다. 모세의 운명도 폭풍 속의 촛불 같았다.

"우리 품에서 키운 이 아이를 더 이상 숨겨 키울 수 없어, 하나님 앞에 드리는 마음으로 강물에 띄워 보냅니다."

모세의 부모가 갈대를 꺾어 아기를 누일 바구니를 엮던 그 밤, 그들은 눈물로 통곡했을 것이다. 하지만 사람의 마음을 움직이시는 하나님께서는 죽어야 할 아기를 바로 공주의 손을 통해 기적적으로 살리셨다. 뒷날 민족의 지도자로 모세가 서는 데 이 갈대상자가 중요한 역할을 한 것이다. 그 여자가 잉태하여 아들을 낳아 그 준수함을 보고 그를 석 달을 숨겼더니 더 숨길 수 없이 되매 그를 위하여 갈 상자를 가져다가 역청과 나무 진을 칠하고 아이를 거기 담아 하숫가 갈대 사이에 두고 그 누이가 어떻게 되는 것을 알려고 멀리 섰더니(출 2:2-4)

엄청난 해산의 고통과 상상을 초월하는 무서운 핍박, 끊임없는 재정의 위기 속에서 학교의 가난을 더 이상 숨길 수 없었던 우리도 상자를 엮기로 했다. 1996년 말에 장순흥 박사(카이스트 핵공학과)가 누구나 참여할 수 있는 "한 계좌 천 원 후원 운동을 벌이라"고 제안한 것이 시발점이 되었다. 몇몇 교수들이 이 후원 운동을 한동대 '갈대상자'라 이름 지었다. 갈대 한 올은 연약하지만 수많은 갈대가 모여 모세를 구한 바구니가 되었듯이, 후원금 천 원은 '한 올'의 갈대에 지나지 않지만 후원자들이 기도로 엮은 갈대상자는 한동대의 세속화를 막을 나무진과 역청이었다. 갈대상자 속에는 하나님의 보호하심을 간절히 기대하는 '믿음'이 담겨 있었다.

갈대상자에 담긴 모세를 하나님께서 지켜 주셨듯이, 후원자들의 정성으로 이 시대의 지도자가 될 인재를 담은 갈대상자는 국내뿐 아니라, 미국에서까지 튼튼히 엮어져 가고 있다.

1998년 2월, 김종수 사장 부부의 적극적인 헌신으로, 로스앤젤레스에서 미주 한동국제재단(HIF)이 최초로 탄생했다. 곧이어 진금섭 박사(워싱턴 중앙장로교회)가 앞장서서 미주 동부 지역 한동후원재단(HIFI)이 발족되었고, 김석화 박사와 김용우 박사를 통해 시카고를 중심으로 한 미주 중부 지역 후원회가, 김교선 장로님(시애틀 연합장로교회)을 통해 시애틀을 중심으로 한 서북미 지역 한동대 후원회가 잇달아 조직되었다. 후원회가 열릴 때마다 남편은 늘 말했다.

"프랜시스 쉐퍼는 20여 년 전에 책을 쓰면서 '21세기가 가까워 오면 사람들은 목적 없이 돈을 벌고 진리가 없는 교육을 하고 의미가 없는 사랑을 나누며 죄책감 없이 사람을 죽이는 시대가 올 것이다. 이 모든 것은 하나님을 믿지 않기 때문이다'라고 말했습니다. 우리는 청년들에게 공부하는 목적과 삶의 존재 가치를 부여해 주어야 합니다. 우리 나라는 부존자원이 별로 없지만, 세계에서 인구 밀도가 조밀한 만큼 하나님께서 풍성하게 주신 '사람'이 있습니다. 나라의 장래는 교육에 달려 있습니다. 중국 속담에 '1년을 위해 밀을 심어라. 10년을 위해 한 그루의 나무를 심어라. 그러나 100년의 꿈과 비전을 위해서라면 사람을 키우라'고 했습니다. 미래를 위해 가장 보람된 투자는 인재를 양성하는 일입니다. 정직하고 유능한, 하나님을 경외하는 인재를 키우는 한동대의 후원자가 되어 주십시오. 여러분에게 그 기회와 특권을 드리겠습니다."

미국 워싱턴에서는 몇 차례나 한동후원회 밤이 열렸다. 1998년, '워싱턴에서 열린 한동 후원의 밤' 에서 안병욱 원로 목사님이 말했다.

"우리에게는 각자 출신 대학이 있지만, 한동대를 후원해야 할 이유는 한동대가 하나님의 대학이기 때문입니다. 우리가 한동대를 하나님의 대학이라 부르는 몇 가지 이유가 있습니다.

첫째, 한동대는 창조 신앙을 바탕으로 교육하는 대학이기 때문입니다. 오늘날, 우리 자녀들은 학교에서 일방적으로 배우는 진화론으로 말미암아 참 신앙을 갖기가 매우 힘든 시대에 살고 있습니다. 둘째, 예수님께서 이 땅에 계실 때 제자들을 양육하신 것처럼, 한동대의 교수님들도 전공 학문 외에 성경과 신앙을 가르치며 학생들을 예수님의 제자로 교육하고 있기 때문입니다. 셋째, 한동대는 사람 주인이 없는 대학이기 때문입니다. 한동대의 주인은 하나님이십니다. 한국의 훌륭한 평신도 지도자인 이영덕 이사장님 이하 한동대를 섬기는 모든 분들은 사심 없는 하나님의 청지기들입니다. 하나님을 경외하는 지도자를 배출하는 한동대를 돕는 것이 곧 애국하는 일입니다."

이원상 목사님(워싱턴 중앙장로교회)도 한동대 후원에 동참할 것을 간곡히 말씀하셨다.

"1637년 영국에서 미국으로 건너 온 존 하버드 목사님이 소천하시면서, 전재산 1,254달러와 도서 320권을 1636년에 설립된 작은 대학에 기증했습니다. 이를 기반으로 한 그 대학은 '하버드' 로 불렸으며, 오늘날 하버드 대학은 수많은 석학들과 노벨상 수상자들을 배출하고 있습니다. 저도 말로만 듣던 한동대를 방문한 후, 한동대에서 21세기의 '세상을 변화시킬 모세와 같은 민족의 지도자' 를 배출하는 기적이 일어나리라는 기대를 가졌습니다. 해외에 있는 우리 모두가 한동대를 위해 힘을 합치면 이 시대를 이끌 위대한 신앙인과 각 분야의 전문가가 한동대에서 나올 것입니다."

1999년 여름, 워싱턴 '한동후원의 밤' 행사에서 마침 그곳을 방문 중이던 이명박(현 서울특별시장) 장로님이 축사를 했다.

"몇 년 전 제가 한 건설 회사 사장으로 있을 때 일본에서 있었던 일입니다. 중요한 서류 뭉치를 호텔 종업원에게 우송하라고 맡긴 뒤, 돌아서다가 혹시나 해서 저는 다시 그를 불렀습니다. '당신 이름은?' 그는 잠시 나를 쳐다보더니 대답했습니다. 'I am Japanese!' 일본 사람인 날 믿지 못하겠냐는 그의 시선에 저는 충격을 받았습니다. 지금도 저는 그 종업원의 당당한 태도를 잊을 수 없습니다.

언젠가 제가 한 외국인에게 한국에 대한 소감을 물었을 때, '한국 사회는 전반적으로 부정과 부패가 없어져야겠습니다' 라고 했습니다. 인구 밀도가 세계 3위로 조밀한 우리 나라에 부정과 편법이 성하다면 지옥이나 마찬가지입니다. 반면에 우리가 국제 사회에서 '정직한 민족' 이라는 평판을 듣게 된다면, 우리의 힘은 폭발적인 상승 작용을 할 것입니다.

김영길 총장님은, 한동대 졸업생들이 장차 사회에서 '유능하지만 정직하다' 는 평판을 듣기 원한다고 했습니다. 저는 그러한 '한동대' 의 비전에 소망을 품습니다. 훌륭한 교육을 자랑하는 대학들이 많지만, 무감독 양심 시험으로 정직 훈련을 하는 대학은 그리 많지 않습니다. 지성, 영성, 인성의 전인 교육을 중요시하는 한동대는 앞으로 한국의 국제적인 체면을 세우는 대학이 될 것이 분명합니다."

내가 매일 기쁘게

"사모님, 요즘 갈대상자 모금이 저조합니다. 간증하실 때 좀 더 적극적으로 갈대상자 이야기를 해 주셔야겠어요."

학부형이기도 한 박형태 후원과장이 나에게 말했다.

"과장님, 저는 갈대상자 모금원이 아녜요."

그는 오직 갈대상자에만 관심이 있는 듯해서 나는 속으로 웃음이 나왔다.

"과장님, 제 간증의 주인공은 언제나 예수님인 거 아시죠? 그분의 이름을 증거하기 위해 제가 간증하는 겁니다. 예수님보다 한동대를 더 자랑할까 봐 저는 늘 조심하고 있어요."

내 간증 사역은 참으로 우연한 계기를 통해 시작되었다. 1996년 11월, 사랑의교회(옥한흠 목사님)에서 남편의 간증 집회 일정이 잡혀 있었다. 그런데 당황스런 상황이 벌어졌다. 남편이 그날 두 교회와 동시에 집회 약속을 했던 것이다. 난처한 사정을 옥 목사님께 의논드렸더니, 목사님은 내가 대신 간증을 해도 좋겠다고 하셨다. 졸지에 사랑의교회로 향한 나는 떨리는 마음으로 성전 안으로 들어섰다. 순간, 뭇 성도들이 부르는 찬송이 내 마음을 흔들었다.

"… 오 신실하신 주, 오 신실하신 주, 내 너를 떠나지도 않으리라, 내 너를 버리지도 않으리라, 약속하셨던 주님 그 약속을 지키사, 이후로도 영원토록 나를 지키시리라 확신하네."

밖에서 억울한 일을 많이 당하고 집에 온 어린아이가 아버지의 든든한 품에 안겨 서러움을 토해 내듯 나는 울고 또 울었다. 그때부터 내 간증 사역은 시작되었다. 집회에 갈 때면 언제나 난 가방 속에 갈대상자 후원 신청서를 챙겨 넣는다. 용기를 내어 말을 꺼내기도 하지만, 때로는 망설이다가 끝내 말을 꺼내지 못할 때도 있다.

"목사님, 한동대는 사람 주인이 없는, 하나님께서 주인이신 학교입니다. 한국 기독교인들의 구별된 후원금으로 운영하는 대학입니다. 한국 교회가 도와주어야 할 대학입니다."

카오스 이론을 아십니까?

초청받았던 수많은 교회들 중에 특별히 기억에 남는 교회들이 있다. 1999년 방문했던 부천 예일감리교회도 그 중 하나였다. 조심스럽게 갈대상자 후원 이야기를 꺼낸 내게 박상철 목사님이 말했다.

"그렇잖아도 한동대를 어떻게 도울까 생각 중이었습니다. 오늘 기회를 주셔서 감사합니다. 한동대는 우리 기독교의 자랑입니다."

간증을 마친 후, 단 위에 서신 목사님이 말했다.

"여러분, 하나님의 일에 동참하는 일은 성도의 마땅한 임무입니다. 또한 하나님을 기쁘시게 하는 일입니다. 오늘 한동대를 도울 수 있는 기회에 한 분도 빠짐없이 참여하시기를 간곡히 부탁드립니다."

목사님은 단 위에서 자신이 먼저 신청서를 쓰셨다. 그러자 여기저기서 글씨 쓰는 소리가 들렸다. 예배를 마치고 나서 목사님은 내게 갈대상자 신청서로 두둑해진 큰 봉투를 건네 주셨다. 그날 집에 오자 정릉교회에 다녀온 남편과 신현길 교수가 싱글벙글 웃으며 나를 기다리고 있었다.

"권사님, 오늘 저녁 집회에서 갈대상자 후원자를 많이 얻었어요."

나도 갈대상자 봉투를 책상 위에 꺼내 놓았다.

"교수님, 저도요. 자, 보세요."

신 교수는 신이 나서 세기 시작했다. 손가락에 침을 묻히면서까지 일부러 외판원 흉내를 내며 후원서를 세는 신 교수 덕분에 모처럼 마음껏 웃었다. 그날 저녁 두 사람의 기뻐하는 모습에 모든 피곤이 가셨다.

어느 날, 금란교회에서 말씀을 전하고 돌아온 신 교수와 남편이 소리쳤다.

"어, 굉장하네!"

김홍도 목사님이 후원금을 헌금 가방째로 주신 것이다. 돈을 세는 두 사람은 어느 때보다 행복해 보였다. 모두 천만 원이 넘는 액수였다.

"내가 매일 기쁘게 순례의 길 행함은, 주의 팔이 나를 안보함이요,

내가 기쁜 맘으로 주의 뜻을 행함은, 주의 영이 함께함이라.

성령이 계시네 할렐루야 함께하시네,

좁은 길을 걸으며 밤낮 기뻐하는 것, 주의 영이 함께함이라."

부천 예일감리교회에 다녀온 지 5년이 지나서 포항 충진교회에 간증 집회를 갔을 때였다. 키 큰 남자 분이 내 옆에 앉으며 말했다.

"사모님, 카오스 이론을 아십니까?"

"글쎄요, 카오스 세탁기 이름은 들어 봤지만…."

"저는 선린병원 내과의 정현식입니다. 강북 삼성병원 과장으로 있던 제가 이곳 한동대 선린 병원으로 옮긴 사연이 있지요. 약 5년 전에, 사모님이 제가 다니던 부천 예일감리교회에서 주일 저녁 간증을 하셨습니다. 그때 우리 부부는 한동대에 대해 처음 들었지요. 그때부터 적은 금액이나마 후원을 하면서 '갈대상자' 소식지를 통해 선린병원이 선교 병원으로 거듭나고자 한다는 소식도 듣고 있었거든요. 어느 분이 선린병원에서 근무할 의향이 있는지를 제게 물어서 한동대와 선린병원을 방문하게 되었습니다. '하나님께서 고치시고 우리는 봉사한다'는 병원 현관에 붙은 글귀가 제 눈에 확 들어오더군요. 선린병원은 삼성병원과 비교하면 시설도 뒤떨어져 있고, 서울에서 포항으로 직장을 옮기는 문제도 그리 쉬운 것은 아니었습니다. 많은 사람의 반대가 있었지만 저는 하나님께서 함께하시는 직장이 곧 좋은 직장이요 직업이라 여기고 결정할 수 있었습니다.

물리학 이론에 카오스 이론이라는 것이 있지요. 흔히 우리가 말하는 나비 효과와 같은 맥락에서 생각하시면 됩니다. 중국에서 나비가 날갯짓을 하면, 작은 바람이 점점 커져서 결국 미국에서는 태풍이 된다는 이론입니다. 5년 전에 처음 만난 한동대 때문에, 저와 제 가족이 결국 한동대 선린병원으로 오게 되었으니 이게 바로 카오스 이론이 현실화된 것이겠지요.

저는 선린병원에서 날마다 하나님의 기적을 보며 살고 있습니다. 하나님의 사람, 이건오 원장님이 오셔서 이미 큰일을 하고 계시더군요. 나비의 작은 날갯짓처럼 제가 먼저 하나님 앞에서 믿음의 사람으로 기도하는 사람이 되어 하나님께서 저의 작은 변화를 태풍처럼 사용하시기를 늘 기도합니다. 언제나 변화의 시작은 자기 자신이라고 생각합니다. 한동대와 선린병원이 한국과 세계에서 자랑스러운 대학과 의료 선교 기지 병원이 되어, 수많은 하나님의 사람이 배출되고 수많은 사람들의 영혼과 육체가 고침받게 될 것입니다. 또한 선교지에 있는 병원에 의료 인력을 파견하고 교육하는 선교 기지 병원으로서의 사명도 감당하게 될 것입니다. 이 목표를 위해 의과 대학원이 설립되도록 기도하고 있습니다."

내가 너무 궁상떨었니?

청주 지역 여전도회 수련회에 간증 집회를 갔을 때였다. 간증을 마치자 뒷자리에 앉아 있던 청년이 내게 다가와, '필승!' 우렁찬 소리로 거수 경례를 했다.

"사모님, 저는 한동대 학생입니다. 군대에서 마침 휴가를 나왔는데, 오늘 사모님이 간증을 하신다고 해서 어머님과 함께 왔습니다."

그 건장한 청년은 내 손을 힘있게 잡으며 말했다.

"사모님, 힘드시죠? 총장님과 함께 조금만 참으십시오. 졸업하면 저희들이 학교를 책임지겠습니다."

청년의 눈가에 눈물이 어렸다. 그의 큰 손에 내 손을 잡힌 채, 나도 핑 도는 눈물을 보이지 않으려고 얼굴을 돌렸다.

"혹시 오늘 내가 너무 궁상스럽게 말했니?"

"아닙니다. 사실대로 말씀하셨을 뿐입니다."

이름처럼 건장하고 우람한 그 학생 김우람 군은 쌍둥이 동생 아람 군과 함께 한동대에 다니고 있다. 어느새 그 지역의 학부모 기도 팀 어머니들이 내 옆에 빙 둘러서 있었다.

너 예수에 미쳤구나

전주 간증 집회에서 한동대 졸업생 안호진(현 장신대 대학원 재학) 군의 어머니가 말했다.

"사모님, 우리 호진이 이야기 좀 들어 보세요. 서울에서 전경으로 복무 중인 호진이가 휴가라고 집에 오겠다고 차비를 부쳐 달라고 하더라구요. 군대 월급으로 용돈이 부족한가 생각했지요. 그런데 호진이가 하는 말이 매달 월급을 한동대 갈대상자 후원금으로 보낸다는 거예요."

호진이는 어느 주일, 효창운동장에서 데모 군중을 진압하게 되었다. 방패를 든 채 하나님께 예배 드렸다.

"하나님, 비록 저는 지금 교회에 못 가지만, 이곳에서 주님께 예배를 드립니다. 제 앞에 데모하는 저들도 하나님을 알게 해 주십시오."

작은 소리로 기도하고 찬송도 불렀다. 혼자 웅얼거리는 모습을 옆에서 빤히 쳐다보던 동료가 말했다.

"너 미쳤냐? 왜 입을 달싹거리고 있냐!"

"저는 지금 하나님께 예배드리고 있습니다."

"너, 예수에 미쳤구나?"

며칠 후, 중대장이 그를 호출했다.

"안 이경, 너 요란하게 예수 믿는다지?"

호되게 꾸중하던 그가 갑자기 소리쳤다.

"임마! 어서 교회에 갓!"

호진 군은 뛸 듯이 기뻐하며 부대 앞의 내수동 교회로 달려갔다. 오늘은 교회에서 예배드릴 수 있다니! 너무나 감사했다. 헌금 시간이 되었다. 전경복을 입은 채 교회로 달려온 그의 주머니는 비어 있었다.

"하나님, 저는 지금 주님께 드릴 헌금이 없습니다. 하지만 제 마음을 다 드립니다. 받아 주세요."

그때 누군가 그의 어깨를 툭 쳤다. 그 중대장이었다.

"자네, 헌금 없지?"

그는 만 원을 그의 주머니에 찔러 주었다. 호진 군은 군 복무를 하면서 하나님의 마음을 점점 더 분명히 깨달았다고 했다. 우리가 만일 미쳤어도 하나님을 위한 것이요 만일 정신이 온전하여도 너희를 위한 것이니(고후 5:13)

호진 군 어머니는 호진이의 꿈을 넌지시 알려 주었다.

"우리 호진이는 장차 한동대의 교목이 되고 싶답니다. 그래서 후배들에게 복음을 전하는 것이 그의 꿈이랍니다."

네 것이 아니라 내 것 아니냐

하루는 낯선 사람에게서 편지 한 통이 날아들었다. 뿌옇게 김이 서린 캄캄한 창밖을 내다보며, 낮에 받은 편지를 다시 읽어 보았다. 밖이 아무리 캄캄해도 내 안에는 환한 불이 켜지고 있었다.

권사님께서 저희 교회에 오셨던 그날 저는 정말 감동적인 예배를 하나님께 드렸습니다. 우리 나라에 한동대와 같은 비전 있는 기독교 대학이 있다는 것에 얼마나 감사를 드렸는지요! 의로운 싸움의 결과는 반드시 승리인 것을 확신합니다. 주님의 남은 고난을 담당하시는 권사님과 총장님께 우리 주님께서 면류관을 준비하고 계실 줄 믿습니다.

주님을 뜨겁게 사랑하는 저는 주님을 위해 살기 원하며, 사업해서 돈을 많이 벌어 헌금도 많이 하며 자부심을 갖고 신앙 생활을 해 왔습니다. 그러나 어느새 교만이 싹트기 시작했고 저는 돈 버는 일에 세상과 조금씩 타협하고 그런 저를 합리화하기 시작했습니다. 교회에서는 거룩한 척했고, 하나님 보시기에는 한심한 인간이 되어 버렸습니다.

그러던 중 대형 사고로 회사가 파산하게 되었습니다. 그때부터 저희 가정에 고난이 시작되었습니다. 어떤 사업을 해도 1년이 못 되어 문을 닫게 되자, 저는 하나님께 부르짖었습니다.

"제가 선교 사업하겠다고 기도하지 않았습니까? 저 혼자 잘살겠다고 사업하는 것도 아닌데 왜 철저히 망하게 두십니까?"

아파트는 경매가 되고 오갈 데 없는 신세가 되어, 겨우 보증금 500만 원에 월세 35만 원 하는 방으로 이사할 수밖에 없었고, 더 이상 내려갈 곳이 없는 신세가 되었습니다. 그러나 저는 한 번도 하나님을 의심해 보지 않았습니다. 전기 요금을 못 내서 촛불을 켰더니 철없는 딸이 누구 생일이냐며 '생일 축하' 노래를 부르더군요. 집에 쌀이 떨어지자, 지혜로운 아내는 아침부터 라면이 먹고 싶다며 라면을 끓여서 아이들과 먹는 일이 한두 번이 아니었습니다. 그래도 하나님께서 결코 나를 버리지 않으신다는 것을 확신했습니다.

그후, 주님은 제게 다시 사업을 시작하게 하셨고, 조금씩 회복시켜 주셨습니다. 권사님께서 저희 교회에 오셨던 날, 처음으로 어음 천만 원을 수금해서 지갑에 넣고 예배 시간에 쫓기면서 교회에 갔습니다. 이 돈을 아내에게 주면 얼마나 용기를 얻을까 하는 생각에 가슴이 쿵닥쿵닥 뛰었습니다. 그런데 권사님의 간증을 듣던 중, 그 돈을 모두 한동대에 헌금하라고 주님께서 계속 말씀하셨습니다.

'너는 선교하며 장학 사업 한다고 기도하지 않았느냐? 지금까지 몇 년 동안 사업이 망해서 헌금도 못하지 않았느냐? 그리고 그 돈이 네 것이 아니라 내 것 아니냐?'

저는 주저 없이 '아멘!' 하고 그날 한동대 후원에 동참했습니다.

하나님께서는 그날 저를 이렇게 위로하셨습니다.

'너는 월세 보증금 500만 원이 전 재산인데, 나에게 천만 원을 주었으니 전 재산의 두 배를 내게 주었구나.'

그날 저는 얼마나 기뻤는지 모릅니다. 권사님, 그 이후 제게 하나님께서 어떻게 축복하셨는지 궁금하지 않으십니까?

하나님께서 일을 넘치게 주셔서 저는 8억 원을 주고 공장을 매입할 수 있었습니다. 하나님께 한없는 감사를 드렸습니다. 사업 시작한 지 2년 만에 종업원이 약 40명, 공장은 2천 평 규모입니다. 지금의 공장을 매입하는 과정도 정말로 하나님의 놀라운 인도하심이 있었습니다.

권사님, 감사합니다. 하나님의 인도하심을 받는 기회를 주셔서요. 평생 동안 주님만 사랑하고, 내 생애에 주님보다 더 귀한 것이 없게 살기를 원합니다. 저도 한동대와 총장님을 위해서 기도하고 있습니다. 그리고 언젠가 한동대를 방문하고 싶습니다. 할렐루야!

인천산돌교회 박영출 장로 올림.

잊혀지지 않는 기억들

부평감리교회에서였다. 간증을 마치고 단 위에서 내려오는데, 내 손을 꼭 잡는 손이 있었다. 홍은파 담임 목사님이었다.

"권사님, 하나님께서는 순교의 제물을 아무한테서나 받지 않습니다. 하나님께서 한동대의 모든 역경들을 승리로 이끄실 것을 저는 확신합니다."

따뜻한 위로였다. 목사님은 목회실로 들어오는 장로님들께 일일이 부탁했다.

"장로님, 우리 교회가 한동대를 도와야 합니다."

한 분 한 분에게 다짐을 받듯 말했다. 이튿날 홍 목사님에게서 전화가 왔다.

"권사님, 저희 교회에서 5천만 원을 한동대에 후원하기로 했습니다. 그것은 앞으로 구입하려는 건물 대금의 십일조인 1억 원 중 절반에 해당하는 액수입니다. 나머지 5천만 원은 셋으로 나누어 저희 감리교 대학에게 조금씩 보내려고 합니다. 장로님들이 한동대에 제일 많이 보내자고 해서 절반을 보내는 겁니다."

부평감리교회 후원금은 학교의 그 달치 공과금을 지불하는데 꼭 맞는 액수였다. 하나님께서 때맞추어 부평감리교회를 통해 한동대 필요를 채워 주신 것이다.

어느 날, 전주 집회를 마치고 새벽에 시외버스 터미널에 도착했다. 그 많던 사람들은 간 데 없고, 텅 비어 있는 터미널 광장의 불빛도 지친 듯 졸고 있었다. 밖에 나오자 초겨울의 찬바람이 옷깃을 파고들었다.

총총 걸음을 옮기는 순간, 나는 그만 땅바닥에 사정 없이 넘어졌다. 심한 통증에 꼼짝없이 엎드려 있는데, 갈대상자 신청서들이 와르르 쏟아져 바람에 흩어지고 있었다. 나는 엉금엉금 기어가면서 그것들을 주워 모았다.

"얼마나 소중한 것들인데…."

몸을 일으켜 보니 바지에 구멍이 나 있었다. 아파서 눈물이 찔끔 솟았다.

'그렇게 날 위해 사방으로 뛰어다니는 네가 고맙구나.'

주님이 내게 속삭이시는 듯했다. 너의 하나님 여호와가 너의 가운데 계시니 그는 구원을 베푸실 전능자시라 그가 너로 인하여 기쁨을 이기지 못하여 하시며 너를 잠잠히 사랑하시며 너로 인하여 즐거이 부르며 기뻐하시리라(습 3:17)

2000년 3월, 부산 공항에서 비행기에 내리던 나는 계단에서 발을 헛디뎌 앞으로 넘어지고 말았다. 발은 금세 부어올랐다. 이튿날 전주로 가기 위해 절뚝거리는 발로 집을 나섰다. 혹 부기가 가라앉을지도 모른다는 생각에서 버스의 뜨거운 히터에 발을 얹어 놓았다. 그러나 발은 점점 더 부어올랐다. 집회를 마친 후 전주 터미널에서 가파른 계단을 올라가며, 나는 속으로 나를 초청한 분들을 은근히 원망했다.

'나를 대전역까지라도 좀 데려다주지, 이렇게 홀쩍 내려놓고 떠나 버리면 어쩌라고….'

저만치 구걸하는 사람도 못 본 척, 나는 발을 끌며 계단을 올라와 버렸다. 그때 마음속에 들리는 소리.

'만약 내가 저곳에 서 있다면 너는 날 외면하겠느냐?'

나는 다시 계단을 내려가, 공손하게 그의 손에 돈을 쥐어 주었다. 괜히 심통부리다가 두 번 걸음 한 것을 후회했다.

대전 버스 터미널에서 대구행 버스를 간발의 차이로 놓쳐 버린 나는 다음 버스를 기다릴 것이 까마득했다. 발은 아프고 갈 길은 멀고… 잘 일러 주지 않았던 창구 아가씨에게도 화가 났다.

"아가씨, 게이트 번호를 정확히 가르쳐 주지 않아서 버스를 놓쳤잖아요!?"

나도 모르게 언성을 높였다. 그런 내 모습에 나는 더욱 고통스러웠다. 다시 대전역. 포항행 새마을호를 타려면 3시간을 더 기다려야 했다. 휴대폰으로 전화해 준 남편에게도 나는 퉁명스레 말했다. 대합실에서, 옆에 앉은 할머니가 말을 걸어왔다.

"아주머니, 서울 가려면 어느 쪽으로 들어가야 하우?"

"저기 두 번째 창구로 들어가시면 돼요."

그 할머니는 묻고 또 물었다.

"할머니 방금 말씀드렸잖아요. 아직 시간이 멀었으니 그때 가르쳐 드릴게요."

나는 귀찮은 듯 말했다. 그때 내 왼쪽에 앉은 부인이 앞으로 몸을 내밀며 할머니에게 친절히 말했다.

"할머니, 저도 서울까지 가니 저를 따라 오시면 돼요. 걱정 마세요."

나는 또다시 낭패감을 느꼈다.

"너는 오늘 왜 그렇게 심술스럽냐?"

주님께서 그 친절한 부인을 내게 모범으로 보여 주시는 것 같았다. 내 속에 깨어지지 않은 이 완악한 '본성'을 어찌할꼬! 주님, 저를 불쌍히 여기소서! 그러므로 사랑을 입은 자녀같이 너희는 하나님을 본받는 자가 되고 그리스도께서 너희를 사랑하신 것같이 너희도 사랑 가운데서 행하라 그는 우리를 위하여 자신을 버리사 향기로운 제물과 생축으로 하나님께 드리셨느니라(엡 5:1-2)

기차를 타고 자리에 앉자마자 나는 또다시 부은 발을 히터에 얹어 놓았다.(부은 발은 찬물에 찜질을 해야지, 뜨거우면 더 붓는다는 사실을 나중에야 알았다.) 뜨거운 히터만 의지하고 있었던 나는 안 되겠다 싶어 그제야 발등에 손을 얹고 기도했다.

"하나님! 침이 좋다지만 그럴 시간도 없잖아요. 주님 손으로 고쳐 주세요."

새벽부터 돌아다닌 피곤이 한꺼번에 몰려와 의자에서 잠이 들었다. 밤늦게 현관에 들어서는 나에게 남편이 발을 보자고 했다. 그 순간 나는 깜짝 놀랄 수밖에 없었다. 손가락으로 발등을 꾹꾹 눌러도 아프지 않고 감쪽같이 부기가 빠져 멍든 자국도 없었다. 나는 너희를 치료하는 여호와임이니라(출 15:26)

이밖에도 하나님께서 집회 때마다 함께하셨던 기억들은 너무나 많다. 특히 한동대를 위해 기도하고 후원하는 손길들을 곳곳에 보내 주셨다. 하루는 서울 시내에서 택시를 타자, 나이 듬직한 택시 기사가 남편을 백미러로 보면서 말했다.

"혹시 한동대 김영길 총장님 아니십니까?"

"저는 광림교회 교인인데 한동대 갈대상자 회원입니다. 학교에서 보내 주는 신문과 소식지를 받으며 학교를 위해 기도하고 있습니다. 힘내십시오. 오늘 총장님을 제 차에 모셔서 영광입니다."

친지의 문병을 위해 삼성병원에 들렀을 때였다. 복도에서 한 미화원 아주머니를 만났다.

"한동대 총장님이시죠? 저는 한동대 갈대상자 회원입니다. 갈대상자 소식지를 통해 한동대 소식을 잘 듣고 있지요. 미약하지만 총장님과 학교를 위해 기도하고 있어요."

여름 방학이 막 시작된 1998년, 창원교회에서 집회 일정이 잡혔다. 교회에 도착해 보니 여일(97학번) 군을 비롯한 우리 학생들이 '한동대 갈대상자'라는 노란 띠를 두르고 바구니를 들고 입구에 서 있었다. 엊그제 방학을 맞아 집에 온 창원과 마산 지역 학생들이 온 것이다. 나는 가슴이 뭉클했지만, 학생들은 마냥 즐거운 표정들이었다. 총장은 간증을 하고 학생들은 갈대상자를 모으고…, 이런 것을 두고 '앵벌이'라고 하던가! 학생들도 갈대상자의 큰 후원자였다.

이화의 제자 동역자들

1999년 여름에 나는 아주 반가운 해후를 했다. 내가 모교에서 한창 강의하던 무렵, 어느 해 종강 시간이었다. 늘 그렇듯이 그날도 학생들은 학기말 시험 준비로 마음이 바빠 아무도 내 말에 주의를 기울이지 않는 것 같았다. 나는 한 시간 전, 특수교육학과 채플 시간에 설교 말씀을 전했기 때문에 오늘은 늘 하던 복음 전도를 생략해도 되겠다고 생각했다.

"여러분 조금 전 채플 시간에 제가 여러분에게 하고 싶은 하나님의 말씀을 모두 전했습니다. 대학 4년 동안, 우리 인생에서 가장 중요한 생명이며 길이요 '진리'가 되시는 예수 그리스도를 아는 일에 여러분의 시간과 노력을 쏟아 보십시오."

간단히 말을 마치고 강의실을 나오려는데, 교탁 위에 흰 카드가 있었다. 집으로 돌아오는 차 안에서 열어 본 그 카드에는 이렇게 적혀 있었다.

> 선생님께서는 종강 시간에 항상 예수님을 소개하신다는 말을 선배들에게 들어왔습니다. 저는 선생님의 수업을 들으며 이 시간을 무척 기다려 왔습니다. 오늘 새벽에 일어나 설레는 마음으로 하나님 말씀을 전하실 교수님을 위해 기도했어요. 세례 요한처럼 저희들에게 담대히 복음을 전해 주세요!
>
> 제자 신경희 드림.

순간, 나는 무엇에 얻어맞은 것 같은 충격과 낭패감을 느꼈다. 학생의 글은 주님과의 약속을 적당히 타협해 버린 나에게 경고장처럼 느껴졌다.

정신이 번쩍 들게 한 그 카드의 주인공 신경희 제자가 한동대를 찾아온 것이다. 이제 그녀는 세 아들의 어머니로서 남편 양승봉 선교사(외과 의사)와 함께 네팔에서 의료 선교를 하고 있었다. 그들의 이야기는 KBS 텔레비전 〈한민족 리포트〉를 통해 소개되기도 했다. 이곳에서의 편한 삶을 마다하고, 의료 혜택을 받지 못하는 오지의 불쌍한 네팔인을 위해 희생하고 봉사하는 그들은 예수님을 가슴에 품고 사는 삶의 본을 우리에게 보여 주고 있었다. 그날도 돈 때문에 벌어진 학교의 경황없는 상황을 목격한 그들 부부는 흰 봉투를 내밀었다.

"선생님, 너무 적은 액수입니다만…."

"아무리 그래도…선교사한테 어찌 후원금을 받겠는가?…"

"선생님… 받으셔야 해요."

그들은 후원금을 두고 떠났다.

김미정(85학번, 인천 이종우 이비인후과 원장 아내) 부부는 신혼 시절, 자기 집을 마련하는 것보다 한동대를 먼저 후원하고 싶다며 뜻밖의 큰 후원금을 보내왔다. 김현정(87학번, 동구제약 조용준 사장 아내) 부부도 늘 나를 격려하며 분에 넘치는 과분한 후원금을 보내 주고 있다. 이들 모두 귀한 예수님의 제자이다.

미국까지 떠내려가는 갈대상자

1998년, 시카고 연합장로교회(황형택 목사)에서였다. 간증을 마치고 나오는데 연세 많으신 노 권사님이 내 손을 잡으며 말했다.

"사모님, 아무 염려 마세요. 하나님께서 시작하신 한동대이니, 하나님께서 책임지실 것입니다."

잠시 후, 그 권사님은 밤이 늦었음에도 거동이 불편해 보이는 남편(김승환 장로님)과 함께 다시 교회로 오셨다.

"저희는 이웃 교회에 다니지만 오늘 총장님 내외분의 간증 집회가 있다기에 참석했습니다."

장로님은 의자에 앉자 불편해 보이는 손으로 천천히 수표를 쓰셨다. 1,200달러였다. 권사님도 내 손을 끌고 가서 현금 천 달러를 쥐어 주셨다. 나는 어찌할 바를 몰랐다.

"연로하신 두 분께서… 이렇게 많은 돈을… 저희가 이 돈을 어찌 받겠습니까?"

"하나님께 드리는 헌금이니 사모님께서 미안해하지 마세요. 우리 교회 목사님께서 빌려 주신 《한동대 사람들》을 읽고, 우리는 전부터 한동대를 후원하고 싶어 했답니다. 그리고 한동대를 위해 매일 기도하고 있어요."

환난의 많은 시련 가운데서 저희 넘치는 기쁨과 극한 가난이 저희로 풍성한 연보를 넘치도록 하게 하였느니라(고후 8:2)

2002년 4월, 부활절에 올랜도(플로리다)의 친구 집을 다녀온 딸이 말했다.

"엄마, 아빠랑 이번에 미국에 오시면 아무리 바쁘시더라도 올랜도에는 꼭 다녀가셔야겠어요."

올랜도 한인장로교회(김인기 목사)에서 주일 예배를 드리게 되었는데, 주보를 보다가 깜짝 놀랐단다. 중보 기도란에 '한동대와 김영길 총장을 위해서' 라고 써 있었던 것이다. 예배를 마친 후, 딸 내외는 목사님을 찾아갔다. 중보 기도에 감사 말씀을 전하는 딸에게 목사님은 우리 부부가 꼭 한 번 교회에 다녀갔으면 한다는 말씀을 전하셨다고 했다.

그해 여름, 우리는 올랜도를 방문했다. 공항으로 마중 나온 분이 자신을 '한동 목장' 의 목자(구역장)라고 소개하면서 "총장 선교사님, 잘 오셨습니다. 환영합니다"라고 말하는 게 아닌가. 우리를 선교사라고 부르다니! 평생 처음 들어 보는 그 호칭에 우리는 감격했다.

"3년 전에 저희 교회에 한동 목장이 생겼습니다. 우리 교회에서는 지원하는 선교지 이름에 목장을 붙이거든요. 아마존 목장, 중국 목장처럼요. 목장 예배의 헌금과 동일한 액수로 교회에서 후원금을 지원하기 때문에, 각 목장마다 열심을 냅니다. 우리도 '한동국제재단' 에 매달 후원 헌금을 보내고 있지요. 다른 목장은 선교사들이 오셔서 선교 보고도 하시는데, 한동대에서는 지금까지 아무도 오신 적이 없었어요. 총장님을 이렇게 직접 만나 뵙게 되어, 한동 목장의 식구들이 무척 좋아하고 있습니다."

"한국 오실 기회가 있으면, 한동대를 꼭 방문해 주십시오."

"총장님, 저희는 이미 학교를 방문했습니다. 우리 목사님께서 선교지를 반드시 방문하라고 권하셔서, 귀국하는 길에 포항에 갔었어요. 학교에 폐가 될까 봐

살짝 다녀왔지요. 우리는 효암채플과 기도실에서, 그리고 땅을 밟으며 기도했습니다. 학생들이 무척 친절하다는 것과 인사를 잘한다는 것을 모두 느꼈어요. 우리는 한동 목장의 식구가 된 것이 자랑스럽습니다."

암행어사처럼 몰래 다녀간 그들에게 밝은 모습으로 인사했을 우리 학생들이 자랑스럽고 고마웠다.

러투나 대학의 기계과 교수이기도 한 이병균 목사님(엘파소 제일침례교회)의 초청으로 우리는 엘파소에 가게 되었다.

"총장님, 사막 한가운데서도 학교를 위해 기도하는 사람들이 있고, 우리 교회도 갈대상자 후원자가 많습니다. 그러니 차별하지 마시고 이곳에도 꼭 다녀가셔야 합니다."

엘파소 주변의 사막에는 가시 엉컹퀴 나무들이 공처럼 바람에 뒹굴고 있었다.

"사모님, 저 가시더미 속에도 사슴, 노루들이 살고 있습니다. 저 사막의 엉겅퀴 나무들도 아름다운 꽃을 피워 낸답니다. 사막에만 피는 꽃이지요."

도저히 짐승이 살 것 같지 않은 사막, 꽃이 필 것 같지 않은 가시나무에서도 꽃이 피고 있다니…. 그러나 그 꽃의 아름다움이 한동의 광야 폭풍우 속에 핀 꽃에 비할 수 있으랴!

2003년 현재, 갈대상자 회원은 국내 1,600교회의 2만여 명이다. 갈대상자는 한동의 젖줄이자, 생명선(Life-line)이다. 앞으로 5만 명의 갈대상자 회원이 생겨나도록 우리는 기도하고 있다. 이제 갈대상자 후원자 중에는 한동대 졸업생들의 이름도 등장하게 되었다. 95학번 윤석재 군이 자신의 첫 월급을 모교의 갈대상자 후원금으로 내놓은 것을 시작으로, 많은 한동의 졸업생들이 첫 월급을 보내왔다.

지난여름 태풍 매미가 동해안을 강타했을 때, 학교 주위를 병풍처럼 빽빽이 둘러선 해송들이 학교를 지킨 바람막이가 되어 주었듯이, 국내외의 수많은 갈대상자 식구들의 기도와 재정 후원이 험한 세월, 폭풍우 속의 학교에 든든한 바람막이가 되어 주고 있다. 《중앙일보》는 〈졸업 화제-첫 월급 모교 후원금 쾌척〉이라는 제목으로 6회 졸업식을 갖는 한동대에는 졸업생들의 모교 사랑이 이어지고 있다면서 많은 졸업생들이 첫 월급 외에 매월 일정액을 학교에 후원하고 있다고 보도했다. 김오용 양(95학번)과 양수석 군(96학번)은 졸업하고 보니 한동대에 대한 사랑이 더 커지더라며 앞으로도 계속 도울 것이라고 말했다.(2004년 1월 19일자.)

성경 곳곳에는 발음조차 어려운 수많은 사람들의 이름들이 기록되어 있다. 예루살렘의 성전 건축을 위해, 광야의 성막을 위해, 성소의 쓸 것을 위해, 느헤미야의 예루살렘 성벽 재건(느 3장, 7장)을 위해, 하나님의 일에 기쁨으로 동참하며 헌물을 바친 이름들이다. 성경은 이들을 '마음이 지혜로운 사람들' 이라고 불렀다. 브살렐과 오홀리압과 및 마음이 지혜로운 사람 곧 여호와께서 지혜와 총명을 부으사 성소에 쓸 모든 일을 할 줄 알게 하심을 입은 자들은 여호와의 무릇 명하신 대로 할 것이니라(출 36:1)

하나님께서는 하나님의 일에 동참한 사람들을 귀히 여기시는 것임에 틀림없다! 누구든지 제자의 이름으로 이 소자 중 하나에게 냉수 한 그릇이라도 주는 자는 내가 진실로 너희에게 이르노니 그 사람이 결단코 상을 잃지 아니하리라 하시니라(마 10:42)

도전

Challenge

03

01 피지에 뿌려진 밀알들, 슬픔이 변하여 찬송으로

아! 하나님 어찌하여

"사모님, 지금 총장님 어디 계십니까?"

1997년 7월 10일, 학생들과 함께 피지로 선교 여행을 떠났던 김영섭 박사의 전화였다. 닷새 전, 열 명의 한동 학생들은 한국감리교 서울남연회 강남동지방 후원을 받아 세워진 비전 칼리지(Vision College, 일종의 기술 전문학교)의 교장, 김주성 선교사의 요청으로 폴리네시안 원주민 학생들에게 컴퓨터를 가르치기 위해 컴퓨터 10대를 가지고 피지로 떠났었다. 피지의 주민들은 폴리네시안 원주민들과 인도와 중국계 아시안들이 대부분인데, 이들은 이슬람교와 힌두교를 믿고 있었다. 한 학기 동안 제자훈련(HDTS)을 받은 학생들은 방학이 되면 교수들과 국내외로 단기 선교를 떠나는데, 그해 여름 방학에도 많은 학생들이 중국, 터키, 인도네시아, 스리랑카, 우즈베키스탄, 피지 등으로 떠났다.

황급한 그의 목소리에 뭔가 좋지 않은 일이 일어난 것을 직감할 수 있었다. 불길한 마음을 누르며 나는 조심스레 물었다.

"총장님은 학교에 계시는데, 무슨 일이세요?"

"사고가 났습니다. … 경식 군은 파도에 휩쓸려 익사했고, 영민 군은 실종되었습니다."

힘없는 그의 목소리는 청천벽력과 같이 내 귀를 때렸다. 나는 전화기를 든 채 그 자리에 주저앉았다. 가까스로 정신을 가다듬으며 귀를 기울였다.

"이곳은 물이 귀한 곳이라 남학생 다섯 명이 산에서 내려오는 빗물을 가두어 둘 연못을 운동장 한 모퉁이에 판 후, 몸에 묻은 진흙을 씻으려고 학교 건너편에 있는 바다로 갔습니다. 겉으로 보기에는 바다는 바람도 일지 않고 평온했다고 합니다. 학생들은 물이 허리 정도 오는 산호초로 둘러싸인 방파제까지 갔는데, 갑자기 큰 파도가 일어 학생 두 명을 순식간에 휩쓸어 갔습니다…."

첫 입학생인 강경식 군과 권영민 군은 방학에도 집에 가지 않고 학교의 고난과 어려움에 앞장서서 도왔던 학생들이었다.

"아! 하나님! 어찌하면 좋습니까! 이 소식을 부모님들에게 어떻게 알리겠습니까!"

하늘이 무너진 듯 앞이 캄캄했다.

"아! 하나님! 어찌하여 이 일을 허락하셨습니까!"

밖에는 부슬비가 내리고 있었다. 도무지 정신 둘 데를 찾지 못해 앉아 있는 내게 누군가 말했다.

"사모님, 하나님의 섭리가 있을 것입니다. 부모님들이 이 슬픔을 잘 견딜 수 있도록 기도하십시다."

긴급 수습 대책을 세운 후, 교수님 두 분씩 각각 영민이네가 있는 대구와 경식이네가 있는 대전으로 출발했다. 사랑하는 제자를 잃은 교수들의 발걸음이 얼마나 무거웠으랴! 학교에는 경식 군의 추모처가 마련되었다. 방학이라 집으로 갔던 학생들이 비보를 듣고 하나 둘 학교로 모여들었다. 졸지에 검은 리본을 단 경식 군의 사진 앞에 학생들은 무릎을 꿇고 앉아 눈물을 뚝뚝 흘렸다. 개교 이래 우리는 가장 큰 슬픔을 당한 것이다. 교정에는 하염없이 비가 내렸다. 그날 밤, 대구와 대전으로 떠났던 교수들이 소식을 전해 왔다.

"엄청난 충격으로 쓰러지셨지만 부모님들의 태도는 의연하셨어요. 그 경황 중에도 오히려 학교를 걱정했습니다."

부모님과 교직원들이 먼저 피지로 떠나기로 했다. 그날 공항 대합실은 처연한 분위기였다. 며칠 전에 씩씩하게 배웅해 준 친구를 이제는 천국 환송을 해 주려고 학생들이 모여들었다. 경식 군 어머니가 말했다.

"경식이는 늘 선교하겠다고 말해 왔어요. 경식이를 선교지에서 불러 가심은 저희 가문에 영광입니다. 지금까지 경식이를 잘 가르치고 지도해 주신 한동대 교수님들께 진심으로 감사드립니다."

나는 할 말을 잃은 채, 어머니의 손을 잡았다. 조금 후, 영민 군의 부모님이 도착했다. 입술 가장자리가 부르튼 어머님을 차마 바로 볼 수가 없었다. 영민 군 어머님이 말했다.

"파도를 일으키며 재우기도 하시고, 바다 속도 다 아시는 하나님께서 영민이를 살리시려면 요나처럼 살리실 수 있으시겠지요. 천국과 부활을 아들에게 가르쳐 온 제가 어찌 불신자처럼 절망하겠습니까?"

그들은 조금도 학교를 원망하거나 책임을 전가하려고도 하지 않았다. 오히려 한쪽 구석에서 죄인처럼 슬퍼하며 괴로워하는 김 교수 부인을 위로하고 달래 주었다.

여호와가 심으신 의의 나무

이틀 후 우리 부부가 피지로 떠나는 날 아침, 남편은 서재에서 온갖 서러움을 토해 내듯 통곡했다.

"하나님! 그동안의 수많은 어려움은 견딜 수 있었습니다. 하지만 이 엄청난 슬픔은 너무 고통스럽습니다. 우리 학생들을 데려가신 당신의 뜻을 알려 주십시오!"

한참 후, 서재에서 나온 그가 젖은 목소리로 말했다.

"하나님께서 이사야서 61장 3절 말씀을 주셨소. 무릇 시온에서 슬퍼하는 자에게 화관을 주어 그 재를 대신하며 희락의 기름으로 그 슬픔을 대신하며 찬송의 옷으로 그 근심을 대신하시고 그들로 의의 나무 곧 여호와의 심으신바 그 영광을 나타낼 자라 일컬음을 얻게 하려 하심이니라(사 61:3) 경식 군과 영민 군의 부르심은 살아 있는 우리에게 큰 고통과 상실이지만 그들은 하나님께서 심으신 의의 나무가 되어 하나님의 영광을 나타낼 것이오!"

두 개의 유골 상자를 들고 출국 수속을 밟던 남편은 연신 흐르는 눈물을 손등으로 닦았다.

피지의 난디 공항을 벗어나서 두 시간 가량 달리니 해변에 위치한 비전 칼리지가 보였다. 교실 두 개뿐인 그 학교는 시골 간이 학교를 떠올렸다. 학교를 마주 보고 있는 '그 바다' 는 마치 아무 일도 없었다는 듯, 남태평양의 쪽빛 하늘을 이고 평화롭게 침묵하고 있었다. 학교 운동장에는 수많은 사람들이 모여서 우리의 도착을 기다리고 있었다. 그 지방의 추장, 한국 대사관 직원, 관리, 교민, 이웃 원주민, 선교사, 그리고 남은 우리 학생 들…, 모두들 침통했다.

영민 군의 생사도 모른 채, 우리는 경식 군의 천국 환송 예배를 드려야 했다. 우리는 속절없이 이 현실을 받아들여야 했다. '경식 군 천국 환송 예배'(Farewell Service to Heaven for 경식)라고 쓰인 현수막 아래, 이름 모를 꽃으로 덮여 있는 경식 군의 관. 머리 위에는 열대 지방의 뜨거운 태양이 내리꽂히고 있었다. 숨소리조차 들리지 않는 적막감이 감도는 운동장에서, 전통 의상을 입은 비전 칼리지 학생들이 한국말로 찬송을 부르기 시작했다.

"만세 반석 열리니 내가 들어갑니다, 창에 허리 상하여 물과 피를 흘린 것,
내게 효험되어서 정결하게 하소서."

경식 군의 어머님아 경식 군에게 마지막 인사말을 건넬 때 나는 입을 손으로

가리고 눈물을 쏟지 않을 수 없었다.

"흙에서 취함을 받은 경식이가 이처럼 오염되지 않은 깨끗한 땅에서 다시 흙으로 돌아가게 하시니, 하나님께 감사할 뿐입니다. 총장님! 한동대 첫 입학생, 학번 1번(95001번)인 경식이를 하나님께서 한동의 첫 순교의 열매로 받으셨습니다. 이것이 우연이라 할 수 있을까요? 경식이가 피지로 떠나는 날 아침, 마치 먼 길 떠나듯 큰절을 하며, '아버지, 어머니, 저를 지금까지 잘 키워 주셔서 감사합니다. 그동안 때로 부모님 마음을 아프게 해 드렸던 저의 미숙함을 용서해 주세요' 라고 말했습니다. 경식이는 한동대에서 참 많이 성숙했습니다. 경식이를 그렇게 준비시키신 학교에 감사하고, 하나님께서 제 아들을 순교의 제물로 받으셨으니 저희 가문에 영광입니다. 경식아, 네가 원하던 색소폰, 이제 그곳에서 아버지 하나님께 사 달라고 하렴. 열심히 배워서 엄마 아빠 그곳에서 만날 때 들려다오."

그리 아니하실지라도

피지 해군 경찰을 동원한 영민 군의 수색 작업은 며칠째 계속되었다. 영민 군의 아버지는 아들의 생존에 희망을 버리지 않고 날마다 수색 작업에 따라나섰다. 우리는 영민 군이 살아서 우리 품으로 돌아오기를 간절히 바랐다. 그러나 날이 갈수록 생존의 희망은 희박해졌다. 시신이나마 찾은 경식 군 부모님이 영민 군 부모님을 위로하는 모습은 그야말로 눈물겨웠다. 나는 기도했다.

"하나님! 바다 깊은 곳, 고기 뱃속에서도 요나를 살려 주신 하나님, 영민 군을 찾아 주세요!"

통곡하는 내게 주님의 음성이 들려왔다.

여자여 어찌하여 우느냐(요 20:13) 어찌하여 산 자를 죽은 자 가운데서 찾으려고 하느냐(눅 24:5)

예수님의 시신을 찾지 못해 울고 있던 막달라 마리아에게 천사가 했던 말씀을 통해 주님께서 우리를 위로하고 계셨다.

'얘들아! 어찌하며 우느냐, 어찌하여 나와 함께 있는 영민이를 너희는 바다 가운데서만 찾으려고 하느냐! 영민이는 지금 내 집에 나와 같이 있단다. 그러니 너희들은 더 이상 울지 말라!'

예수께서 가라사대 나는 부활이요 생명이니 나를 믿는 자는 죽어도 살겠고, 무릇 살아서 나를 믿는 자는 영원히 죽지 아니하리니 이것을 네가 믿느냐(요 11:25)

이 땅에서 자신이 순교의 제물로 바쳐질 것을 미리 알았던가? 이들은 젊음이 시들기 전에 주님께 드리는 향기로운 제물로 자신들을 준비했던가! 영민 군의 일기장에서 주기철 목사님의 설교문 한 구절이 발견되었다.

소나무는 죽기 전에 시푸르고, 백합화는 시들기 전에 떨어져야 향기롭습니다. 세례 요한은 31세에, 스데반은 그 젊음에 뜨거운 피를 뿌렸습니다. 이 몸도 시들기 전에 주님의 제물이 될지어다.

그날 저녁, 두 학생의 부모님들이 나란히 찬송을 불렀다.

"주 예수보다 더 귀한 것은 없네, 이 세상 행복과 바꿀 수 없네…

이전에 즐기던 세상 낙도 주 섬기는 내 맘 뺏지 못해…."

극한 슬픔이 희락의 기름으로, 근심이 찬송의 옷으로 덮이고 있었다. 끝내 영민 군을 찾지 못하고 피지를 떠나오던 날, 영민 군의 아버님이 말했다.

"이곳에 올 때 제 마음은 지옥이었습니다. 그러나 이제 저는 천국을 맛보고 갑니다. 고국의 편안한 삶을 버리고 이곳에 온 선교사들의 삶을 보면서 저는 많은 것을 그리고 새로운 세계를 발견하고 갑니다."

영민 군의 추모 예배에서 김 사무엘 목사님(2004년 3월 소천하셨다)이 들려주신 말씀은 우리 모두를 위로했다.

"지금부터 40여 년 전 미국의 휘튼 칼리지 학생이었던 짐 엘리어트와 다섯 명의 친구들은 남미의 에콰도르에서 복음을 전하려고 그곳에 도착하던 날, 복음 한 번 전해 보지 못한 채 원주민들에게 살해를 당하고 말았습니다. 이 일에 대해서 미국의 선교 단체들조차도 이들이 무모했다고 생각했습니다.

하지만 1년 후 짐의 아내 엘리자베스 엘리어트가 남편의 뒤를 이어 에콰도르를 다시 찾아갔을 때, 드디어 복음의 문이 열리기 시작했습니다. 남편이 죽었음에도 그 땅을 다시 찾아온 그녀를 보고, 원주민들은 차차 그 사랑이 진실됨을 알았던 것입니다. 이 일로 휘튼 칼리지에서는 영적 부흥이 일어나기 시작했고, 이 대학은 하나님의 축복을 받는 명문 대학이 되었습니다. 첫 순교자를 낸 한동대에도 이와 같은 하나님의 영광과 축복이 분명히 함께하실 것입니다."

김 목사님 말씀처럼 몇 달 뒤, 피지에서 약 700여 명의 피지 원주민들이 예수 그리스도를 영접했다는 소식이 전해졌다. 영민 군과 경식 군은 하나님께서 데려간 순교의 제물이었으며, 피지 사람 700여 명은 그들의 첫 열매였다. 내가 진실로 진실로 너희에게 이르노니 한 알의 밀이 땅에 떨어져 죽지 아니하면 한 알 그대로 있고 죽으면 많은 열매를 맺느니라(요 12:24) 순교자가 많지 않은 이 시대에 일어난 경식 군과 영민 군의 순교를 기념하기 위해 온누리교회에서는 한동홀을 만들어 이들을 기리고 있다.

사랑하는 우리 총장님!

오늘 영민 형의 환송 예배 때 총장님의 뺨에 흘러내리는 눈물을 보았습니다. 총장님, 저도 울었습니다. 하지만 제가 흘린 눈물은 경식, 영민 형을 잃은 슬픔만의 눈물만이 아니었습니다. 이 작은 학교에서 두 형님들의 순교는 결코 예사로운 희생이 아니기 때문입니다.

"아무것도 없는 황무지에서 하나님만 바라보고 온 그들이…" 하시며 차마 말을 잇지 못하시며 우시던 총장님을 보며 저는 왜 그리 서러웠을까요? 정말 아무것도 없는 이곳에 오직 예수님의 이름만 붙들고 온 저희들에게 왜 이런 커다란 슬픔이 닥쳤을까요? 총장님께 이사야 61장 3절의 말씀으로 응답을 주신 주님께 영광을 돌립니다.

파란 하늘과 푸른 잔디가 한창인 이 여름날, 이런 슬픔에도 저는 행복합니다. 하나님께서 주신 비전과 꿈이 있기 때문입니다. 저는 이번 일로 우리 한동인의 비전이 더 분명해지고 견고해지리라 믿습니다. 두 형들이 우리 한동인을 위해 천국에서 기도하고 있을 것이며, 천사들도 우리 학교를 떠받들고 있을 것이라고 확신합니다.

사랑하는 총장님, 저희를 더욱 채찍질해 주십시오. 저희가 하나님의 대학을 위해 더 헌신할 수 있도록 기도해 주십시오. 저희는 총장님이 필요합니다. 총장님의 그 웃음과 그 구수한 사투리가 좋습니다. 식당에서 만나면 어깨 두드리시며 "밥 먹었어?" 건네는 그 목소리도 좋습니다.

오늘 총장님을 뵈며 생각나는 사진이 하나 있었습니다. 어느 잡지에 실린 그 사진은 총장님께서 광활한 황토빛 대지를 바라보고 계시는 모습이었습니다. 1995년 개교할 당시의 허허벌판 우리 학교를 바라보시면서 총장님은 그때 무슨 생각을 하셨나요? 걱정, 불안, 근심이었나요? 희망, 소망, 하나님의 영광이었나요? 저는 확신합니다. 우리 '한동'이 하나님의 공의와 영광과 복음을 온 땅에 드러낼 것임을! 그리고 이 놀라운 주님의 역사에 총장님을 지도자로 삼으셨음을! 그리고 그 밑에 훈련과 격려와 자신감이 필요한 저희들을 주님의 제자로 삼으셨음을! 총장님! 이제 더 이상 힘들어 하지 마세요. 저희를 보세요. 멋모르는 철부지들이지만 우리들이 어떻게 커 갈지 큰 기대를 가지세요!

그러나 너는 모든 일에 근신하여 고난을 받으며 전도인의 일을 하며 네 직무를 다하라 관제와 같이 벌써 부음이 되고 나의 떠날 기약이 가까웠도다 내가 선한 싸움을 싸우고 나의 달려갈 길을 마치고 믿음을 지켰으니 이제 후로는 나를 위하여 의의 면류관이 예비되었으므로 주 곧 의로우신 재판장이 그날에 내게 주실 것이니 내게만 아니라 주의 나타나심을 사모하는 모든 자에게니라(딤후 4:5－8)

1997년 8월 27일, 총장님을 사랑하는 수많은 무리 중 하나인, 유재흥 올림.

쩔쩔매시는 하나님

"사모님, 하나님께서 저를 보고 쩔쩔매시네요!"

전화로 영민 군의 어머님이 말했다.

"네? 하나님께서 쩔쩔매신다고요?"

"영민이의 소지품을 보아도, 길을 가다 키 큰 청년의 뒷모습만 보아도, 꿈에서라도 한 번 보았으면, 단 한 번만이라도 어리광 섞인 목소리를 들을 수 있다면, 사무치는 그리움에 울 때가 많습니다. 그때마다 마취 주사를 맞은 듯, 때와 장소를 가리지 않고 졸음이 쏟아져요. 잠깐 졸고 나면 어느새 마음이 평안해지곤 합니다. 하나님께서 제가 울까 봐 쩔쩔매시며, 마취 주사를 들고 저를 따라다니시는 것 같아요. 그렇게 저를 깜박 잠을 재우시며, '딸아! 네가 울 때마다 네가 너무 안스러워 쩔쩔맨단다. 사랑하는 내 딸아, 울지 마라. 영민이는 지금 나와 함께 잘 있단다' 고 하시는 것 같아요."

영민 어머님의 이야기를 들으며 나는 한 손으로 수화기를 막은 채, 숨죽여 울었다.

"주님, 죽음이란 이 땅에 사는 저희들에겐 너무나 슬프기만 합니다."

나는 우리를 향해 쩔쩔매시는 그 하나님의 마음을 요셉을 통해 알 수 있었다. 국무총리가 된 요셉은 기근에 양식을 구하러 찾아온 자기 형제들에게 자기의 신분을 선뜻 밝히지 못하고, 의도적으로 그들의 곡식 자루에 은잔을 감추어 둠으로써 잠시나마 그들을 두려움에 떨도록 내버려둔다. 요셉이 형제들이 아버지 야곱과 막내 동생 베냐민을 사랑하는가 알아보기 위함이었다. 요셉이 아우를 인하여 마음이 타는 듯하므로 급히 울 곳을 찾아 안방으로 들어가서 울고 얼굴을 씻고 나와서 그 정을 억제하고 음식을 차리라 하매(창 43:30－31) 요셉이 시종하는 자 들 앞에서 그 정을 억제하지 못하여 소리 질러 모든 사람을 자기에게서 물러가라 하고… 요셉이 방성대곡하니…(창 45:1－2)

이 땅에 사는 우리 인생들이 사랑하는 사람을 잃어버리고 속절없는 슬픔과 고통에 몸부림칠 때, 죽은 나사로의 죽음을 보고 통분히 여기시고 민망히 여기셔서 우시던 예수님은 지금도 슬픔 가운데 있는 우리를 보고 마음이 타는 듯 우리 옆에서 눈물을 흘리실 것이다! 예수께서 그의 우는 것과 또 함께 온 유대인들의 우는 것을 보시고 심령에 통분히 여기시고 민망히 여기사 가라사대 그를 어디 두었느냐 가로되 주여 와서 보옵소서 하니 예수께서 눈물을 흘리시더라(요 11:33–35)

경식 군과 영민 군의 두 어머님은 다니엘처럼, "그리 아니하실지라도" "아들을 살려 주지 않으실지라도" 생사화복을 주관하시는 하나님을 변함없이 신뢰하며 마음에 평안을 잃지 않았다. 주께서 심지가 견고한 자를 평강에 평강으로 지키시리니 이는 그가 주를 의뢰함이니이다(사 26:3)

02 채우시는 하나님

광야에서 엘리야를 먹이시듯

'하나님의 대학, 하나님의 방법으로 하나님의 인재를 양성하는 한동대' 얼마나 근사한 이름인가? 하지만 '하나님의 방법' 을 배우기까지는 혹독한 훈련을 통과해야만 했다. 하나님께서는 가난한 학교의 재정 공급과 다스림에 대한 믿음의 원리들은 현실을 뛰어넘는다는 것을 우리에게 가르쳐 주시려고 단단히 벼르시고 계신 듯했다.

1998년 국가적인 외환 위기와 IMF 체제 이후, 나라의 외화 보유고가 바닥나고 '달러 모으기, 금 모으기 운동' 을 벌이던 때, 수많은 기업들이 난관을 이기지 못하고 쓰러졌다. 학교의 사정도 목이 타들어 가는 듯했지만, 한동의 젖줄인 갈대상자 후원자는 줄지 않았다. 학교를 걱정하는 분들이 종종 내게 물었다.

"요즘 많이 힘드시지요?"

"우리 학교는 개교 때부터 IMF 상황과 같아서… 요즈음 모두가 어려움을 겪고 있으니, 오히려 상대적 빈곤을 느끼지 않는군요."

그 무렵, 자신의 이름을 밝히지 말 것을 당부하며 로스앤젤레스의 한 기업인이 100만 달러를 보내왔다. 하나님께서 주신 물질을 하나님의 대학에 심부름했을 뿐이라면서, 그는 이 일을 하게 하신 하나님께 감사드린다고 말했다.

자신의 결혼 부조금을 통째로 가져 온 보스턴의 박철우 박사(경제학), 한진관 목사(뉴욕 퀸즈장로교회), 시카고의 김석화 박사(그레이스 연구소), 실리콘밸리의 마이클 양(Mysimon.com창업자), 로스앤젤레스의 스티브 김(Zylan 창업자) 등이 장학금과 후원금을 보내 주었다.

학교 형편은 날이 갈수록 점점 어려워져서 외국인 교수를 제외한 일부 교직원들에게 월급을 지급하지 못했다는 남편의 말에 나는 울고 싶었다. 욕실로 뛰어 들어 간 나는 옷을 입은 채 샤워기를 틀어 놓고 쏟아지는 물을 맞으며, 울고 또 울었다. 그런 내게 남편은 말했다.

"우리 형편을 다 아시는 하나님의 무슨 특별한 섭리가 있을 거요."

나는 사단이 내 마음을 건드는 것인 줄 알면서도 '우리가 예수님을 너무 고지식하게 믿는 건가?' 하는 마음에 계속 귀 기울이고 있었다. 그날 늦은 저녁, 빨강 카네이션 한 바구니가 배달되었다. 꽃 속에 정성스런 카드가 꽂혀 있었다.

"학교 재정이 이렇게 어려운지 몰랐습니다. 지금까지 총장님께서 무거운 짐을 홀로 지고 오셨으니 얼마나 힘이 드셨습니까? 저희도 함께 걸어가고 있으니 힘내십시오!"

몇몇 교수들이 보낸 것이었다. 교수 부인들도 나를 위로했다.

"사모님, 우리도 한동의 식구입니다. 우리는 은행에서 돈을 빌려 쓸 수 있는 마이너스 통장도 미리 준비해 두었어요. 월급이 나오지 않는다고 당장 어떻게 되지 않으니, 염려 마세요."

교수들은 각자 은행에서 융자를 받아 학교 운영비로 융통하도록 도움을 주기도 했고, 몇몇 교수들은 게스트 하우스로 이사해서 자신들의 전세금을 학교에 보탰다. 이런 비상책들로 잠시나마 학교의 타는 듯한 위기를 모면하기도 했다.

"선교사로 가면 월급 받고 갑니까? 우리도 하나님께서 까마귀 떼를 통해 엘리야를 먹이시던 것을 경험할 기회입니다"

교수들은 이렇게 말했지만 얼마 후, 남편은 교수들의 전세금을 불법 차용했다고 해서 업무상 배임죄와 사기횡령죄로 고발당했다. 교수들도 차례로 소환되어 총장에게서 은밀한 강요와 압력을 받았는지에 대해 조사를 받았다. 교수들은 이렇게 말했다고 한다.

"학교의 형편을 알고 있기 때문에, 여유가 있었으면 더 보탰을 것입니다. 학교와 상관없는 분들도 우리 학교를 후원하고 있는데, 우리가 한 것은 아무것도 아니지요."

전화 요금을 아끼려고 개인 용무로 전화를 할 때는 반드시 공중전화를 이용하는 교수도 있었고, 직원들과 학생들도 종이 한 장, 물 한 방울, 전등 하나도 아끼려고 했다. 학부모들은 '등록금 미리 내기 운동'을 벌였다. 너희가 짐을 서로 지라 그리하여 그리스도의 법을 성취하라(갈 6:2)

하나님께 직통으로 일러바쳐라

"한동대에 돈 없는 것도 축복이오! 훌륭한 교수들, 우수한 학생들, 그리고 좋은 교육 프로그램이 있는데, 돈 걱정도 없다면 우리가 하나님을 의지하겠소?"

"당신이 돈 없는 것이 축복이라고 하시니, 학교에 돈이 이렇게 없잖아요. 이제는 제발 그런 말 좀 하지 마세요."

그렇게 긍정적이던 남편도 그날은 '고개 숙인 남자'가 되었다. 하루 종일 돈을 구하려고 애썼지만 헛수고만 했기 때문이었다. 수차례나 독촉장을 받은 학교의 밀린 공과금을 그날 내지 않으면 전기도 끊어질 상황이라고 했다. 학교의 급한 사정 때문에 우리 집을 담보로 은행 융자를 받은 지도, 우리 개인 적금 통장을 급히 융통해 쓴 지도 오래였다.

"오늘 2천만 원이 꼭 있어야 하는데…, 학교에 돈이 이렇게 없는 것은 더 큰 기적이오!"

그는 허허롭게 웃었다. 남편의 간절한 기도 소리가 서재에서 들렸다. 한참 후, 조용해진 방을 들여다보니, 그는 새우처럼 웅크린 채 누워 있었다. 가슴이 찡했다. 속절없이 그도 낙담하고 있는 것이다.

"여보, 우리의 급한 사정을 다 아시는 하나님께서 우리도 모르는 돈을 준비해 두셨을 거예요. 지금까지 우리는 돈 때문에 한 번도 낭패당한 적이 없었잖아요. 하나님께서 주인이신 대학인데 주인 되신 분이 더 안타까워하실 거예요."

이번에는 오히려 내가 남편을 위로했다.

"오 사무처장이 나보다 더 힘들어 하고 있을 거요."

나는 그에게 전화를 했다.

"처장님! 많이 힘드시죠? 용기 잃지 마세요. 하나님이 살아 계시잖아요."

그가 내뱉는 한숨 소리가 전화선을 통해 들려왔다. 그도 힘들어 하고 있었다. 너무 급해서 눈감고 차분히 기도할 수도 없었던 나는 집안을 왔다 갔다 하면서 주님께 일러바치기 시작했다.

"하나님! 돈 좀 주세요. 저 사람 좀 보세요. 저렇게 기운 없이 누워 있으니 하나님 마음도 아프시죠? 저이가 벌떡 일어나도록 돈 좀 주세요!"

나는 계속해서 하나님께 고자질하고 있었다. 오후 2시쯤, 전화가 울렸다. 뛰어가 전화를 받았다.

"한동대 총장님 댁이지요? 저는 인천에 있는 모 교회 목사 사모입니다. 학교에 후원금을 좀 보내려고 하니, 후원 계좌 번호를 가르쳐 주세요. 며칠 전부터 성령님께서 한동대가 급하니 돈을 보내라고 저를 재촉하십니다. 북한 선교 헌금으로 든 적금을 미리 찾아 오늘 부치겠습니다."

내심으로 너무나 반갑고 감격스러웠다. 그러나 나도 모르게 입에서는 엉뚱한 말이 나왔다.

"사모님! 그 선교 헌금을 저희에게 주시면 어떻게 해요?"

"제가 순종하지 않으면 하나님께서 저를 책망하실 겁니다."

"하나님께서 우리 사정을 다 알려 주셨군요! 사실 저희는 지금 사정이 몹시 급하답니다."

나는 서재로 달려가 말했다.

"여보, 일어나세요. 하나님께서 지금 당신이 누워 있는 것을 보고 계시네요. 어떤 분이 지금 돈 천만 원을 학교로 부친대요!"

남편은 벌떡 일어나며 외쳤다.

"할렐루야! 빨리 오 처장께 전화해야겠소!"

얼마 후, 사무처장이 집으로 전화했다.

"사모님, 은행에 아직 그 돈이 입금되지 않았는데요. 그분께 전화해서 그 돈을 오늘 꼭 좀 부치라고 하면 안 될까요?"

그 경황 중에도 나는 웃음을 간신히 참았다.

"처장님, 은행 마감 시간이 되려면 아직 시간이 남았어요. 조금만 더 기다려 봅시다. 그분 틀림없이 오늘 돈을 부치실 겁니다."

얼마 후 또 전화가 울렸다. 막 개업을 한 어느 변호사가 첫 수임료를 한동대 갈대상자 후원금으로 보내겠다는 전갈이었다.

"누구신지 성함을 알고 싶습니다."

"하나님께서 아시면 된다고 하면서 이름을 밝히기를 원치 않습니다."

그가 부친 돈은 350만 원이었다. 이윽고, 인천의 교회 사모님이 보내 온 송금도 확인되었고 나머지 부족한 금액은 한동의 젖줄인 갈대상자 후원금으로 채울 수 있었다. 그날의 아슬아슬함을 넘기면서 책에서만 보던 조지 뮬러의 하나님을 우리도 경험하게 되었다. 우리는 결정적인 순간에 개입하시는 하나님, 우리를 그냥 내버려두시지 않으시는 하나님의 숨결을 느꼈다. 근심에 싸인 제자들 앞에 나타나신 예수님을 보자 그를 제일 먼저 알아본 요한이 "그분이시다"라고 탄성을 지르며 달려간 것처럼, 우리도 외쳤다.

"와! 주님 정말 살아 계시네!"

걸음마를 배우는 어린아이가 두 팔을 벌릴 때, 덥석 안아 주지 않는 아버지가 어디 있으랴! 자식이 무능하면 무능할수록 부모가 유능하듯이 우리가 속수무책일 때 하나님께서는 바삐 움직이셨다. 우리의 결핍보다 하나님의 사랑이 더 큼을 알 수 있었다.

주여 50억 원을!

1998년 7월, 시카고 휘튼 대학에서 코스타 집회를 마친 뒤, 우리는 워싱턴 펠로우십 교회(김원기 목사)에서 주일 예배를 드렸다. 그날 김 목사님의 설교는 소경 바디매오에 대한 것이었다. 목사님은 설교를 하시면서 온 회중에게 제안하셨다.

"누구에게나 간절한 기도 제목이 있습니다. 우리도 바디매오처럼 '다윗의 자손 예수여, 우리를 불쌍히 여기소서' 하고 단 몇 초 동안 기도를 드립시다."

순간, 우리는 머리 숙여 짧은 기도를 드렸다. 나는 옆에 앉은 남편에게 살짝 물어보았다.

"당신은 무슨 기도를 하셨어요?"

"'하나님! 우리 학교에 돈 50억 원을 주소서' 라고 했지!"

역시 그는 학교의 돈 걱정뿐이었다. 축도를 마친 목사님이 말했다.

"몸이 아프거나 절박한 기도 제목이 있는 사람은 이곳 단상 위로 올라오십시오. 제가 기도해 드리겠습니다."

그 말이 끝나기가 무섭게 앞으로 꼬꾸라질 듯이 계단 아래로 뛰어 내려가는 사람이 있었다. 남편이었다. 그는 어느새 단 위의 목사님 앞에 제일 먼저 무릎 꿇고 앉았다. 순식간에 일어난 일이었다. 처음 방문한 낯선 교회에서 그는 체면이나 사람의 눈을 의식하지 않은 바디매오였다.

그해도 다 저물어 가는 연말, 눈이라도 내릴 듯 찌푸린 오후, 우리는 뜻밖의 전화를 받았다. 오래 전부터 잘 아는 기독 실업인 C회장이 한동대에 58억 원을 후원하기로 결정했다는 소식이었다. 58억 원이라니! 설마 꿈은 아니겠지! 우리는 놀라움과 기쁨으로 어리둥절했다. 나는 학교로 전화를 했다.

"여보세요, 사무처장님! 학교로 58억 원 기부금이 조금 전에 입금되었답니다. …여보세요? 여보세요?"

저쪽에서 아무 말이 없었다. 잠시 후.

"…네, 저도 은행에서 막 확인했습니다. 우리에게 이런 일도 일어나는군요."

그는 말을 잇지 못했다. 남편이 절박한 바디매오의 기도를 드린 지 5개월 후에 일어난 일이었다. 네게 흑암 중의 보화와 은밀한 곳에 숨은 재물을 주어서 너로 너를 지명하여 부른 자가 나 여호와 이스라엘의 하나님인 줄 알게 하리라(사 45:3)

"그 돈이 없었더라면 학교의 모든 기능이 마비될 뻔했습니다. 부채 탕감에 써야 할 58억 원을 어디부터 먼저 갚아야 할지…, 하루에 다 갚지 못하고 며칠에 걸쳐 갚아야 할 만큼 학교 빚이 여기저기 뒤엉켜 있었지요. 학교에 돈이 있다는 것이 하도 신기해서 하루가 가는 것이 아까웠습니다."

"우리의 상상을 초월하시는 주님, 오늘 이 놀라운 선물을 감사드립니다. C회장님을 기억하시고 축복하소서. 오늘 주실 축복의 기회를 위해 5개월 전에 기도를 시키신 예수님의 이름으로 기도드립니다. 아멘."

지금도 나는 그때를 생각하면 "와" 하고 탄성을 지른다. 그것은 크고 위대하신 하나님을 경험한 감격 때문이었다. 지금까지는 너희가 내 이름으로 아무것도 구하지 아니하였으나 구하라 그리하면 받으리니 너희 기쁨이 충만하리라(요 16:24)

50년 동안의 기도 응답

"미국에서 한동대를 방문하려고 찾아오신 분이 있습니다. 권사님을 꼭 만나고 싶어 합니다."

1999년 5월, 하용조 목사님의 전화를 받고 나는 인자하게 생긴 한 귀부인을 만나게 되었다. 유앵손 목사님(75세, 나성 만나선교 교회, 2003년 소천하셨다)이셨다. 그분은 내 손을 꼭 잡으시며 이렇게 말씀하셨다.

"사모님! 사모님 간증 테이프를 들으며, 40여 년 전의 제가 생각나서 많이 울었습니다. 저는 총장님과 사모님의 수고와 눈물을 누구보다 잘 이해할 수 있는 사람입니다. 50여 년 전 작은아버님(건국대 설립자 유석창 박사)과 남편(김진호 전 건국대 법인 전무 이사)이 건국대학을 경영하실 때, 저도 뒤에서 눈물로 기도하며 얼마나 애를 태웠던지요. 1968년 남편이 갑자기 돌아가신 후, 저는 자녀 5남매를 데리고 미국으로 이민을 왔습니다. 이역만리에 살면서도 순수한 기독 신앙의 대학이 우리 조국에 세워지기를 쉬지 않고 기도해 왔습니다. 한동대는 50년 동안 하나님께 드린 제 기도의 응답이라고 생각합니다. 애쓰고 수고하는 모든 한동인에게 박수와 함께 작은 위로라도 드리고 싶은 마음에서 찾아왔어요."

늦은 봄비가 촉촉이 내리던 날, 한동대 총장실에서 유 목사님은 40년 동안 간직했던 빛바랜 누런 땅문서를 내놓았다. 그의 소유였던 부암동 땅을 CCC회관으로 기증한 뒤, 마지막으로 남아 있던 경기도 의왕시의 약 1,300평 대지의 땅문서를 한동대에 기증한 것이다.

"김 총장님, 너무나 작은 것이라 부끄럽습니다만 과부가 가지고 있던 전 재산이니 받아 주십시오. 이것은 나를 사랑하신 주님께 제가 이 땅에서 드리는 저의 마지막 동전 두 닢입니다."

그는 로스앤젤레스 한국 총영사관과 서울의 여러 관청에서 기증에 필요한 모든 서류를 이미 준비해 가지고 왔다. 2시간 만에 모든 양도 절차가 끝났다.

"나의 마지막 소원이 있다면 그것은 한동대를 통해 장차 우리 나라를 지켜 갈 믿음의 인재들이 많이 배출되는 것입니다."

공교롭게도 그가 방문한 날은 월급이 석 달째 지불되지 못한 날이어서 남편은 교수들 앞에서 학교의 어려운 상황을 설명하고 있었다. 마침 그 자리에 있던 유앵손 목사님이 말했다.

"사랑하는 여러 교수님들! 예수님이 정말 여러분의 하나님 되십니까? 아니면 김 총장님의 하나님을 여러분이 돕고 있다고 생각하십니까? 예수 그리스도가 진정 살아 계신 하나님이시며 나를 위해 돌아가신 구주이신 것을 믿는다면, 그 분을 위해 드리는 어떤 손해나 희생도 결코 너무 과한 것은 없지 않을까요? 우리가 그분을 진실로 믿는다면 어찌 불평할 수 있겠습니까? 온몸이 멀쩡한 우리가 감사할 수 없다면 우리는 마음의 문둥병자입니다. 여러분은 지금 누구보다 가장 복된 자리에 있습니다. 월급을 받지 못하는 게 어찌 총장님의 책임이겠습니까! 한동대는 김영길 총장님의 학교도 아니요 이영덕 이사장님의 학교도 아닙니다.

하나님께서는 지금 여러분을 훈련하고 계십니다. 누구 때문에 이곳에 있는 것이 아닙니다. 하나님의 은혜에 감격해 내게 맡겨 주신 사명을 감당하라고 이 장소에 있는 것입니다. 바로 이때가 살아 계신 하나님을 가장 가까이 경험할 때입니다. 교수님 한 분 한 분이 자신의 하나님, 나의 하나님을 바라보십시오. 저희 교회는 작은 교회지만, 전 교인이 오래 전부터 한동대를 위해 기도하고 있습니다. 용기를 잃지 마십시오. 낙심하지 마십시오. 하나님께서는 살아 계십니다!"

이후 남편은 월급을 체불했다는 근로기준법 위반죄로 또다시 형사 고발을 당했다.

우리도 광고 좀 내볼까요?

"여보 당신도 이 책 좀 읽어 봐요. 우리 학교와 꼭 같군. 책 이름만 바꾸면 한동대 이야기야."

어느 날 《거창고등학교 이야기》를 읽던 남편이 소리내어 웃으며 말했다.

50여 년 전, 학교 설립 초기 당시, 거창고등학교도 재정 사정이 무척 어려웠다고 한다. 빚이 많은 점이나 송사 문제 등도 우리와 꼭 같았다.

미국 유학을 마친 전영창 교장 선생님이 학교에 부임했을 때, 학교에는 학생들이 다 떠나가고 단 여덟 명의 학생만이 남아 있었다. 교사의 월급을 반으로 줄이고, 열심히 노력했지만 학교의 재정은 계속 악화되었다. 빚도 나날이 불어서 원금과 이자를 기일 내에 갚지 않으면 학교가 차압당할 위기에 몰렸다. 어떻게 할 방도가 없던 교장 선생님은 일주일 금식 기도를 작정하고 산으로 올라갔다.

그렇게 기도하기를 나흘. 응답이 없는 하나님에 대한 원망으로 가득한 채, 그는 바위 위에 걸터앉아 말했다.

"하나님, 내가 뭐 거창에 돈 벌려고 왔소? 아니면 내 명예를 위해서 왔소? 복음 전하라고 당신이 보내서 왔지, 내가 빚 못 갚아서 보따리 싸서 떠나면 누가 더 창피하겠소? 그러니 하나님도 생각 좀 해 보시오! 내 고향에 있는 논 13마지기를 다 팔아서라도, 하나님 안 계신다고 신문에 광고 낼 거요! 사람들이 나처럼 하나님께 속아 피해 입지 말라고요!"

그러다가 그는 문득 깊은 골짜기, 아름다운 산자락, 곱게 물든 나무들, 그리고 저녁 노을을 바라보았다. … 잘 만든 기계일수록 소리 없이 움직이는데…. 어김없이 해가 뜨고 밤이 되며, 한 치 오차 없이 찾아오는 사계절, 자전과 공전을 거듭하는 지구의 이치와 조화는 창조주 하나님 없이 이루어질 수 있는가? 화가 없이 어떻게 아름다운 그림이 그려질 수 있단 말인가?

그의 입에서 자기도 모르게 찬송이 흘러나오고 있었다.

"참 아름다워라. 주님의 세계는 저 솔로몬의 옷보다 더 고운 백합화…."

그는 고개를 숙이고 말했다.

"하나님, 죄송합니다. 조금 전에 제가 한 말 취소하겠습니다. 잠시나마 당신의 존재와 사랑을 의심했습니다. 당신이 빚을 갚아 주시든지, 말든지 거창고등학교에서 열심히 일하겠습니다."

이튿날 학교로 돌아오니 전보 한 통이 그를 기다리고 있었다.

"당신 구좌에 2,050달러 입금."
미국 유학 시절 신학교 동창생이 보내온 돈이었다.

남편은 특히 이 대목을 좋아했다. 학교 재정이 어려워 힘들 때마다 남편은 말한다.
"하나님! 우리도 신문에 광고 좀 내볼까요?"

가짜 피난처

학교의 재정은 풀리지 않고 고소 고발은 여전히 줄을 이었다. 사방이 콱 막힌 듯했다.
"하나님, 이렇게 너무 힘들면 우리는 이제 지쳐 주저앉고 맙니다."
그런 어느 날, 남편이 말했다.
"여보! 이제 카이스트에 사표를 내고, 내 퇴직금이나마 교직원 월급으로 써야겠소!"
남편의 말에 나는 가슴이 덜컹 내려앉았다. 16년 동안의 카이스트 퇴직금은 우리들의 노후를 위한 은밀한 대책(?)으로 숨겨 놓았는데…. 그는 그 모든 안정적인 것과 완전한 결별을 하자는 것이었다.
카이스트에서는 석사, 박사 학위 중에 있는 학생들이 학위 논문을 마칠 수 있도록 휴직 기간을 허용하고 있다. 남편 역시 그의 제자들을 위해 카이스트에 휴직계를 내고 한동대로 왔었다. 이 때문에 한때 공격의 화살을 수없이 받기도 했다. 하지만 나는 속으로 카이스트의 휴직 제도를 얼마나 다행으로 여겼는지 모른다. 힘들고 지칠 때마다 옛날로 돌아갈 수도 있다는 사실에 큰 위안을 삼았기 때문이었다.
언젠가 경부고속도를 지나는 길에 나는 카이스트 대덕 연구 단지가 보이지 않을 때까지 그곳을 바라본 적이 있었다. '아! 저곳에 살 땐 우리들에게 무슨 걱정이 있었던가?' 언젠가 남편이 카이스트에 다녀왔을 때, 내가 물어보았다.

"그곳은 어때요? 모두들 잘 계시던가요?"

"그럼, 그곳은 평화로운 곳이지."

"당신 옛날이 그립지 않나요?"

그제야 내가 묻는 의도를 눈치 챈 남편이 말했다.

"당신 지금 내게 무슨 말을 하려고 그러오? 하나님께서는 당신 속마음을 다 알고 계시오. 다신 그런 말 하지 마시오."

그때 나는 아무 말도 못하고 말았다. 이번에도 나는 남편에게 "여보… 나도 기도 좀 해 볼게요"라고 말할 수밖에 없었다. 그것은 핑계였다. 나는 남편의 생각을 일단 막아 보기 위해, 은행에 가서 당장 급하다는 돈을 얼른 학교로 송금했다. 그랬지만 내가 하나님 명령에 불순종하고 도망 다니는 요나가 아닌가 하는 자책으로 괴로웠다. 잠이 오지 않았다.

이튿날 이른 아침, 한동대 후원회장이었던 정근모 박사의 부인 길경자 사모님이 충청북도 진천에 있는 수몰교회에 기도하러 간다기에 나와 이영덕 이사장님의 부인인 정확실 사모님도 따라나섰다. 갑작스런 나들이였다. 시야에 들어오는 늦여름의 산천은 짙은 초록으로 눈부시게 아름다웠지만, 내 마음은 한없이 착잡했다.

방문객을 맞은 이수길 목사님은 칠판을 가지고 우리 앞에 앉으셨다. '우리는 기도하러 왔는데…' 나는 좀 의아했다. 목사님은 칠판에 '사명'이라고 쓰신 후, 천천히 말을 시작했다

"땅에는 잡초가 있어야 해요. 김을 매다 보면 잡초가 유익한 것을 알게 되지요. 아무리 무성한 잡초라도 그냥 둬야지 제초제를 뿌려 없애면 안 돼요. 처음엔 잡초만 무성하게 자라는 것 같아도 가을이 되면, 그렇게 무성했던 잡초는 다 썩어져 비료가 되고 땅은 비옥하게 됩니다. 잡초가 무성한 토양에서 자란 나무들이 거목이 되거든요. 거목이 된 나무 주변에는 잡초가 생기지 않습니다. 나무 그

늘 때문이지요."

무심히 들려주는 그의 말에 깊은 의미가 담겨 있었다. 우리를 힘들게 하는 사람들은 한동이라는 토양에서 거목이 자랄 수 있도록 밑거름 역할을 하는 자들이다! 여호와 앞에 잠잠하고 참아 기다리라 자기 길이 형통하며 악한 꾀를 이루는 자를 인하여 불평하여 말지어다 … 대저 행악하는 자는 끊어질 것이나 여호와를 기대하는 자는 땅을 차지하리로다 잠시 후에 악인이 없어지리니 네가 그곳을 자세히 살필지라도 없으리로다(시 37:7–10)

목사님은 성경 창세기 22장을 폈다. 아브라함이 100세에 얻은 아들, 이삭을 하나님께 바치라는 내용이었다.

"예수 그리스도를 영접하고 구원받은 사람에겐 누구나 사명이 있습니다. 하나님께서는 아브라함에게 이삭을 요구하셨듯이, 사명을 받은 사람에게서 믿음을 보기 원하십니다. 우리에게도 이삭이 있습니다. 그 이삭은 무엇을 의미합니까? 내가 가장 아끼며 소중히 여기는 것, 선뜻 내놓을 수 없는 것이 나의 이삭입니다. 나의 이삭은 무엇입니까?"

나를 바라보시는 듯한 목사님의 시선에 나는 움찔했다.

"사모님! 하나님께서 아브라함에게 네 독자 이삭을 제물로 바치라고 하셨을 때, 바치기가 쉬웠을까요? 어려웠을까요?"

나는 고개를 푹 숙였다. 카이스트와 퇴직금 생각에, 나는 겨우 대답했다.

"어렵습니다."

옆의 사모님들도 "어렵지요" 하고 동의했다.

"그런데, 쉽게 바칠 수 있는 비결이 있습니다."

나는 고개를 들고 목사님을 쳐다보았다.

"내 것이 아니라고 생각하면 쉽습니다!"

순간 나는 눈물이 핑 돌았다.

'아 그렇구나! 우리의 건강도 학문도 직장도…모두 주님께서 주신 것인데….'

목사님 말씀은 계속되었다.

"우리 힘으로는 도저히 바칠 수 없는 이삭을 바치라고 한 것은 하나님의 테스트였습니다. 아브라함이 이삭을 향해 칼을 번쩍 쳐든 순간, 그 시험은 끝났습니다. 그 테스트가 끝난 후, 하나님께서는 이삭을 되돌려주셨습니다. '아브라함아, 이제야 네가 나를 경외하는 줄 내가 알았노라!'"

눈물이 쏟아졌다. 오늘의 이 나들이는 나를 위함이었던가! 목사님은 말씀을 마친 후, 우리에게 각각 성경 구절을 주셨다. 내가 받은 말씀, 요한복음 21장 6–18절을 펴서 읽었다.

그밤, 물고기를 잡지 못한 베드로에게 예수님이 나타나셨다.

"얘들아, 너희에게 고기가 있느냐? 그물을 배 오른편에 던지라. 그리하면 얻으리라."

이에 던졌더니 고기가 많아 그물을 들 수 없었다. 밤이 지나도록 그물을 던졌으나 한 마리의 물고기도 잡을 수 없었던 베드로의 빈 그물! 그토록 열심히 돈을 구하러 다녔지만 번번이 좌절된 우리의 형편은 빈 그물을 붙들고 있는 베드로와 같았다. 나는 젖은 눈으로 계속해서 성경을 읽었다. 요한의 아들 시몬아 네가 나를 사랑하느냐 하시니 가로되 주여 그러하외다 내가 주를 사랑하는 줄 주께서 아시나이다 가라사대 내 양을 치라 하시고(요 21:16)

그 말씀을 읽는데 내 마음에 주님의 음성이 새겨졌다.

'사랑하는 내 딸아! 네가 나를 사랑하느냐? 그리고 너는 한동대 학생들을 진심으로 사랑하느냐?'

나도 베드로처럼 주님께 대답했다.

'주님, 제가 주님을 사랑하는 줄을 주께서 알고 계십니다. 제가 한동대 학생들을 얼마나 사랑하고 있는지 주께서 다 아시지 않습니까?'

'그렇다면 그 퇴직금을 내게 다오! 내가 그들을 위해 쓰게 해 다오!'

인색한 내 모습이 주님께 들킨 것이다. 울음이 터져 나왔다. 동행한 사모님들은 내 안에서 일어난 영혼의 움직임을 눈치 채지 못했다. 밖으로 나온 나는 남편에게 전화를 걸었다.

"오늘 하나님의 뜻을 알았습니다. 당신이 원하시는 대로 하세요."

"할렐루야! 당신은 역시 기도하는 사람이군. 고맙소."

남편은 즉시 카이스트의 제자 교수에게 부탁했다.

"오늘 날짜로 내 사표를 수리하고 퇴직금을 한동대 통장으로 넣어 주게."

그날 저녁 나는 고해 성사를 하듯 남편에게 말했다.

"여보, 때로 주님이 우리 미래를 더 이상 책임지지 않는 듯 나는 늘 불안했어요. 조롱, 모욕, 핍박, 고발, 고소, 퇴진 운동, 그리고 끝없는 돈 걱정, 그때마다 언제나 돌아갈 수 있는 카이스트는 내가 몰래 숨을 수 있는 피난처였지요. 오늘 완전히 그 문이 차단되자 비로소 진짜 피난처가 보이는군요."

생각해 보면 나는 이때까지 남편의 화려했던 연구 경력을 은연중에 하나님보다 더 의지하고 자랑하고 있었다. 그 화려한 경력들을 더 큰 목적으로 우리에게 주셨던 것을 미처 깨닫지 못했었다. 나는 남편과 함께 하나님께 기도를 올렸다.

"주님, 지금까지 눈에 보이는 것만을 의지한 것을 용서하소서. 제 안에 숨겨두었던 은밀한 피난처를 들키게 하심을 감사합니다. 이제 주님께서 열어 놓으신 진짜 피난처 안으로 들어가기를 원합니다. 보이지 않는 길이지만 주님만 믿고 따르기를 원합니다."

보이는 길, 안전한 길을 따라갈 때는 겁 없이 맘놓고 따라갔다. 하지만 보이지 않는 길을 따라갈 때는 두려움과 주저함이 많았다. 주님의 목적을 몰랐기 때문이었다. 하나님께서는 당신의 목적을 위해 부르심(calling)을 받은 사람에게는 반드시 세상 것들에게서 분리시키는 훈련을 시키셨다.

나를 깨뜨리는 훈련에 대한 면역성이 생기기 시작했다. 실로 오랜만에 나는 자유로움을 느꼈다. 그리고 기뻤다. 그후로 나의 야윈 몸이 정상 체중으로 회복되었다. 하나님께 가까이함이 내게 복이라 내가 주 여호와를 나의 피난처로 삼

아 주의 모든 행사를 전파하리이다(시 73:28)

정직이 최상의 방법이다

은행 융자를 포기하고 있던 어느 날, S은행 영업 본부장 일행이 학교로 찾아왔다. 남편은 그들에게 학교의 어려운 형편을 솔직히 설명했다. 그들이 떠난 후, 오 사무처장이 말했다.

"총장님! 융자를 받으려면 불리한 이야기는 좀 빼야 하는데…, 은행에서 융자를 해 줄지 걱정입니다. 그래도 해 준다면 하나님의 은혜입니다."

며칠 후 은행 측에서 연락이 왔다.

"우리 은행에서 마침내 융자를 해주기로 결정했습니다."

"아! 하나님! 감사합니다!"

학교 살림은 당분간 숨통이 트였다. 사람이 감당할 시험밖에는 너희에게 당한 것이 없나니 오직 하나님은 미쁘사 너희가 감당치 못할 시험당함을 허락지 아니하시고, 시험당할 즈음에 또한 피할 길을 내사 너희로 능히 감당하게 하시느니라(고전 10:13)

몇 년 후, 한동대 겸임 교수이기도 한 장만화 은행장은 이런 뒷이야기를 들려주었다.

"총장님이 처음 제 사무실을 찾아오셨을 때 이분이 융자를 받으러 오신 분인가, 의아하게 생각했습니다. 대개 사람들은 융자에 유리한 이야기들만 하거든요. 총장님께서 학교 사정을 너무 솔직하게 말씀하셔서, 융자 조건이 좀 힘들었지만 저희 회사 실무 팀들은 오히려 신뢰가 간다고 보고를 하더군요. 저도 그들과 동감했기 때문에 융자를 해 드리기로 결정했습니다."

남편은 칸트의 말을 즐겨 인용한다. "정직이 최상의 방책이다!"(Honesty is the best policy).

어느 날, 나는 남편에게 물어보았다.

“당신은 학교에 돈 없는 것과 고소와 고발을 당해 법정에 서는 것 중 어느 쪽이 더 고통스러우세요?”

“학교에 돈 없는 게 훨씬 더 힘들지. 고발당하는 것은 나 혼자 고통받으면 되지만, 학교에 돈이 없으면 한동인 모두가 고통을 받기 때문이오!”

이 이야기를 듣고 가슴 아파하시며 노심초사 기도하시던 이영덕 이사장님은 며칠 후 32년 동안 봉직했던 서울대 퇴직금 일부를 학교로 보내 주셨다. 남편은 아굴의 기도를 하나님께 드린다. 내가 두 가지 일을 주께 구하였사오니 나의 죽기 전에 주시옵소서 곧 허탄한 거짓말을 내게서 멀리하옵시며 나로 가난하게도 마옵시고 부하게도 마옵시고 오직 필요한 양식으로 내게 먹이시옵소서 혹 내가 배불러서 하나님을 모른다 여호와가 누구냐 할까 하오며 혹 내가 가난하여 도적질하고 내 하나님의 이름을 욕되게 할까 두려워함이니이다(잠 30:7–9)

20억 원을 되돌려 주오

은행 융자건이 무사히 해결되었으나, 생활관을 담보물로 한 융자액 30억 원을 은행에서는 H건설로 바로 입금해 버렸다. 오 사무처장은 H건설 본사의 재정부장을 찾아가 간곡히 통사정을 했다. 학교는 그 중 일부만 H건설 공사비로 갚고 나머지는 학교 운영 자금으로 써야 했기 때문이었다.

“우리 학교 형편을 봐서 20억 원을 되돌려 주십시오.”

받을 돈을 다 받은 회사에게 돈을 도로 내놓으라는 말이었다. 재정부장은 상을 찡그리며 소장을 불렀다. 그에게서도 시원한 대답이 나올 리 없었다. 그는 하루 종일 빚 받으러 온 사람처럼 사무실 한쪽에 앉아 선처를 기다렸지만 회사에서는 모른 체했다. 할 수 없이 발길을 돌리려는데, 그를 부르는 소리가 들렸다.

“저희들도 어렵지 않으면 학교를 도와드릴 텐데… 이해해 주십시오.”

H건설에서 마침내 학교의 부탁을 받아들인 것이다. 그로부터 되받아 낸 20억 원으로 그해 어려운 학교 살림을 꾸려 갈 수 있었다.

총장님! 양말을 뒤집어 신으셨네요!

1999년 5월, 여학생 생활관 건축비 5억 원의 마지막 상환일이 다가왔다. 이번에도 돈을 구할 길이 막막했다. H건설은 지금까지 최선을 다해 상환을 미뤄 주었기에 학교로서도 이제 더 이상 부탁할 수 없었다. 서울에서 돈을 구하려다 헛걸음만 하고 포항으로 내려온 남편은 하루 종일 총장실을 돌면서 간절히 기도했다. 저녁이 가까워오자 남편은 거의 절망 상태였다.

그날 오후 늦게 채플 강사로 오신 반태효 목사님(어바인 온누리교회)이 총장실을 방문했다. 목사님과 인사를 나누고 있었지만 남편은 경황이 없었다. 그때 목사님이 말했다.

"총장님, 양말 한 짝을 뒤집어 신으셨네요, 또 무슨 경황없는 일이 있으신가 봅니다."

그제야 남편은 양말을 내려다보았다. 한 짝은 까만 양말, 다른 한 짝은 흰 실이 수시렁 수시렁 나온 뒤집어 신은 양말이었다. 모처럼 방문한 반 목사님에게 학교의 다급한 형편을 얘기할 생각을 하지 않고 있던 남편은 그제야 목사님께 기도를 부탁드렸다.

"목사님, 내일까지 5억 원을 구하지 않으면 학교에 부도가 납니다. 그동안 수많은 고비를 하나님의 은혜로 넘겨 왔는데…, 이번에는 별 대책이 없군요. 참으로 마음이 갑갑합니다. 목사님, 기도해 주십시오."

잠시 생각에 잠겼던 반 목사님이 말했다.

"인천에서 사업하는 분을 아는데…, 제가 한번 부탁해 볼까요?"

"네, 목사님 그렇게 좀 해 주세요."

이미 퇴근 시간이 가까워 오고 있었고, 그는 부재중이었다. 얼마 지나지 않아 그의 비서마저 퇴근해 버리면 그와 연락할 길이 없었다. 두 사람 모두 초조하게 기다리고 있는데, 마침내 그에게서 전화가 왔다. 반 목사님은 학교 사정에 대해 설명했다. 그분은 자신도 최선은 다하겠지만 자금 사정이 좋지 않아서 내일까지

5억 원을 마련하기 쉽지 않을 것이라고 말했다고 했다. 그렇지만 최선을 다해 보겠다는 그분의 말 한마디에, 그래도 남편은 희망을 가지고 지낼 수 있는 그밤을 감사했다. 밤새 잠을 이루지 못하고 기도하며 아침을 맞은 남편은 전날 순천으로 돈을 구하러 간 오 사무처장에게 전화했다.

"내일 서울로 가셔서 기다리고 계십시오."

이 일에 필요한 사무 처리를 곧바로 할 수 있도록 하기 위해서였다. 잔칫집에 포도주가 떨어졌다고 예수님께 아뢴 후엔 주님이 일하실 차례를 조용히 기다렸던 마리아처럼 우리는 숨죽여 기다렸다. 나도 하루 종일 초초했지만 묻기조차 두려웠다. 어쩌면 오늘 기어코 부도가 날지도 모른다는 생각에, 나는 아침에 출근하는 남편에게 말했다.

"여보, 진인사 대천명이라고 했잖아요. 그러다가 건강 상하겠어요. 한동대는 하나님의 대학인데, 부도나면 하나님께서 더 답답하시겠지요. 그게 어디 당신 책임인가요?"

예수님께서 죽은 나사로를 살리러 유대로 다시 가자고 하셨을 때, 제자들은 예수님을 말렸다.

"랍비여 방금도 유대인들이 돌로 치려 했는데 또 그리로 가시려 하나이까?"

"나사로가 죽었고, 내가 거기 있지 아니한 것을 너희를 위하여 기뻐하노니, 이는 너희로 믿게 하려 함이라. 이제 그리로 가자."

도마가 체념한 듯 말했다.

"우리도 주와 함께 죽으러 가자!"(요 11:16)

'까짓것 우리도 주와 함께 유대로 가서 돌에 얻어맞아 죽어 버리지 뭐.' 도마의 태도는 여전히 죽음의 두려움에서 벗어나지 못한 자포자기식의 모습이었다. 그는 예수님이 부활이요 생명이신 것을 깨닫지 못했던 것이다.

나 또한 그랬다. 학교가 부도가 날 것이며 그래도 할 수 없다고 체념했다. 어떻게 한 번도 만나 보지 못한 분에게서 하루 만에 5억 원을 구할 수 있으랴. 우리 앞에 놓인 길은 앞이 보이지 않을 뿐만 아니라 사방을 분간할 수 없는 안개로 자욱한 것 같았다. 그날 저녁, 퇴근한 남편에게 조심스레 물었다.

"오늘 그 어음은 어떻게 됐어요?"

"어떻게 됐을 것 같소?"

나를 쳐다보던 남편의 눈에 금세 눈물이 가득 고였다. 그는 욕실로 뛰어가 얼굴을 씻고 나왔다. 그리고는 자초지종을 들려주었다. 오전 내내 초조하게 그분에게서 소식을 기다리고 있는데, 마침내 전화가 왔다고 한다.

"오늘 오후 2시, 학교로 5억 원을 송금합니다!"

그분이 바로 호종일 회장이다. 남편의 말을 들으며 나는 가슴이 벅차올랐다.

"어머, 고마워라. 하나님께서 당신 뒤집어 신은 양말까지도 다 아시네요!"

색깔만 비슷하면 양복 윗저고리와 바지를 짝짝이로 그냥 입어 버리는 남편, 홍릉 카이스트에 있을 때였다. 구두 닦는 소년이 말했다.

"박사님, 구두가 짝짝이에요. 한 짝은 금강, 또 한 짝은 엘칸토예요."

우리의 머리털도 다 세신다 하신 하나님! 나는 예전에는 이 말이 과장법이라고 생각했다. 수십억 인구의 머리카락이 매일 매일 엄청나게 빠지는데 아무리 하나님이라도 그런 것까지 다 세실 수 있을까? 그러나 그분은 다 아시고 계신다. 오늘 우리가 입은 옷, 신고 있는 양말까지도 다 알고 계시는 전지하신 그분이 바로 나의 보호자시다! 나는 비로소 하나님 안에서 모든 서러움과 불안을 내려놓고 오랜만에 안심할 수 있었다. 너희에게는 오히려 머리털까지도 세신바 되었나니 두려워하지 말라 너희는 많은 참새보다 귀하니라(눅 12:7)

'주님, 지금 어디 계세요?' 하고 물을 필요가 없었다. 벼랑 끝에 서 있을 때에도 그분은 바로 뒤에서 나를 강한 팔로 덥석 끌어안으시는 분이셨기에…. 한동을 잠시 방문했던 반 목사님이나 호 회장은 포도주가 떨어진 잔칫집에 주인 의식을 가진 마리아와 같았다. 하나님께서는 오늘도 남의 일을 내일처럼 안타깝게 여기는 사람들, 우리의 동역자들을 통해 일하고 계신다. 그래도 나는 하나님께서럽게 항의해 본다.

'하나님, 이렇게 주실 바에야 진작 좀 주시지, 왜 하필 피가 마르듯 입이 바짝 바짝 타 들어가듯 해야 주십니까?'

'나는 너희들에게 안 속아. 미리 주면 너희가 기도하겠느냐?'

'맞아요. 주님, 우리는 주님께 신용을 너무 많이 잃었어요.'

네 하나님 여호와께서 이 사십 년 동안에 너로 광야의 길을 걷게 하신 것을 기억하라 이는 너를 낮추시며 너를 시험하사 네 마음이 어떠한지 그 명령을 지키는지 아니 지키는지 알려 하심이라 너를 낮추시며 너로 주리게 하시며 또 너도 알지 못하며 네 열조도 알지 못하던 만나를 네게 먹이신 것은 사람이 떡으로만 사는 것이 아니요 여호와의 입에서 나오는 모든 말씀으로 사는 줄을 너로 알게 하려 하심이니라(신 8:2-3)

네 소유를 내게 맡기라

1999년 11월, 바람이 좀 쌀쌀했으나 오히려 상쾌한 초겨울이었다. 엷은 햇살이 교정을 눈부시게 내리 쪼이는 한낮에 검게 탄 건강한 모습의 한 노인이 오토바이를 타고 학교를 찾아왔다.

"내 평생 모은 나의 전 농토를 한동대에 기증하려고 왔습니다. 아마 시가 5억 원 정도 될 것 같소."

투박한 손과 구릿빛으로 검게 탄 그의 모습에서 농사일이 몸에 밴 분임을 한눈에 알 수 있었다. 13세 때 아버지를 잃은 그는 소년가장으로서 가족의 생계를 책임져야 했다. 초등학교를 졸업하고는 어린 나이에 바구니 장사, 행상이나 야시장 노점상을 하기도 했다. 때로는 과수원에서 사과를 지게에 지고 50리 길을 걸어 시장에 내다 팔기도 했다. 고생 끝에 그는 평생 처음으로 농사지을 자신의 논과 밭을 샀다. 뽕나무 밭 2천 평, 농지 1,500평이었다. 눈이 오나 비가 오나 땅에 자신의 희로애락을 담고 땀을 뿌리던 그는 국내에서 손꼽히는 양잠 전문가가 되었다.(지금도 그는 5천 평의 논을 임차해서 농약을 쓰지 않는 무공해 쌀 농사를 짓고 있다.)

그리고 이제 그는 자신의 꿈과 애환이 서린 그 3,500평의 땅을 한동대에 기증하려고 온 것이다. 이 일을 아내와 장성한 6남매의 자녀와도 한마디 의논 없이 혼자 결정했다는 그는 소신을 가지고 옳고 좋은 일에 앞장서신 분으로 정평이 나 있었다.

"억척스럽고 성실하게 살았던 나에게서 자식들이 삶의 지혜를 배워야지요. 돈을 물려주면 의존심이 생겨서 오히려 해가 됩니다. 집사람과 자식들도 차차 내 뜻을 이해할 것입니다."

그는 3년 전부터 재산을 어떻게 처리할지 고민했다고 한다.

"모두들 쉽게 살려고만 해요! 그래서 생각했지요. 학이 난다는 비학산! 학은 낮은 산에는 내려앉지 않습니다. 어느 날 나는 비학산 언덕 위에 있는 한동대를 바라보았습니다. 비록 이전에 학교를 한 번도 방문한 적이 없었지만, 전국의 수재들이 모여드는 한동대를 익히 들어 알고 있었습니다. 알에서 나온 학이 사방으로 날아가듯이 한동대의 인재들이 세계로 날아가는 환상을 보았지요. 그리고 우수한 인재를 키우는 한동대에 전 재산을 헌납하고 싶다는 마음이 들어서, 결심이 변하기 전에 이렇게 찾아왔습니다!"

그에게서 묻어나는 흙냄새만큼 소박한 그의 고백은 한동인들에게는 엄청난 충격이었다. 자신을 위해서는 단돈 천 원도 아끼며 살아왔다기에 그의 결단이 더욱 존경스러웠다.

"재산을 모두 기증하고 앞으로 어떻게 사시려고 하십니까?"

"늘 하던 대로 농사를 지으면 우리 내외는 충분히 먹고살 수 있소."

1999년 연말 기증식을 가졌다. 남편은 기증식에서 말했다.

"세상 사람들은 재산을 얼마나 가지고 있느냐에 관심이 있지만 하나님께서는 재산을 얼마나 많이 나누어 주느냐에 관심이 있습니다. 세상 사람들은 어떻게 재물을 모으느냐에 관심이 있지만, 하나님께서는 재물을 어떻게 쓰느냐에 관심이 있습니다. 세상 사람들은 그 재물을 나를 위해 쓰지만, 하나님께서는 재물을 남을 위해 쓰기를 원하십니다. 오늘 김낙중 선생님은 우리 모두에게 바로 이 교훈을 가르쳐 주셨습니다. 우리는 이 교훈을 배워야겠습니다."

각 방송사의 9시 뉴스는 '각박한 세상에 시원한 소식'이라며 이 미담을 보도했다.

"소유는 가지고 있을 때보다 나누어 주니 훨씬 좋습니다. 오랫동안 고민해서 그런지 이제 날아갈 것같이 홀가분합니다."

그로부터 2년 후, 김낙중 할아버지는 그가 소유하고 있는 하천 부지의 정부 보상금 8,270만 원도 한동대에 기증했다.

체면을 벗어던지고

"여보! 당신 이 사람 기억나오?"

서울로 올라오는 비행기에서 찢어온 《문화일보》 2000년 3월 20일자 신문을 내밀며 남편이 말했다.

"20여 년 전 '과학원 교회'를 열심히 다녔던 이 청년이 핸디소프트를 성공적으로 이끌고 있는 안영경 사장이오. 이 사람은 정주영 씨나 이건희 씨만큼 알려지지는 않았지만 주식 보유 자산은 그들 못지않게 대단하다고 하오."

나도 그를 기억하고 있었다. 교수 아파트 지하실에서의 목요 예배를 마치면 과학원 교회의 지도 교수이던 남편과 함께 학생들은 종종 우리 집으로 와서 차도 마시며 교제도 나누었다. 그는 이리 신광교회 고(故) 안경운 목사님의 아들로서 무척 호감이 가던 신실한 청년이었다.

"내일 안 사장을 찾아가 학교를 좀 도와 달라고 부탁해 볼까…?"

학교의 재정 문제가 하도 다급했기 때문에 우리는 용기를 내어 핸디소프트로 그를 찾아갔다. 찾아갔다기보다 쳐들어갔다는 말이 옳을 것이다. 그는 뜻밖의 불청객을 반갑게 맞아 주었다.

"제가 먼저 찾아뵈어야 하는데 총장님이 여기까지 오시다니 송구합니다. 한동대 소식은 저도 종종 듣고 있습니다. 어려움이 많은 학교를 이끌어 가시느라 얼마나 수고가 많으십니까?"

"안 사장이 우리 학교를 좀 도와주었으면 해서 찾아왔어요. 안 사장 같은 벤처 기업가들이 우리 학교 인터넷 자원 봉사 학생들을 후원해 주면 큰 격려를 받을 겁니다. 또 우리 학교는 학생, 직원, 교수들 순서로 새로 나온 586컴퓨터를 사용하는데, 아직도 486컴퓨터를 사용하고 있는 우리 교수들에게 나는 늘 미안한 마음입니다."

"알겠습니다. 제가 교수님들의 컴퓨터를 최신 기종으로 바꾸어 드리겠습니다. 그리고 몇 개 회사들과 협력해서 학생들의 봉사 활동도 돕겠습니다."

그는 시원스럽게 말했다. 그러나 남편은 정작 부탁하고 싶은 이야기는 꺼내지도 못한 채 그곳을 떠났다. 밖으로 나오자 나는 남편에게 말했다.

"여보, 이번 달 월급이 모자란다고 하셨잖아요. 그 돈을 좀 부탁하실걸 그랬어요."

그렇게 말하는 나도 참 뻔뻔하다 싶었다. 그때 휴대폰이 울렸다. 안 사장의 전화였다.

"총장님, 분명히 다른 부탁도 있으실 것 같은데 말씀을 하시지 않고 가신 듯해서요. 학교에 5억 원을 기증하겠습니다. 제가 가까이 지내는 다섯 개의 벤처 기업들도 각각 5천만 원씩 2억 5천만 원을 인터넷 봉사 활동에 지원하기로 했습니다. 총 7억 5천만 원을 며칠 안에 학교로 송금하겠습니다."

차창 밖, 5월의 푸르고 맑은 하늘에 고마운 안 사장의 얼굴이 겹쳐 떠올랐다. 그 후로도 그는 몇 차례나 학교의 위급한 상황을 모면하도록 도와주었다. 가난한 자를 불쌍히 여기는 것은 여호와께 꾸이는 것이니 그 선행을 갚아 주시리라 (잠 19:17)

내일 일은 내일 염려하라

'저녁 예배에 참석하는 성도들이 혹시나 어제 뉴스를 봤으면 어쩌나?' 걱정하면서, 나는 부천 제일감리교회(이민재 목사)로 향했다. 2000년 10월 25일, 그러니까 어제 저녁 뉴스에 "업무상 횡령 등 한동대 김영길 총장 징역 4년, 오성연 부총장 징역 2년 6개월 구형, 불구속 기소"가 일제히 보도되었기 때문이다. 그런 총장의 아내가 간증을 하는데 사람들이 은혜를 받을 수 있을까? 나는 마음이 짓눌려 있었다. 부천을 향해 올림픽 대로를 달리고 있는데 남편에게서 전화가 왔다. 무거운 목소리였다.

"여보, 큰일났소. 내일까지 10억 원, 월요일까지 4억 원, 모두 14억 원을 구해야 하오. 구하지 못하면 학교에 부도가 나오. 어제 저녁 뉴스를 보고, 총장이 기소되었으니 3개월이나 남은 어음을 더 이상 연기해 주지 않겠다고 하면서 빌려준 돈을 회수하겠다는군. 지금 강호규 이사 댁도 연락이 안 되니, 전화번호를 좀 확인해 보구려."

돈 10억 원을 하루 만에 구해야 한다니…. 남편의 구형이 문제가 아니었다. 이런 판국에 하나님께서 살아 계신다고 어떻게 간증할 수 있겠는가? 동행하던 두 학부모들도 그만 입을 딱 다물어 버렸다. 가까스로 강 이사 댁과 전화 연결이 되었다. 학교의 다급한 사정을 들으며 그의 부인 성인숙 집사가 말했다.

"사모님! 어쩌면 좋아요. 지금 남편은 일본 출장 중이라 내일 귀국하는데! 총장님이 정말 너무 고생하시는군요!"

그녀의 목소리는 울먹이고 있었다. 교회에 도착한 나는 도둑이 제 발 저리듯 목사님께 먼저 말을 꺼냈다.

"목사님, 혹시 어제 뉴스 보셨나요? … 제가 말씀을 전해도 괜찮을까요?"

"권사님, 하나님 일을 하다 보면 갖가지 어려움을 만납니다. 조금도 위축되지 마시고 담대하게 복음을 증거하십시오!"

목사님의 격려에 힘입어 단 위에 선 나는 어느새 징역 4년 구형도 어음도 부도도 다 잊어버린 채, 다니엘의 고백처럼 '그리 아니하실지라도'의 하나님을 증거했다. 그것은 나에게서 나오는 힘이 아니었다. 예배를 마치자 부천과 인천 등에서 온 20여 명의 학부모님들이 나를 기다리고 있었다. 어제 뉴스로 모두 걱정스런 표정들이었다. 목사님이 말했다.

"한동대의 학부모들은 유치원 학부모들보다 더하군요. 모두들 모이셨으니 지금부터 부흥회 하세요."

목사님은 당회실 문을 열어 주며, 따뜻한 차까지 대접해 주셨다. 꽤 늦은 밤이었지만, 우리들은 내일 당장 있어야 할 10억 원과 형사 재판에 대해 하나님께 부르짖었다.

자정이 넘어 집에 도착하니 온 식구가 나를 기다리고 있었다. 하지만 식구들은 전혀 걱정스런 모습이 아니었다. '그 사이 무슨 좋은 일이 있었나' 나는 의아했다. 학교를 위해 늘 중보 기도 해 주시는 진선녀 권사님과 함께 예배를 드린 후 평강의 성령님께서 그들을 안심시키셨던 것이다. 아무것도 염려하지 말고 오직 모든 일에 기도와 간구로, 너희 구할 것을 감사함으로 하나님께 아뢰라 그리하면 모든 지각에 뛰어난 하나님의 평강이 그리스도 예수 안에서 너희 마음과 생각을 지키시리라(빌 4:6－7)

남편은 미국 로스앤젤레스는 지금 아침 8시니 김 이사님 댁으로 전화해 보자고 말했다. 김 이사님은 IMF 시절, 학교 사정이 극도로 악화되었을 때도 100만 달러를 기부해 주셨던 분이다. 학교가 어려울 때마다 위로와 힘이 되어 주신 내외분은 우리의 전화를 받고 깜짝 놀라 말했다.

"거긴 지금 한밤중인데, 웬일이세요?"

나는 염치도 없이 김인호 권사님께 우리의 다급한 사정을 설명했다. 권사님은 언제나 그랬듯이 그날도 나를 따뜻하게 위로해 주었다.

"권사님, 한동대는 하나님 대학인데 설마 부도나게 하시겠어요? 여기는 아침이지만 한국은 지금 새벽 1시니, 지금 당장 어떻게 할 수 없지만, 저도 이곳에서 백방으로 알아보겠습니다. 너무 걱정 말고 편히 주무세요."

내일은 토요일, 은행 마감 시간까지 10억 원을 구하는 것은 우리 힘으로는 도저히 할 수 없는 일이었다. 10억 원 때문에 남편의 징역 4년 구형은 안중에도 없었다. 내일 걱정은 하나님께 맡기고 우리는 자리에 누었다. 돈 걱정이 한순간도 사라지지 않았지만 우리는 단잠을 잤다. 내일 일을 위하여 염려하지 말라 내일 일은 내일 염려할 것이요 한 날 괴로움은 그날에 족하니라(마 6:34)

이튿날 아침 9시. 미국에서 전화가 왔다.

"권사님, 시간이 너무 촉박해서 3억 원밖에 못 구했어요. 아무래도 한국에서 여러 사람들한테서 조금씩 모아야 할 것 같아요."

우리가 편히 자는 동안 권사님은 애를 태우셨던 것이다. 그래도 나는 마음이 편안했다. 남편은 여기저기서 돈을 융통하려고 전화를 붙들고 있는데, 시계는 벌써 11시를 넘고 있었다. 두 시간만 지나면 은행 마감 시간이었다. 그때 전화가 울렸다.

"권사님, 학교 통장으로 지금 10억 원을 입금했습니다."

미국 김 권사님의 전화였다. 할렐루야! 어젯밤 학부모님들과 진 권사님의 기도는 마침내 응답되었다. 나와 나의 백성이 무엇이관데 이처럼 즐거운 마음으로 드릴 힘이 있었나이까 모든 것이 주께로 말미암았사오니 우리가 주의 손에서 받은 것으로 주께 드렸을 뿐이니이다(대상 29:14) 우리 부부는 하나님의 손길에 또다시 감격하고 말았다. 기도하면 어떤 일이 일어나는가 직접 목격한 아들 내외도 감격하고 있었다. 나는 그날 서럽고 감사해서 하루 종일 울고 또 울었다. 김 장로님 내외분은 우리의 감사 인사에 송구스러워했다.

"그 일을 하게 하신 하나님께 저희가 감사드립니다."

이튿날, 강호규 이사가 일본 출장에서 돌아오자마자 전화를 했다.

"권사님, 어제 그 어음 어떻게 됐습니까?"

나는 그들 부부와 만나 하나님께서 하신 놀라운 일을 말해 주었다. 자초지종을 듣던 강 이사의 눈에 눈물이 고였다.

"그런데 권사님, 제 스스로에게 묻는 질문이 하나 있어요. 한동대를 향한 저의 간절한 마음이 총장님이 은퇴하신 후에도 변함이 없을까 곰곰이 생각해 보았습니다. 솔직히 말하면 총장님 내외분과의 인간관계 때문이라는 생각을 지울 수가 없습니다."

나는 속으로 급히 하나님께 지혜를 구했다. 각각 은사를 받은 대로 하나님의 각양 은혜를 맡은 선한 청지기같이 서로 봉사하라(벧전 4:10)는 말씀이 머리 속에 떠올랐다.

"강 이사님, 하나님께서는 물론 우리의 인간관계도 사용하시지요. 하지만 우리는 하나님의 청지기들입니다. 청지기가 누구를 위해 존재합니까? 주인인 하나님을 위해 존재합니다. 하나님의 관심은 우리 학생들에게 있다고 생각합니다. 우리는 한동 학생들을 위해 쓰임받는 도구일 뿐입니다. 우리 역할은 학생들의 코치요 응원자입니다. 우리는 다만 하나님의 쩌렁쩌렁한 박수 소리를 들으며, 학생들이 잘 뛰도록 응원하십시다. 세례 요한도 신랑 되신 예수님을 소개하는 중매쟁이의 기쁨으로 만족했어요. 강 이사님은 하나님께서 주시는 물질로, 우리는 가르치는 교수와 총장으로 학생들을 양육하며 앞으로 한동 학생들이 세상에서 어떤 역할을 하게 될지 지켜보는 것이 우리의 특권이자 보람 아니겠습니까? 나는 그것을 생각하면 가슴이 뜁니다."

한동의 신기루

사막에는 신기루가 있다. 신기루는 허상이다. 이글이글 작열하는 태양 아래, 한 모금의 물이 없는 사막 길을 걷는데 모래 바람으로 사방을 분간할 수도 없었다. 앞이 보이지 않았다. 나그네는 그만 힘이 다하여 쓰러지려고 한다. 그 순간, 저 만치 무언가 보인다! 아! 오아시스다! 새 힘이 솟는다. 저곳에 가면 목마름도 배고픔도 추위도 두려움도 없어지겠지…. 그러나 신기루일 뿐.

우리 앞에도 여러 번의 신기루가 나타났다.

첫 번째 신기루, 대체 에너지

1996년 여름 어느 날, 대만에서 찾아온 손님이 있었다.

"저희가 오랫동안 연구해 온 대체 에너지(CME)는 자동차 매연으로 심각한 환경오염 문제를 해결할 수 있는 획기적인 연구입니다. 2년 전, 포항공대 김호길 총장께서도 저희를 크게 격려해 주셨습니다. 김 박사님은 지금 계시지 않고 동생인 김 총장님도 과학자시니, 저희는 한동대와 공동으로 이 연구를 개발하고 싶습니다. 저는 군 기갑 부대에 근무하면서 저질 휘발유의 매연 문제가 심각함을 실감했습니다. 이 문제를 해결하기 위해 휘발유를 대체할 수 있는 연구에 매달리다가, 점차 마력 향상과 환경오염 문제까지 관심을 가지게 됐습니다. 지구의 에너지 고갈 기간을 연장시키는 경제 효과도 있습니다. 환경오염 물질을 크게 줄일 수 있어 인류의 건강 증진에도 기여할 수 있습니다."

우리 나라의 주요 일간지도 대만발 기사로 "40여 년 동안 연구 끝에 대만에서 개발한 이 CME의 성능은 황당무계할 정도로 획기적"이라고 보도했다. 곧 몇몇 교수들이 대만을 다녀왔고, 학교는 대만의 연구소와 개발 협약을 체결했다. 이 보도 기사가 나가자마자 이 연구는 실현 불가능하다는 즉각적인 반격에 부딪혔다. 그러나 남편은 "과학자란 99퍼센트 불가능보다 1퍼센트의 가능성을 믿는 사람들"이라며 이 연구 프로젝트를 진행했다. 만일 이것이 성공한다면, 누가 뭐라든 지구의 환경오염 문제뿐만 아니라 한동대의 재정 문제도 해결된다는 기대에 부풀었다. 하지만 실망스럽게도 대체 에너지는 모터사이클에는 큰 효험이 있지만 최신 자동차에는 이미 매연을 줄이는 장치가 부착되어 있으므로 큰 효능이 없다는 실험 결과가 나왔다. 몇 달 동안 부풀었던 기대는 신기루가 되고 말았다.

두 번째 신기루, 게르마늄

2000년 겨울, 심장 수술을 받고 삼성병원에 입원해 계시는 한동대 이사 김성호 원로 목사님(오천교회)이 전화를 하셔서 당장 만나자고 하셨다. 병원에 도착하니 목사님은 심장을 수술하신 분답지 않게 활기찬 목소리로 옆 침대의 환자를 소개해 주었다.

"단양에 돌산을 가지고 계시는 분인데, 그 돌산이 예사롭지 않답니다. 총장님, 이분 이야기 좀 들어 보십시오."

"저희 산은 게르마늄 돌로 덮여 있습니다. 비오는 날, 산에서 씻겨 나온 물이 아랫마을 축사의 오물을 깨끗하게 정화시킬 정도지요. 우리 돌산 물을 마신 동네 사람들은 흰 머리가 검게 되고 사람들이 나이에 비해 모두들 젊고 건강합니다. 여러 기관에 연구 의뢰를 해 놓고 있습니다만, 한동대에서 게르마늄 성분을 규명해 주시고, 함께 개발하십시다."

가슴에 붕대를 감은 병상의 목사님도 오로지 한동대 돈 걱정뿐이었다. 그날 저녁 남편은 인터넷으로 게르마늄 정보를 모두 검색했다. 만약 게르마늄 돌산이 틀림없다면? 며칠 후, 그는 신현길 교수와 함께 단양의 그 돌산을 찾아갔다. 아직 살얼음이 낀 미끄러운 산을 기대에 부풀어 조심스럽게 올라갔다. 그 산에서 수집해 온 돌들을 카이스트와 몇 군데의 연구소에 보내 성분 분석을 요청했다.

실험 결과를 기다리는 동안, 우리는 기분 좋은 상상에 빠져 들어갔다. 만약 진짜 게르마늄이라면? 이제는 학교에 돈 걱정은 하지 않아도 된다! 생각만 해도 웃음이 절로 나왔다. 나도 돌 조각을 이리저리 살펴보았다. 화강암처럼 생긴 평범한 돌이었다. 이 돌에서 사람들의 건강을 보장하는 대단한 마술이 나오려나? 남편은 항아리 물에 그 돌 조각을 담가 두고, 아침마다 그 물을 한 잔씩 마셨다.

"어쩐지 물맛이 좋은 것 같은데…."

사실 남편은 그렇게 믿고 싶었던 것인지도 몰랐다. 신 교수도 매일 그 돌 물을 한 잔씩 마신다고 했다. 얼마 후, 분석 결과를 통보받았다.

"게르마늄 성분이 전혀 발견되지 않았습니다."

세 번째 신기루, 천억 원

1999년 봄, 또 한 분의 손님이 학교를 방문했다.

"서울에 천억 원 정도의 부동산을 가지고 계신 분이 자식에게 유산을 남기지 않고 육영 사업에 전 재산을 기부하려고 한답니다. 그분에게 한동대 이야기를 했더니 상당한 관심을 보이며, 학교를 직접 방문하시겠답니다."

우리는 또다시 가슴이 뛰기 시작했다. 하지만 말로만 듣던 그 천억 원대 부자는 6개월이 지나도록 학교 방문을 미루었다. 여름이 가고 가을이 되었다. 추석 무렵, 드디어 그 노신사가 학교를 방문하는 날, 학교는 그를 맞을 준비로 부산했다. 이사장님 내외분도 모든 일정을 미루고 학교에 오셨다. 그날따라 비가 내렸다. 우리는 비행기가 결항될까 봐 마음을 졸이며 노 신사를 기다렸다. 그가 탄 비행기가 안전하게 활주로에 내리는 순간, 우리는 모든 것이 잘될 것이라고 생각했다. 남편이 학교의 재정 현황과 발전 계획을 열심히 브리핑하는데 72세의 그 노신사는 시종 아무 표정 없이 듣기만 했다.

'저런 분은 저렇게 말을 아끼는 구나' 하고 나는 속으로 생각했다.

그후로 오 부총장은 기증받을 제반 서류들을 준비해 가지고 서울을 부지런히 오갔다. 어떤 날은 커피숍에서 하루 종일 그와 마주 앉았다가 그냥 돌아온다고 했다. 거액의 기부금을 받는데 이런 것쯤은 아무것도 아니라고, 그는 대단한 인내심이 필요한 나날들을 보냈다. 그러던 어느 날, 그가 재산 이전 등기 비용을 미리 요구하자 미심쩍은 생각이 들기 시작했다. 과연 그에게 그만한 재산이 있는 걸까? 누구도 입 밖으로 내지는 않았지만 모두들 찜찜해했다.

10월 어느 날, 오 부총장과 윤 법인과장은 그가 건네 준 부동산의 지목들을 관할 구청에 다니며 조사하고 돌아왔다. 두 사람은 우리를 보자 고개를 설레설레 가로저었다. 설마 했던 것이 사실이었다. 강남 일대의 엄청난 부동산의 지목들은 모두 제각기 주인들이 따로 있었던 것이다. 이 이야기를 들은 하 목사님이 허허 웃으며 말했다.

"사기꾼은 돈 많은 사람들에게만 붙는 것이 아니라, 지푸라기라도 잡으려는 절박한 사람에게 더 붙는답니다."

우리는 그 신기루도 감사했다. 포기하지 않고 여기까지 오도록 하는 힘이 되어 주었기에…. 신기루가 계속 나타나다 보면, 하나님께서 언젠가는 진짜 오아시스를 만나게 하실 것이다. 성경은 그리스도인의 생활을 전투로 비유하고 믿음의 선한 싸움을 싸우라고 한다. 예수님은 제자들에게 편안한 삶을 보장하는 대신, 십자가를 약속하시며 선한 싸움 뒤에는 반드시 승리가 있다고 말씀하셨다. 저녁에는 울음이 기숙할지라도 아침에는 기쁨이 오리로다(시 30:5)

주님은 우리에게도 힘에 부치는 시험과 역경을 허락하셨다. 감당할 수 없는 재정적 압박, 핍박과 역경 속에서 우리는 자신이나 사람을 의지하지 않고 하나님만을 의지하는 법을 배워 갔다. 하나님께서는 절망 가운데 있는 우리에게 고통스러운 환경을 바꾸어 주시는 것이 아니라, 그것을 극복하도록 당신의 신실하심을 보여 주셨다. 수많은 사건들을 통해서 하나님께서는 우리를 한 번도 실망시키지 않으시는 분이심을, 약속을 지키시는 분이심을 우리에게 분명히 증명해 보이셨다. 너희에게 구하노니 너희를 위한 나의 여러 환난에 대하여 낙심치 말라 이는 너희의 영광이니라(엡 3:13)

03
사방으로 우겨쌈을 당하여도

첫 졸업생들의 개가

한동대 첫 졸업생들이 배출되는 1999년, 대부분의 기업들이 신입 사원 채용을 동결했고 졸업생의 취업 전망은 어둡기만 했다. 교수들의 월급은 3개월째 밀려 있었고, 학교 안에서는 기독교 대학으로서 정체성 논쟁마저 일어서 한동대의 존립에 대한 위기 의식과 불안감이 전염병처럼 퍼지고 있었다.

'선배도 없는 우리 졸업생들이 이 불황을 헤쳐 나갈 수 있을까?'

날이면 날마다 끝없는 돈 걱정, 그칠 줄 모르는 핍박과 공격으로 우리는 기진맥진 지쳐 갔다. 급박한 재정 문제를 해결하려고 고심하다가 학교는 신입생들에게 생활관 예치금 100만 원을 받기로 결정했다. 그러나 몇몇 교수들과 학생들은 타대학에 비해 재정 부담이 많아서 신입생들의 질이 떨어질 수도 있다는 이유로 반대하고 나섰다. 가을비가 을씨년스럽게 내리는 교정에 예탁금 반대 대자보가 바람에 나부꼈다. 이전에 볼 수 없던 광경이었다. 거기서 백성이 물이 갈하매 그들이 모세를 원망하여 가로되 당신이 어찌하여 우리를 애굽에서 인도하여 내어서 우리와 우리 자녀와 우리 생축으로 목말라 죽게 하느냐 모세가 여호와께 부르짖어 가로되 내가 이 백성을 어떻게 하리이까 그들이 얼마 아니면 내게 돌질하겠나이다(출 17:3-4)

첫 졸업생들의 취업 위기감이 확산되고 있던 어느 날, 집으로 팩스 한 통이 들어왔다. 미국의 데이비드 교수였다. 팩스에는 여섯 군데 한국인 벤처 기업의 이름이 적혀 있었다. 한동대 졸업생들의 해외 취업이 가능한 회사들이라고 했다.

미국의 산호세와 로스앤젤레스에서는 전자 산업 분야가 호황이어서 기업들이 인력난을 겪고 있다는 소식도 들려왔다. 뜻밖의 희소식에 학교는 다시 활기를 찾기 시작했고, 학생들은 영문 이력서를 준비하느라 바빴다. 남편은 곧 산호세와 실리콘밸리, 로스앤젤레스를 방문할 계획을 세웠다. 하지만 한국의 지방 신설 대학 졸업생들에게 이들이 과연 어떤 반응을 보일지 궁금했다. 남편은 우선 로스앤젤레스 근교에 있는 T사의 엔드류 박 회장을 만났다.

"한국 대학 졸업생들은 영어도 문제지만, 취업 비자 문제가 복잡해서 채용하기 어렵습니다."

그는 난색을 표했다. 하지만 남편은 물러서지 않고 박 사장을 설득했다.

"우리 학생들은 성실함과 책임감이 있습니다. 그리고 정직합니다. 처음엔 영어가 좀 부족하더라도 날이 갈수록 잠재력을 발휘할 것입니다. 총장으로서 저도 경험하지만, 사람은 많아도 원하는 인재는 찾기 힘든 현실입니다. 오늘은 제가 부탁을 하러 왔지만, 얼마 지나지 않아 우리 학생들로 인해 오히려 우리에게 고마워할 것입니다."

"총장님이 마케팅을 참 잘하시는군요."

그의 태도가 한결 누그러졌다.

"학생들 이력서를 두고 가십시오. 검토해 보겠습니다. 비자 문제는 저희 회사 담당 변호사를 통해 알아보도록 하겠습니다."

T사는 상당한 규모의 컴퓨터 하드웨어 제조 회사였다. 우리는 최신식 자동 시설 공장을 안내받으며, 우리 학생들이 이곳에서 일할 수 있기를 간절히 바랐다.

"학생들이 참 복이 많군요. 총장님이 학생들 취업을 위해 직접 뛰어다니시는 것은 처음 봅니다. 학생들을 부탁하는 총장님의 마케팅 전략이 맘에 듭니다."

그로부터 한 달 후, 박 회장은 직접 학생들을 면접하려고 귀국했다. 학교의 옹색한 형편을 잘 아는 이상자 권사님(온누리교회)이 조선호텔을 면접 장소로 예약해 주고 사용료도 지불해 주었다. 1998년 12월 8일, 조선호텔 로비에는 '한동대 해외 취업 면접 장소' 라는 안내 팻말이 붙었다. 말쑥하게 정장 차림을 한 학생들이 영어로 면접하는 모습을 총장과 교수들은 흐뭇하게 지켜보았다.

KBS와 MBC는 9시 저녁 뉴스 시간에 "4년 전, '간판보다 실리 위주' 교육의 차별화로 국제무대에 내놓아도 손색이 없는 인재를 양성하겠다며, 입시 돌풍을 일으켰던 한동대 첫 졸업생들에게 해외 취업의 길이 열려, 4년 전의 꿈이 이루어지고 있다. 또한 올해 첫 졸업생들 전원이 취업되었다"는 보도를 내보냈다. 마침 그날은 대학 수학 능력 시험 결과가 발표되는 날이어서, 수험생들과 학부형들은 이 뉴스를 놓치지 않았을 것이다. 연이어 SBS 〈한선교의 좋은 아침입니다〉에 한동대가 소개되어 다시 한 번 사람들의 주목을 받았다. 때맞춘 하나님의 '특단 조치' 로 한동인의 사기는 다시 올라갔다.

하지만 해외 취업생들의 군 복무 문제 등으로 출국 수속이 지연되고 있는 가운데, 6개월 후 T회사가 도산했다는 통보를 받았다. 우리는 무척 실망했지만 우리가 이해할 수 없는 일에도 하나님의 섭리가 숨어 있을 것을 믿었다. "God, I don' t understand you, but I trust you."

음부의 권세가 넘보지 못할 효암채플

1999년 2월 23일, 효암채플 준공 예배를 드리는 날이었다. 바람 잘 날 없는 한동의 언덕에도 봄은 한 발자국씩 다가오고 있는가! 봄을 시샘하는 쌀쌀한 날씨에도 한동 식구들은 기쁨에 들떠 있었다. 하늘에서 사뿐히 내려온 듯한 아름다운 흰 화강암으로 지은 채플, 넓고 긴 층층대, 맞은편의 산뜻한 유리 카페, 그 가운데 우뚝 세워진 십자가 탑, 모든 것이 눈물겹도록 감사했다. 채플 기금 20억 원이 어음 담보로 쓰이면서 숱한 고비와 우여곡절 끝에 눈물겹게 3년 만에 가까스로 완성된 건축이었다. 언제쯤이나 채플에서 예배를 드릴 수 있을까 까마득하기만 했었다.

학교가 개교했을 당시 두 개의 강의실을 터서 만든 사회 교육원에서 예배를 드렸다. 채플에는 갖추어야 할 것들도 많았다. 개교 초기, 몇몇 교수들의 모금으로 마련한 피아노가 들어오던 날, 힘겨운 줄도 모르고 그랜드 피아노를 4층 채플실로 옮겨 놓는 건장한 학생들을 바라보며, 우리 모두는 신접살림을 장만하는 새댁마냥 무척이나 기뻐했다.

두 개의 강의실을 터서 만든 사회 교육원은 4년 동안 전교생의 예배 장소였다. 개교 이듬해, 학생들이 늘어나면서 두 번으로 나누어 드린 채플 시간은 가득 찬 학생들의 열기로 언제나 뜨거웠다. 채플실의 정면 벽, 두개의 큰 창문 사이로 끝이 휘어진 작은 십자가 하나가 걸려 있었다. 예수원에서 가져온 가느다란 나무 십자가였다. 그곳이 채플실임을 알려 주는 유일한 표시였던 그 십자가는 서향의 역광을 가리기 위해 창문에 커튼을 드리울 때마다 묻혀 버리기 일쑤였다.

십자가 아래의 나지막한 강단은 각 팀의 교수들과 학생들이 함께 찬양하는 감동적인 무대였다. 부러질 듯 연약한 나무 십자가 아래, 건장한 젊은이들이 정성스럽게 드리는 찬양과 예배! 커튼 사이로 보일 듯 말 듯한 아카시아 나무의 볼품없는 십자가는 앞으로 학교가 처할 구비 구비의 고난의 길을 암시해 주는 것만 같았다. 그러나 십자가의 능력은 그 외모에 있지 아니한 것을! 십자가의 도가 멸망하는 자들에게는 미련한 것이요 구원을 얻는 우리에게는 하나님의 능력이라 기록된바 내가 지혜 있는 자들의 지혜를 멸하고 총명한 자들의 총명을 폐하리라 (고전 1:18-19)

학교 입구에서부터 보이는 효암채플의 십자가는 한동대가 하나님의 대학이라는 사실을 알려 주는 표시였다. 어떤 음부의 권세도 넘보지 못할 대학 교회가 완성된 것이다. 졸업생들은 아쉬움을 간직한 채 그래도 감사를 잊지 않았다.

"마지막 예배라도 효암채플에서 드릴 수 있으니 그래도 하나님께 감사해요."

헌당 예배에서 학부형인 김동호 목사님이 말했다.

"화가가 마지막 점 하나를 찍음으로써 그림이 완성되듯이, 오늘 채플 기증 예배는 한동의 그림이 완성되었다는 것을 곳곳에 알리는 표시입니다. 또한 지금까지 한동인의 싸움이 막바지에 이르렀다는 것을 의미합니다. 다 이긴 운동 경기를 녹화 방송으로로 볼 때는 긴장하거나 불안해할 필요가 없습니다. 이긴 싸움이라는 것을 알기 때문이지요. 그처럼 오늘 이 예배는 한동대의 기나긴 싸움을 끝내는 신호탄이기도 합니다. 하나님께서 한동의 손을 들어 주실 것을 확신할 수 있습니다.

채플 건물, 곧 하드웨어를 완성한 우리는 보이지 않는 소프트웨어를 완성시켜 진정한 예배를 회복해야 합니다. 기도가 쌓이는 교회, 최고의 찬양을 드리는 교회, 말씀이 살아 움직이는 교회가 되어야 할 것입니다.

한동대는 세상 사람들에게 하나님의 살아 계심을 증거하는 학교여야 합니다. 여러분은 지금까지 하나님께서 한동대에 역사하신 것을 세상에 알리십시오. 채플을 기증한 가족들에게 배우십시오. 그리고 성전을 사랑하십시오. 예루살렘을 사랑하는 자를 형통케 하시는 하나님께서는 한동대를 형통하게 하실 것입니다."

채플에 아름답게 울려 퍼지는 전자 오르간 소리를 들으며 내 간증을 듣고 이 오르간을 기증한 데이비드 교수를 떠올렸다.

"사모님, 제가 한동대 교회에 전자 오르간을 기증하겠습니다."

로스앤젤레스의 선박 회사 창고에서 포항으로 오르간을 부치는데, 그는 내게 오르간 위에 손을 얹고 기도를 해 달라고 부탁했다.

"주님, 한동인들이 이 오르간으로 주님을 마음껏 찬양하게 하소서. 다윗과 그 백성들이 자원하는 마음으로 하나님의 전에 헌물을 바치며 즐거워했듯이, 오르간을 기증하며 기뻐하는 이 부부를 축복하소서!"

나는 오르간을 포장한 나무 상자 위에 이렇게 썼다.

"Praise the Lord! 주님을 찬양합니다. Bon voyage."

비전 키우며 걸어왔다. 이젠 도전의 길을 간다

1999년 2월 24일, 새벽부터 비가 내렸다. 오랜 겨울 가뭄 끝에 내린 단비였다. 한동대가 첫 졸업생을 배출하는 그날, 사람들이 애타게 기다리던 빗방울이 땅을 적셨다. 봄을 재촉하고 있었다. 이 땅에 뿌리 내리기 위해 그렇게 많은 눈물을 뿌린 한동대의 과거를 모른다면 이 단비의 의미를 깨달을 수 없을 것이다.

한동대 앞에 '기독교 대학' 이라는 문패를 걸면서 시작된 고난이었다. 학교 안팎으로 불어 닥친 회오리바람이 걷잡을 수 없었던 지난 세월이었다. 이 어둡고 추운 겨울을 눈물로 기도하며 보낸 '첫 한동인들' 이 졸업하는 그날, 그날 내린 단비였다.

졸업식 전야! 이틀간 축제가 벌어졌다. 졸업식만으로 4년을 마무리할 수 없는 아쉬움 때문이었다. 그들은 밤새워 교수님들과 후배들 앞에서 한동대에서 보낸 4년을 이야기했다. 졸업식만으로 달랑 맺을 수 없는 한동 생활이어서, 하루 일찍 모여 전야제를 가진 것이다. 한 사람 한 사람 그들 꿈을 이야기했다. 한동인의 명예를 후배들에게 눈물로 당부했다. 무엇이 로맨스고 무엇이 젊음인지 교훈하듯 말했다. 한데 엉켜 기도도 하고 그들의 꿈을 축포에 담아 밤하늘로 쏘아 올렸다.

한 사람 졸업생들의 이름이 불리고 김영길 총장은 그들에게 사각모 수술을 반대편으로 넘기며 손을 꼭 쥐어 주었다. 총장 옆으로 졸업생을 배출하는 학부 교수들이 줄지어 서서 학위를 받는 졸업생들과 마지막 인사를 나눴다. 눈물로 포옹하는 스승의 사랑에 넙죽 큰절을 올리는 졸업생도 보였다. 그동안 끊임없는 박수가 이어졌다. 한동대에서 보는 또 하나의 새로운 대학 문화였다.

명예 졸업장이 수여됐다. 1997년 여름, 남태평양의 섬나라 피지에서 선교 봉사 활동을 하며 그리스도를 전하던 두 아들의 순교를 생각하는 시간이었다. 강경식, 권영민, 한 알 밀알이 되어 떨어진 그들의 이름이 불렸다. 이들을 대신해 학위 증서를 받아 든 부모들의 얼굴에, 또 그들 미소를 기억하는 졸업생들의 검은 가운 위로 눈물이 떨어졌다. 그 비보를 들으면서 어이없게도 "안 믿는 친척이나 이웃, 한동대에 하나님의 영광이 가려질까 두려웠다"고 말하던 경식 군 어머니 서재숙 씨와 영민 군 어머니 김은주 씨, 그리고 두 아버님께 모두 일어나 긴 박수를 보냈다.

총장의 식사, 김영길 총장이 단상에 올랐다. 원고를 펴 들고 손수건으로 안경 너머 눈물을 닦으며 그는 말을 시작할 줄 몰랐다. 지난 4년 동안의 감회가 한꺼번에 몰려왔으리라.

"그동안 여러분은 열악한 환경 가운데서 공부하며 신설 대학이 자리 잡기까지 치러야 했던 많은 어려움과 고난을 목격하고 경험했습니다. 여러분은 맏자식으로서 첫 희생을 감당한 것입니다. 한편 그러한 희생은 여러분만이 가지는 소중한 특권이기도 합니다. 여러분은 특별한 하나님의 부르심을 받았기 때문입니다. 이 시대에 꼭 필요한 지도자로서 여러분을 훈련시키기 위한 하나님의 계획에 동참한 것입니다.

세 가지를 부탁하고 싶습니다. 첫째, 새로운 도전에 과감하게 나아가십시오. 쉽고 편안한 환경에선 강하고 능력 있는 군사가 태어나지 않습니다. 지도자는 태어나는 것이 아니고 만들어지는 것입니다. 승리자는 풍랑을 돛을 위한 에너지로 삼지만, 패배자는 풍랑을 보면 돛을 내립니다. 세상이 여러분에게 역경과 도전을 던질 때, 여러분이 갈고 닦은 실력과 신앙으로 승리하시기 바랍니다.

둘째, 삶에 대한 자기 성찰과 분명한 목적이 있는 삶을 살기 바랍니다. 더 빨리, 더 많이를 강조하는 이 시대는 앞을 향한 질주만 강조합니다. 그래서 우리는 삶에 대해 성찰하는 시간이 필요합니다. 목표 없는 질주는 방황입니다. 끊임없는 자기 성찰을 통해 처음의 비전과 목표를 놓치지 말고 점검하며 살아가기 바랍니다.

셋째, 영원한 것에 여러분의 삶을 투자하십시오. 오직 영원한 것은 예수 그리스도, 그리고 하나님의 나라입니다. 하나님의 나라에 투자하는 삶에는 많은 어려움이 따르지만 결코 포기하지 마십시오. 일을 행하시는 여호와, 그것을 지어 성취하시는 여호와를 의지하십시오. 하나님께서는 오늘날도 자기 능력을 과시하는 사람이 아닌, 하나님을 경외하며 이웃에게 긍휼을 베풀 수 있는 지도자를 찾고 계십니다. 이런 지도자가 한동대를 통해 배출될 것입니다.

한동의 장남, 장녀 여러분! 우리와 영원토록 함께하시는 하나님과 동행하며 한동을 떠나십시오. 한동의 첫 졸업생으로서 여러분을 지금 많은 사람들이 주시하고 기대하고 있음을 잊지 마십시오. 여러분을 사랑하는 부모님, 교수님들, 후배들, 한국 사회가 여러분을 바라보고 있음을 잊지 마십시오."

졸업생 김소은 양의 인사.

"수많은 어려움과 도전 앞에서 하나님을 향한 믿음과 신념으로 한동대를 이끌어 가시던 총장님과 교수님과 이사님들을 보았습니다. 감사합니다. 우리는 이스라엘의 하나님을 보았고, 한동의 하나님을 보았습니다. 한동고 4학년, 저희들은 교수님들의 사랑을 잊지 못할 것입니다. 우리 모두 저마다의 자리에서 자랑스러운 한동인으로 살겠습니다. 개척자로 살 것을 후배들에게 약속합니다. 작은 수의 첫 열매이지만 하나님께 영광 돌리는 자랑스러운 한동인이 되겠습니다. 안녕히 계십시오. 감사합니다. 그리고 사랑합니다."

"때로는 너의 앞에 어려움과 아픔 있지만…

너의 영혼 통해 큰 영광 받으실 하나님을 찬양 …."

졸업생들을 향해 모든 이들이 펴든 팔이 아름다웠다. 어찌 그들만의 축복일까, 희망이 움터 오는 이 새봄이. 모두의 눈에 눈물이 맺히고 있었다.

박명철 기자, 《기독신문》 1999년 3월 3일자.

개구리 울음 소리

1999년 4월 16일, 3년 전에 시작된 민사 소송(법인 합병 무효 소송)의 1심 재판이 열리는 날이었다. 교수들의 연속 금식 기도, 학생들과 전국의 학부모들, 국내외의 한동대 후원자들의 기도는 간절했다. 재판 결과에 따라 학교의 명운(命運)과 관계되는 중대한 고비가 될 것이기 때문이었다. 그날 오후, 전화선을 통해 들려오는 남편의 목소리가 어쩐지 기운이 없었다.

"여보! 기도 많이 해야겠소. 학교가 불리하다는 소문이 무성하다고 하오."

나는 어제 읽은 한나 허나드가 지은 《나의 발을 사슴과 같게 하사》의 〈상실의 골짜기〉를 떠올렸다. 주인공 겁쟁이 사슴이 지금까지의 모든 것을 다 잃어버리고 절망적인 두려움으로 떨고 있는 대목이었다. 어쩌면 우리에게도 이런 위기가 닥칠지 모른다는 예감이 스쳐갔다. '내가 너를 위해 선택한 고통을 받아들일 수 있겠느냐? 그래도 너는 여전히 나를 신뢰하고 사랑하겠느냐?' 하고 주님이 물으신다면? 퇴근한 남편의 얼굴이 무척 어두워 보였다.

"이 변호사께서 내일 재판을 연기해야 할 것 같다고 했소. 그래서 재판 연기(변론 재개) 신청을 했는데, 그것조차 받아들여지지 않았소. 나는 만약의 결과에 대비해서 교수들이 낙심하지 않도록, 법학부 이 교수를 통해 교수들에게 모든 상황을 설명했소. 아마 눈치 챈 분들도 있겠지."

나는 마음을 진정하며 남편에게 말했다.

"토기장이는 자신이 만든 토기를 땅바닥에 내쳐서 가루가 되어도, 또다시 그릇을 빚을 수 있잖아요. 여보, 어떤 결과에도 토기장이이신 하나님의 섭리가 있음을 의심하지 맙시다. 지금까지 우리는 살아 계신 하나님을 생생히 경험하고 있잖아요! 이 모든 일들은 일생토록 증거해도 부족할 거예요!"

재판에는 속절없이 질 것 같았다. 그러나 나도 알 수 없는 힘으로 남편을 격려했다. 그는 저녁 식사도 거른 채, 서재로 들어갔다. 그제야 나는 하나님께 부르짖었다.

"오! 주님! 주께서는 어떤 상황이라도 얼마든지 당신의 영광을 드러내실 방법을 가지고 계시겠지만 우리 학생, 교수, 학부형 들이 잠시라도 놀라고 불안해하는 것을 어찌 보겠습니까! 너희 하나님이 어디 있느냐고 비웃고 조롱하는 소리에 어찌 귀를 막겠습니까! 하나님! 꼭 그렇게 하셔야만 되겠습니까?"

눈물이 쏟아졌다. 누가 주의 이 많은 백성을 재판할 수 있사오리이까 지혜로운 마음을 종에게 주사 주의 백성을 재판하여 선악을 분별하게 하옵소서(왕상 3:9)

그때 전화가 울렸다. 졸업생 김승환 군의 씩씩한 목소리였다.

"사모님! 지금 서울에서 졸업생들이 모여 내일 재판을 위해 기도하고 있습니다. 하나님께서 반드시 우리 편이 되어 주실 겁니다. 승리는 우리 것입니다."

조금 후 또다시 전화가 왔다. 4학년 준호 군이었다.

"사모님, 기도 많이 하고 계시죠? 저희도 생활관 방 식구들과 함께 기도하고 있어요. 하나님께서 승리하게 하실 겁니다."

나는 학생들이 받을 충격을 생각하며, 무슨 말인가 해야 할 것 같았다.

"그럼! 비록 어려움이 있더라도 최종 결과는 반드시 좋을 거야! 그런데 준호야! 내일이면 다 알게 되겠지만, 만약에…, 만약이란다. 만약에…, 내일 우리가 기대하는 결과가 혹시 나오지 않더라도 모든 것을 합력하여 선을 이루실 하나님을 너는 믿지? 우리 하나님을 조금도 원망해선 안 된다!"

"사모님! 왜 그런 믿음 없는 말씀을 하세요?"

"아니! 만약이라고 했잖아."

잠시 후 준호는 눈치를 챘는지 "총장님만 저희 앞에서 잘 버티어 주신다면, 저희는 얼마든지 견딜 수 있습니다"라고 의젓하게 말했다. 나는 눈물을 삼켰다. 내일 재판에 지면, 학교에는 큰 혼란이 일어날 것이다. 이 혼돈을 우리 모두 어떻게 견뎌 낼 수 있을지 생각만 해도 무서웠다. 법인을 인수할 준비가 다 되었다는 소문, 관선 이사를 파견한다는 소문, 소문… 온통 불길한 소문뿐이었다. 그러나 어찌하랴 우리는 토기장이가 빚으신 그분의 그릇인 것을! 진흙으로 만든 그릇이 토기장이의 손에서 파상하매 그가 그것으로 자기 의견에 선한 대로 다른 그릇을 만들더라(렘 18:4)

한참 시간이 흐른 후, 방에서 나온 남편이 말했다.

"여보, 아무래도 우리 학교가 이길 것 같소. 기도하고 나니 내 마음이 한없이 평안하오. 곰곰 생각해 보니 재판부에서는 불리한 쪽의 재판 연기 신청을 받아 준다는데, 오늘 우리의 신청을 받아 주지 않은 것을 보면 우리가 이긴 것이오. 아마 내 생각이 틀림없을 거요."

언제나 긍정적인 남편다운 말이라고 생각하며, 그런 그가 한없이 측은해 보였다. 남편은 어느새 새 힘을 회복하고 있었다.

이튿날 아침 10시 15분, 전화가 쉴 새 없이 울리기 시작했다.

"사모님, 우리가 이겼습니다! 할렐루야!"

"이겼습니다!"

"사모님, 들으셨지요? 이겼습니다. 이겼어요!"

"이겼다!"

교정 안에 울려 퍼지는 학생들의 함성! 몇몇 학생들은 총장실로 달려왔다.

"총장님! 우리도 소식을 들었어요!"

우리 모두 기쁨의 탄성을 질렀다. 그리고 하나님께 감사했다. 사람들이 우리를 치러 일어날 때에 여호와께서 우리 편에 계시지 아니하셨더면 그때에 저희의 노가 우리를 대하여 맹렬하여 우리를 산 채로 삼켰을 것이며 그때에 물이 우리를 엄몰하며 시내가 우리 영혼을 잠갔을 것이며 그때에 넘치는 물이 우리 영혼을 잠갔을 것이라 할 것이로다 우리를 저희 이에 주어 씹히지 않게 하신 여호와를 찬송할지로다 우리 혼이 새가 사냥꾼의 올무에서 벗어남같이 되었나니 올무가 끊어지므로 우리가 벗어났도다 우리의 도움은 천지를 지으신 여호와의 이름에 있도다(시 124편)

이 소송은 경주와 포항이 생긴 이래 가장 큰 재판이라고 했다. 개교 이래 지역을 떠들썩하게 했던 재판. 그동안 경주 법원을 거쳐 간 판사들이 이 사건을 맡지 않으려 했다고 한다. 하나님께서는 의로운 재판관들을 예비하셔서, 한동을 안전하게 보호해 주셨다. 재판은 하나님께 속한 것인즉 너희는 재판에 외모를 보지 말고 귀천을 일반으로 듣고 사람의 낯을 두려워 말 것이며 스스로 결단하기 어려운 일이거든 내게로 돌리라 내가 들으리라(신 1:17)

최한우 교수(국제어문학부)가 들려준 그날의 이야기 하나.

"어젯밤 늦게 연구실을 나서는데 어디서 개구리 울음 같은 소리가 들렸어요. 소리 나는 쪽으로 갔던 저는 전류에 감전된 듯 그 자리에 서고 말았습니다. 그 소리는 강의실 구석구석에서 흘러나오는 학생들의 기도 소리였어요. 또 수십 명의 학생들이 총장실 앞, 차가운 복도 바닥에 엎드려 기도하고 있더군요. 그 순간 저는 저 자신이 몹시 부끄러웠습니다. 학생들이 기도하고 있는데 교수인 나는 학교를 위해 얼마나 기도하고 있는가 하는 생각이 들어서요."

기도가 쌓여지고 하나님의 이름 위에 세워진 한동대는 비가 내리고 창수가 나고 바람이 불어 그 집에 부딪쳐도 쓰러지지 않을 것이다. 반석 위에 세운 집처럼!

학교가 그리운 학생들

군대간 학생들이 휴가를 오면 집으로 가지 않고 학교를 먼저 찾아온다. 그간 학교에 별일 없는지 궁금하다고 생활관에서 며칠씩 묵고 갔다. 학생들은 부모님과 집보다 학교가 더 그리웠다고 했다. 어려운 사건이 많은 학교에 대한 학생들의 마음은 너무도 애틋했다.

군대에 와서도 항상 학교 생각이 나고, 학교 생활이 무척 그립습니다

얼마 전, 선린병원 합병 무효소송 1심에서 승소했다는 소식을 들었습니다. 그날 얼마나 기쁘던지 눈물로 감사 기도를 드렸습니다. 그러나 안타깝게도 총장님께서 명예훼손 혐의로 3년 구형을 받으셨다는 얘기도 들었습니다. 그러나 단지 검사가 내린 구형이고 우리에겐 위대하신 하나님이 계시기 때문에 염려하지 않습니다.

이곳 전투 비행단에도 저까지 4명의 한동대생이 있습니다. 재판 승소 소식에 모두 기뻐했습니다. 총장님, 뵙고 싶습니다. 총장님 뒤에는 많은 한동인들이 기도하고 있다는 것을 잊지 마십시오. 여기 조종사들도 한동대를 좋은 학교라고, 내 자식도 그 학교에 보내고 싶다고 말합니다. 대전 계룡대에서 사모님 간증하실 때 가 보기도 했다고 합니다. 제 행동 하나하나가 한동의 이미지라고 생각하고 최선을 다하고 있습니다. 요즘은 부쩍 학교 생각이 더 많이 납니다. 공부하면서 신문사 일하기가 힘들었지만 그래도 그때가 그립고, 학교 분위기, 여름의 칠포 바다가 생각납니다. 빨리 제대해서 학교로 돌아가고 싶습니다.

요즘 학교는 어떤지 궁금합니다. 많이 변했다고 친구들이 편지에 적어 보냅니다. 효암채플도 완공이 되고 생활관도 새로 짓고…. 빨리 가서 보고 싶습니다. 휴가 갔을 때 총장님을 뵙겠습니다. 만나 주실 거죠? 장마가 끝나면 본격적인 무더위가 시작되겠죠? 한동대는 모기 또한 타의 추종을 불허하는데… 여름에 건강 유의하시고 행복하세요. 항상 기도할게요.

1999년 6월 28일 토요일 충북 충주 공군 부대에서 제자 김동경(96학번) 올림.

군복무 중에도 학교 생각합니다

한동대가 좋았습니다. 서울에 있는 학교에 다니는 친구는 졸업반이 되도록 총장님 얼굴 한 번 본 적이 없다 했습니다. 그런데 저는 그렇지 않았습니다. 어느 날 식당에서 점심을 먹고 있는 제 뒤통수를 어루만지는 도톰한 손이 느껴졌습니다. 눈에 보이지 않는 눈부신 미소와 함께. 그 손은 기도실에서도 자주 보았습니다. 한동을 위해 기도하시던 가늘게 떨리는 그 손을 나는 한참 동안이나 훔쳐보며 행복했습니다. 그래서 한동이 좋았습니다…. 저희들이 너무 부족해서 총장님을 많이 힘들게 하고 있는 것 같아 얼마나 죄송한지 모릅니다. 언제나 한결같으신 그 모습 변치 않으시길 기도드립니다. 그리고 후배 녀석들 머리 많이 쓰다듬어 주세요. 보이지 않게 총장님을 위해 기도하는 사람들이 많습니다. 많은 무리들을 이끄시기에 충분한 지혜와 능력이 총장님께 넘쳐 나길 기도합니다.

강원도 철원 오덕 부대에서 1999년 12월 13일 95 맏아들, 조은형 올림.

정말 죄송합니다

아직 커 가는 한동이기에, 많은 일들이 일어나고 있지만 총장님과 사모님은 이토록 많은 아픔들을 어떻게 이기고 사실까 궁금하기도 해요. 그 많은 고통과 인고의 시간들, 그리고 인내해야만 하는… 하지만 총장님, 여전히 한동에 소망이 있음을 저는 믿습니다. 오늘도 저희의 모습에서 한동이 하나님의 대학임을 증명하도록 열심히 노력하겠습니다.

언젠가, 한동의 새 식구들을 맞을 준비로 모두 설레던 날, 학교 진입로에서 떠나는 버스를 향해 축복송을 부르고 뒤돌아서는데, 총장님이 뒤에 서 계셨어요. 우리는 총장님께 달려갔습니다. 그때 총장님은 학교 교훈이 써 있는 작은 동산에서 아무 말씀 없이 저희들을 사랑의 눈으로 지켜보셨어요. 그러곤 "왕이신 나의 하나님…" 찬양을 부르셨죠. 저희들도 모두 같이 불렀습니다. 전 그때 그냥 울었던 거 같습니다.

이 먼 곳에서도 한동을 위해 기도하는 사람들이 이처럼 많은데, 눈물로 씨를 뿌린 곳에 열매를 맺을 날이 올 것입니다. 총장님, 저희는 언제나 당신의 제자임이 자랑스럽습니다. 지금 많이 힘드실 텐데…. 더 많이 기도하겠습니다. 힘내세요. 사랑합니다.

2003년 5월, 샌디에이고에서 김아람(98학번) 드림.

2000년 11월 30일, 민사 소송은 대구 고등법원에서도 승소했다. 또 3년 후인 2003년 1월 10일, 대법원에서도 승소함으로써 7년여를 끌던 민사 소송 재판이 완전히 종결되었다. 바람잘 날 없던 학교의 춥고 긴 겨울이 지나가고 있었다. 이제 머지않아 한동의 언덕에도 봄의 발자국 소리가 들려오겠지….

'깨어진 마음'을 위한 내부의 분열

미디안과 싸우려고 기드온을 따라 나선 3만 2천 명의 사람들은 하나님 보시기에 너무 많은 숫자였다. 하나님께서는 전쟁에 나갈 사람을 300명으로 줄이라고 기드온에게 명령하셨다. 이로 인해 전쟁에 참여하지 못한 에브라임 사람들은 기드온에게 크게 불평했다. 전쟁에는 이겼으나 이스라엘 내부에는 갈등이 시작되었던 것이다. 에브라임 사람들이 기드온에게 이르되 네가 미디안과 싸우러 갈 때에 우리를 부르지 아니하였으니 우리를 이같이 대접함은 어찜이뇨 하고 크게 다투는 지라…(삿 8:1–3) 학교는 오랫동안 시달려 온 소송 사건에서 이기고 밖의 공격도 점차 수그러들기 시작하자, 이런 사건들이 학교 안에서도 일어났다.

몇몇 학생들의 학교에 대한 비판과, 일부 교수들의 용기 있고 진실하게 들리는 소리들로 서로들 상처를 받기 시작했다. 이런 부정적인 모습들은 바로 나 자신의 모습이요, 깨어지지 않은 우리들의 또 다른 모습이었다. 그러하기에 하나님께서는 연약하고 교만한 우리들을 한동의 광야 학교로 부르시지 않았는가. 죄인의 속성을 가진 우리들이 서로가 깨어지기 위한 부딪힘인 것을! 우리가 겪는 아픔과 어려움은 하나님께 집중되어야 할 시선이 자신에게 쏠려 있기 때문이었다. 우리 모두는 한동 광야 학교에서 깨어지고 부서져야 할 하나님의 학생들이었기에….

어느 주일 '방주 안의 풍경' 이란 제목의 한홍 목사님 설교를 들으며 우리의 모습을 다시 한 번 돌아보았다.

"노아의 시대, 인간의 악을 보고 슬픈 고통으로 가득 차 있던 하나님의 눈에 띈 노아는 그 시대 세상 사람들과 달랐습니다. 인간은 누구나 인정을 받고 싶은 욕구가 있습니다. 노아도 그랬을 것입니다. 하나님의 명령에 순종한 노아가 방주만 짓지 않았다면 사람들에게서 비난받지 않았을 것입니다. 그러나 노아가 그렇게 할 수 있었던 용기는 어디에서 비롯되었을까요? 노아의 영혼 속으로 하나님의 찬란한 빛이 들어왔기 때문이었습니다. 그는 하루 24시간 내내 온전히 하나님과 접속되어 있는 사람이었습니다. 그래서 그는 하나님으로부터 의인이라 칭함을 받았습니다.

하나님께 순종한 노아는 치열한 영혼의 몸부림과 고독을 겪었을 것입니다. 하나님께 순종하고자 하는 사람은 세상에서 조롱과 핍박을 받게 마련입니다. 사람들의 비난과 조롱 속에서도 노아는 120년 동안 묵묵히 방주를 지었습니다. 비가 내릴 기미가 전혀 없는 마른 하늘 아래에서 그는 마지막 순간까지 포기하지 않고 방주를 지었습니다. 우리에게 세상의 소리가 크게 들리는 것은 하나님의 소리가 작게 들리기 때문입니다. 노아는 하나님을 철저하게 경외함으로 세상의 핍박을 이겨 냈습니다.

약 120년 동안 만들어진 방주의 문이 닫힌 순간, 방주 안의 풍경을 생각해 봅니다. 온몸에 가시 돋친, 움직이기만 하면 남을 찌르는 고슴도치, 쉴 새 없이 지껄여대는 딱따구리, 흉한 냄새를 풍겨서 격리 수용을 해야 하는 스컹크, 거대한 몸집으로 남에게 피해를 주는 코끼리, 자기가 제일 잘났다는 공주병에 걸린 공작 등 모두 한 성격하는 동물들이 한 공간에서 삶을 공유해야 했습니다. 그러나 함께 살기 싫다고 방주 밖으로 나가라고 할 수도 없습니다. 비행기 안에서 아무리 아이가 떠들어도 밖에 나가서 놀라고 할 수 없듯이…. 우리는 방주 안에서 함께 살며 서로 사랑하는 법을 배워야 합니다. '형제의 모습 속에 보이는 하나님 형상 아름다워라' 라는 찬송을 부르면서도 스컹크가 고슴도치 욕하는 것과 같은 우리의 모습일 때가 많습니다. 우리가 사는 공동체 안에서 우리는 서로를 통해 인격을 조정하는 방법을 배워야 합니다."

학생들의 인성 교육을 효과적으로 지도하기 위해 한동대는 개교 초부터 팀 제도를 실시해 왔다. 학생과 교수가 한 팀 안에서 가까운 관계를 유지하고, 때로는 상담자로 멘토로서 하나 되는 것은 한동의 팀 제도의 장점이요 자랑거리이다. 하지만 학생과 교수 사이의 거리낌 없는 친분 관계 때문에 때로는 교수들만이 알아야 할 학사 행정에 관한 내용과 기밀들이 우연히, 또는 고의적으로 학생들에게 노출되는 부작용도 일어났다. 좋은 이야기든 나쁜 이야기든 다른 대학에서는 있을 수 없는 일들이 학생들 사이에서 소문으로 퍼져나갔고, 밖에서 이를 악용하는 사람들도 있었다. 때로는 편향된 정보로 때로는 건설적 의견으로 일부 학생들이 학교의 정체성과 리더십에 의문을 제기했던 몇몇 사건들은 한동 식구들의 하나 됨에 많은 혼돈을 가져왔고, 이 소요가 재판에까지 거론되는 등 큰 파장을 일으켰다.

진 에드워드가 쓴 《세 왕 이야기》 중에서 다윗의 신복 아비새와 다윗이 나눈 대화는 마음이 아픈 우리 부부에게 많은 교훈을 가르쳐 주었다.

> "사람들은 각자 자기 주장만을 하는데, 누가 진정 하나님의 기름 부으신 자인지 어떻게 알 수 있단 말이오?"
>
> "그건 아무도 확실하게 알 수 없습니다. 그러나 하나님께서는 아시지요. 하지만 그분은 말씀하시지 않습니다. 먼 훗날의 후손들은 분명히 알겠지만, 그 드라마 속에 있는 사람들은 결코 알 수 없지요. 그렇지만 태양이 떠오르는 것만큼이나 분명한 사실은, 모든 사람들이 하나님으로부터 (신앙 성숙을 위한) 시험을 받게 된다는 것입니다. 제각기 자기 주장을 하는 사람들의 마음속에 숨은 동기들이 언젠가 드러나게 될 것입니다. 이것이 사람들의 눈에는 별로 중요하지 않게 보일 수 있지만, 하나님의 눈에는 매우 중요한 것이지요. 사람들의 마음속에 숨은 동기를 하나님께서는 주의 깊게 보고 계실 것입니다.
>
> 자기를 따르는 무리와 함께 모세에게 모든 권위를 행사할 권리가 없다고 고라가 말했습니다. 그때 고라에 대한 모세의 반응은 아무것도 하지 않는 것이었습니다. 그는 오직 하나님께 엎드렸습니다."

이 책을 하나님께서 우리에게 주시는 말씀이라고 생각했다. 사울, 다윗, 압살롬 세 종류의 사람들 중에 혹시 사울과 압살롬이 내 안에 들어 있지 않은지 우리 속의 숨은 동기를 하나님 앞에서 계속 점검하고 살피며, 순간 순간마다 정한 마음을 내 안에 창조해 주시도록 기도해야만 했다.

명예 제도는 선택이 아닙니다

무감독 시험을 시작한 지 6년이 지난 후인 2000년 1월에 학생회에서는 전교생들에게 설문조사를 실시했다. 응답자 중, 60퍼센트가 하나님 앞에 부끄럼 없이 무감독 시험을 잘 치르고 있다, 20퍼센트는 때때로 유혹은 받지만 실수 없이 잘 치르고 있다, 16퍼센트는 몇 번 실수했지만 회개하고 다시는 하지 않기로 했다, 하지만 나머지 4퍼센트의 학생들은 과거에도 했고 앞으로도 할 것이라고 응답했다. 학생 대표 민준호 군이 학부형들 앞에서 말했다.

"무감독 시험을 치르는 한동대 학생들이 대단하다고 생각하시면 실망할 것입니다. 한동대는 에덴 동산이 아닙니다. 세상에는 이상적인 대학이란 없습니다. 졸업한 선배들의 말을 빌리면 사회에 나가면 더 큰 유혹을 받는다고 합니다. 솔직히 우리들 중에는 실패하는 학생들도 있습니다. 특히 집에서 치르는 재택 시험(Take Home Test)은 상당한 유혹입니다. 그렇게 때로 실패하는 친구들이 있어도 우리는 한동인으로서의 자부심을 잃지 않고 있습니다. 한동대는 최선의 것을 얻기 위한 피나는 전쟁터입니다. 하나님 앞에서 부끄럽지 않는 사람이 되기 위해, 매일 훈련받을 수 있는 것을 감사하고 있습니다."

2002년 가을, 명예 제도가 예전 같지 않다는 우려의 목소리가 높아지면서, 다시 한동 정신을 새롭게 시작하자고 학생들은 한동 명예 주간을 선포했다. 하나님과 사람 앞에서 바로 살고자 하는 우리들 모두의 아픔이자 소원이기도 했다. 다음 글들은 한동인들의 애끓는 고백이다.

마음 지켜 내기

예전에 고향 친구들이 한동대에서 무감독 시험이 어떻게 치러지며, 시험 시간 동안 떠드는 학생이 어떻게 없을 수 있느냐고 물은 적이 있다. 그때까지만 해도 나는 남들에게 욕먹기 싫어 사람들이 볼 때면 지키고, 아무도 보지 않을 때는 지키지 않았다. 복학 후, 선배들과 친구들을 만나면서 그런 생각을 가지고 있었던 내가 한없이 부끄러워졌다. 그들은 나와 달랐다. 그들은 사람의 눈보다는 양심의 눈을 의식하고 살고 있었다. 한동대에서는 그런 학생들이 많다는 것을 알게 되었고, 나는 그들과 같이 되고 싶었다. 그래서 억지로라도 양심을 지켜 나가기 시작했다. 처음엔 너무 힘들었다. 나에게 주어지는 불이익이 너무 아까웠다. 제발 내가 양심을 지키는 일로 시험에 들지 말게 해 달라고 하나님께 며칠을 기도했다. 어느 날, 하나님께서 깨닫게 해 주셨다. '네가 양심을 어기면서 얻었던 더러운 이익은 원래 네 것이 아니다. 오물통에 빠진 네 것도 아닌 10원짜리 동전을 얻기 위해 네 손에 더러운 오물을 묻히겠느냐.'

양심을 지킨다고 하며 미련을 버리지 못하던 나는 한없이 부끄러웠다.

그 다음부터 양심을 지키는 일은 힘든 일도 자랑스러워할 일도 아니었다. 당연한 일이었다. 숙제나 시험을 베끼며 떠드는 후배들이 가끔 눈에 띈다. 예전의 나와 같다는 생각에 그들 스스로 깨닫기를 바라며 그들을 위해 기도할 뿐이다. 우리는 양심 제도를 지키는 것이 아니다. 우리의 양심을 지키는 것이다. 그것은 선택 사항이 아니다.

양필승(97학번)

세상에 영향력을 발휘하는 원동력

명예 제도와 관련해서 친구의 에피소드가 생각이 난다. 중간고사 기간, 친구는 전날 새벽까지 공부하다 잠깐 눈을 붙인다는 것이 시험 시간, 10분 전에 일어났다. 뛰어갔지만 조금 늦었다. 시험 문제지를 챙겨 자리에 앉아 답안지를 작성하려는 순간, 앞에 앉은 후배가 아예 책을 펴놓고 답을 작성하는 것이 아닌가! 그 친구는 화가 나서 들고 있는 볼펜으로 그 학생의 머리를 때리면서, 책 집어넣으라고 고함을 질렀다.

"왜 그러세요? 이 시험은 오픈 북 테스트예요."

늦게 들어온 그 친구는 교수님의 지시를 듣지 못했던 것이다. 괜히 볼펜에 맞은 학생이 자기보다 나이가 더 많다는 것도 알게 된 그는 더욱 미안해했다.

우리는 한바탕 웃었다. 명예 제도가 잘 지켜지지 않는다고 우려의 목소리들이 있었던 터라, 용기(?) 있는 그의 행동이 더욱 아름다워 보였다.

명예 제도는 규제가 아니라, 우리 자신을 스스로 명예롭게 대접하는 문화이다. 한동의 비전과 한동의 명예 이 두 가지는 세상에 영향력을 발휘하는 원동력이다.

이성찬(건설도시 95학번)

희망, 세상이 가지고 있지 않은 것

어제 축제 마지막 날, 새벽 4시까지 추운 곳에서 있었던 덕분에 끙끙대며 감기를 앓았다. 그 무지막지한 바이러스의 번식력을 막아 내기에는 내 면역 시스템이 너무 약해졌나 보다. 팔과 다리가 무기력해지고, 근육이 떨리고, 숨도 찼다. 순간 나는 화가 났다. 하찮은 미물에게 지고 있다는 것이…. 나는 이 감기와의 싸움에서 이길 방법을 곰곰이 생각했다. 그리고 결국 찾아냈다. 그것은 '바이러스가 가지고 있지 않은 것'이어야만 했다. 바로 내 정신력이었다. '네게 없는 것이 내겐 있다' 라고 속으로 말했다. 그리고 그날 밤 몇 번을 잠에서 깨는 격전 끝에 내가 이기고 말았다.

지금 한동도 많이 아픈가 보다. 서로에 대한 불신이 쌓여 가고, 처음 가졌던 마음을 조금씩 잃어 가고, 각종 도난 사고와 도서관과 생활관 문제 등이 불거져 나오고 인간이 가진 힘으로는 치료하기 힘든 병을 앓고 있는 듯하다. 많이 지쳐 있는 한동의 어깨에 손을 얹고 이 문제들을 뛰어넘을 수 있게 해 줄, '세상이 가지고 있지 않은' 그 무언가를 눈을 감고 생각해 본다. 아무리 생각해도 세상이 가지고 있지 않은 건 한 가지밖에 없는 것 같다.

'예수 그리스도! 소망 없는 곳에 생명을 주셨던 주님!'

오늘도 여기저기서 아픔의 소리들이 들려오지만, 새벽 미명이 밝아올 때까지 내 마음에 조용히 속삭인다. '예수 그리스도가 한동 가운데 충만하시다!!'

조정민(생명과학 00학번)

하나님 사람들의 문화

하나님의 대학, 하나님의 방법으로 세상을 변화시킬 하나님의 사람들을 길러내는 대학. 지성과 인성과 영성을 함께 훈련받는 대학. '한동대' 라는 단어가 있는 곳에는 어디서나 뒤따르는 수식어이다. 두 자녀를 한동에 보낸 학부모로서 나는 8년째 한동대를 드나들면서 언제나 느끼는 기쁨이 있다. 사무실 책상에 앉아 짙어 가는 가을을 바라보며 스스로에게 물어본다. 무엇이 나로 하여금 한동을 이토록 좋아하게 하는가? 한동은 다른 대학과 어떤 점에서 구별되는가? 그것은 한동이 개교 이래 줄곧 놓지 않으려 애써 온 그리고 결코 놓아서도 안 되는 명예 제도, 한동이 추구하는 정직성, 거룩함, 정결함이 아닐까! 나는 한동인이 결코 이 명예 제도를 놓치지 않기를 바란다.
하나님과 대면하여 살았던 모세의 얼굴에 하나님의 영광의 빛이 임했던 것처럼, 우리 한동인들도 자신의 생각과 행동에 날마다 양심의 파수꾼을 두어, 하나님의 정결함과 거룩함이 삶 전체에서 묻어나는 한동인이 되기를 기도한다. 한동인이여! 하나님을 위하여 이 명예 제도를 몸에 습관으로 지니고, '한동의 문화' 로 삼자!

김세준(96학번 성훈, 00학번 현지 학부모)

한동 냄새

한동은 정말 이상한 곳이다. 아름다움이 느껴진다. 다름이 느껴진다. 한동에는 한동 냄새가 있다. 서로를 믿는 믿음의 냄새가 있다. 도서관에 비싼 물건이 아무렇게나 책상에 놓여 있는 것을 보면 나는 아주 뿌듯하다. 도난 사건 공지를 보며 안타까워하는 사람들, 자신의 물건이 없어졌지만 끝까지 믿음을 놓지 않는 한동인의 모습이 있다.
한동에는 소망의 냄새가 난다. "Why Not Change The World?" 를 이야기하는 한동인을 보면 세상에 대한 두려움이 사라진다. 그 자신감, 그 열정, 그리고 그 소망, 한동인이 세상을 바꾸는 사람들이 될 거라는 기대가 우리에게 있다.
한동에는 사랑의 냄새가 있다. 그들은 사람을 아낄 줄 안다. 소위 한동풍이라고 불리는 그 추운 바닷바람을 맞으면서도 추위가 느껴지지 않는다면, 가족과 떨어져 있어도 지독한 외로움에 시달리지 않는다면, 그것은 따뜻함을 건네는 사람이, 관심을 보여 주는 사랑이 있기 때문일 것이다.

그런 것들이 모여 한동 명예 제도는 존재한다. 한동 명예 제도는 다른 이의 허물을 판단하고 정죄하는 도구가 아니다. 한동 명예 제도는 예수 그리스도의 삶을, 부족한 우리의 말로 정리해 놓은 것이다. 율법을 사랑으로 완성하신 예수, 그분의 삶은 하나님의 도를 따르겠다는 우리에게 바른 삶의 모델이다. 나보다 남을 더 사랑하기에, 오히려 더 줄 수 있는 기쁨의 삶, 자유의 삶. 한동 명예 제도는 한동 냄새다.

이지명(01학번)

스승의 날이 다가오니 총장님 생각 참 많이 나서 몇 자 올립니다

한동을 생각하며 총장님을 생각하며 마음을 표현할 수 있다는 것으로 저에게 큰 기쁨이 됩니다. 작년 2월, 군에 입대한 이후로 '한동' 이라는 두 글자는 제 마음속에 하루도 떠나지 않고 있습니다. 생활관 생활, 채플에서 예배 드리던 시간, 동아리 활동, 전공 수업, 그리고 여러 가지 크고 작은 사건과 추억들…. 그 그리움 때문에 특히 훈련병 2등병 시절, 참 많이 힘들어했지만 하루하루 힘을 얻어 훈련 생활을 열심히 할 수 있었던 것 같습니다. 그렇게 시간이 흘러 벌써 상병 4호봉이 되었답니다. 이제 두 세 학기만 꾹 참으면 다시 한동 땅을 밟을 수 있다는 생각에 가슴이 설렙니다.

총장님께서는 건강이 어떠신지… 학교 일은 어떻게 어려움이 없으신지 여러모로 궁금하기도 하고 걱정이 되기도 합니다. 얼마 전에 어머님에게서 학교 재판 문제가 잘 마무리되었다는 소식을 전해 듣고, 얼마나 감사했는지 모릅니다.

아마 2년 전 이맘 때였던 것 같습니다. 난생 처음 〈스승의 은혜〉를 눈물로 불렀던 생각이 나네요. 그 기억으로 '스승의 날' 에 제가 편지를 올려야 할 분은 바로 총장님이시다, 하고 생각했습니다. 그해 여름 제 11기 한동제자학교(HDS)에 갑자기 나타나신 총장님을 보고, 저는 반가움에 눈물이 마구 쏟아졌습니다. 아직도 그때 총장님의 미소가 생생하게 눈앞에 그려집니다.

총장님께 죄송한 말인지 모르겠지만, 가끔 그런 생각을 합니다. 한동에 돈이 많았다면… 모든 일이 술술 잘 풀렸다면…한동은 이미 망했을지도 모른다구요. 가난함 속에 피어나는 우리의 감동적인 하나 됨과 겸손, 간절한 기도 등을 생각해 봅니다. 우리 앞에 있었던 수많은 방해와 고난들이 감사하게 느껴집니다. 물론 영적 전쟁터에서 멀리 벗어나서 그저 그리운 마음에 하는 말일 수도 있겠지만, 그래도 마음 한 곁에는 복학한 후에도, 지금 만들어 가고 있는 '하나님의 대학' 을 위해 열심히 뛰겠다는 각오를 항상 품고 있습니다. 이미 완성된 것은 재미도 없구요. 꿈은 이루어지기 전까지는 꿈꾸는 사람을 가혹하게 다룬다는 말을 어느 책에서 읽었습니다. 총장님께서 항상 한동 곁에 꼭 계셔 주셨으면 하는 것도 총장님과 저희가 같이 공유하고 있는 바로 그 '꿈' 때문인 것 같습니다. 재학 중이던 시절 게시판의 글들을 보며 크고 작은 다툼들을 보며 참 마음이 많이 아프기도 했지만, 그래도 그 '꿈' 이 무엇인지 비전이 무엇인지 알게 해 주신 총장님께 감사의 마음을 드립니다.

총장님, 많이 힘드시지요? 항상 마음이 힘드실 땐, 교정에 나와 한동인들을 보시며 위로와 새 힘을 얻으신다던 총장님… 저 역시 그 총장님의 모습 때문에 웃을 수 있다는 것을 꼭 잊지 말아 주십시오.

지금 제 관물대에는 한동 명예 제도 전문과 강령이 붙어 있습니다. 이것은 제 스스로에 대한 결단이기도 하고, 많은 이들 앞에서 '나 이렇게 살겠소' 하는 약속이기도 합니다. 한동인이라는 이름이 부끄럽지 않도록 열심히 군생활 하겠습니다. 멀리서나마 '한동' 을 '하나님의 대학' 으로 만들어 가는 데 일조할 수 있도록 최선을 다하겠습니다. 총장님, 건강하시고 하루하루의 삶 속에서 하나님 아버지의 은혜와 평안함이 가득하시길 기도합니다. 사랑하고 축복합니다. 총장님, 파이팅!

제자 박인석 올림.

1995년이여, 다시 한 번!

1995년은 한동이라는 광야에 모인 우리 모두에게 대단히 충격적인 해였다. 400명 남짓한 학생들과 20여 분의 교수님들이 모여서 하나에서 열까지 우리만의 문화를 만드는 기간이었기 때문이다. 아마도 그 시절에 우리가 가장 많이 입에 담았던 단어는 '비전' 과 함께 '충격' 이라는 단어였을 것이다. 20년에 가까운 시간 동안 세상의 문화와 규범에 길들여졌던 학생들이 한동에서 새롭게 적용되는 규범들을 경험하면서 아름다운 충격들을 서로 주고받았기 때문이다.

그때를 생각하면 잊지 못할 에피소드가 너무 많지만 몇 가지만 떠올려 본다.

당시 우리는 다른 대학에서 게시판을 뒤덮는 대자보에 대해 새롭게 생각해 보는 기회를 가졌다. 토론을 거쳐서 우리끼리 정한 규칙은 대자보에 굵은 펜으로 적나라한 말로 쓰는 대신에 자신의 의견을 A4용지에 곱게 타이핑을 해서 게시자와 게시일을 명시해서 붙이는 것으로 정해졌다. 다들 그 규칙을 잘 지키고 있던 어느 날, 한 학생이 자신의 의견을 적은 대자보 하나를 지금의 우체국 옆 벽에 붙여 놓았다. 조금 지나자 그 옆에는 그 의견을 지지한다는 대자보가 하나 더 붙게 되었다. 그로부터 한두 시간이 지나자 두 대자보는 사라지고 작은 A4지 하나가 그 자리에 붙어 있었다. 정확하게 기억은 나지 않지만 그 내용은 이랬던 것 같다.

"우리가 함께 결정한 게시물의 법칙을 지키지 않았기에 감히 두 대자보를 떼었습니다. 함께 만드는 한동의 문화를 우리 모두가 지켜 나갔으면 좋겠습니다. 게시자 ○○○, 게시일자 0월 0일까지."

이 이야기는 여기서 끝나지 않는다. 그 다음날 그 게시물 옆에 또 다른 게시물이 나란히 붙어 있었다.

"어제 제가 붙인 대자보는 우리의 약속을 어겼던 것으로 한동 공동체 모두에게 사과를 드립니다. 그리고 제가 했던 제안은 교수님과 학생들 사이의 신뢰를 깨트릴 소지가 있었으므로 용서를 구합니다. 앞으로는 우리가 약속한 것을 더욱 잘 지키도록 하겠습니다. 게시자 ○○○, 게시일자 0월 0일까지."

이번에는 자그마한 A4 용지였다. 불과 하루 사이에 일어난 '대자보 사건' 의 아름다운 과정과 결말을 지켜보면서 스스로 명예를 세워 나가는 한동인에게서 나는 감동과 충격을 받지 않을 수 없었다.

그뿐만이 아니었다. 자연대 1층의 난로도 없는 좁은 방에서 합격생들에게 밤늦도록 전화를 걸며 한동에 와야 하는 이유를 설명하다가 스스로 감동이 되어 눈물을 글썽이던 95학번들. 후배를 맞는 첫 입시에서 혹시나 한동대를 반대하는 분들의 방해가 있을까 봐 자원해서 조를 짜서 입시 대기실을 돌며 격려 메시지, 기타 연주, 퀴즈 잔치 등을 준비해 후배가 될 이들의 긴장을 풀어 주던 선배들. 드디어 입시가 무사히 끝나고 수험생을 실은 마지막 버스에 손을 흔든 후에 차가운 땅바닥에 넙죽 엎드려 총장님과 교수님들에게 큰절을 올리던 제자들과, 추운 바닥에 엎드린 그들이 너무 자랑스럽고 또 더 많이 해 주지 못한 것이 가슴 아파서 고이는 눈물을 애써 감추던 스승들. 이렇게 우리가 한동인이라는 사실 자체가 우리의 명예였다.

1995년의 감동과 충격은 오늘날의 한동인의 자부심, 한동인의 명예의 기초가 되었다. 교비가 없어서 몇만 원 하는 기자재 구입도 몇 달씩 기다려야 했던 가난한 시절이었지만, 서로를 쳐다보는 눈길 속에는 사랑과 존경과 신뢰가 넘쳐흘렀고 마주보는 표정에는 "You go, we go"(네가 쓰러지면 우리는 함께 쓰러진다)라는 비장함이 스치던 시절이었다. 한동인의 명예는 그렇게 시작되었다. 누가 먼저랄 것도 없이 서로 앞 다투어 한동의 명예를 책임졌고 어떤 것이 명예로운 일인지 아닌지를 각자가 분별했다. 그런 전통과 역사가 있기에 한동의 명예는 종이에 새겨진 제도나 하룻 저녁의 선포로 끝나서는 안 될 것이다. 한동의 명예는 바로 우리 자신의 정체성이다. 하나님 앞에서 살아 움직이는 우리 자신이 명예가 되어야 하는 것이다.

그러므로 사랑하는 한동인이여, 다시 한 번 힘을 모아 일어서자. 1995년에 시작된 한동 명예의 배턴을 오늘 우리가 이어받는 것이 마땅하지 않겠는가.

박혜경(국제어문학부 교수)

생활관 이야기

생활관 간사들은 학생을 보면 몇 학년 학생인지 단박에 알 수 있다고 한다. 생활관에서 지낸 햇수만큼 학생들의 인격적 성숙도를 짐작할 수 있다는 것이다. 학부모들이 벌이는 생활관 8호관 건축 캠페인에서 박을룡 교수(경영경제학부)는 학부모들에게 다음과 같이 말했다.

"아무리 작은 학교라도 경제학 용어로 '적정 규모'라는 것이 있습니다. 대학 규모가 작아도 학생수가 5,000명이 넘어야 학교가 운영될 수 있습니다. 그러나 저희 학교 학생수는 3,000여 명입니다. 한동대의 경쟁률은 해마다 입학하고 싶어 하는 학생들로 매우 높지만, 한 학생당 천만 원 이상 투자되어야 하는 생활관을 현재로선 더 지을 수 있는 형편이 못 됩니다. 저희 학교는 인성 교육을 위한 생활관 입주를 매우 중요시하기 때문에 학생수를 더 늘리지 않습니다. 일반 대학들은 전교생의 생활관 수용 비율이 20퍼센트 정도입니다.

하지만 한동대는 80퍼센트로 우리 나라에서 포항공대를 제외하고, 사립대학으로선 생활관 수용률이 가장 높습니다. 개교 이전에 학교 법인 모체 기업이 사고로 개교할 수 없는 상황이었지만, 총장님은 새로운 교육에 대한 비전을 품고 돈이 펑펑 들어갈 프로그램을 겁 없이 세웠습니다. 전교생 생활관 입주가 바로 그런 것이지요. 윤리, 도덕의 가치관이 무너지고 혼전 순결이 무시되며 이혼율이 급증하는 혼탁한 이 시대에, 한동대 학생들이야말로 앞으로 이 시대를 바로 세울 수 있는 '코드'라고 생각합니다. 그래서 한동대는 생활관에서의 인성 교육을 더욱 중시합니다."

생활관 25시, 개똥 때문에

어젯밤 새벽 2시 3호관 건물의 소등 상태를 점검했다. 1층 휴게실 스위치 옆에 "이명길 개똥"이라고 쓰여 있는 낙서를 보게 되었다. '어쩜 이럴 수가!' 그순간 지금까지의 모든 보람이 사라지고 갑자기 피로가 몰려왔다. 나는 글 옆에 메모를 남겼다.

"이 글을 남긴 학생에게, 어떤 이유이든 마음으로 깊이 사과드립니다. 나를 용서해 준다면 이 낙서를 지워 주세요."

금요일과 토요일은 마음껏 텔레비전을 볼 수 있지만, 주중에는 밤 11시 30분이면 소등과 함께 텔레비전을 끈다. 소등 후의 텔레비전 소리는 어느 때보다 훨씬 시끄럽기 때문이다. 아마도 이 글을 남긴 학생은 텔레비전을 못 보게 된 학생이 아닐까 생각했다. 한창 재미있는 영화를 보는 중간에 일어서야 한다면 누구나 화가 날 것이다. 그러나 내일의 수업을 준비하며 조용히 쉬고 싶어 하는 대다수의 학생들을 위해 이 생활관 수칙은 꼭 지켜야 했다.

생활관 간사의 하루는 새벽 1시에 끝이 날 때가 많다. 간사들의 유일한 휴식 시간은 2주에 한 번 쉬는 날이다. 간사들은 학생들의 안전과 생활에 불편이 없도록 배려하는 한편, 학생들이 학교 생활에 잘 적응할 수 있도록 권면하는 상담자 역할도 한다.

생활관 수칙을 어겼을 때 학생들은 벌점을 받는다. 대부분의 학생들이 "미안합니다. 다음부터는 조심하겠습니다"라고 말하며 벌점을 감수하지만, 학생들의 반응은 다양하다. 부당하다고 따지며 학교의 전반적인 부분까지 들먹이고 상황을 합리화하고 역설하려는 학생, "당신이 뭔데 우리 성인들의 사생활을 간섭하느냐"며 대드는 학생, 뒤에서 욕하는 학생 등 가지각색이다. 남자 간사들은 학생들로부터 심한 욕설을 듣고 불끈할 때도 있다.

간사들은 밤 11시 출입 통제 시간이 되면 각 호관별 인원 점검을 한다. 학생들이 경비실을 피해 나갔다는 이야기, 창문으로 들어오다가 들킨 학생, 남녀 학생이 천마지 쪽으로 가는 걸 보았다는 전화, 몇 호관에서 시끄럽게 악기 소리가 난다는 전화, 밤늦도록 많은 학생들이 교정을 어슬렁거린다는 교수님의 전화, 생활관 내부가 소등이 안 된 채 대낮처럼 밝다는 전화…, 이런 전화에 힘이 빠져나간 간사들은 새벽바람을 맞으며 천마지로, 운동장으로 분주히 뛰어다닌다. 학생들의 비행이 마치 간사들의 책임인 양 좌절감을 느끼기도 한다. 왜 그리 늦게 들어오는 학생들은 그치지 않는지…. 출입 통제 시간을 없애 달라는 끊임없는 학생들의 요구들, 소등을 없애 달라는 요구들, 아무리 설명해도 되풀이 되는 대화의 쳇바퀴. 이런 대화가 용납과 이해로 바뀌리라는 소망에 참고 인내한다.

새벽엔 또 어떤 일이 일어났던가? 아주 가끔 있는 일이지만, 인원 점검에 빠진 학생이 만취되어 들어오면 방으로 업어서 침대에 눕혀 놓기도 하고, 응급환자를 병원 응급실로 데려가 치료해 주고 돌아올 때도 있다. 몰래 들어오다 들킨 학생, 경비 아저씨와 입씨름하고 있다는 전갈에 그 뒷치닥거리를 하는 것은 기본이다. 어느 비 오는 날, 기도실에서 한 학생이 자고 있다는 연락을 받고 달려간 적이 있다. 무엇인가 하나님과 해결해야 될, 마음이 무척 힘든 학생이었다. 그 학생의 사연을 들으며 붙들고 함께 기도하고 나니, 새벽 먼동이 터 오고 있었다. 이런 새벽을 보낸 날 아침! 건강한 모습으로 교정을 오가는 학생들을 보며 나는 하나님께 고백한다.

"주님, 감사합니다. 아무 일 없이 하루를 마쳤습니다. 오늘 새롭게 시작하오니 도와주소서!"

'이명길 개똥' 이라고 쓴 학생에게 고마움을 전하며, 언제 사라졌는지 그 벽에 쓴 글씨가 깨끗이 지워졌음을 또한 감사드린다.

이명길(생활관 간사)

소문난 대학

소수의 첫 졸업생들이지만 그들이 있는 직장이나 군대, 또는 대학원에서 그들을 칭찬하는 소리가 들려오기 시작하면서, 대기업에도 한동대의 명성이 나기 시작했다. 어느새 한동대가 한국에서 가장 취업이 잘되는 학교라는 소문이 났다.

포항 한동대 졸업생들 대기업 대거 입사 '경사'

개교한 지 7년, 한 해 입학 정원 600명에 불과한 지방의 한 작은 대학 학생들이 국내 굴지의 대기업에 무더기로 입사했다. 지방 대학들은 그동안 대기업들이 지방대 출신 학생들에게는 입사 원서 제출조차 막는다며 불만을 토로해 와, 이 대학의 '성공' 은 더욱 돋보인다. 한동대 측은 "지방대에서 이처럼 대기업에 무더기 취직한 것은 획기적인 일"이라며 축제 분위기다. 김영길 총장은 "취직 후 재교육이 필요 없도록 철저하게 실무 중심의 특성화 교육을 해 온 것이 결실을 봤다"고 말했다.

한동대는 1995년 개교 이래 무학부제를 고수해 왔다. 전공 선택은 2학년 2학기에 한다. 졸업할 때쯤이면 모든 학생이 영어와 컴퓨터, 한자, 전공 실무 네 가지에 능통하도록 한다. 수업은 철저한 프로젝트 위주다. 전산전자과학부 등 일부는 전공 수업의 50~80퍼센트를 영어로만 진행해 오고 있다. 산업체에 필요한 인력을 공급한다는 원칙 때문에 박사 과정을 개설하지 않고 있다. 시험 감독이 없는 양심 시험제, 담임 교수제도 독특하다. '작지만 독특한 대학'이란 소문이 알려지면서 한동대는 전국 상위 5퍼센트 안팎의 우수 학생이 몰려오고 있다.

삼성전자에 입사하는 전산전자과학부 정소영(여 · 23)씨의 경우 영어와 일본어에 능통하고, 컴퓨터 관련 자격증을 3개나 가지고 있다. 정씨는 "수업의 절반을 영어로 했고, 프로젝트 위주의 수업을 해 와서 업무에 대해 별 두려움이 없다"고 말했다. 기계제어시스템학부 장원혁 씨는 "졸업생 모두 졸업 논문을 영어로 작성했다"며 "무감독 시험에서 알 수 있듯 학부 공부를 스스로 하기 때문에 졸업 때 타 대학보다 실력이 낫다"고 생각한다고 말했다.

대기업도 한동대 졸업생들의 실력을 인정하고 있다. 삼성전자 인사팀 관계자는 "회사 내에서 한동대 출신 학생들에 대해 능력은 물론이고 성실성, 팀워크 등 평판이 두루 좋다"면서 "그렇다고 선발 과정에 어떤 특혜를 준 것은 없고, 어학 · 직무적성검사 · 면접 공개 경쟁 과정을 거쳐 엄격히 선발했다"고 말했다. 삼성전자는 졸업 예정자뿐 아니라 한동대를 졸업하고 외국에서 공부한 학부 출신 10명도 채용했다.

양근만 기자, 《조선일보》 2002년 12월 26일자.

같이 일해 보고 싶은 사람들이 모인 학교

3년 전이었다. 국내 신입 채용을 진행하면서 채용 담당자들이 공통적으로 하는 말이 "한동대가 어디 있는 학교야?"였다. 나는 포항이 고향인지라 한동대를 알고 있어서 아주 좋은 학교라고 말했지만 모두들 이해하지 못하는 눈치였다. 그리고 3년이 지난 지금, 한동대의 위상은 한마디로 놀랍다. 이제는 서류 전형을 할 때 한동대라는 글이 보이면, 전공이 아주 맞지 않는 경우를 제외하곤 대부분 통과가 된다. 게다가 한마디

씩 하는 말은 '된 사람' 이 많은 학교라는 것이다. 물론 먼저 입사한 선배들의 성실한 모습이 사람들의 생각을 바꾸었겠지만, 그런 훌륭한 학생들을 육성할 수 있었던 한동대의 이념과 비전이 지금의 한동대를 만들지 않았나 생각한다.

작년 채용을 위해 미국에서 2명의 한동대 출신을 동시에 만난 적이 있다. 실명을 밝혀도 될지 모르겠지만 좋은 일이라 본인들도 이해해 주리라 믿는다. 한 명은 추교신이란 학생이었고, 다른 한 명은 이진환이란 학생이었다. 이 두 사람은 면접 시간대가 달라 서로 만나지는 못했다. 면담을 하면서 앞사람에게 넌지시 "뒤에도 한동대 출신이 있는데 그 사람 어때요?"라고 물어보았다. 면접의 특성상 비슷한 전공의 면접을 볼 경우 한 명이 합격을 하면 다른 한 명은 떨어질 수도 있는 상황이어서 대개 "그저 그래요"라든가, "학교 때 별로 친하지 않아서 잘 모르겠는데 별로…"라며 얼버무리는 경우가 종종 있다. 그런데 그가 숨도 안 쉬고 하는 말 "그 친구 참 대단한 친구예요. 저보다 훨씬 똑똑한 친구입니다"라고 하는 것이었다. 뒤의 친구에게도 똑같은 질문을 했더니 마치 서로 약속이나 한 듯이 같은 말을 하는 것이었다. 작은 일이었지만 서로를 세워 주는 마음에 나는 깊은 감명을 받았다.

이 친구들 지금은 어떻게 되었을까? 한 명은 입사를 했고, 또 한 명은 5월 졸업 후에 입사를 하기로 되어 있다. 앞으로 한동대가 만들어 가야 할 거대한 비전에 비하면 지금 이것은 그리 보잘 것 없어 보일 수도 있다. 하지만 이런 작은 마음들이 모여서 세월이 흘렀을 때, 사회 어느 자리에서건 같이 일해 보고 싶고 모시고 싶은 사람들이 모인 훌륭한 학교가 되리라 믿는다.

삼성전자 인사팀 대리.

아들의 이름으로 장학금을 기부하는 이유

저는 졸업생 김석중 아비 김용준입니다. 지난 9월 16일 주일에 효암채플에서 손을 들고 찬양하시는 총장님 뒷모습을 보았습니다. 한동대 캠퍼스에 서면 언제나 감동이 있고 눈물이 나옵니다. 희망을 느낍니다. '하나님의 대학' 에 당연한 일이기는 하지만, 하나님께서 함께하심을 몸으로도 느낍니다. 올해 졸업하는 아들의 이름으로 장학금을 기부하려는 몇 가지 이유가 있습니다. 첫째는 아들을 하나님의 대학에서 잘 양육시켜 주신 것에 대한 감사입니다. 둘째는 아들이 모교에 대한 계속적인 사랑과 관심을 가졌으면 해서입니다. 셋째는 좋은 대학은 교수, 학생, 동문에 의해 만들어집니다. 교수님들과 후배들의 연구를 위해 장학금을 기부해야 한다는 것을 알려 주고 싶었습니다. 넷째는 아직 학교의 역사가 짧지만, 졸업생 모두 자신을 키워 준 학교에 대한 보답으로 조금씩이라도 학교에 기부하는 전통이 세워졌으면 해서입니다.

추신: 유학간 아들 녀석은 한동대의 좋은 영어 교육과 인성 교육 덕택으로 전공 과목도 잘 따라갈 뿐 아니라, 낯선 환경에도 잘 적응하는 것 같습니다. 한동대 학생들이 졸업 후에 사회에서 자신감을 가져도 좋겠습니다. 석중이가 생물식품 공학부에서 일등을 하던 학생이 아니었기에 더욱 그렇습니다.

2001년 한동 학부모 김용준 올림.

하나님을 위하여!

어느 늦은 밤, 도서관에서 공부하고 있는 학생들이 보고 싶다며 학교에 다녀온 남편이 흐뭇한 표정으로 내게 쪽지를 내밀었다.

총장님! 오늘 입으신 의상이 나이트클럽 DJ 같아 보입니다. 20살은 젊어 보이시네요. 총장님의 손길이 닿은 제 머리, 오직 주님만 위해서 쓰겠습니다.

96학번 김동욱 올림.

오랜만에 만난 이홍순 장로님은 잊을 수 없는 조언을 해 주셨다.

"총장님, 학생들이 좋은 직장에 취직이 잘되어도, 하나님의 마음에 합한 사람이 배출되지 않으면, 그 인재 양성은 실패한 것입니다. 그렇게 되면 한동대는 또 하나의 평범한 세상 대학과 다를 바 없습니다."

오늘 짐을 꾸리고 떠나는 날이라, 라오스에 대한 애착이 더욱 깊어지는 밤입니다.

함께 웃었던 학생들이 집으로 찾아왔습니다. 손수 만든 음식을 대접한다고 메콩강에서 갓 잡은 통통한 붕어 세 마리를 숯불에 구어 올리고 상추와 이곳 야채를 갖은 양념으로 무쳐서 마룻바닥에 둘러 앉아 함께 먹습니다. 한 친구는 제 곁에서 생선의 뼈를 갈라내 하얀 살을 쌈에다 올려 줍니다. 한 녀석은 상추쌈에 올려 먹는 국수 가닥을 연신 자르고 있습니다. 십여 명이 그렇게 저의 마지막을 축복해 주고 있습니다. 감히 이런 대접을 받을 만한지, 그래서 저는 총장님께 편지를 쓰지 않을 수가 없습니다. 이 라오스의 가난하지만 선하고 순수한 이들만큼이나 총장님과 한동의 모든 교수님들에게 가슴 깊이 감사 인사를 드리며, 저 또한 대접해 드리고 싶은 마음입니다. 한동에 헌신하신 선생님들이야말로 마땅히 대접받으실 분들이니까요.

이곳에 있으면서 저는 배운 대로 하지 않을 수 없었습니다. 정직하라 했으니 정직하려 했고, 성실하라 했으니 성실하려고 애썼습니다. 원칙을 비껴가지 않는, 융통성 없는 제 고지식한 태도가 때로는 손해 보는 것 같고 짐처럼 느껴질 때도 있었지만, 그때마다 다시 '단순성' 으로 돌아올 수 있었습니다. 스승님의 가르침이며 동시에 하나님의 말씀이기 때문이었습니다. 그것이 바로 예수 그리스도의 제자도를 따르는 삶이라는 것을 알기 때문이었습니다.

돌아가는 발걸음이 가볍습니다. 이곳 코이카 소장님께서도 제 보고서에 성실하고 유능하다 칭찬해 주셨습니다. 전 한동인이라는 것이 자랑스럽습니다. 이제 한동에서 배운 것을 실천해 나갈 때입니다. 총장님을 인도하시고 동행하시는 하나님의 이름을 높이며….

라오스에서 96학번 졸업생 유재홍 인사드립니다.

희생

Sacrifice

04

01
옥문을 여는 위로

위로하시는 하나님

2001년 5월 11일, 남편과 오 부총장의 구속 사건 이후 충격에 싸인 한동대 교수와 학생 들은 누가 먼저랄 것도 없이 자발적으로 채플실에 모여 간절히 기도하기 시작했다. 기도회는 아침 7시, 오전 11시, 오후 5시, 저녁 10시 하루 네 차례씩 열렸다. 교수와 전국 학부형 들의 릴레이 금식 기도가 이어졌다. 한동대 홈페이지, 호산나넷, 갓피플 등 기독 웹사이트에 격려의 글들이 쏟아지기 시작했다. 오랫동안 소식이 끊겼던 미국 친구들의 전화가 줄을 이었다. 격려 편지와 신문에 실린 칼럼, 이 모든 것들이 남편과 내게 큰 위로와 힘이 되었다.

덕분에 우리 부부는 흑암과 어둠이 우리를 뒤덮어 하나님의 밝음이 가려진 가운데서도 우리를 위로하시는 하나님을 발견할 수 있었다. 찬송하리로다 그는 우리 주 예수 그리스도의 하나님이시요 자비의 하나님이시요 모든 위로의 하나님이시며 우리의 모든 환난 중에서 우리를 위로하사 우리로 하여금 하나님께 받는

위로로써 모든 환난 중에 있는 자들을 능히 위로하게 하시는 이시로다(고후 1:3-4)

사랑하는 김 박사님 내외분께

하나님께서는 한동대를 통해 큰 영광을 받으시기 위해, 어쩌면 김 박사님께 이 길을 오래 전에 지정하셨는지도 모르겠습니다. 30여 년이란 세월이 흘렀어도 저희에겐 김 박사님 가족들이 나사에 계실 때의 그 모습으로 영원히 남아 있습니다. 김 박사님 가족이 뉴욕으로 이사 가시던 날, 이우범 박사 댁에서 송별 모임을 하면서 함께 껴안고 울며 헤어지던 때가 아직도 기억 속에 선합니다. 마치 바울을 떠나 보내던 사도들처럼…. 오늘, 이곳 클리블랜드 교민들과 테네시 주 내쉬빌 교민들의 탄원 서명서를 정리해서 내일 한국으로 부칩니다. 대통령 각하께 올리는 탄원서입니다.

이근웅 박사, 최인식, 손영헌 집사, 이상준 한인회 회장과 최영옥 한글학교 교장도 적극적으로 힘써 주셨습니다. 한 사람의 탄원서도 놓칠세라 먼 길을 달려가는 우종규 박사를 보면서 김 박사님을 향한 눈물겨운 우정을 보았습니다. 오늘 총장님을 면회 가시면 꼭 이 찬송을 들려주십시오. 우리가 함께 부르던 그 찬송이 아닙니까!

"태산을 넘어 험곡에 가도 빛 가운데로 걸어가면
주께서 항상 지키시기로 약속한 말씀 변치 않네…."

오하이오에서 우명순 드림.

스승의 날

남편이 구속된 지 나흘째 되던 날이 스승의 날이었다. 그날 아침 9시, 한 손에 카네이션을 든 학생들이 학교 채플로 모여들었다.

"총장님, 사랑합니다" "부총장님, 사랑합니다" 라고 쓴 현수막을 두른 1호차, 2호차를 선두로 학생들을 가득 태운 29대의 버스가 그 뒤를 따랐다. '이렇게 많은 학생들이 가면 면회도 안 될 텐데….' 나는 은근히 걱정이 되었다. 수업이 없는 학생들만 가리라는 예상과 달리, 학생들이 하나같이 함께 가겠다고 나선 것이다. 총학생회에서는 10대에서 15대로, 다시 20대에서 29대로 늘어나는 차량을 준비하랴, 경주 관할 경찰서에 집회 신고하랴, 스승의 날 행사 절차를 학생들에게 알리랴, 학부형들의 문의를 받아가면서 준비하랴 밤잠을 설쳤다고 했다. 이날 참석하려고 여수에서 지난밤에 도착한 학부형도 있었다. 서울 학부형들이 타고 온 버스까지 모두 30대. 학생 1,500여 명, 교수와 학부형 300여 명, 침통한 침묵 속에서도 1,800여 명의 한동 식구들은 조금도 흐트러짐 없이 움직였다. 한동 식구들은 움직이는 조용한 기도였다.

교육 역사상 유례없는, 상상을 초월한 행렬이 구치소 앞으로 이어졌다. 경찰은 만약의 사태에 대비해 만반의 대비를 갖추고 이 행렬을 지켜보고 있었다. 구치소 앞에서 학생들은 질서 정연하게 차례로 줄을 섰다. 학생들은 자칫 교도소 측을 자극할까 봐 잔잔한 목소리로 〈스승의 노래〉를 합창하기 시작했다.

"스승의 은혜는 하늘 같아서 우러러볼수록 높아만지네…."

노래는 눈물이 되어 흐르고 끝내 흐느낌이 되었다. 이어서 허밍으로 부른 〈어메이징 그레이스〉, 그들의 총장님이 가장 사랑하는 찬송이었다. 언제 어디서나 울고 또 울어도 구원의 은혜와 감격을 다 표현할 길 없다는 그 찬송을 학생들은 눈물로 허밍했다. 비록 담장 안 감방이지만 남편이 그토록 사랑하는 학생들의 노래가 그의 가슴으로 스며들었을 것이다. 그때 두 팔로 내 등을 감싸 안는 사람이 있었다.

"사모님… 사모님… 사람들이 예수 믿고 망했다고 하겠네요. 저는 아들을 잃었고 총장님은 감옥까지 갔으니… 아! 이럴 수가…."

그녀는 흐느껴 울고 있었다. 오열하는 그의 고통이 나를 휘감았다. 4년 전, 아들을 잃은 어머니. 복음을 들고 피지로 단기 선교를 갔다가 순교한 권영민 군의 어머니였다. 그녀의 쓰라린 탄식은 내 영혼을 흔들고도 남음이 있었다. 다시금 내 가슴이 무너져 내렸다.

"오늘 아침 유럽 여행에서 막 도착하자마자 총장님 소식을 듣고 택시를 타고 총알처럼 달려왔어요."

우리는 서로의 어깨에 얼굴을 파묻고 한참 울었다. 그녀가 말했다.

"사모님, 지금 하나님께서 총장님을 보시며 미안해하실 거예요. 분명히 우리 하나님의 놀라운 계획이 있을 겁니다. 지금은 천길 낭떠러지 절벽 아래로 떨어진 것 같지만 하나님께서는 이 사건을 통해 우리가 짐작도 할 수 없는 놀라운 일을 이루실 거예요."

나도 모르게 중얼거렸다.

"참 이상하네. 피지에도 두 명이, 감옥도 두 명이 갔네."

그때 옆에서 누군가 말했다.

"하나님께서 파송한 곳에는 두 명씩 갑니다. 하지만 마귀가 파송한 가룟 유다는 혼자 갔지요. 이 안에서도 총장님과 부총장님이 하실 일이 있을 겁니다."

학생 대표들이 두 분을 면회하기 위해 구치소 안으로 들어가는 것을 지켜보던 학생들은 일제히 두 팔을 벌려 담 안을 향해 〈축복송〉을 부르기 시작했다.

면회하러 들어갔던 대표 학생들이 돌아왔다. 총학생회 회장 최유강 군이 학생들 앞에 서서 침착하게 입을 열었다.

"여러분, 우리들의 총장님, 부총장님은 건강하십니다. 총장님이 제게 부탁하셨습니다. 학생들은 결코 동요하지 말고 공부에 전념할 것과 이번 결정을 내린 사법부에 노여움을 가지거나 상대방의 처사에 분노하지 말라. 그리고 이번 기회를 자책할 것을 돌이켜보는 회개의 기회로 삼고 있으니, 하나님을 사랑하는 자, 곧 그 뜻대로 부르심을 입은 자들에게는 모든 것이 합력하여 선을 이루신다는 것을 믿고 기도하자고 말씀하셨습니다."

잔뜩 긴장해 만일의 사태를 대비하고 있던 경찰들도 학생들의 성숙한 태도에 신선한 충격을 받은 모양이었다. 그날의 모든 행사를 마치고 역대 총학생회장인 민준호, 이충실 군은 학생들이 떠나간 자리를 돌아보며 교도관들과 경찰관들에게 일일이 인사했다.

"저희 행사를 도와주셔서 감사합니다."

그리고 그들은 그제야 모든 긴장과 서러움을 토해 내듯 주차장 뒤쪽 땅바닥에 주저앉아 서로 붙들고 통곡했다.

인생 여정에는 때로 우리가 예기치 못한 풍랑이 우리를 괴롭힐 수 있습니다. 그래서 성경은 애매히 고난을 받아도 하나님을 생각함으로 슬픔을 참으면 이는 아름다우나(벧전 2:19)라는 말씀을 우리에게 주신 것입니다.

이 애매한 고난의 시간은 우리보다 우리를 더 잘 아시는 그분의 신묘한 손길이 일하시는 시간임을 저는 믿고 있습니다. 이 어둠과 곤고한 아픔의 장막을 벗는 날, 우리는 정금보다 더 아름답게 빚어질 김 총장님과 한동인의 눈부신 영광을 볼 것입니다. 그러나 이 영광은 내일 비전의 태어남을 위해, 오늘이 잉태한 시련의 아픔을 경건한 기도로 스스로를 낮추고 가꾸는 돌아봄과 기다림을 통해 우리에게 다가올 것입니다. 함께 달려가 기도의 무릎을 꿇고픈 애절한 사랑을 여러분에게 드립니다. 스승의 날 구치소 앞에 스승에게 드려진 학생들의 꽃 더미 안에서 하나님의 나라와 조국의 미래가 되살아나는 환상을 저는 보았습니다. 여러분은 외롭지 않습니다. 한국 교회가 여러분을 위해 기도합니다.

여러분은 한국 교회의 기다림입니다. 조금만 참으면 새벽이 열려 올 것입니다.

워싱턴에서 안식년을 보내는 지구촌교회 이동원 목사.

홀로 두지 아니하시고

며칠 뒤 남편과 오성연 부총장의 법정 구속의 부당함에 대한 신문 사설과 기고문들이 중앙 언론지에 실리기 시작했다. 《조선일보》 2001년 5월 20일자 사설에는 "통상 학교 경영자가 교비 유용 등의 혐의로 구속되거나 유죄 판결을 받을 때 나타나는 반응과는 대조적"이라면서 "해외 출장으로 인한 불가피한 궐석 등 '재판 과정에서의 불성실한 태도' 를 증거 인멸의 우려로 연결시켜 법정 구속이 불가피했다는 것은 보기에 따라서는 논리의 비약으로 비칠 수도 있으며, 학교와 학생들이 특히 이 부분을 문제 삼는 것도 그때문인 것 같다"는 기사가 실렸다.

쇠고랑 카네이션

1995년에 신입생을 뽑은 한동대는 1996-1998년 3년에 걸쳐 교육부가 선정하는 교육 개혁 최우수 대학교로 뽑혀 특별 보조금을 받았다. 그러나 학교 재정이 어려운 터라, 그 중 15억 원을 체불 중인 교직원 인건비와 공사비로 충당하고 보름 뒤에 원상회복한 것이 문제였다. 이것이 앞의 법 제22조 위반(최고 3년 징역)이라는 것이었다. 비슷한 예로, 불법 기채 중에는 대학의 이영덕 이사장이 보다 못해 은행에서 빌려 준 돈도 들어 있다. 분명한 것은 문제가 된 횡령, 전용액 중 김 총장 개인 차지는 한 푼도 없다는 사실이다.

여하간 한동대는 1995년 이래 1만 5천 명의 후원자를 확보하여 450억 원의 기부금을 모으고, 7천 평의 교육 시설을 1만 8천 평으로 늘리는 등 학교 자산 700억 원 순증(純增)을 기록하고 있다. 학생도 400명에서 2,400명으로 늘었고, 영어와 컴퓨터 중점 교육으로 명성을 얻어 외국 IT기업의 제휴와 구인 희망이 밀릴 정도가 되었다. 그러나 이 일취월장의 선도자는 지금 쇠고랑을 찼다. 교도소 담 위를 걷는 사학 운영의 실례가 아니고 무엇인가. 물론 교육 열정과 실정법은 별개일 수 있다.

하지만 이 사건의 '죄질' 과 교육 실적을 비교해 보면 어떤가. 총장과 부총장의 동시 법정 구속이 불가피했을까. 검찰도 걱정하지 않던 도주의 우려가 왜 갑자기 생겼을까. 법은 어떻든, 대학 총장의 직책과 권위, 교육자로서의 명망 따위는 한 푼 고려의 가치도 없는 것일까. 그 흔한 정상론은 다 어디 갔을까. 혹시 우리 법이 너무 촘촘한 것은 아닌가. 그 운영이 너무 경직된 것은 아닐까. 혹시 오만하지는 않았을까. 그러나 이 사건에는 더 명석한 배심원이 있다. … 송이 송이 쌓이는 붉은 꽃송이로 학생들의 배심 평결은 끝났다. 이제 우리는 쇠고랑과 카네이션을 함께 보고 있다. 슬픈 스승의 날을 보내고 나서 '교육의 참뜻'을 다시 생각한다.

칼럼니스트 김창열, 《한국일보》 2001년 5월 22일자.

한국 교회와 한동대

40여 년 전, 제가 교육에 관한 일을 처음 시작했을 당시, 한국의 각 기독교 대학들을 대표하는 기독교 교육자들이 모인 학술회의에 초대를 받았습니다. … 저는 그곳에 참석한 교수님들께 강의실에서 가르치실 때 어떻게 신앙과 학문을 연결시키시는지에 관해 물어봤습니다. 하지만 아무런 대답도 들을 수 없었습니다. … 제가 세 번째로 그 질문을 했을 때, 연세가 많고 아주 유명한 한 분이 다음과 같이 아주 분명하게 대답해 주셨습니다. "젊은이, 나는 교실에 들어갈 때, 내 신앙은 복도에 두고 간다네." 그분은 그곳에 있는 모든 사람이 다 듣도록 말씀하셨기 때문에 저는 할 말이 없었습니다.

그날부터 저는 어떤 주제라도 기독교적이고 성경적인 시각에서 가르치는 대학이 생기기를 기도하기 시작했습니다. 하나님께서 우주의 창조주이시고, 주권자이시기 때문에 어떠한 주제도 그분의 관심 밖에 있는 것은 없다는 것을 알았기 때문입니다. 저는 매일같이 그런 기독교 대학을 위해 끊임없이 기도했습니다. 김영길 박사님이 한국과학기술원의 교수가 되셨을 때 저는 그만큼 헌신된 기독인을 그런 위치에 있게 하신 하나님께 감사드렸습니다. 그분은 신실한 교회의 일꾼일 뿐만 아니라 신학자와 과학자의 모습을 모두 가지고 계셨습니다. 하지만 그분이 기독교 대학에 대한 제 기도의 응답이 되리라고는 꿈에도 생각지 못했습니다. …

김 총장님과 오 부총장님이 세상적인 집단인 반대하는 세력들과 계속해서 직면하고 계신 것에 대해 저는 전혀 놀라지 않습니다. 세상뿐만 아니라 그리스도 안에서 형제라고 주장하는 사람들까지 우리를 반대할 것이라고 예수님께서는 우리에게 이미 경고하셨습니다.

제가 진심으로 소망하는 것은, 하나님께서 김 총장님과 오 부총장님, 그리고 한동대에 이적을 행하시기를 한국의 모든 크리스천이 함께 기도하는 것입니다. 이로써 하나님을 사랑하는 자 곧 그 뜻대로 부르심을 입은 자들에게는 모든 것이 합력하여 선을 이루느니라(롬 8:28)는 말씀이 증거되길 소망합니다.

대천덕(예수원 신부), 《국민일보》2001년 5월 30일자.

사필귀정을 확신하면서

지난 5월에 김 총장의 법정 구속은 분명히 무리가 있었던 것이 아닌가 생각한다. '삼십육계 줄행랑이 제일' 이라는 속담도 있지만, 사실 도망쳐 화를 면한 사람들이 적지 않기 때문이다. 그런데 백 번 생각해 봐도 김 총장이 도망칠 사람 같지는 않다. 그의 사회적 명망이나 공의를 존중하는 그의 인격을 감안할 때 100명의 피의자 중에서 다 도망쳐도 도망치지 않고 법원의 명령대로 그 자리에 있을 사람이 김영길 총장일 것이라고 나는 믿는다.

그런데 김 총장이 쇠고랑을 차게 된 엄청난 사실에 대해 만세를 부르는 사람이 있다는 사실에 또 한 번 크게 놀랐다. 시장 바닥에서 장사하던 사람 하나가 유치장이나 감옥에 끌려가는 것을 보고도 사람들이 '거 참 안됐다' 고 하는 게 보통이다. 더욱이 대학의 총장이 철창 신세를 지게 되었다는데 '거 참 잘됐다' 며 기뻐하는 사람이 있다면 이들은 결코 보통 사람들은 아니다. 지난 23일에 그런 성명을 낸 사람들(만나 본 적은 없지만), 바로 그런 성명을 발표한 단체들이다. 그런데 그 단체들이 어떤 사람들이 모여서 만든 것인지 그것이 알고 싶다. 그리고 세계적인 대학이 되려고 발돋움하는 대학에 대하여 그 단체들이 무슨 할 말이 있는 것인지 나는 그걸 모르겠다. 세계적인 대학이 되려고 하지 말고 지역 사회의 구미에 맞는 대학으로 만족하라는 것인지, 나는 그 동기를 모른다. 이 단체의 위원들이나 회원들이 지성인 김영길의 구속이 왜 꼭 필요하다고 믿고 있는지, 그 동기를 헤아릴 수 없다.

아직도 1심을 거친 것에 불과한 이 사건을 가지고 마치 재판이 다 끝난 것처럼 승전가를 부르는 것은 시기상조일 뿐 아니라 도의적으로도 있을 수 없는 일이 아닌가.

나는 김 총장을 고발한 검찰과 그를 법정 구속한 법원의 고민이 무엇인지 짐작할 수 있다. 그의 두 번째 재판을 포항과 경주에서 멀리 떨어진 대구로 옮겨 온 동기도 어렴풋이 헤아릴 수 있다. 나는 대한민국을 믿고 대한민국의 법을 믿는다. 정의와 공의의 도시 대구에서는 반드시 올바른 판결이 내려질 것을 확신한다.

김동길(전 연세대 교수), 《영남일보》 2001년 6월 1일자.

부러운 김영길 선배님! 어처구니없이 감옥에 계신 김영길 선배님. 당신이 감옥에서 고초를 받고 계신 것조차 부러워 이렇게 부러운 마음을 전합니다. 제가 한국과학기술원에 교수라고 왔을 때 재료공학과의 김영길 교수님은 한국을 대표할 세계적인 학자라고들 합디다. 학자로서 부러웠습니다. 제가 하나님을 찾아 헤맬 때 창조과학회의 충성됨은 하나님의 손길을 깨닫게 해 주셨습니다. 그 증거에 앞장선 당신이 부러웠습니다. 자신의 삶이 하나님의 낙인임을 기쁨으로 증거하며 외치는 그 모습은 나의 삶은 무엇이어야 하는가를 하나님 앞에서 부르짖게 하는 나침반이셨습니다. 과학의 삭막한 캠퍼스에 복음의 씨앗을 뿌리던 당신이 느닷없이 한동대로 가야만 한다던 그 모습 그 길은 선교사의 발걸음이었습니다.

제가 알지 않습니까? 당신은 복 받은 학자이자 연구자이지 행정가는 아니라고요. 그 아끼던 발자국을 돌아보지도 않고 본토 아비 집을 떠난 아브라함같이 떠나시던 그 모습과 그 기도, 그 순종이 부럽습니다. 그렇게 불러 주시는 분 계셔서 부럽습니다. 노상 돈 때문에 찌들리는 대학을 맡아서도 늘 희죽희죽 웃으시니 보는 제가 오히려 걱정됩디다만 그런데도 한동대는 우뚝 서는 것을 보니 김영길 총장님의 역할은 스스로 연약함에서 하나님의 손길을 볼 수 있게 하는 십자가였습니다.

학교와 학생을 사랑하신 대가로 치르는 고초가 당신을 얼마나 값지게 할지, 당신의 죄로 말미암지 않은 고초이기에 그 억울함을 부러워합니다. 그 고난은 당신을 영원히 아름답게 빛을 것이므로…. 당신의 신앙의 시작이 된 가정, 그리고 당신을 위해 기도하는 김영애 권사님, 그분의 피눈물 나는 기도가 당신의 고통보다 더 아프게 계속되기에…. 당신의 고초의 나날을 그냥 지켜보시는 듯하신 하나님. 그러나 가장 아름답게 이 시련을 매듭하실 하나님…. 하나님께서 당신을 먼저 사랑하시지만, 그 사랑으로 위로받기에 충분하시지만, 그러나 저의 사랑과 위로도 드리고 싶습니다.

당신을 따라다니는 후배가 홍콩에서 올립니다. 카이스트 이재규 교수.

6월 4일, 총장 부총장이 구속된 지 23일째 되던 날. 전국의 한동대 학부모와 졸업생 그리고 재학생 들이 오후 1시에 포항 시민회관 앞에서 '한동대학교 바로 알리기' 궐기 대회를 가졌다. 전국에서 학부모들을 태운 버스들도 연이어 도착했다. 700명의 학부모들과 1,200여 명의 학생들이 질서 정연하게 긴 행렬을 이루었다.

"총장님은 그런 분이 아닙니다!"

"모든 학부모에게 존경받는 총장님을 학생들 곁으로!"

"정상 운영되고 있는 한동대 정상화가 웬 말이냐?"

눈물겨운 충정으로 만들어진 플래카드와 피켓을 들고 한동의 가족은, 총장과 부총장의 구속의 부당함과 석방을 요구했다. 아침부터 내리쬐던 태양은 정오가 되자 자취를 감추고 어느 사이엔가 구름이 하늘을 덮어 뜨거운 열기도 가시었다. 마치 이스라엘 백성이 광야를 행진할 때, 구름 기둥이 그들을 지켜 준 것처럼…. 피켓을 들고 묵묵히 행진하는 학생들의 모습, 눈물겨운 장면이었다. 지나가는 행인들이 발을 멈추었다.

하루 해가 저물어 가는 무렵, 1.5킬로미터 가두 행진을 조용하게 마친 학부모들은 학교 뜰을 밟고 기도하고 가겠다며 효암채플에 또다시 모였다. 누군가의 손에 이끌려 나는 앞으로 나아갔다. 내게 집중된 안타까움과 서러움, 그리고 말할 수 없는 격려와 위로의 눈길에 나는 천천히 입을 열었다.

"여러 학부모님들, 참으로 감사합니다. 총장님, 부총장님이 구속될 정도로 시련이 그칠 날 없는 한동대에 귀한 자녀들을 믿음으로 보내 주신 학부모님들이 참으로 존경스럽습니다. '보물이 있는 곳에 마음'이 있듯이 하나님께서 여러분의 귀한 자녀들을 한동대에 보내신 것은 믿음의 학부모님들을 중보자로 세우시기 위함이 아닐까 생각해 봅니다.

며칠 전, 저를 위로하러 온 총장님의 카이스트 제자들이 말하더군요. '사모님이 이렇게 잘 지내시는 것을 보니, 총장님과 사모님, 두 분의 사이가 좋은 줄 알았는데 그렇지 않은가 봐요.' 그들의 말처럼 저는 하나님께서 주신 평강으로 잘 견디고 있습니다. 하나님께서 허락하시지 않는 사건이 우리에게 어찌 일어날 수 있겠습니까? 이번 사건도 하나님께서 허락하신 일입니다. 하나님 안에서 우연히 일어나는 일은 없기 때문입니다. 아내인 저는 감히 총장님과 부총장님이 감옥에 잘 가셨다고 말합니다. 그동안 우리가 겪어 온 환난과 모든 서러운 사건들이 이제야 끝이 날 것이기 때문입니다. 하나님께서는 이 사건을 통해 '일석이조'가 아닌 '일석십조'를 하실 것입니다.

한동대는 예사로운 대학이 아닙니다. 한동은 하나님의 은혜로 운영되는 대학이며, 하나님의 주권하에 강권적으로 인도함을 받는 '하나님의 대학'이라는 증거들을 저는 그 기적의 최전선에서 수없이 목격하고 있습니다. 너희가 짐을 서로 지라 그리하여 그리스도의 법을 성취하라(갈 6:2)는 말씀처럼, 하나님의 뜻을 이루기 위해 우리 각자에게 지워진 짐이 있습니다. 학부형으로서의 짐, 교수와 직원으로서의 짐, 학생으로서의 짐, 그리고 총장과 부총장으로서 지고 가야 할 짐이 있습니다. 우리 각자가 기꺼이 이 짐을 나누어질 때, 그리스도의 법이 이 땅에 성취될 것입니다."

주님께서는 나도 알 수 없는 담대한 사자후를 내 입에 넣어 주셨다. 나도 학부모들도 새로운 힘이 생겼다. 학부형 대표가 큰 대바구니를 내게 건네주었다.

"사모님, 총장님께 드리는 저희들의 격려 편지들입니다."

아름다운 석양으로 물들어 가는 캠퍼스에 학부형들의 기도 소리가 간절히 울려 퍼지고 있었다.

줄 이은 탄원서들

각계각층의 탄원서들이 관계 기관에 전달되었다. 한국대학교육협의회, 사립대학 총장협의회, 경북 지역 총장단 등의 탄원서들이 연이어 사법부로 전달되었다.

대구 고등법원장 귀하

참된 교육에 전념하던 김영길 총장이 업무상 횡령과 사립학교법 위반 등의 혐의로 법정 구속된 데 대해 우리 대학교육협의회에서는 커다란 충격과 안타까움을 금할 길 없습니다. 사상 초유의 현직 대학 총장 구속이라는 법정 결정이 자칫 사학 발전에 타격을 주거나, 교육계에 상처를 주지 않는가 하는 안타까움이 앞섭니다.…

스승의 권위와 존경심이 붕괴되어 가고 있는 우리 나라 교육의 현장에서 희망을 보여 주는 한동대 학생들의 스승의 날 행사와 같은 미담은 김 총장의 교육 철학과 인격을 잘 보여 주었다고 생각하며, 저희 대교협에서도 주목하며 긍지를 갖는 부분입니다.

김 총장이 지방 신설 사립대학을 운영하며 겪는 재정난으로 인해 불가피하거나 행정 미숙으로 생긴 것이지, 결코 사리사욕이나 개인 착복이 아니라는 점을 감안하셔서, 고등 법원에서 정상을 참작하여 주시기를 바랍니다. 또한 한동대가 지속적으로 발전할 수 있도록 김 총장의 보석을 허가하여 주시기를 탄원합니다.

2001년 5월 31일, 한국대학교육협의회 회장, 서울대 총장 이기준 외 임원단 3명.

존경하는 대통령 각하

미주 교포 사회에서도 한국의 대학가 소식을 접할 때, 돌과 화염병과 각목 등 수많은 폭력 시위를 보아온바 한동대 학생들은 얼마나 성숙하고 아름다운 모습인지 가슴 뭉클함을 느끼고 있습니다. 저희 미주 교포들의 입장에서 볼 때, 김 총장의 교육은 성공한 교육이라 생각되며 학생과 사회의 배심 판결은 이미 내려졌다고 생각됩니다. 미국은 배심원 평결을 대단히 중요시 여기는바, 한동대의 교육은 '교육의 참뜻' 을 이룬 대학이며 대한민국의 소망이라 생각됩니다.

김영길 박사가 1970년대 이곳 클리블랜드 미 항공우주국에서 연구원으로 재직할 때, 저희들과 매우 가까이 지낼 수 있는 기회를 가졌습니다. 당시 그는 가장 촉망받는 과학자였고, 이곳 교민들에게 존경받던 분이었습니다. 저희들은 김 박사님과 동고동락을 하였기에 김 박사님의 인품을 잘 알고 있습니다. 김 박사님은 한동대를 하나님과 조국이 자기에게 맡긴 사명으로 알고, 어떠한 고난과 수모에도 훌륭한 인재를 길러 내는 오직 한 가지 일념으로 눈물의 길을 걸어오셨습니다.

저희들은 조국을 위해 헌신하며 한동대를 7년의 짧은 기간 동안 세계적인 대학으로 성장시킨 분을 파렴치범으로 취급하여 구속한 일에 대해 통탄을 금할 수 없습니다. 각하께 탄원을 드리오니 각하의 선처를 진심으로 간구합니다.

미국 오하이오 주 클리블랜드, 밀워키 지역 한인 동포 일동 드림.

로스앤젤레스, 워싱턴, 시카고, 태국의 방콕 등을 위시하여 해외 곳곳에서 교포들의 탄원서들이 속속 관계 기관에 전달되었다. 또한 학부모들의 탄원서와 포항시 기독교교회 연합회, 포항지역 단체장, 안동 지역단체장의 탄원서들도 사법부와 청와대로 잇달아 보내졌다.

조찬 기도회

우리의 소식을 듣고 무엇을 어떻게 도와야 할지 무척 애를 태우던 아들 호민의 대학(미국 노스웨스턴 대학) 친구 문병기 군의 어머니 문인순(한국 글로리아 진스 대표) 여사가 전화를 했다.

"김 총장님을 사랑하는 분들을 모시고 조찬 기도회를 하십시다. 저희가 모든 비용을 대겠습니다."

그래서 6월 8일 아침 7시, 김 총장과 오 부총장을 사랑하고 신뢰하는 사람들의 조찬 기도회가 열렸다. 조용기 목사님을 비롯한 여러 목사님들과 이시영 전 UN 대사, 강영우 박사(미국 백악관 국가장애위원회 정책 차관보)를 비롯하여 교계의 여러 선배 장로님들, 그리고 기독교계, 학계, 법조계, 기업계의 인사 200여 분이 오셔서 예약 자리가 모자랄 정도였다. 모두들 한결같은 사랑과 신뢰로 위로를 아끼지 않으셨고 안타까운 마음으로 공정한 재판이 이루어지기를 기원하는 기도의 자리였다.

홍정길 목사님(남서울은혜교회)이 사회를 보셨다. 정근모 호서대 총장님은 "오늘의 기도회는 두 분의 석방과 무죄 선고를 간청하는 기도만이 아니라, 하나님께 감사드리는 기도회가 되어야겠다고 생각한다"며 먼저 말문을 여셨다.

"김 총장님과 한동대가 걸어온 길은 하나님의 사람들만이 체험할 수 있는 은혜와 기적의 연속이었기에, 이제까지 여러 한동대 문제들을 통해서 교직원들의 믿음을 뜨겁게 하셨던 하나님께서 이번 사건을 계기로 그동안 한동대가 가지고 있었던 많은 문제들을 한꺼번에 결정적으로 풀어 주실 것이라는 믿음을 갖고 있기 때문입니다."

뒤이어 옥한흠 목사님이 기도하셨다.

"오직 주님만을 부르짖을 수밖에 없는 상황에서 이 학교를 시작하게 하시고 지금까지 인도해 주신 하나님의 은혜를 감사드립니다. 없는 것 가운데서도 있게 하신 주님, 쓰러질 것 같은 고통 속에서도 한동대를 다시 일으켜 주신 주님, 기적의 연속을 통해서 짧은 기간 안에 한국에 새로운 소망을 불러 주신 주님이시여! 이제 한동대가 처한 모든 상황을 주님께서 아십니다. 주의 이름을 부르는 자는 절대로 부끄러움을 당치 않을 것을 약속하신 하나님 아버지, 이번 이 사건을 통해서 요셉이 감옥에 들어감으로써, 그에게 새로운 역사의 장이 열리게 하셨듯이, 나사로가 죽어 무덤에 나흘 동안 갇혀 있음으로 오히려 하나님의 영광을 드러내는 기적을 창출하는 계기가 된 것처럼, 귀한 종에게 하나님의 영광을 드러내는 계기가 되도록 이 모든 일들을 주관해 주시옵소서. 예수님 이름으로 기도드립니다. 아멘."

김준곤 목사님(한국 대학생 선교회 총재)도 단 위에 올라서셨다.

"저하고 김영길 박사에 얽힌 이야기를 하나 하겠습니다. 1980년 CCC 주최로 창조과학 세미나를 열기로 했을 때 제가 존경하는 생물학자인 세 분 장로님들을 차례로 찾아가서 창조론 강사가 되어 주십사고 부탁했습니다. 모두 '하긴 해야겠는데… 저는 안 되겠습니다. 아직 한국은 안 됩니다. 진화론의 허구를 반격하는 것은 계란으로 바위 때리는 것과 같습니다' 하는 겁니다. 그때 마침 미국에서 카이스트로 막 부임한 김영길 박사를 만나게 되었고 그에게 부탁했습니다. 그는 '저는 생물이나 생명공학 전공자가 아니지만, 저라도 순종하겠습니다' 했습니다. 그가 한동대에 갈 때도 아마 그런 신앙으로 그렇게 결단했을 겁니다. 이런 분이 시험받으실 땐 분명히 한동대에 큰 발전과 하나님의 계획과 축복이 있을 겁니다. 이번 사건으로 한국 교회에도 주시는 메시지가 있으리라고 생각합니다.

여기 모인 모든 분들은 한동대가 세계적으로 자랑스러운 기독교 대학의 모델이 되리라는 기대를 갖고 있습니다. 한동대 사건을 통해 굉장한 하나님의 선물이 한국 교회에 주어졌으면 좋겠습니다. 김영길 박사가 속히 출감하도록 기독교 인구 1,200만 명과 교회들이 각계각층의 기독교 양심과 신앙과 기도를 모아야겠습니다.

이 자리에는 각계각층에서 지도자로 활약하고 있는 귀한 신앙인들이 모였습니다. 한국 교계가 힘을 결집하면 세계적인 기독교 리더 국가가 될 수 있으며, 엄청난 에네르기가 창출될 수 있습니다. 한동대가 세계 제일의 기독교 대학이 되도록 한국 교회 전체가 힘을 합쳐 재정적인 뒷받침을 해 주어야 합니다. 세계 각처에서 배워 가는 모델 대학이 되도록 한동대를 도와주어야 합니다. 지금의 이 시련은 이를 위한 하나의 필수 코스라고 생각합니다. 이번 사건은 분명 신앙과 양심과 의로움에 대한 하나의 핍박이요 순교적인 고난이라고 생각합니다. 그래서 우리는 두 분을 사랑하는 마음으로 오늘 여기 모인 것입니다."

뒤따라 김진홍 목사님(두레교회)이 단 위에 서셨다.

"저는 이번 일을 부정적으로 보지 않고 몇 가지 이득이 있다고 생각합니다. 첫째, 한동대는 개교 이래 송사를 너무 오래 끌어서 방어하기도 참 힘들었는데, 본인들이 좀 힘들게 값을 치르고 있지만, 이번 일로 모든 송사 사건이 완전히 종결될 것으로 생각합니다. 둘째, 이번 일로 한동대 명예가 훼손되었다고 생각하는 분도 있지만, 대다수 국민들은 '한동대가 참 좋은 대학이구나' 생각하고 있습니다. 셋째, 이 사건으로 기독교계에 한동대에 대한 관심을 불러일으켜서 앞으로 좋은 열매가 있을 것입니다. 특별히 '갈대상자'는 참 좋은 후원 운동입니다. 마지막으로 중요한 것은 이번 기회에 한동대의 정체성을 분명히 할 필요가 있다고 생각합니다. 이런 일이 있을 때 한동대 안에 있는 사람들이나 밖에 있는 우리 후원자들이 성경적 가치관을 가르치며 실천하는 대학이라는 한동대의 정체성을 확실히 하면 전화위복이 될 것입니다.

몇 년 전, 일본 게이오 대학 총장이 고등 교육에 대한 특강을 한 적이 있습니다. 그는 미국, 일본, 한국 등 선진 산업 사회가 대학 교육에 실패하고 있는 이유 세 가지를 지적했습니다. 이것이 시정되지 않으면 선진 산업 국가의 장래가 염려된다고 했습니다. 첫째는, 고등 교육 기관들이 젊은이들에게 삶의 의미(Meaning)를 심어 주지 못한다는 것입니다. 교육의 목적이 취직이나 잡다한 처세술 교육이 아닌, 삶의 의미를 심어 주는 교육이 되어야 하는데 현실은 그렇지 못합니다. 둘째로, 대학 교육이 학생들로 하여금 조국관에 대한 사명(Mission Mind)을 심어 주지 못한다는 것입니다. 옛날에는 젊은이가 서당에 들어가면 어떻게 자기를 수신(修身)하고 제가(齊家)해서 천하(天下)를 경영할 것인가를 주입시켜서 최고의 도덕성과 경륜이 있는 엘리트를 길러 냈습니다. 그런데 오늘날의 교육은 이것을 실패했습니다. 셋째, 부모 세대가 겪은 고난을 자녀들에게 체득시키지 못했다는 것입니다. 부모 시대에 겪은 고난을 몸으로 익히지 못한 세대는 지난날 고난의 역사를 되풀이한다는 것이 역사가 가르쳐 주는 교훈입니다.

그런 점에서 우리는 한동대를 가능성이 있는 대학이라 생각합니다. 왜냐하면 지식보다 먼저 학생들에게 분명한 성경적 가치관을 바탕으로 확고한 삶의 방향과 의미를 심어 주는 대학이기 때문입니다.

제가 한동대에 꼭 바라는 것은 어떠한 대가를 치르더라도 그것을 양보하지 말았으면 하는 것입니다. 큰 대학이 되려고 하지 말고, 작지만 알찬 대학이 되었으면 합니다. 졸업생들이 취직 많이 되었다는 것도 굉장한 자랑거리지만, 졸업생들이 취업을 해서 그 직장에서 성경적인 가치관으로 탁월한 도덕성을 가지고 근무하고 있다는 것을 자랑할 수 있게 되기를 바랍니다. 그래서 한동대 출신들이 이 나라를 조용하게 변화시키는 일에 쓰임받기를 바랍니다.

한동대에 가서 집회를 했을 때, 깊은 감명을 받은 것은 교수님들이나 학생들이 지역 사회를 정성껏 섬기려는 모습이었습니다. 대학생들이 피서객이 떠난 해변의 쓰레기를 줍고 마을 봉사를 하고 지역 사회를 섬기려는 뜨거운 마음을 보았습니다. 학생 시절부터 그렇게 섬기는 정신을 체득하면 그런 삶의 태도는 평생 갈 것입니다. 이런 시련 과정을 통해 한동대는 바람직한 대학, 세계 속의 대학, 한국 교회 모두가 자랑스럽게 여기는 미래의 대학을 이루어 가는 밑거름이 될 것입니다."

친구 대표로 김인수 고려대 박사(2003년 소천하셨다)가 나섰다.

"김영길 총장님은 그의 학문적 업적에 비해 권위나 교만 같은 것은 찾아볼 수 없는 소박한 성품의 소유자입니다. 하나님의 부르심을 받고 바울과 실라가 마게도냐로 갔을 때 그들을 기다렸던 것은 모진 매와 착고와 감옥이었습니다. 그렇듯이 하나님의 부름이라고 확신하고 따라갔던 한동대 총장의 길은 7년여 동안이나 계속되었던 재정 압박과 수십 차례에 걸친 소송 사건이 이어지는 매와 감옥이었습니다. 저는 이 과정을 지켜보면서 종종 그가 만약 보통 사람이었다면 1년도 버티지 못했을 것이다 라고 생각했습니다. 하나님께서 그 길이 험함을 미리 아시고 단순하고, 낙천적이고, 대범하고, 성실하며 열정적인 성품을 가진 그분을 뽑아서 그 일을 맡겼다고 생각합니다. 그도 경험이 부족해서 여러 가지 서툰 결정도 했으리라고 충분히 짐작이 갑니다. 그러나 그분이 거기에 갔기에 오늘의 한동대가 있게 되었다고 저는 생각합니다.

저는 경영학 중에서도 조직이론이 전공입니다. 제가 전공하고 연구하고 있는 분야가 조직문화입니다. 조직이론에 따르면 조직문화가 정착되는 가장 중요한 요인은 CEO, 즉 가장 위에 있는 책임자의 비전과 철학 정립이요, 이를 구현하는 과정에서의 지도자의 솔선수범이라고 합니다. 한동대에 아름다운 조직문화가 세워져 가는 것은 김 총장의 비전과 철학, 무엇보다 그의 솔선수범 때문이라고 생각합니다. 오늘날 이 사회에서는 요령이 있어야 살아남고 출세한다고 하는데, 이때야말로 바보스러울 만큼 우직스럽게 기본을 지키며 올바르게 사는 지도자가 필요하다고 생각합니다."

마지막으로 조용기 목사님(여의도순복음교회)과 정진경 목사님(신촌성결교회) 두 분의 기도로 그날의 모임을 마쳤다. 어느 분이 이렇게 말했다.

"두 분을 사랑하는 분들이 이렇게 많은 줄 몰랐습니다. 지금까지 교파를 초월해 각계각층의 기독교 지도자들이 이렇게 모인 자리는 없었을 겁니다. 하나님께서는 두 분으로 인해 우리 기독교계가 하나 되게 하십니다."

'나의 매임'을 신뢰하므로

2001년 4월, 한국의 몇 개 대학을 방문하는 길에 한동대를 찾아온 칼빈 대학 바이크 총장은 미국으로 돌아가자마자, 두 대학 간의 자매결연을 추진하기 위해 엘리자베스 벤더라이 교수를 한동대로 보냈다. 바이크 총장은 무엇보다 한동대 학생들이 그의 설교를 알아듣는 것과 학교의 신선한 분위기에 크게 감동을 받았다고 했다. 그런데 벤더라이 교수가 한동대에 도착한 날이 공교롭게도 남편과 부총장이 구치소에 수감된 날이었다.

너무나 충격적인 소식에 벤더라이 교수는 어쩔 줄 몰라했다. 총장이 무슨 잘못을 저질렀는지 모르지만 미국에서는 상상도 할 수 없는 일이 하필이면 자매결연을 하려는 대학에 일어났다는 말인가. 그녀는 총장이 구속된 대학과 자매결연을 추진해도 되는 것인지 갈피를 잡을 수 없었다고, 나중에 그 당시의 심정을 털어놓았다. 그녀는 학교에 일주일 동안 머무르면서 교수들과 학생들이 옥에 갇힌 총장, 부총장을 위해 하루 몇 차례씩 채플에 모여 눈물로 기도드리는 광경에 감동을 받았으며, 차츰 사건의 전말을 이해했다. 그리고 바이크 총장에게 보고 느낀 그대로 장문의 보고서를 보냈다.

칼빈 대학에서도 이 문제를 심각하게 논의했는데, 그 자리에서 "한동대의 법정 문제가 해결되고 총장과 부총장이 감옥에서 나온 후에 자매결연을 추진해도 좋을 것 같다"는 몇몇 교수들의 의견에 바이크 총장은 단호하게 말했다고 한다.

"바울과 요셉이 죄가 있어서 감옥에 갔습니까? 이 시대에도 믿음의 사람들은 하나님의 일을 할 때 고난을 받게 되어 있습니다. 우리 대학은 지금 고난 가운데 있는 한동대와 지체하지 않고 동역해야 합니다."

그래서 칼빈 대학은 자매 대학의 총장이 감옥에 있는 중에, 한동대와 협약을 맺게 된 것이다. 형제들아 나의 당한 일이 도리어 복음의 진보가 된 줄을 너희가 알기를 원하노라(빌 1:12)

그해 가을, 1년 동안의 안식년을 칼빈 대학에서 보내게 된 한동대 한윤식 교수 부부가 말했다.

"총장님, 총장님이 겪으신 고난 때문에 저희가 이곳에서 너무나 과분한 대접을 받고 있습니다. 교정에서 마주치는 칼빈대 교수들은 저희를 보면 다가와서 우리 학교의 소식과 총장님의 안부를 물으며 적극적인 관심을 보여 줍니다. 또 월급도 제때 받지 못했던 대학의 교수라고 저희에게 가구까지 구비된 새로 단장한 아담한 주택을 무료로 제공해 주었어요. 이런 대우는 칼빈대에서 안식년을 보낸 어떤 대학의 교수들도 받아 보지 못한 예외적인 것이라고 합니다."

이듬해 우리 부부가 그랜드 레피즈(미시건)의 칼빈 대학을 방문했을 때, 바이크 총장은 교무위원 부부들과 함께 베풀어 준 만찬의 자리에서 우리에게 따뜻한 위로와 격려를 잊지 않았다.

“프레지던트 김, 한동대를 보면 오늘날도 한동대에서 성령 행전이 쓰여지고 있음을 확인합니다. 그런 대학과 자매 결연을 맺게 되어 하나님께 감사드립니다.”

이후 칼빈 대학은 한동을 가장 잘 이해하며 활발하게 교류하는 자매 대학이 되었다.

돈 걱정에서 놓여나서

2001년 봄, 학교를 사랑하는 어느 목사님이 남편에게 물었다.

“한동대에 가장 시급한 돈이 얼마쯤 있으면 됩니까?”

뭔가 좋은 일이 있을 듯 보였다.

“학교 부채 100억여 원과 생활관, 도서관, 체육관, 그리고 또… 서울에 국제법률대학원 건물이 필요합니다. 하지만 우선 급한 대로 약 300억 원만 있으면….”

우리는 마음껏 청구서를 작성하듯 신이 나서 말했다. 그로부터 얼마 후, 총장 부총장의 법정 구속 사건이 일어났다. 바울이 데살로니가 교회 성도들을 위로하고 환난 중에 요동치 않게 하려고 디모데를 보냈듯이, 그 목사님은 포항으로 사람을 내려 보냈다. 그분은 오 부총장 부인과 나를 따로 보자고 하시더니 은밀히 말했다.

“권사님, 돈 300억 원이 6월 말쯤에 학교로 들어올 것입니다. 전에 말씀 드렸듯이, 미국에 있는 어느 기업가가 한동대에 기부금을 내겠다고 합니다.”

학교에 돈이 없어서 이 지경이 되었는데, 돈 문제만 해결된다면 어떤 억울함이나 수모도 얼마든지 참아 낼 수 있었다. 비록 두 사람은 감옥에 갔지만, 하나님께서는 이렇게 멋지게 보상해 주시는구나! 이제 우리의 서러움도 끝나는구나! 나는 너무도 감격해서 남편이 감옥에 있다는 사실도 잊을 지경이었다. 그 말을 듣던 오 부총장 부인은 코피를 쭈르르 흘렸다. 우리는 함께 울었다. 이튿날 면회를 가서, 나는 남편에게 말했다.

“여보, 학교 돈 걱정은 이제 하지 마세요. 다 잘될 거예요. 당신은 그 안에서 하나님과 깊은 데이트만 하시다가 나오세요."

은밀한 기쁨을 가진 나는 남편을 만나러 가는 면회길이 더 이상 억울하거나 서럽지 않았다. 씩씩하게 기대에 차서 하루하루를 보냈다. 어느덧 6월이 다 갔지만, 아직 미국에서는 아무 소식이 없었다. 그래도 나는 여전히 느긋했다. 어느 날, 대구 교도소에서 면회를 마치고 포항으로 오는 차 안에서 전화를 받았다. 그 목사님이었다.

"권사님, 드릴 말씀이 있습니다. 제가 지금 포항으로 곧 내려가겠습니다."

예감이 이상했다.

"목사님, 무슨 좋지 않은 소식입니까?"

"…그렇습니다."

"…혹시 그 기부금이 안 된다는 뜻입니까?"

"…네."

그의 목소리도 기운이 없었다. 갑자기 온몸에 기운이 빠져나간 나는 몸을 가눌 수 없었다.

"저, 그 말씀 듣지 않은 걸로 하고 싶어요…."

"권사님, 저도 아직 자세한 상황은 잘 모르겠는데, 미국에 있는 그 사람의 기업에 문제가 생겼다는군요."

"아! 하나님… 저희를 어찌하시려고…."

하지만 감옥에 갇힌 남편에게는 당분간 이 소식을 알리지 않기로 했다. 그 안에서나마 돈 걱정을 하지 않게 하고 싶었다.

사랑의 종소리

오규훈 교목실장과 면회를 갔을 때 남편이 목사님에게 말했다.

"목사님, 야베스의 기도를 하루에도 몇 번이나 드리고 있습니다. '원컨대 주께서 한동대에 복에 복을 더하사 한동대의 지경을 넓히시고 주의 손으로 한동대를 도우사 한동대로 환난을 벗어나 근심이 없게 하옵소서.' 그리고 요즘 〈사랑의 종소리〉를 즐겨 부르는데, 이 찬송은 부를수록 우리 한동대를 위한 노랫말 같아서 제가 우리 학교에 맞도록 개사해 보았어요. 언젠가 제가 출소하는 날, 우리 한동인들과 함께 부르고 싶습니다."

주께 두 손 모아 비나니 크신 은총 베푸사
세계로 한동의 지경을 넓혀 주시옵소서
오– 주 우리 모든 허물을 보혈의 피로 씻기어
하나님 사랑 안에서 하나가 되게 하소서
서로 믿음 안에서 서로 소망 가운데 서로 사랑 안에서 손잡고 가는 길
주께 두 손 모아 비나니 크신 은총 베푸사
주가 예비하신 한동대 크게 사용하소서
오– 주 우리 맘에 새 빛이 어두움 밝게 하시어
하나님 말씀 안에서 늘 순종하게 하소서
서로 참아 주면서 서로 감싸 주면서 서로 사랑하면서 주께로 가는 길
오– 주 사랑의 종소리가 사랑의 종소리가
우리 한동인 모두를 감싸게 하여 주소서

그날에 '한동의 종소리'를 함께 부를 총장님께!

존경하고 사랑하는 김영길 총장님! 그 안에서 〈사랑의 종소리〉를 다시 쓰셨군요. 출소하는 날 한동인들과 함께 부르고 싶다는 글을 읽는 순간, 저도 모르게 눈물이 흘러내렸습니다. 저도 그날, 그곳으로 달려가겠습니다. 그날이 속히 오도록 기도하겠습니다.

98학번 김주헌 학부모 김석균(〈사랑의 종소리〉 작사, 작곡자) 올림.

오늘 오시려나 내일 오시려나…

요즘 저는 집을 떠난 엄마를 기다리는 어린아이와 같은 심정입니다. 이렇게 오래 걸릴 줄은 몰랐습니다. 처음엔 정말 잠깐이라고 생각했습니다. 시간이 지날수록 초조해질 때가 많지만, 면회를 다녀오신 분들을 통해 총장님, 부총장님 소식을 들으며 안도의 한숨을 쉬곤 합니다.

평소 싫은 말씀은 잘하시지 않는 두 분이시기에 잘 지내고 있다는 말씀만 하신다고 하십니다. 하지만 아무리 잘 지내신다고 해도 어찌 그것이 잘 지내는 것이겠습니까? 두 분의 성품을 알기에 그 말씀을 하실 때의 모습이 눈에 선합니다.

표현은 하지 않으시지만 아랫사람을 늘 배려해 주시는 총장님의 순수한 마음과, 한 사람 한 사람을 자식같이 여기시는 부총장님의 마음… 옆에서 지켜볼 수 있었기에 감히 말씀을 드릴 수 있습니다.

작은 일 하나에도 직접 자신의 지갑을 여시던 총장님… 옆에서 직접 본 저로서는 도저히 '횡령' 이라는 단어와 총장님을 연결하려야 할 수가 없습니다.

오늘은 부총장님의 편지를 받았습니다. 책상에 앉아서 편하게 쓴 편지가 아님을 알기에 참 감사했습니다. 많은 분들의 격려 편지를 통해 큰 힘을 얻고 계신다고 하셨습니다. 아마 총장님도 같은 마음이실 것입니다.

시간이 흐를수록 몸도 마음도 많이 지치실 것입니다. 총장님과 부총장님께 힘을 드릴 수 있는 방법은 오직 두 분의 건강을 위해, 하나님의 위로하심이 총장님과 부총장님의 매일의 삶 속에 함께해 주시기를 바라며 기도하는 것밖에는….

비서실 박남주 올림.

화원교도소

매일 아침, 포항을 떠나 길을 달려, 남편이 있는 대구의 화원교도소를 가는 것이 내 일과가 되었다. 내게는 포항과 대구 사이가 한 뼘쯤밖에 안 돼 보였다. 화원이라는 이름 그대로 교도소 안은 향기로운 꽃들의 정원이 있는가.

교직원들은 면회 스케줄을 짜서 차례차례 면회를 왔다. 5분 동안의 짧은 면회를 위해 모두들 먼 길을 달려오는 것이다. 대구에 있는 학부형들은 매일 총장을 면회하러 오는 분들을 접대하기 위해 화원교도소로 출근하다시피 했다.

"내 영혼이 은총 입어 중한 죄 짐 벗고 보니

슬픔 많은 이 세상(감옥)도 천국으로 화하도다.…

높은 산이 거친 들이 초막이나 궁궐이나

내 주 예수 모신 곳이 그 어디나 하늘나라…."

하나님께서는 감옥도 화원과 같은 천국으로 만드셨다.

서울에서도 미국에서도 면회하러 오시는 분들이 줄을 이었다. 전에 한 번도 뵌 적이 없는 분들도 많았다. 그들은 책과 영치금을 넣어 주기도 했다. 그 수많은 감동스런 만남들을 어찌 글로 다 쓸 수 있으랴! 두 분이 구속됨으로써 수십 차례나 되는 고소 사태, 끈질긴 훼방과 음해, 수단과 방법을 가리지 않았던 한동대 사건들의 진상이 백일하에 드러나고 있었다.

더위를 유난히 타는 남편이 그 안에서 대구의 여름 더위를 겪을 것을 생각하면 나는 잠을 이룰 수가 없었다. 두 사람의 보석 결정이 언제 날지 알 수 없었으나, 그 안에서 남편의 영혼 안에 하늘나라의 화원이 펼쳐지고 온갖 향기로운 은혜의 꽃들이 활짝 피기를 나는 기도했다.

위로에 위로를 더하시고

학교로 들어오는 수많은 이메일은 온통 총장과 부총장께 드리는 사랑의 메시지들…. 승리를 확신하는 믿음의 글귀들이었다. 세계 각처에서 전화와 이메일이 넘쳐 흘러오고 있었다.

"사모님, 뉴질랜드에 있는, 문영준의 아버지입니다."

문봉주 뉴질랜드 대사(현 본부 대사)였다.

"뉴스를 듣고 너무나 충격을 받았습니다. 그렇지만 사모님, 사랑하시는 나사로가 병들었다는 전갈을 듣고도 주님께서는 이틀을 더 계시다가 그의 집을 방문했습니다. 그를 기다리는 가족들에겐 고통스러운 시간이었지만, 예수님께서는 다른 의도가 있었습니다. 나사로가 죽기를 기다리셨던 것이지요. 사모님, 억울하고 고통스럽지만 조금만 참으십시오. 총장님을 감옥에 가도록 허락하신 하나님의 섭리가 분명히 있을 것입니다. 이번 일로 한동대의 고난이 세상에 알려지고, 오히려 하나님의 영광을 드러낼 것입니다. 멀리서 안타까워하는 마음으로 작은 후원금을 보냅니다. 총장님의 재판 비용으로 보태시기 바랍니다."

문 대사 부부는 맏딸의 결혼 자금으로 모아 둔 만 달러를 학교로 보내왔다. 며칠 뒤, 또 한 통의 전화가 걸려 왔다.

"한동대 총장님 사모님이시죠? 저는 김포에 사는 맹 권사라고 합니다. 홍콩에서 스튜어디스로 근무하는 제 딸이 총장님의 신문 기사를 읽고 너무나 가슴 아파하면서, 총장님의 보석금에 보태라고 돈을 부쳐 왔습니다. 어떻게 전하면 좋을지 몰라서, 사모님의 전화번호를 겨우 알아내 이렇게 전화드립니다."

"감사합니다. 어떤 분이신지, 꼭 만나 보고 싶군요. 따님이 귀국하시는 기회가 있으면 학교를 방문해 주세요. 그 귀한 후원금을 그때 받으면 좋겠습니다."

6월 중순 인자한 맹 권사님과 그의 예쁜 딸이 학교를 찾아왔다.

"사모님, 대학 시절 제가 가르치던 학생이 한동대를 지원해서 학교를 방문한 적이 있습니다. 그 다음부터 저는 한동대를 위해 늘 기도하고 있어요. 그때와 지금의 한동대는 놀랄 만큼 변했어요. 저는 지금 하나님께서 한동대와 함께하시는 증거를 보고 있습니다."

맹 권사님의 딸은 두 개의 봉투를 내게 내밀며 말했다.

"사모님 제가 세계 각국을 다니면서 여비를 절약하며 모아 온 돈이랍니다. 앞으로 한동대가 세계 속으로 뻗어 나가는 대학이 되어서 총장님이 한동대의 비전을 들고 이 나라들을 방문하신다면 제겐 더없이 큰 영광이겠습니다."

그녀가 바로 홍콩 캐세이퍼시픽 항공의 스튜어디스 김정래 자매이다.

6월말 경 대구 화원교도소로 가는 차 안에서 전화 한 통을 받았다.

"사모님, 저는 김정화(현 엔테일러 한국 지사장)라고 합니다. 저희 회사 직원들과 저는 총장님과 한동대를 위해 기도하고 있습니다. 얼마 안 되는 후원금이지만 작은 위로로 보내 드리고 싶습니다."

며칠 지나서 나는 그녀를 서울에서 만났다. 목소리만큼 아름다운 여성이었다.

"제 질녀가 3년 전에 한동대와 E대에 동시에 합격했어요. 무남독녀라 먼 곳에 보낼 수 없다는 언니 내외분의 만류로, 지금 E대에 다니고 있지요. 하지만 제 질녀는 자기 학교보다 한동대를 더 사랑하는 것 같습니다. 작년에 캐나다에 가서 아르바이트를 해서 모은 돈을 갈대상자로 보내기도 했어요. 그때 총장님이 친히 답장을 보내 주셔서 제 질녀는 무척 감격했답니다. 사모님, 사실 제 고향이 포항입니다. 한동대를 어렵게 하는 몇몇 사람들을 대신해서 제가 사과드립니다. 그들이 하나님 살아 계심을 모르고 하는 일들이니 용서해 주세요."

그녀는 적지 않은 후원금을 주며 나를 위로했다.

"하나님께서 총장님에게 학교 재정의 무거운 짐을 지고 가게 하시며 사람들 입에 오르내리게도 하시지만, 이 연단을 통해 한동대는 우뚝 서게 될 것입니다. 그리고 머지않아 재정 문제도 풀릴 날이 올 것입니다."

그는 우리 영혼을 살려 두시고 우리의 실족함을 허락지 아니하시는 주시로다 하나님이여 주께서 우리를 시험하시되 우리를 단련하시기를 은을 단련함같이 하셨으며 우리를 끌어 그물에 들게 하시며 어려운 짐을 우리 허리에 두셨으며 사람들로 우리 머리 위로 타고 가게 하셨나이다 우리가 불과 물을 통행하였더니 주께서 우리를 끌어내사 풍부한 곳에 들이셨나이다(시 66:9-12)

남편의 카이스트 제자들이 재판 비용 성금을 거두어 면회를 왔었다. 그들에게 나는 물어보았다.

"교수님이 이렇게 세상이 떠들썩한 뉴스의 주인공이 되었는데, 제자로서 부끄럽지 않던가요?"

"사모님, 우린 교수님의 제자라는 사실이 변함없이 자랑스럽습니다. 그리고 그것은 앞으로도 변함 없을 겁니다."

내 뜻대로 마옵시고 주님 뜻대로 하시옵소서

석사, 박사 과정 5년 반 동안 가르침을 받으면서, 제가 본 교수로서의 김영길 박사님을 여러분과 나누고 싶습니다. 우선 생각나는 것만 적어 봅니다.

– 사소한 학용품이라도 연구에 사용되는 것은 제자들 개인들이 지불하지 않도록 하신 교수님.
– 제자의 연애가 잘 되지 않아 연구에 지장이 있으면 여자 친구를 직접 만나서 제자를 칭찬해 주신 교수님.
– 의료보험이 안 되는 기혼 학생의 출산이 다가오면 전전긍긍 좌충우돌하시며 장학금 받아 주신 교수님!

저는 교수님이 가장 사랑한 제자가 저인 줄 알고 살아왔습니다. 이번 일로 모두들 그렇게 생각하고 있다는 사실에 섭섭(?)했습니다. 검찰의 기소 요지를 보면서 저는 교수님에 대한 신뢰가 더 커졌습니다. 역시 교수님이시구나… 이번 일은 한동대에는 더 큰 발전의 계기가 될 것이고 교수님은 역사에 길이 남는 교육자로서 우뚝 서실 것입니다. 사모님, 걱정하지 마시고 힘내시기 바랍니다!

제자 한재광 올림.

진리는 반드시 승리합니다

저는 김 총장님이 한국에 귀국하셔서 카이스트 교수로 계실 때 첫 번째 제자였습니다. 지난 20여 년 동안 총장님을 옆에서 지켜보았고 또한 제가 현재 카이스트 교수로 있기까지 많은 도움과 사랑을 받아 왔습니다. 제가 아는 김 총장님은 특이하신 분입니다. 지극히 순수하시고 진리를 찾고 행하시는 데 고집스러운 분이십니다. 결코 자신의 이익이나 불의와 타협하시는 분이 아닙니다.

제가 알고 있는 몇 가지 일이 있습니다. 한동대를 맡고 한창 어려워하실 때 김 총장님은 만약의 경우 다시 복직할 수도 있었던 카이스트 교수직을 본인의 의사로 사임하시면서 사직의 절차를 빨리 밟아 달라고 제게 행정적인 일을 부탁하셨습니다. 그 당시는 한동대 교직원들의 월급을 지불할 수 없는 상황이었습니다. 김 총장님은 본인의 퇴직금을 교직원들의 월급으로 사용하고자 하신 것입니다. 거의 20년을 봉직하셨던 직장의 퇴직금이었습니다. 노후 생활을 위해 꼭 필요한 것이었는데도 말입니다. 김 총장님의 한동대 사랑과 교직원과 학생들에 대한 사랑은 남다르셨습니다.
비록 현재의 상황은 어두운 고난의 길이지만, 진리가 승리할 것입니다.

백경욱(카이스트 재료공학과 교수)

그 어디나 하늘나라

지난 6월 5일, 회사에 하루 휴가를 내고 아내와 함께 대구 교도소에 계신 김 총장님을 뵈러 다녀왔습니다. 단 5분의 짧은 면회 시간이었지만 많은 것을 느끼게 해 준 시간이었습니다. 카이스트 교수로 계실 때 보여 주셨던 학문적 권위에 우러러 보이던 스승의 모습이 아니라, 고무신에 황색 수의를 입고 계신 남루한 모습이셨습니다. 순간, 놀라움으로 숨이 턱 막혀 왔습니다. 아내와 함께 뵈러 갔지만, 아내를 밖에서 기다리게 하고 총장님의 모습을 보여 주지 않은 것이 다행이라 생각되었습니다. 그러니 사랑하고 존경하는 남편의 모습을 바라보는 사모님의 심정은 오죽 하시겠습니까? 오직 주님께서 그 아픈 마음을 위로해 주실 것입니다.
모든 학문적 업적과 보장된 명예와 경제적 안정을 마다하고, 신앙으로 한동대로 자리를 옮기신 이후부터 겪어 오신 지금까지의 어려움은 덮어 두더라도 현재 총장님이 처하신 환경과 처지가 분명 시련과 고난 그 자체일 텐데, 오히려 평안과 기쁨이 넘치시는 모습이셨고 여전히 온화하고 자상한 모습이셨습니다. 아무리 우리 삶의 여건이 힘들고 고달프다 할지라도 진정 주님께서 함께하시는 곳은 그 어디나 하늘나라임을 보여 주셨습니다.

총장님, 존경합니다. 어려운 시련과 고난을 통해 하나님의 나라와 의를 드러낼 수 있는 귀한 열매 맺으시길 간절히 기도합니다.

이정훈(박사, 두산 중공업)

조국을 사랑한다면 한동대를 배워야 합니다

조국을 떠난 지 벌써 20년이 지났고, 뉴욕의 호프스트라 대학교에서 가르치기 시작한 지 14년이 됩니다. 한국의 기업들을 자문하기 위해 1년 4개월을 한국에서 보내며 조국의 앞날에 안타까운 마음을 가지고 있었습니다.

'아, 우리는 언제나 세계적인 한국이 될 것인가? 삶과 인격을 길러 주는 교육은 불가능한 것일까?'

이런 안타까움은 작년 한동대를 방문하고 김영길 총장님과 잊을 수 없는 신선한 하루를 보내고 난 후 사라지고 있습니다. 한동대를 거닐며, '하나님의 대학' 임을 드러내며 이야기하는 아름다운 사람들을 보면서 나는 가슴이 뛰었습니다. 우리 나라의 많은 대학들을 방문했던 나는 한동대와 총장님을 떠나오며, 자꾸 되돌아보았습니다.

"이것이다. 바로 이것이다. 한동대가 우리 조국의 미래를 살릴 것이다."

어려움은 어디에나 있고 아픔은 항상 있습니다. 김영길 총장님의 구속 소식은 도리어 '하나님께서 당신의 영광을 위해 일하고 계시구나' 하고 받아들여졌습니다. 조국의 앞날에도 빛이 있습니다. 포항에서 시작된 빛이 이 나라를 덮을 때까지 참고 기다리며, 하나님 사랑과 애국의 발걸음을 계속하시기 바랍니다.

이근석(뉴욕 호프스트라 대학 교수)

총장님과 식사를

어제는 방학이라 한산한 학교 식당에서 교목실과 생활관의 몇 분들과 함께 점심을 했어요. 그런데 문득 제 앞에 보이는 벽에 누군가가 크게 그려 놓은 캐리커처 형식의 총장님 초상화가 걸려 있었어요. 그 귀엽고(버릇없다고 야단치실지도 모르지만) 따뜻한 웃음을 머금으시고 오른손을 흔드시며 바라보시는 총장님의 모습이요…. 누군가가 총장님께서 빨리 돌아오시기를 바라는 마음으로 그려 놓은 것 같았어요. "어, 총장님이네. 잘 그렸다" 하고 말했지만, 어제부터 계속 총장님의 웃음이 어른거립니다. 저보다 엄마가 오히려 더 슬퍼하시고, 저에게 왜 이리 무덤덤하냐고 나무라시죠. 하지만 제 마음은 그렇지 않거든요. 총장님…!

어제는 총장님의 그림을 마주하고 식사를 했지만, 곧 총장님의 생생한 웃음을 마주할 날이 속히 오기를 마음속 깊이 바라고 있답니다. 총장님, 붐비는 식당에 나타나셔서 갑자기 머리를 어루만지시던 일, 도서관에서도 역시 그렇게 나타나셨던 일, 교정에서도 만나면 악수를 건네시고, 등을 두드리시던 일…. 졸업을 한 후에도 총장님의 그런 모습을 만나게 되면 어떤 신입생보다도 더 들떴던 저랍니다. 어떤 분은 총장님을 너무 우상화하는 게 아닌가 하고 걱정하시지만, 그건 저희의 마음을 잘 모르시고 하시는 말씀입니다. 총장님은 저희의 영원한 아빠 같은, 사랑하는 분이시거든요. 아버지를 사랑하는 마음을 표현하고, 그런 분을 위해 아픈 마음으로 하나님께 기도하는 게 결코 '우상화'는 아니잖아요. 총장님, 금요일에 다시 법정에 서시죠? 왜 이리 제 마음이 떨릴까요? 기도하겠습니다. 진심으로 사랑하고, 존경합니다.

더운 여름날, 한동대 교목실에서 박성애 드립니다.

총장님! 필리핀 말썽쟁이 준우예요. 기억나세요?

저 처음에 학교 왔을 때 머리를 야자수처럼 깎고 다녔잖아요. 근데 사모님이 머리 단정하게 하라고 그러셔서 머리 꽁지를 잘랐잖아요. 근데 나중에 총장님이 지나가시다가 저를 보시더니 막 뛰어오셔서 '와락' 안아 주셨잖아요. 그러면서 총장님이 너무 좋아하셨어요. "준우가 한동대 와서 사람됐다구…" 히히.

그리구 손님들 오실 때마다 저 보시면 소개시켜 주시면서 "애가 준운데, 필리핀에서 왔는데, 한동대 와서 사람 됐어요… 너무 모범생이에요." 그런 말씀하실 때마다 너무 창피하기두 하구 감사하기두 하구 황송하기두 하구요.

저는 총장님이 안아 주실 때 너무 기분 좋아요. 오늘 10시 기도회에서 이런 말씀을 봤어요. 요한복음 14장 18절요. 내가 너희를 고아와 같이 버려두지 아니하고 너희에게로 오리라 이 말씀이 마음에 팍 와서 꽂혔어요. 이 말씀을 보고 너무 감사했어요. 주님께서 우리에게로 오신다는 거, 너무 든든하고 감사한 말씀이었어요.
총장님, 힘내세요. 주님께서 고아와 같이 버려두지 않고 총장님께로, 부총장님께로 오신대요. 아시죠? 말 안 해두. 그래두 말해야겠죠. 총장님, 사랑해요!!

필리핀 말썽쟁이 준우 올림.

하나님의 도를 따르는 자

큰언니들은 다 그런 법인지 우리끼리만 살다가 96학번이 들어왔을 때 그 설렘이 얼마나 컸는지 아마 다른 사람들은 모를 겁니다. 오랫동안 동생 낳아 달라고 조르던 맏자식의 심정이었지요. 정말이지 우리는 96학번을 위해 무엇이든 해 주고 싶었습니다. 그때 처음 학교에 소요가 일어났었지요. 95학번들은 행여 동생들이 다칠까 마음 졸이며 참 많은 것들을 포기했습니다. 겨울에 물이 끊긴 적도, 전기가 끊겨 냉방에서 자야 했던 적도 있었습니다. 하지만 95학번들은 모여서 이야기했습니다. 조금만 참자. 우리가 견디자. 우리 후배들은 이런 거 모르도록 힘든 건 다 우리의 몫이라고 생각하자. 그것이 그 소요 속에서 우리를 견디게 해 준 힘이었습니다.
한동대는 그렇습니다. 한동대는 하나님의 대학이니까요. 처음 우리가 입학해서 맛본 그 감격을 10년, 50년 후배들에게 그대로 전해 주고 싶었기 때문입니다. 어려운 것은, 힘든 것은 우리가 다 가져가고 싶었는데 그러지 못하고 학교를 떠나온 게 늘 마음에 걸립니다. 이번 일로 마음 아파할 후배들을 생각하니 학교가 눈에 밟힙니다. 아마 이번 일도 5년쯤 흐른다면 하나님의 일임을, 합해서 선을 이루시는 일임을 알게 될 것입니다. 하지만 미안합니다. 이 일까지 우리가 다 겪고 학교를 나왔어야 했는데 그게 너무 미안합니다.

95학번 학생

2001년 6월 29일, 구속된 상태에서 고등법원의 첫 재판이 열렸다. 전날 밤 이종순 변호사가 전화를 주었다.

"확정 판결 전에는 양복을 입고 법정에 나갈 수 있으니, 오늘 면회 갈 때 총장님의 양복을 준비해서 가세요. 총장님이 죄수복을 입고 법정에 서신 모습을 보는 학생들, 교수들, 그리고 학부형들의 마음이 어떻겠습니까!"

그러나 교도소의 신우회 회원들이 조심스레 조언해 주었다.

"사모님, 양복을 입어도 포승줄에 묶이기는 마찬가지입니다. 개인 비리가 아니고 학교를 위해 맡기신 사명을 감당하다가 여기까지 오신 총장님이 입으신 관복(수의)은 오히려 자랑스럽고 찬란한 수의(囚衣)입니다. 저희가 출정에 대비해 옷을 깨끗하게 빨아서 준비해 두었습니다."

우리는 두 번 일어섰습니다

29일! 아침 일곱 시를 기다려 대구로 향하는 차 안에서는 그 누구도 아무 말 없이 그저 무표정한 모습으로 앉아 있었습니다. 함께 차를 타신 교수님들께서도 조용하셨습니다. 그러나 머리 속으로는 복잡한 사연들을 되뇌고 계신 듯 보였습니다.

'오늘 굉장한 사람의 재판이 있나?' 다급히 밀려들어 오는 우리들-전국에서 오신 학부모님, 교수님, 학생들 아마 300여 명은 될 겁니다-을 본 사람들의 놀란 표정을 뒤로한 채, 41호 법정으로 올라온 우리들은 그때부터 입을 다물었습니다. 행여나 우리들의 일거수 일투족이 재판에 악영향을 줄까 하여 전전긍긍했음이 옳은 표현일 겁니다. 좁은 법정에 차곡차곡 한 명이라도 더 밀고 들어가 우리는 마음을 졸이고 숨을 죽였습니다. 10시, 판사들이 들어오자 일어서라는 구령에 따라 우리는 모두 일어섰습니다.

부총장님께서 들어오시고 잠시 후, 총장님께서 법정 안으로 들어오셨습니다. 다리가 불편하신 부총장님이 안쓰러워 마음이 아팠습니다. 총장님께서는 약간 야위셨으나 단정하신 머리 모습에, 조금은 시원해 보이는 수의에 그래도 약간은 위로가 되었습니다. "네, 그렇습니다." "네, 그렇습니다." 대답을 하실 때마다 속이 상하고 억울했습니다. 왜 저 자리서 저렇게 긴장하셔야 하나? 주먹이 쥐어졌습니다.

"주여, 사랑해 주시옵소서, 지혜 주시옵소서."

요점을 파고드는 변호인단의 변호를 위로 삼으며 마음이 조금씩 편안해졌습니다. 검찰 측에서 심문할 사항이 없다 하여 더욱 안심이 되었습니다.

총장님과 부총장님께서 일어나셔서 돌아서시는 순간, 몸에 전율이 왔습니다. 순식간에 모두 기립하는 게 아니겠습니까? 누가 먼저 일어나자 따라 일어나는 것이 아니었습니다. 누가 구령을 부른 것은 더더욱 아니었지요. 존경하는 마음에서 우러나오는 그 모습! 지금도 눈물이 핑 돕니다. 다음 열릴 재판을 위해 조용히 나가 달라는 안내가 무색하도록 모두들 조용히 조용히 법정을 빠져나오자, 오히려 멍한 표정을 짓던 재판부와 법원 직원의 그 모습을 표현할 길이 없습니다.

도무지 안이 보이지 않는 호송 차량이 지나가는 길에 일렬로 늘어서서 총장님과 부총장님 뒤에는 하나님 외에, 우리도 이렇게 버티고 있음을 알리려고 무조건 손을 흔들었습니다.

총장님, 부총장님! 마른 장마인지 덥기는 이루 말할 수 없고, 비는 아직 오지 않습니다. 교도소 안은 얼마나 더울까요. 죄송합니다. 사랑합니다.

01학번 손지현 학부모 김혜옥

고난 속의 잔치

대구동신교회(권성수 목사)의 고마운 배려로 재판이 열릴 때마다 법원에서 10분 거리인 그곳에 학부모와 교수와 학생들이 모였다. 재판에 참석한 수백여 명 분의 점심 준비는 언제나 대구 학부모들의 몫이었다. 그날 교회 식당은 잔칫집 같았다. 앞치마를 두른 대구 학부모들이 푸짐한 음식을 부지런히 나르고, 서울에서 새벽부터 길을 떠난 분들을 대접하느라 신이 났다.

"감옥에서 고생하시는 총장님, 부총장님에 비하면, 이 수고는 아무것도 아니지요. 이제 두 분이 나오셔서 재판을 받으시면, 춤이라도 출 듯이 음식을 장만할 겁니다."

그 자리에서 이종순 변호사가 말했다.

"한동대는 참으로 이상한 학교입니다. 김 총장님을 보더라도 그렇습니다. 세계적으로 유명한 과학자인 그가 이렇게 고생하는 것도, 또 국무총리까지 지내신 이영덕 박사님이 고난과 역경이 있는 한동대 이사장이 되신 것도 이상한 일입니다. 또 하용조 목사님 역시 숱한 어려움을 겪으면서도 늘 변함없이 학교를 돕고 계시니 이상한 일입니다. 서울에서 20여 년 동안 변호사로 바쁘게 지내던 제가 포항 한동대의 변호사가 된 것도 이상한 일입니다. 더욱 이해가 가지 않는 분들은 학부모님들입니다. 상식적으로는 이해할 수 없는 분들이 여기 다 모인 것 같습니다. 저는 대학에 학부형회가 있다는 소리를 들어 본 적이 없습니다. 유치원 학부모도 아닌데, 전국에서 새벽 4시에 일어나 대구까지 오셔서 이렇게 재판정을 메우니, 보통 상식으로는 이해할 수 없습니다. 이렇게 상식 밖의 사람들이 모인 자리에 저도 함께 있는 것을 감사하고 있습니다.

한동대 재판 과정을 보면 처음 시작한 재판장이 재판을 끝낸 적이 없습니다. 지난 5년 동안 재판장이 바뀔 때마다 공정한 재판장으로 인해 결과적으로 우리에게 유리했습니다. 그것은 하나님께서 그렇게 하셨기 때문입니다. 이번에도 하나님께서 친히 재판장이 되실 것입니다. 여러 학부형들께서 이렇게 열심히 기도하시니 저는 큰 걱정을 안 합니다. 계속 기도해 주시기 바랍니다."

그런 가운데도 학부모들은 즐거운 이야기들로 웃음꽃을 피웠다. 재판이 열릴 때마다 서울에서 대구로 떠나는 아내를 새벽에 집합 장소까지 운전해 주던 한 아버지는 "당신이 새벽같이 일어나 이렇게 가지 않으면 한동대에서 당신 아들 졸업 안 시킨답니까?"라고 말했다거나, "우리가 늙어서 치매에 걸리면 각자 출신 대학은 잊어버리고 '우리가 한동대 몇 회 졸업생이지? 우리 팀 교수는 누구더라? 아,

참 머리가 하얀 김영길 교수였지' 하겠어요" 해서 모두들 웃었다.

여호와는 천지와 바다와 그 중의 만물을 지으시며 영원히 진실함을 지키시며 압박당하는 자를 위하여 공의로 판단하시며 주린 자에게 식물을 주시는 자시로다 여호와께서 갇힌 자를 해방하시며(시 146: 6-7) 서울에서 대구까지 왕복 10시간! 하지만 그 시간은 뜨거운 간증 시간이었다. 자녀를 한동대에 보내게 된 이야기며 한동대에 온 이후 자녀들의 변화된 모습들을 서로 다투어서 말하려는 통에, 5분을 넘으면 벌금(만 원)을 물기로 했다. 그랬지만 결국 차에 탄 분들 모두가 벌금을 내는 바람에 학부모 기금이 많아졌다고 즐거워들했다.

한동의 새로운 도약을 위한 디딤돌

6월 6일, 다섯 분의 교수님들과 함께 대구 교도소를 향해 출발했다. 교도소 앞에서 한동대 첫 순교자인 강경식 군과 권영민 군의 부모님들을 만났다. 영민 군의 어머님은 매일 교도소로 출근하고 있었다. 두 분 사모님들이 혹 점심을 못 드실까 챙겨 드리기 위해서였다.

잠시 부총장님의 모습을 뵐 수 있었다. 그는 밝은 모습으로 두꺼운 플라스틱 판에 손을 마주치면서 반갑게 인사했다. 같이 간 교수님의 표현처럼 입고 계신 갈색 수의는 오히려 영광의 옷처럼 보였다. 드디어 총장님 면회 시간이 되었다. 검은 플라스틱 안경을 쓰신 총장님의 어린아이 같은 얼굴은 안경 너머로 빛나고 있었다. 하나님께서 총장님을 얼마나 사랑하시는지 금방 느낄 수 있었다. 총장님은 같이 온 강경식 군의 부모님을 보시고는 얼마나 반가워하시는지!

그들의 아름다운 순교가 오늘 한동의 영적인 기초를 세우는 첫 디딤돌이 되었다면, 총장님의 이번 일은 한동의 새로운 도약을 위한 또 하나의 디딤돌이 되리라! 그들 두 디딤돌과 같은 분들이 오늘 교도소에서 만난 것이다. 많은 대화는 없었지만 눈빛으로 나누는 감동을 옆에서도 느낄 수 있었다.

오히려 밝은 발걸음으로 들어가시는 총장님의 뒷모습을 뵙고 돌아오는 차 안에서 그

동안의 이야기에 한동안 눈시울을 붉히시는 박을용 교수님! 순교와 고난의 아픔을 통해 세워지는 한동대! 하나님의 일들을 믿음으로 바라보면서 주님께 찬양드린다.

제양규(한동대 기계제어시스템공학부 교수)

세상에 이런 대학이 또 있을까

오늘 저녁, 학생들이 준비한 총장님, 부총장님 석방을 위한 아름다운 모금 음악회가 있었습니다.

"한동대는 분명히 하나님께서 역사하시는 대학이고, 그 증거가 너무나 확실하기 때문에 총장님이 구치소에 계시지만, 두려움 없이 하나님의 인도하심을 믿습니다"

사모님의 말씀에, 한동대를 향한 하나님의 계획하심이 하나하나 이루어지고 있다는 두려움과 기쁨이 저를 뒤덮었습니다. 하나님께서 보고 계시는 캠퍼스에서 학생들과 어울려 지내는 저 자신이 얼마나 영광스러운 역사의 현장에 있는가 생각했습니다.

구치소로 면회 갔을 때, 음식도 좋고 몸도 건강하다시면서 오히려 우리를 위로하시는 총장님이 보이신 그 미소, 누구도 원망하시지 않으시고 상대방의 잘못을 증명하기보다, 우리의 입장을 해명하는 방향으로 재판을 해야 한다는 당부의 말씀. 그리고 부총장님의 겸손하심을 보았습니다. 매일같이 구치소로 출근해서 사모님과 한동 식구들에게 정성껏 식사 대접을 하시는 영민 군의 어머니도 만났습니다. 6년 전 피지에서의 순교 이야기를 들으며, 지금 저는 천국에 있다는 환상에 젖었습니다.

총장님, 한동에서의 제 생활은 늘 그렇게 감사함으로 다가옵니다. 오늘도 한동대 웹사이트에 올라와 있는 격려 편지를 읽으며 저도 모르게 흐르는 눈물을 닦다가, 찾아오신 손님으로 곤란을 겪기도 했습니다. 총장님, 부총장님의 구속이 저희에게 은혜로 돌아오고 있습니다. 자신의 의를 내세우며 불평하고, 총장님, 부총장님의 고생하심을 몰라라 했던 성숙하지 못한 저희들이었습니다. 자격이 없는 부족한 사람이지만 늘 과분하게 대접해 주시는 하나님의 은혜에 진심으로 감사드리고 있습니다. 저뿐만 아니라, 다른 교수님들도 한동에서 일하는 것에 대한 감사함과 자부심을 가지고 있습니다. 저는 가끔 자문해 봅니다. '세상에 이런 대학이 또 있을까?' 총장님을 존경하고 사랑합니다.

배건웅(한동대 기계제어시스템공학부 교수)

옥문이 열리던 날

초여름 더위가 시작되던 7월 4일, 수감된 지 54일 만에 남편과 오 부총장님은 보석으로 풀려 났다. 이에 저희가 그 근심 중에 여호와께 부르짖으매 그 고통에서 구원하시되 흑암과 사망의 그늘에서 인도하여 내시고 그 얽은 줄을 끊으셨도다 여호와의 인자하심과 인생에게 행하신 기이한 일을 인하여 그를 찬송할지로다 저가 놋문을 깨뜨리시며 쇠빗장을 꺾으셨음이로다(시 107:13–16) 보석으로 석방이 결정된다는 통보를 받고 남편이 입을 양복을 챙기는 나의 손이 한없이 떨렸다. 어제까지의 면회 갈 때와는 사뭇 달랐다. 싱그러운 초여름의 산천이 그제야 총천연색으로 시야에 들어왔다. 대구 화원교도소 앞은 모처럼 기쁜 얼굴들로 가득했다. 학부모와 교수와 학생 들이 환영 현수막을 들고 마중 나와서 목을 늘이고 기다리고 있었다. 두 사람이 좀처럼 나타나지 않아 초조하게 기다리고 있는데, 드디어 두 사람이 우리 앞에 나타났다. 그 순간 환호성과 박수가 쏟아졌다.

두 사람이 일일이 마중 나오신 분들께 인사를 드리는 동안, 그 광경을 바라보던 교도관 몇 사람이 눈가에 손수건을 가져갔다. 그리고 감회 어린 얼굴로 내게 다가와 인사를 건넸다.

"사모님 그동안 고생 많이 하셨습니다. 그러나 저희들은 이 안에서 총장님과 부총장님 모시고 참으로 소중한 시간들을 보냈습니다. 교도관 생활 십수 년 만에 우리 나라에도 이런 분들이 계셨구나… 소망을 가질 수 있었어요."

옥문이 열리던 감동의 순간

2002년 7월 3일 오전 11시쯤, 총학생회 사무실에서 총장님과 부총장님이 보석으로 나오신다는 소식을 듣고 부랴부랴 몇몇 교수님들과 대구 교도소로 향했습니다. 몇 시에 나오실지 아무도 몰랐지만 무작정 버스에 올랐습니다.

학부모님, 교수님 들과 함께 두 분이 걸어 나오실 정문을 바라보며 기다릴 때, 처음 구속되실 때부터 어려웠던 일들이 스쳐 지나가면서 '참 힘드셨겠지' 라고 생각했습니다.

오후 3시쯤 총장님, 부총장님이 곧 나오신다는 전갈과 함께 멀리 교도소 정문이 열리고 걸어 나오는 두 분의 모습이 보였습니다. 왠지 멍해지더군요. 총장님을 바라보았습니다.

검은 뿔테 안경에 양복을 입으신 총장님께서는 만감이 교차하시는 표정으로 맨 앞에 계신 선린병원 김종원 협동 원장님(88세)을 껴안고 흐느껴 우셨습니다. 뒤에 서 있는 교수님, 학부모님, 학생 들도 눈시울이 붉어지며 총장님과 부총장님을 맞았습니다.

생각보다 건강하신 것 같아 보였고 아무 말씀 없이 거기 있는 한 사람 한 사람씩 모두 껴안으시면서 눈물을 흘리셨습니다. 아이처럼 울컥 울음을 터뜨리시는 몇몇 교수님들도 계셨구요. 교도관과 그곳의 책임자도 총장님을 통해 많은 은혜를 받았다며 울먹이셨습니다. 두 분은 건강 진단을 받으러 포항 선린병원으로 떠나셨습니다.

차 안에서 예전처럼, 어린아이처럼 환하게 웃으시며 손을 흔드시는 총장님의 모습을 다시 볼 수 있어 오늘은 정말 기쁜 날이었습니다. 갑작스레 가게 된 자리였지만, 많은 것을 느끼고 배웠습니다. 2심 판결이 아직 끝나지 않았지만, 총장님과 부총장님이 건강을 회복하시고 평안하게 다시 학교 일을 보실 수 있도록 다같이 기도합시다.

여러분! 모두 수고하셨습니다.

김성민(국제어문학부 00학번)

담장 안에서 본 총장님, 부총장님

지금까지 짧은 생을 살면서 '한동대 사건' 은 저의 상상을 완전히 뒤엎었습니다. … 구속의 부당성이나 즉시 석방을 요구하는 성명서, 탄원서, 신문 기고문 등이 발표되니 저의 상식으로는 도저히 이해하기 힘들었습니다.

김영길 총장님은 하나님을 믿는 분으로, 한국이 배출한 세계적인 석학이시고 좋은 자리를 마다하시고 포항에 한동대를 세계적인 대학으로 육성하시는 분이라는 정도로만 알고 있던 저에게는 큰 충격이었습니다. 총장님에 대해 알고 싶어서 관련 책도 구해 보고 한동대 홈페이지도 방문해 보았으며 인터넷 검색도 많이 해 보았습니다. 그리고 놀랐습니다. 특히 홈페이지에 올라온 수많은 글들이 저의 생각을 짓누르고 말았습니다. 그 글들은 신앙인이 아니더라도 도저히 눈물 없이 읽을 수 없었습니다.
교도소 안에서 생활하시면서도 오히려 저희 교도관들이 고생하는 것을 걱정하시고 나라와 민족 그리고 법원 밖에서 자신들 때문에 고생하시는 모든 분들을 위해서 끊임없이 기도하시는 모습을 보았습니다. 그리고 총장님께서 한동대를 얼마나 사랑하시는지, 〈한동의 종소리〉를 읽고 많은 감동을 받았습니다.
부총장님께서는 연로하신데도 도리어 소년수 감방에 자원하여 함께 생활하며 어린 영혼들을 위해서 기도하고 정신 교육을 시키며 하나님을 전파하셨습니다. 면회 오시는 분들에게 컴퓨터 자격증 책 등 많은 책들을 넣어 달라고 해서 그들에게 준 것도 알게 되었습니다. 학교에서도 모든 학생, 교직원들에게 열심히 주님을 섬기듯 하셨기에 그들이 총장, 부총장님을 신뢰하지 않을 수 없었나 봅니다.
총장님, 보석으로 출소하시면서 갖고 계시던 돈 전부를 교도소 신우회인 '밀알회'에 헌금하고 가신 것, 출소 후에 듣고 놀랐습니다. 그 많은 돈을 헌금하시면서 불우한 수용자들에게 영치금으로 사용해 주실 것을 부탁하고 떠나셨죠. 허락 없이 이곳에 밝히는 것을 용서해 주십시오.
마지막으로 총장님이 출소하실 때 정문까지 한재준 과장님과 여러 신우회원들의 안내로 나오시는 모습을 보았습니다. 많은 사람들이 두 분이 출소하기를 기다리며 눈물로 부둥켜안고 재회의 기쁨을 나누며, 총장님께서 안경 속으로 흐르는 눈물을 훔치시는 모습에 저도 울었습니다. 앞으로 재판의 모든 과정도 모든 분들이 주님께 기도하고 간구하는 대로 잘 이루어질 것을 믿습니다.

장덕현(대구 화원교도소)

그해 7월 신입생 수시 모집은 학교의 어려운 상황에도 높은 경쟁률을 보였다.

마흔 넷, 남자의 눈물

눈물 하나, 한동대 수시 모집 시험을 며칠 앞두고 딸아이는 휴대폰으로 연이어 문자 메시지를 보내왔습니다. 아빠의 뜻과 다르게 한동대 수시 모집에 응시하게 된 것을 용서하시고 기도해 달라는 내용이었는데, 참뜻은 한동대의 꿈과 비전을 모르는 아빠에게 서운함을 표시하는 것이었습니다. 이후 한동대의 홈페이지에 접속하면서 눈이 적셔지고 가슴이 뭉클해지면서 한동대를 이해하게 되었습니다.

눈물 둘, 수시 시험 날, 정문에 걸려 있던 "총장님, 부총장님, 사랑합니다"라는 현수막은 별천지로 인도하는 안내문 같았습니다. 10여 명의 예비 학부모들이 모였는데도 파워 플랜, 기도실을 시작으로 생활관 안내까지 해 주었던 학생의 순수함과 성실함에 매료되었습니다. "생활관도 한 동, 강의동도 한 동밖에 없어서 '한 동 대학교'라 했는데, 지금은 '여러 동 대학교'로 바뀌었다"는 한동인의 재치에 상큼함을 느꼈습니다.

눈물 셋, 6월 29일 총장님의 재판 때문에 수백 명의 한동 식구들이 대구에 모였을 때 동신교회에서 점심 식사를 준비하시던 학부모님이 아내에게 들려준 이야기입니다. "한동대 학부모가 아니라 '한동 유치원' 학부모랍니다. 이렇게 학부모가 자주 모이는 데는 유치원밖에 없으니까요." 대학에 가서는 그동안 소홀했던 건강을 다지라고 헬스 복을 골라 주는 저도 딸아이를 유치원에 보내는 심정입니다.

눈물 넷, 주의 궁정에서의 한 날이 다른 곳에서 천 날보다 나은즉(시 84:10) 한동대가 한국의 역사를 다시 쓸 수 있기를 기도하면서 가슴이 뛰고 다시 이십대가 된 느낌입니다. 한동대 의과 대학이 서는 날, 현재의 의과 대학 주임 교수라는 조그만 직책도 던져 버리고, 문지기로 봉사할 수 있는 그날을 꿈꾸며 흐르는 눈물을 닦습니다.

02학번 김한나 아버지(교수, 계명대 의과대학)

02
내가 단정코 너를 구원할 것인즉

예수의 흔적

석방되던 날, 남편과 오 부총장은 건강 진단을 받기 위해 선린병원에 곧바로 입원했다. "어, 이 방 창문에는 철창이 없네" 하고 병실로 들어서며 농담을 건네던 남편은 피부과 의사들이 병실에 들어오자 내게 말했다.

"당신 좀 나가 있어요."

무슨 일인가 궁금했지만, 나는 병실 밖으로 나올 수밖에 없었다. 그래도 궁금해서 방문을 슬며시 열어 보았다. 그 순간, 엉망으로 짓물러 있는 그의 엉덩이가 눈에 들어왔다. 새빨간 자두빛으로 짓무른 살이 엉겨 붙어 있었고, 살점이 드러나 있었다. 의사가 치료를 해 주고 나간 뒤에 방으로 들어간 나는 놀라서 물었다.

"여보 왜 이렇게 되었어요?"

"못 보게 하려고 나가 있으라 했는데… 별것 아니오. 감방에서는 언제나 반듯하게 앉아 있어야 하는 것이 그곳 규칙이오. 그래서 아침부터 저녁까지 한자리에 너무 오래 앉아 있어서 땀띠가 난 곳에 곰팡이 균이 번진 것이라오."

"세상에! 이렇게 되도록 하루 종일 앉아 있었다니…. 독방에 있으면서 누가 지켜보는 것도 아니었을 텐데…. 좀 다리도 뻗고 고쳐 앉아도 보고, 옆으로 앉아 있을 수도 있었잖아요?"

내가 원망스럽게 말하자, 남편은 나를 이해할 수 없다는 표정으로 말했다.

"안 돼! 그렇게 하면 안 돼지! 똑바로 앉아 있으라 하면 그대로 해야 해! 감방의 규칙을 지키지 않으면 어찌한단 말이오? 사람은 못 봐도 하나님께서는 지켜보고 계신다오."

이후로는 누구든지 나를 괴롭게 말라 내가 내 몸에 예수의 흔적을 가졌노라 (갈 6:17)

수감 번호 433의 수감 일기

병원에서 나온 후, 남편은 지금까지 아무 일도 없었다는 듯 학교로 달려가 그동안 쌓여 있던 학교 일을 처리하기에 바빴다. 나는 오랜만에 집에서 홀로 엎드려 울었다. 모든 일이 넘치도록 감사했다. 말로 표현할 수 없는 하나님 아버지의 오묘하신 사랑과 역사하심에 기쁨의 눈물을 흘렸다.

남편은 재판정에서 법정 구속되어 구치소로 들어가던 날과 감옥에서의 일들을 들려주었다.

벽을 향해 돌아앉으시오

재판장이 판결문 낭독을 마치고 내게 할 말이 없느냐고 물었을 때 나는 한동안 아무 생각도 나지 않았소. 나는 판사를 멍하니 바라보기만 했소. 판결문의 뜻을 미처 파악할 겨를도 없이 뭐가 뭔지 정신이 멍했소. 횡령이라니…, 증거 인멸의 우려가 있다니…, 법정 출석을 이유 없이 기피했다니…. 그 순간도 잠시, 교도관들이 들어와 부총장과 나를 재판정 뒷문으로 데리고 나갔소. 문을 나서자 곧 나의 팔목에 수갑이 채워졌소. 차가운 수갑이 채워지는 순간, 그제야 모든 것이 현실로 다가오더군.

일부러 법정 출석을 기피했다는데, 그 이유를 뒤늦게야 생각해 보았다오. 처음 선고 재판일로 잡힌 4월 27일은 공교롭게도 1년 전부터 준비해 온 '한동대 주최 국제 법률 학술 대회' 개최일과 같은 날이었소. 서울 힐튼호텔에서 외국의 저명한 법조인과 교수들이 대거 참여하는 한동대 개교 이래 최대의 학술 대회였으니까 이미 공고된 국제 학회를 연기할 수 없어서 우리 변호사를 통해 정식으로 재판 연기 신청을 할 수밖에 없었소.

경주 교도소로 가는 한 시간 동안 잠시 눈을 감고 도무지 믿어지지 않는 이 상황, 막막하고 황망한 이 현실에서 하나님의 뜻이 무엇일까 생각해 보았다오. 명료하지 않은 내 의식과 머릿속에 자리 잡은 것은 사랑하는 학생들, 그리고 교수와 학부모들이 받을 충격이었지. 순간 나는 눈앞이 캄캄했소. 5월의 하늘이 저렇게 눈부신데, 낯익은 이 길이 어지럽기만 했소. 주님께 무엇을 어떻게 간구해야 할지 막막할 뿐이었소.

경주 구치소 사무실에서 수감 수속이 끝나자 교도관을 따라 신입자 입소실로 안내되었소. 나는 입고 있던 옷을 모두 벗어 자루에 담고는, 쌓여 있는 누런 황토색 미결수 옷더미 속에서 하나를 집었소. 손에 잡힌 바지가 하도 헐렁해서 허리에 맞을 만한 것을 찾으려고 했더니 교도관이 말했소.

"아무거나 그냥 입으시오! 다 마찬가지니 고를 게 뭐가 있겠소."

발 앞에 놓여진 흰색 고무신을 감각도 없이 발에 꿰었소.

"안경을 벗으시오! 금속 테 안경은 이 안에선 규정상 허락이 안 되오. 안경 도수를 알고 있으면 가족 면회 때 플라스틱 안경을 맞추어 오라고 하시오."

그리고 나는 수감번호 433이 적힌 판을 들고 벽 앞에서 앞과 옆을 바라보고 사진을 찍었소. 범죄자 기록을 위한 것이라오. 누가 입던 옷인지도 모를 허름하고 낡은 죄수옷을 걸친 나는 생각도 의식도 감각도 없었소. 안경을 회수당하고 나니 갑자기 모든 것이 온통 희미하게 보였소. 교도관이 준 플라스틱 숟가락 하나와 밥그릇 두 개를 받아 들고 방을 배치하는 교도관을 따라갔소.

감방 안으로 들어가자 방에 가득 찬 사람들의 얼굴이 뿌연 안개 속처럼 나의 시야에 한가득 들어왔소. 그 순간 또 한 번 충격을 받았소. 방 안에 있던 사람들의 시선이 일제히 내게 쏠렸소. 그때 누구인가 엄하게 소리치는 사람이 있었소.

"벽을 향해 돌아앉으시오!"

나는 무슨 영문인지도 모르고 벽을 향해 한참이나 돌아 앉아 있었소. 나중에 안 일이지만 그것이 소위 신입 신고식이었소. 얼마인지 모를 시간이 한참 흐르자 그 목소리가 다시 들렸소.

"이제 바로 앉으시오. 그리고 여기 종이에 적힌 대로 육하(六何) 원칙에 따라서 이름, 주소, 직업, 죄명(罪名), 전과 사실을 차례로 말하시오."

이윽고 나는 돌아앉아 방 식구들에게 큰 소리로 "안녕하십니까"라고 신입 인사를 한 후, 순서대로 내 죄명에 대해 말했소. 내 이야기를 듣던 그들이 앞다투어 말했소.

"뭐 그 정도로는 법정 구속될 사건이 아닌데, 뭐가 좀 잘못된 것 아냐?"

"확정 판결도 나기 전에 현직 대학 총장을 법정 구속하다니, 거 너무 심한데?"

내 죄명에 대해 방 안 사람들은 제각기 해석과 의견이 분분했소. 그때 또 한 목소리가 그들의 말을 세차게 반박했소.

"거 한동대 문제 있는 대학이야!"

그들은 변호사 못지않게 법적 지식과 상식이 많아 보였소. 그때 방에서 제일 높은 듯한 사람이 말했소.

"총장, 점심은 했소?"

그제야 나는 끼니를 걸렀다는 사실을 알았소. 이미 오후 4시가 넘은 듯했소.

"어이, 거기 있는 빵 갖다 줘!"

나는 거기까지 듣고 남편의 말을 가로막고 물었다.

"그 빵을 잡수셨어요? 그 상황에 빵이 목에 넘어갑디까?"

"그럼, 맛있게 먹었지."

남편은 빙긋이 웃었다. 그 경황 중에도 빵을 먹은 여유에 나는 웃어야 할지 울어야 할지 몰랐다. 남편은 계속해서 말했다.

그들은 적잖이 내게 마음을 써 주었소. 그 방에는 작은 상이 두 개 있었는데, 식사 시간이 되자 방장은 상 위에 내 밥그릇을 얹어 주는 배려와 함께 방 청소와 설거지도 면제해 주었소. 아홉 시, 취침 시간이 되자 이렇게 좁은 감방에서 이 사람들이 어떻게 다 누울 수 있을지 나는 참으로 궁금했소. 그러자 각자 담요를 말아서 베개를 만들고, 35명의 사람들이 눕는 순서를 배치했소. 한 사람씩 머리 쪽과 발 부분을 서로 어긋나게 눕게 해서 서로 발이 코에 닿을 정도로 어깨를 모로 세워 소위 칼잠을 자야 했소.

"여기 여덟 번째 누우시오! 입소한 순서대로라면 뺑끼통(변소) 옆에 누워야 하는데, 대단히 승진한 줄 아시오."

교도소 규칙상 밤새 방에 불을 켜 놓은 채 자야 했소. 대낮같이 밝은 밤에 모두들 쉽게 잠을 이룰 수 없는 듯했소. 줄줄이 멀뚱멀뚱 누워 있자니 무료해서인지 방장이 말했소.

"오늘 밤에도 우리 모두 사회에서 겪은 일들을 하나씩 이야기합시다."

모두들 이렇게 했으면 좋았을걸, 저렇게 했으면 여기 들어오지 않고 잘 넘어갔을 텐데 하는 후회의 말들이었소. 이윽고 내 차례가 되었소.

"저는 그런 일은 별로 기억에 없고 대신 노래 하나 부르면 안 될까요? 내 고향은 안동 지례라는 곳인데 지금은 임하댐으로 수몰 지역이 되고 말았지요. 말하자면 나도 실향민입니다. 그래서 나는 〈고향의 봄〉을 즐겨 부릅니다."

"노래를 한다고요? 한번 불러 보시오."

나는 누워서 나직이 노래를 부르기 시작했소.

"나의 살던 고향은 꽃피던 산골 복숭아꽃 살구꽃 아기 진달래…

그 속에서 살던 때가 그립습니다."

그들도 노래를 따라 부르기 시작했소. 노래를 마치자 누군가 말했소.

"거, 총장 노래도 잘하네요."

금방 분위기가 달라졌소. 그 노래는 교도소에서의 첫날 밤을 방 식구들과 가깝도록 묶어 주는 우정의 띠가 되었소. 갇혀 있다는 갑갑함과 우울함을 그들도 잠시 잊는 것 같았소. 나는 눈을 감고 고향 산천을 그려 보았소. 갑자기 슬픔이 치밀어 가슴속에서 통곡이 터지려 했소. '이제 내 나이 반백을 넘어 예순둘. 어찌하여 나는 이곳에 와서 이렇게 누워 있는가! 죄질이 나쁘고 해외 도피의 우려가 있다니! 고의로 법정 출석을 기피했다니!' 하지만 실정법을 어기고 최종 판결을 기다리는 죄인으로서의 나를 깊이 돌아다보았소.

35명이 옆으로 포개어져 누워 있는 그 터질 듯한 방에서 나는 아무것도 걸친 것 없는 벌거벗은 영혼으로 하나님 앞에 섰소. 좁은 방 안에 겹겹이 누운 사람들, 옷과 옷이 겹치고 살과 살이 쓸리고 숨결과 숨결이 섞여 네 숨인지 내 숨인지 모를 탁한 공기에서 나는 자신과 지난날들을 돌이켜 보았소.

내 생각은 너희 생각과 다르며

솔직히 말해서 한 이틀은 정신을 차릴 수가 없었소. 꿈에서도 구경한 일이 없었던 감옥. 모든 것이 합력하여 선을 이루느니라(롬 8:28) 믿고 있었지만, 숨이 차도록 나를 여기까지 오게 하신 주님께서 왜 나와 오 부총장을 감옥으로 끌어 오셔야 했는지, 그분의 뜻을 또다시 깊이 묵상해 보았소. 내 생각은 너희 생각과 다르며 내 길은 너희 길과 달라서 하늘이 땅보다 높음같이 내 길은 너희 길보다 높으며 내 생각은 너희 생각보다 높으니라(사 55:8-9)고 하셨으니까.

감옥 안도 사람이 살고 있는 세상이었고 견딜 만한 곳이라는 사실을 알았소.

이 안에 들어와 있는 한 사람 한 사람도 생명의 존귀함을 안고 태어난 사람들이며 그들의 삶 속에서 그들만이 알고 있는 사연과 눈물과 한숨과 슬픔을 견디며 희망을 찾고 있는 사람들이었소.

감옥에 수감된 지 사흘째 되던 날, 그러니까 스승의 날 아침에 교도관이 귀띔을 해 주었소.

"총장님, 혹 무슨 소식 못 들었습니까?"

"6척 담 안에 갇혀 있는 제가 무슨 바깥소식을 들을 수 있겠습니까?"

"오늘 스승의 날이라고 한동대 학생 수백 명이 이곳엘 온다는군요. 교도소 당국에서도 특별 경비를 서둘고, 분위기가 심상치 않은데… 좀 걱정이군요."

"…별일 없을 겁니다. 우리 학생들은 사리 분별을 하는 성숙한 학생들입니다."

그날 오후, 그 교도관이 상기된 표정으로 찾아왔소.

"총장님, 정말이지 제자들을 잘 교육하셨습니다. 학생들이 질서 정연하게 행사를 마치고 돌아간 자리에 종이 하나 떨어져 있지 않더군요. 우리 나라 시위 문화가 이렇기만 한다면야 무슨 걱정이겠습니까? 교도관 생활 20년 만에 이런 감동은 또 처음입니다."

그때 나는 학생들이 얼마나 자랑스러웠는지 모른다오. 구속된 지 일주일 만에 나는 35명에서 7명 있는 방으로 옮겨졌소. 그 방은 모두 새로 배치된 사람들이라 신입 신고를 하지 않아도 되었소. 그제야 나는 비로소 방 식구 개개인에게 관심을 기울일 수 있었소. 주기도문과 사도신경을 그들에게 각각 써 주며, 식사 때마다 하나님께 감사 기도를 드리자고 제안했소. 이상하게도 아무도 반대하는 사람이 없었지.

나는 재판을 받으러 법원에 가는(출정이라고 한다) 사람들을 붙들고 기도해 주었소. 그렇게 착잡한 마음을 다스리며 하루하루 하나님의 은혜를 나누었소.

7년 동안 하루같이, 숨통을 조여 오던 돈 걱정을 하지 않아도 되고, 성경 말씀을 어느 때보다 깊이 묵상할 수 있어서 좋았소. 그동안 못 읽던 책도 맘껏 읽고,

기도하고 찬송 부르는 일 외엔 다른 할 일이 없으니, 지금까지 내가 너무 바쁘게 사는 것을 보시고 하나님께서 내게 특별 휴가를 주신 것이라는 생각이 들더군. 나는 그곳에서 학교를 위해 야베스의 기도를 매일 드렸소. 원컨대 주님께서 내(한동)게 복에 복을 더하사 나(한동)의 지경을 넓히시고 주의 손으로 나(한동)를 도우사 나(한동)로 환난을 벗어나 근심이 없게 하옵소서(대상 4:10)

나는 나중에 그날의 고백을 수첩에 이렇게 적어 놓았소. '나의 영혼은 떨림으로 주님 앞에 지금 서 있다. 일찍이 이렇게 아무것도 걸친 것 없이 주님 앞에 선 적이 없었다. 나의 이름, 명예, 지위, 자존심, 그리고 모든 고통과 애태움… 이 모든 것을 벗어 버린 참 자유를 나는 느끼고 있다. 지금까지 앞만 바라보고 질주해 온 나를 주님께서는 잠시 걸음을 멈추게 하시고, 이런 기이한 장소에서 이런 방법으로 나를 자유케 하시며 나와 독대(獨對)하고 계신다. 이곳은 나의 기도 처소요, 주님과 만나는 골방이다.'

그분의 낮아지심

경주 구치소에서 18일째인 5월 28일, 교도관이 와서 슬쩍 귀띔을 해 주었소.

"고등법원에서 재판을 받기 위해 내일 대구 교도소로 이감합니다. 아직은 누구에게도 말하지 마시고 준비하십시오."

내일 떠날 생각을 하니 그 동안 정든 방 식구들 생각에 마음을 진정할 수 없었소. 하루 스물네 시간, 같은 공간에서 숨결을 같이하며 함께 살았다는 것이 이런 것인가 싶었소. 대구로 이감하는 날 아침, 나는 방 식구 한 사람 한 사람을 붙들고 간절히 기도했소. 나도 모르게 눈물이 걷잡을 수 없이 흘렀소.

"하나님 아버지, 저희들을 만나게 해 주셔서 감사합니다. 비록 이곳은 감옥이라는 험한 곳이지만 그동안 하나님께서 저희들과 함께 계셔서, 이곳도 평화롭고 감사한 자리가 되었습니다. 각자 연유가 있어 이곳에 들어왔지만, 이들을 긍휼히 여기셔서 하나님의 자녀가 되도록 축복해 주시옵소서. 이 땅에서 주님께서 함께하신다는 증거를 가진 자 되게 하시옵소서. 주님께서 이들을 눈동자처럼 지켜 주옵소서. 이들의 가족을 지켜 주옵소서. 이곳에 있어야 할 기간이 얼마가 되건 인내로 새 삶을 배우게 하시고, 믿음을 다져 가는 나날 되게 하시옵소서…."

모두들 눈물로 작별했소. 짐 보따리를 들고 밖으로 나오자, 대구 교도소로 이감될 사람들이 굴비처럼 줄줄이 한 줄에 묶인 채 줄 서 있었소. 내 손목에는 수갑 두 개가 채워지고 굵은 포승줄로 어깨에서부터 허리를 둘러 앞과 뒤까지 단단히 동여맸소. 수갑이 팔목을 조여서 움직이기 힘들었고 등 뒤에 묶인 굵은 매듭으로 의자에 기대앉을 수도 없었소."

그때 교도관이 다가와 말했소.

"총장님 이해해 주십시오. 어느 죄수가 탈출한 이후로, 이렇게 수갑을 두 개씩 채우는 것이 규정이 되었습니다."

차는 경주 교도소를 떠나 대구를 향해 경부 고속도로를 천천히 달리기 시작했소. 신록으로 물든 산과 들, 오랜만에 보는 차창 밖의 낯익은 풍경, 수없이 다니던 길이었지만 내게는 새롭게 느껴졌소. 만 가지 감회에 젖으며, 나도 모르게 눈물이 흘러내렸소. 나 어찌 수치심과 억울함과 비애가 없겠소만, 그 때문에 흘린 눈물이 아니었소. 이렇게 내가 수갑을 겹으로 차고 포승줄에 묶여 보니, 주님께서 당하신 고통의 무게가 나를 짓눌렀소. 그가 쓰신 가시 면류관과 채찍, 침 뱉음과 수모! 주님의 외로움, 슬픔, 억울함과 서러움, 그가 느끼셨을 수치심과 배신감이 예리한 아픔이 되어 내 가슴을 파고들었소. 창조주 하나님이신 예수님께서 사람이 되어 이 땅에 오신 것은 겸손과 낮아짐의 극치였소.

너희 안에 이 마음을 품으라 곧 예수 그리스도의 마음이니 그는 근본 하나님의 본체시나 하나님과 동등됨을 취할 것으로 여기지 아니하시고 오히려 자기를 비어 종의 형체를 가져 사람들과 같이 되었고 사람의 모양으로 나타나셨으매 자기를 낮추시고 죽기까지 복종하셨으니 곧 십자가에 죽으심이라(빌 2:5-8) 그분의 낮아지심을 생각하면 내가 겪는 이것은 아무것도 아니었소. 죄인인 나를 구원하시기 위해 하나님께서 사람의 모양으로 오실 수밖에 없었던 죄 용서의 유일한 길! 그 희생의 대가 없이 이루어질 수 없는, 나를 위해 독생자를 대신 죽게 하신 하나님의 사랑이 내 심장과 몸에 절절하게 느껴졌소. 그렇게 죽기까지 복종하셨던 예수님께서는 나를 위해 길이 되어 주셨고, 진리가 되셨으며 생명이 되셨던 것을!

인자의 온 것은 섬김을 받으려 함이 아니라 도리어 섬기려 하고 자기 목숨을 많은 사람의 대속물로 주려 함이니라(막 10:45) 아! 나는 그런 사랑과 희생을 받은 존재구나! 그런데 죄인인 나는 이렇게 편안히 버스에 앉아 가는구나! 하나님의 사랑을 생각하며 나는 감사하며 울었고 죄스러워서 울었소.

대구 교도소에 도착하자, 오 부총장은 미결수 쪽으로, 나는 기결수 독방에 각각 수감되었소. 내가 관구실(초소) 앞을 지나는데 교도관 몇 명이 신문을 들고 있다가 깜작 놀라며 알아보았소.

"한동대 김영길 총장님, 창조과학회 회장이셨던 장로님이시죠? 저희가 막 신문에 난 기사를 읽고 있던 중이었습니다."

그들은 밀알회라는 신우회 회원들로 마침 한자리에서 한동대에 관한 신문 기사를 읽으며 만약 총장님이 잘못했으면 학교에서 먼저 들고 일어날 텐데 이상한 일이라고 서로 이야기하던 중이었다고 했소.

대구 교도소에 이감된 지 한 달 가까이 되었을 때, 대구 교도소 밀알회 회원들이 말했소.

"아무래도 총장님은 빨리 나가실 것 같으니 오늘 저녁 저희가 특별한 행사를 갖기로 했습니다. 꼭 참석해 주셔서 저희들에게 말씀을 전해 주십시오."

그래서 나는 빌립보서 2장 5-11절 말씀을 전했소. 그들은 내 어깨에 손을 얹고 간절히 기도해 주었소.

"서머나 교회 교인 김영길 장로님을 세상으로 파송합니다."

내 손등과 어깨에 그들의 눈물 방울이 뚝뚝 떨어졌소.

"총장님 세상에 나가서도 우리 서머나 교회를 잊지 말아 주십시오."

남편은 지금도 내게 종종 말한다.
"나는 서머나 교회에서 세상으로 파송받은 선교사야."

룸메이트 총장님!

안녕하세요. 저는 5월 한 달 동안 내남(경주 구치소)에서 총장님과 한 방에서 보낸 사람입니다. 제가 눈으로 보고 직접 겪은 총장님에 대해 말씀드릴까 합니다.
한 달 동안 총장님과 함께 보낸 시간은 정말이지 저에게 소중한 시간이었습니다. 매일 아침 기도로 시작하셔서 기도로 하루를 마감하시는 총장님! 대학교 총장님이라기보다 선하신 이웃 아저씨 같은 분이셨습니다. 힘든 수감 생활도 항상 웃음을 잃지 않으시고 혼자서 기도하시며 생활하시는 모습을 보고, 저 또한 많은 반성을 하게 되었습니다. 학교 비서실에서 매일 보내 주는 그 수많은 편지들을 늦은 시간까지 잠을 줄여 가시며 하나하나 읽으셨습니다.
전 아직도 기억합니다. 대구로 이감 가시던 그날 아침, 총장님은 무릎을 꿇고 기도하셨습니다. 눈물로 슬퍼하며 기도하셨습니다. 자기 자신보다 한동대를 위해 기도하셨으며, 모든 학생을 위해 기도하시며 우셨습니다. 전 사건의 전부를 알지 못합니다. 하지만 이런 분이시라면 죄를 짓지 않았을 거라고 생각했습니다. 또한 그렇게 수감 생활을 하시면서도 누구도 원망하지 않으셨습니다.
한동대 여러분! 격려 편지를 많이 써서 총장님께 작은 희망이라도 드렸으면 합니다.
김영길 총장님이 계신 한동대를 다니시는 여러분은 행복한 분들이라고 생각합니다.

막대기를 잡고 있는 손

대구 교도소에 수감되어 있던 6월 초순, 전국 장로회 연합회 회장 이흥순 장로님이 면회를 오셨다. 날카롭지만 온화한 인상의 장로님은 영어의 몸으로 있는 남편에게 뜻밖의 초청을 했다.

"총장님, 다음달, 7월 24일 경주 현대호텔에서 열리는 전국 장로회 수련회에 강사로 모시고 싶습니다."

"장로님, 저는 지금 감옥에 있고, 언제 나갈지도 모릅니다…."

"그 이전에 김 총장님께서 석방되실 것을 저희는 확신합니다. 전국에 있는 저희 장로님들이 한동대와 김 총장님, 오 부총장님을 위해 기도하고 있습니다."

"그때까지 나가게 되면… 순종하겠습니다."

면회를 마치고 나오면서 장로님은 내게도 자상한 당부를 했다.

"사모님, 이번 일은 하나님의 섭리 가운데 일어난 일이니 조금도 염려하지 마시고 오히려 하나님께 감사해야 합니다. 하나님께서 총장님을 지목해서 불러내 낮추셨으니 그분께서 또한 높이실 것입니다. 고난 뒤에는 반드시 하나님의 놀라운 축복이 예비 되어 있습니다. 한국 교계가 아끼는 평신도 과학자요, 교육자인 총장 장로님이 핍박을 받고 감옥에 간 사건으로 인해 전국의 12만 장로님들이 한마음으로 기도하게 되었습니다.

만약 이번 일이 잘못되면 한국 교회가 하나님께 책망을 받을 것입니다. 우리는 하나님께서 하시도록 묵묵히 참고 또 참으십시다. 총장님을 감옥가게 하신 분들은 총장님을 연단시키시는 하나님의 막대기입니다. 막대기를 원망하지 마십시오. 막대기를 잡고 있는 손끝을 보십시오. 그 손은 누구 손이겠습니까!"

하나님께서는 한 번도 뵙지 못한 초면의 장로님을 당신의 전령으로 삼으시고, 그를 통해 위로와 함께 사명도 새롭게 해 주셨다.

하나님께서는 이 장로님과의 약속을 지킬 수 있도록 남편을 석방시켜 주셨다. 그날, '장로회 수련회'의 강연을 위해 경주로 가는 차 안에서 남편은 시종 눈을 지그시 감은 채, 나직이 찬송을 불렀다.

나의 영원하신 예수(기업) 생명보다 귀하다

나의 갈 길 다 가도록 나와 동행하소서
세상 부귀 안일함과 모든 명예 버리고
험한 길을 가는 동안 나와 동행하소서
어둔 골짝 지나가며 험한 바다 건너서
천국 문에 이르도록 나와 동행하소서
주께로 가까이 주께로 가오니
나의 갈 길 다 가도록 나와 동행하소서

대회장인 경주 현대호텔은 전국에서 오신 장로님들로 현관까지 발 디딜 틈이 없었다. 이흥순 장로님이 개회사를 했다.

"제27회 이번 전국장로수련회에 김영길 장로님의 특강에 차질이 생길 뻔했다가 하나님의 은혜로 그의 생생한 간증을 듣게 된 것을 하나님께 감사드립니다."

하지만 남편은 감옥에서의 이야기를 들려준 것이 아니었다. 그는 예수 그리스도를 증언했다.

"제가 좋아하는 찬송(338장)을 부르고 간증을 마치겠습니다. 주님께서는 내게 오는 자는 내가 결코 내어 쫓지 아니하(요 6:37)고 끝까지 사랑(요 13:1)하겠다고 하셨기 때문에, '주 나를 박대하시면 나 어디 가리까' 라는 찬송 가사는 하나님의 마음을 잘못 표현한 것입니다. 그래서 저는 감옥에서 즐겨 불렀던 이 찬송을 가사를 고쳐서 부르겠습니다."

천부여 의지 없어서 손들고 옵니다 주 나를 사랑하시니 참 감사합니다
독생자 예수 주께서 영 죽을 영혼을 보혈로 구해 주시니 그 사랑 한없네
나 성령 의지하므로 큰 권능 받아서 주 앞에 구한 모든 것 늘 얻겠습니다
내 죄를 씻기 위하여 피 흘려 주시니 곧 회개하는 맘으로 주 앞에 옵니다

3,500여 명의 장로님들도 두 손을 들고 눈물과 감동으로 하나님을 찬양했다.

4개월 전 남편이 대구에 영어의 몸으로 있을 때 일이다. 대구 교도소로 면회를 오셨던 하용조 목사님이 말했다.

"총장님이 계시는 대구 교도소에 저희가 무엇을 도와 드리면 좋을까요?"

"목사님께 그렇지 않아도 부탁드리고 싶었습니다. 이 안의 수감자들이 양질의 서적들을 읽을 수 있도록 교도소 방마다 책장을 설치해 주시면 좋겠습니다. 지금까지 인생의 밝은 쪽에서만 살아온 제가 이 안에서 어두움에 갇혀 사는 사람들을 만나 보면서 많은 것을 느끼고 배웠습니다. 이곳이야말로 또 하나의 땅 끝 선교지입니다. 하나님을 모르기 때문에 계속 범죄를 저지르고 상습적으로 교도소 안으로 들어오는 사람들이 있습니다. 그들에게 양질의 책을 읽을 수 있는 환경을 만들어 주고 싶습니다. 책들을 통해 복음을 전하는 것이 효과적이라는 생각을 했습니다. 교도소 안의 도서 시설은 너무나 열악하더군요."

그의 부탁을 받은 하 목사님은 이 일을 곧 주선했다. 그리하여 (주)알로에 마임(유영섭 사장)에서 대구 교도소 350여 개의 방마다 책장을 설치하도록 후원해 주셨다. 또한 옥한흠(사랑의교회) 목사님이 자신의 저서 6천여 권을 기증해 주셨고, 두란노서원과 김충기 목사님(강남 중앙침례교회)도 많은 책들을 구입해 기증해 주셨다. 면회 온 이홍선(두루넷) 사장은 대구 화원교도소의 면회객들을 위한 벤치도 설치해 주셨다.

이 일로 그해 가을 우리는 대구 교도소장에게서 특별 초청을 받았다. 대구로 향하는 차 안에서 나는 옆에 앉는 남편을 쳐다보며 만감이 교차되었다. 몇 달 전의 이 길은 온통 아무것도 보이지 않던 캄캄한 길이었다. 그 길이 지금은 아름다운 영상처럼 시야에 들어왔다. 어느덧 시골집 담 너머 감나무는 노랗게 익은 감이 주렁주렁 달려 있고, 은행잎은 가을빛으로 곱게 물들어 있었다. 4개월 전과 오늘의 호의를 생각하며 나는 다시 한 번 감회에 젖었다.

남편은 그에게 도움을 주었던 반장(모범수)을 복도에서 만나 반가움으로 얼싸 안기도 했다. 그가 기거했던 독방은 마침 비어 있었다. 수감 번호 '433'이 찍힌 그의 찬송가 페이지마다 눈물자국으로 얼룩져 있는 것을 보면, 그가 그곳에서 얼마나 눈물과 통곡으로 주님을 가까이했는지 알 수 있었다. 그는 쇠창살이 있는 작은 창문을 가리키며 말했다.

"저 창문을 통해 불어오는 솔바람, 파란 하늘과 구름을 볼 수 있다는 것이 얼마나 감사했는지 모른다오."

내가 주의 법도를 구하였사오니 자유롭게 행보할 것이오며 또 열왕 앞에 주의 증거를 말할 때에 수치를 당치 아니하겠사오며 나의 사랑하는바 주의 계명을 스스로 즐거워하며 또 나의 사랑하는바 주의 계명에 내 손을 들고 주의 율례를 묵상하리이다 주의 종에게 하신 말씀을 기억하소서 주께서 나로 소망이 있게 하셨나이다 이 말씀은 나의 곤란 중에 위로라 주의 말씀이 나를 살리셨음이니이다 (시 119:45-50)

한동대를 위해 기도하는 사람이 방콕에도

2002년 1월, 방콕을 방문했을 때다. 한동대 학생인 윤지원, 병욱 남매의 학부모님(TARGET 아시아 지사장)이 이름난 방콕의 한 식당으로 초대해 주셨다. 막 자리를 잡고 앉으려는데, 병욱 군 아버님이 입구 쪽을 보며 놀라움에 차서 큰 소리로 말했다.

"아! 저분은 총장님께서 꼭 만나고 가셔야 할 분인데, 지금 저기 들어오시고 있군요!"

그는 대여섯 명의 일행들과 함께 들어오는 한 여성을 가리켰다.

"저 분은 총장님이 구속되셨을 때, 방콕에 있는 한인 교회들을 찾아다니며 총장님의 석방 탄원서 서명서를 받아 내신 분입니다."

훤칠한 키의 아름다운 중년 부인이 우리 앞으로 다가오고 있었다. 그녀는 놀라움과 반가움으로 눈물을 글썽이며 말했다.

"인터넷과 신문에서만 보던 총장님을 지금 제 눈앞에서 직접 뵙다니요! 아! 하나님, 감사합니다! 저는 20여 년 동안 방콕에 살면서 조국에 대한 그리움이 늘 있었습니다. 그래서 더욱 한동대에 관심을 가지고 있었습니다. 이곳에서 조국의 우울한 소식을 접할 때마다 한동대야말로 조국의 미래에 희망이라고 생각했어요. 그러던 어느 날, 총장님의 법정 구속 소식을 접한 저는 너무 놀란 나머지 어찌할 바를 몰랐습니다. '이것이 아닐 텐데, 무언가 잘못되었겠지' 하며 한동대 홈페이지를 열었습니다. 그때부터 퇴근하면 컴퓨터로 달려가는 것이 제 일과가 되었습니다. 역시 저의 기대는 어긋나지 않았어요. 학교와 총장님에 대한 한결같은 신뢰와 호의적인 언론의 보도들, 그리고 수많은 격려 편지들을 읽으며 저는 매일 책상 앞에서 울었습니다. 그래서 저도 이곳 교포들의 탄원서를 받아 관계 기관에 제출하면 도움이 되지 않을까 생각했어요."

그녀가 바로 오명례(삼성 현지 상사) 씨였다. 한동을 사랑하는 사람들이 이곳에도 있다니! 그 넓은 방콕의 수많은 식당 가운데 하필이면 그 시간 그 장소에서 그녀를 만나다니…! 마치 하나님께서 세계 지도를 펴시고 그 위에 자석을 움직이시며 지구촌 곳곳에서 한동의 중보자를 찾고 계시는 것 같았다. 나는 주를 경외하는 모든 자와 주의 법도를 지키는 자의 동무라(시 119:63) 2년 뒤 그녀의 아들도 태국에서 한동대로 유학을 왔다.

총장님, 부총장님 하루 몸값

학생들이 자발적으로 재판 성금을 모으기 시작했다. 음악 동아리 두나미스, 걸즈 아카펠라, 챔버와 마드리갈 팀들은 재판 비용에 보태기 위한 '자선 음악회'를 열었다. 여호와께 노래하라 너희는 여호와를 찬양하라 가난한 자의 생명을 행악자의 손에서 구원하셨음이니라(렘 20:13)

미술 대전 건축 부문에서 최우수상을 받은 학생들(유송희, 유승애 팀, 건설 도시환경학부)은 수상금 전액을 가져왔다.

"미술대전 공모 광고를 보았을 때부터 꼭 상금을 받아 구속되신 총장님과 부총장님을 위한 성금에 보태려고 작정했습니다. 그래서 매일 기도하면서 작품을 구상하고 떨리는 마음으로 출품했어요."

이 땅의 푸른 영혼들을 위한 한동, 너무 귀합니다!

저는 20년째 이 땅의 푸른 영혼들을 주님께로 인도하는 군목입니다. 그러나 그릇된 캠퍼스 문화에 빠져 있는 영혼들을 하나님의 사람으로 양육하는 데 한계가 있음을 고백합니다. 그래서 한동대가 너무나 귀하게 여겨집니다.

오늘도 저는 한동대를 위하여 엎드려 기도하던 중, 절제할 수 없는 눈물을 주님 앞에 쏟았습니다. 한동이 겪고 있는 오늘의 고난 때문이 아니었습니다. 고난을 통해 정금같이 단련(욥 23:10)하시는 주님의 위대하신 뜻 때문이었습니다. 헌신된 교수, 직원들을 통해 영글어 가는 한동인들의 그 귀한 젊은 영혼들을 바라볼 때, 감격과 희열과 감사의 눈물이었습니다. 분명 한동인 그들은 이 땅의 소망입니다. 21세기의 다니엘이요, 느헤미야와 요셉입니다. 동봉한 것은 십일조를 제외한 저의 6월 월급 전액입니다. 저의 기도와 사랑의 증표로 드립니다. 존경하는 김 총장님과 부총장님의 귀하신 사역과 옥중에서의 영성, 건강을 위해 잊지 않고 기도하겠습니다.

신용백(목사, 육군 본부교회) 올림.

이상숙 부회장을 비롯한 한국기독실업인회 회원들의 헌금 등 두 사람이 수감되었던 53일 동안 들어온 한동대 후원금은 모두 약 46억 원이었다. 어느 교수가 익살스럽게 말했다. "계산해 보니 두 분의 하루 몸값이 8천만 원입니다. 두 분께선 고생스러우셨지만 학교를 생각하면 그 안에 좀 더 계셨으면 좋았을 것을!"

왼손이 한 것을 오른손이 모르게

많은 사람들이 성금을 보내 주셔서 재판 비용 성금도 쌓여 갔다. 전국 각처, 세계 곳곳에서 성원과 후원, 사랑 넘치는 응원이 잇달아 쏟아졌다. 우리가 이런 과분한 대접을 받아도 되는 것일까. 우리가 어찌 감히 이런 사랑을 받을 수 있겠는가. 남편은 처음도 마지막도 복 많은 사람임이 분명했다. 아내인 나는 남편보다 항상 한 걸음 뒤쳐져서 숨차게 따라가고 있지만, 그래서 이따금 낙담도 하고 두려워 떨기도 했지만, 그의 순수한 신앙 열정에 때로는 감동하면서 고난 중의 행복을 맛보기도 했다.

"사모님, 혹시 이지희 씨라고 아세요?"

"이분이 1억 7천만 원을 후원했어요. 이 정도의 큰돈을 아무 연락 없이 보낸 분이 누구신지 무척 궁금합니다."

이평수 경리과장은 머리를 갸우뚱하며 수수께끼를 풀지 못해 고심하는 사람 같았다.

"저도 잘 모르겠는데요. 총장님께 물어보셨나요?"

남편도 생소한 이름이라고 했다.

"오늘 은행을 통해 입금자 전화번호를 알아내 겨우 통화했소. 내가 한번 만나자고 했더니 한사코 사양하더군."

이번에는 내가 그녀에게 전화를 했다.

"저도 총장님과 같은 교회에 다닙니다. 하나님께서 그 돈을 한동대에 보내라고 하셔서 저는 심부름한 것뿐입니다."

"이런 큰돈을 나누신 데는 분명히 저희와 함께 나누어야 할 간증이 있을 것 같습니다. 그래야 하나님께서 영광을 받으실 거예요. 부디 만나 주세요."

나의 간곡한 부탁에 그는 마지못해 알겠다고 했다. 우리는 다음 주일 교회에서 만나기로 약속했다.

주일 예배 후, 우리는 고개를 들고 주위를 두리번거리며 살폈다. 그가 우리를 알아보고 찾을 수 있게 하기 위해서였다. 반갑게 인사를 하는 여러 교인들을 보며, 혹시 이 사람인가 저 사람인가 하며 얼굴들을 살피는데, 키가 크고 단정한 한 자매가 다가왔다.

"혹시, 이지희 집사님이세요?"

"네, 접니다."

그렇게 우리는 반갑게 만났다.

"집사님, 오늘 맛있는 점심을 대접하겠습니다."

"저는 비싼 음식은 못 먹습니다. 국수 한 그릇이면 족해요."

교회 앞 식당에서 우리는 마주앉았다. 그녀는 자신의 이야기를 들려주었다.

"인생을 어떻게 살 것인가에 대해 목적 없이 방황하던 대학 2학년(성균관대 약학과) 때, 저는 예수 그리스도를 저의 구주로 영접했습니다. 그 이후 제 인생의 색깔이 어두움에서 환하고 밝게 바뀌었지요. 결혼은 주님께서 아직 허락지 않으셔서 독신으로 지내고 있습니다."

50대 초반이 채 될까, 영적 기품이 배어 있는 그녀의 모습은 마치 개신교의 수녀처럼 경건하고 아름다웠다.

"전 가진 것은 없어요. 다만 제 모든 재산이었던 작은 약국이 하나 있었는데 마침 팔리게 되었습니다. 그것은 하나님의 사업을 위해 쓰기로 오래 전에 작정했던 것이었어요. 하나님께서는 뜻밖에도 그뿐만 아니라 제게 있는 적금까지 한 동대로 보내라고 하셨습니다. 저는 다만 하나님의 명령에 순종한 것뿐입니다."

그녀는 자신이 알려진 것을 못내 조심스러워하면서 말했다.

"왼손이 하는 일을 오른손이 모르게 하라고 주님께서 말씀하셨지요. 왼손이 한 것을 오른손이 모를 리가 없지 않겠습니까? 이 말씀은 사람들이 모르게 하라는 뜻일 뿐만 아니라, 자신조차도 모르게 하라는 뜻으로 저는 이해하고 있습니다. 자신의 기억에서도 완전히 잊어버리라는 뜻이지요. 그러니 제게 고맙다는 인사를 하지 마세요. 그 명령을 제게 하신 주님께 감사하시면 됩니다."

그때의 감동이 은은한 꽃내음처럼 내 기억 속에 늘 남아 있다. 그 향기의 발원지가 그녀 안에 보배로 간직된 예수 그리스도이신 사실도!

갈대상자 후원자들을 통해 한동의 재정 젖줄을 공급받아 왔다면, 한동 보아스 가족 플랜으로 한동대의 채무를 갚고 국제화를 위한 제2의 도약의 발판을 마련하자는 계획을 세웠다. 이 계획을 세우게 된 데는 사연이 있다.

"어떤 분이 권사님을 뵙고 싶어 하는데 시간 좀 내 주세요."

어느 권사님의 소개로 한 여성 기업가를 만났다.

"저는 사업체를 경영하면서 몇 년 동안 돈의 고통을 겪었기에 그 고통이 어떤지 누구보다 잘 알고 있습니다. 총장님의 법정 구속을 신문에서 보고, 저는 밤새 잠을 설쳤습니다. 총장으로서 학사 일만 해도 벅찬데, 돈 고생을 이처럼 당하시다니, 한편 사람들이 혹시나 총장님에 대해 오해할까 봐 걱정도 되었습니다.

이튿날 저를 본 분이 얼굴이 왜 그러느냐고 묻길래, 제가 잠을 못 잔 이유를 말했더니, 김 총장님이 재정이 어려운 학교의 살림을 살다가 불가피하게 생긴 일이라는 것을 알 만한 사람은 다 알 거라고 하더군요. 그래서 저도 마음을 놓을 수 있었습니다.

권사님, 저도 돈에 대한 훈련을 오랫동안 수없이 받아 왔습니다. 이제 하나님께서 고난 대신 축복의 문을 여셔서, 저희 회사는 번성해 가고 있습니다. 하나님께서 이끄시고 저는 따라만 가고 있습니다. 돈 때문에 고통받던 나날들을 돌이켜 보면서 저는 총장님을 위로해 드리고 싶었습니다. 이제 사업을 그만두고 싶다는 생각을 하던 중이었는데, 이번 사건을 통해 한동대를 알게 되면서 제가 사업을 계속해야 할 목적과 이유를 새삼 발견했습니다. 한동대 때문에 저는 더 열심히 사업을 해야겠습니다. 미약하나마 저도 앞장서서 한동대를 돕겠습니다."

그녀는 봉투를 건네주었다. 그녀가 얼마 후 두 번째 후원금을 전달하는 자리에서 말했다.

"권사님, 한동대에 필요한 100억 원을 마련하기 위해 하나님께서 제게 주신 생각이 있어요. 총장님 구속 사건으로 한동대의 재정 형편이 어렵다는 것은 세상에 다 알려졌고, 한동대의 좋은 이미지도 세상에 알려졌습니다. 학교를 돕고 싶으나 어떻게 도울지 구체적인 방법을 모르는 사람들이 많은데, 한동을 아끼는 사람 만 명을 찾읍시다. 그들이 100만 원씩 후원하면 100억 원이 됩니다. 몇몇 분들에게 저의 생각을 말했더니 기꺼이 돕겠다고 하셨어요."

그녀의 격려에 힘입어 우리는 '한동 보아스 가족 플랜'을 세웠고 김은희, 김종한 변호사(홍콩 거주) 부부를 시작으로 국내외에서 많은 보아스 가족이 늘어나고 있다.

내가 단정코 너를 구원할 것인즉

2001년 12월 28일, 대구 고등법원 제41호 법정에서 오전 10시에 항소심이 열릴 예정이었다. 이른 봄에 시작한 재판이 찌는 듯한 여름도 넘기고 겨울에서야 끝이 나는 것이다. 재판 결과를 알기 위해 또다시 전국에서 달려온 한동대 학부모와 학생과 교직원 들뿐 아니라, 지역 언론 등이 미리 바깥에서 진을 치며 재판 시간을 기다리고 있었다. 모두들 어떤 결과가 나올지 마음 졸이며 긴장된 모습들이었다. 화창한 날씨였지만 그동안의 역경과 고난을 모두 몰아가 버릴 기세로 법원 마당에는 그날따라 바람이 불고 있었다.

남편이 수없이 법정에 섰지만 나는 한 번도 법정 안으로 들어갈 수가 없었다. 두렵고 떨리는 마음에, 재판이 열리는 동안 주차장의 차 안에서, 때로는 법원 마당에서 서성이며 하늘의 아버지께 숨죽여 기도했다. 그날도 나는 법정 마당에 서서 세찬 바람을 맞으며 재판이 끝나기를 기도하고 있었다. 나 여호와가 말하노라 내가 그날에 너를 구원하리니 내가 그 두려워하는 사람들의 손에 붙이우지 아니하리라 내가 단정코 너를 구원할 것인즉 네가 칼에 죽지 아니하고 네 생명이 노략물을 얻음같이 되리니 이는 네가 나를 신뢰함이니라 여호와의 말이니라 (렘 39:17-18)

얼마쯤 지났을까. 재판정을 빠져나오는 사람들은 안도의 기쁨을 감추지 못했다. 사건 번호가 거명된 뒤 곧바로 재판장은 5분여에 걸쳐 판결문을 읽어 내려 갔다고 했다. 5가지의 죄명에 대해 재판장은 핵심 공소 대부분을 무죄 판결을 내렸고, 사건 일부에 대해서는 김영길 총장, 오성연 부총장에게 벌금형을 부과했다.

언론은 이 놀랄 만한 뉴스를 일제히 보도했다. "1심에서 현직 대학 총장, 부총장이 한꺼번에 법정 구속됐다가 석방되었다. 세간의 이목이 집중되었던 한동대 김영길 총장, 오성연 부총장의 항소심 선고 공판에서 1심을 뒤엎은 판결이 내려져 다시 한 번 세인들의 관심을 모았다"고 보도했다.

한 인터뷰에서 최택범 학부모 회장은 말했다.

"너무 기쁩니다. 김 총장님이 총장직을 수행하시는데 아무 지장이 없는 판결이 나오도록 우리 모두 기도했습니다. 하나님께서 우리의 기도를 들어주셨습니다. 행정적으로 잘못된 것은 앞으로 고쳐 나갈 것입니다"

이종순 변호사는 이렇게 말했다.

"민사 사건을 형사 사건화하고 묵은 문제를 공방하는 것이 누구에게 도움이 되겠습니까? 잘못된 형사 판결로 전국적으로 물의를 일으키고 학생들의 마음에도 상처를 입히고, 누구 하나 이득 본 사람이 없습니다. 법조계에서 제일 터부시하는 것이 민사 사건을 형사 사건화하는 것입니다. 김 총장은 수십여 차례 검찰에 소환당했습니다. 이번 항소심 판결은 학교 경영의 사소한 실수를 고소로 문제삼는 이런 행동이 잘못되었다는 것을 보여 주지 않았습니까?"

하나님의 뜻 안에 있는 또 하나의 병기

2003년 그해 10월 16일, 총장과 부총장에 대한 형사 고발 소송 또한 대법원에서 종결되었다.

이종순 변호사는 이 판결이 학교 측의 120퍼센트 승리라고 설명해 주었다. 마지막 순간까지도 우리가 교만하지 않도록 끝까지 기도하게 하시는 하나님! 하나님께서 이루신 대역전의 드라마였다. 내가 여호와께 피하였거늘 너희가 내 영혼더러 새같이 네 산으로 도망하라 함은 어찜인고 악인이 활을 당기고 살을 시위에 먹임이여 마음이 바른 자를 어두운 데서 쏘려 하는도다 터가 무너지면 의인이 무엇을 할꼬 여호와께서 그 성전에 계시니 여호와의 보좌는 하늘에 있음이여 그 눈이 인생을 통촉하시고 그 안목이 저희를 감찰하시도다(시 11:1–4)

하나님께서는 당신의 뜻을 이루기 위해 불의의 병기도 사용하신다고 《세 왕 이야기》에서는 말한다.

"순종과 깨어짐을 배우는 학교에 왜 학생들이 적을까요? 그것은 이 학교에 있는 모든 학생들이 겪어야 할 많은 고통 때문입니다. 종종 고통을 안겨 주는 깨어지지 않은 지도자들 때문입니다. 즉 그들은 하나님께서 주권적으로 선택하신 깨어지지 않은 권위입니다."

한동대가 기독교 대학이 되지 못하도록 방해하는 그들 또한 하나님께서 기름 부으신 또 하나의 병기였다.

변호사의 시간표와 하나님의 시간표

2003년 4월 채플 시간, 이종순 변호사는 자신이 일평생 모아온 장서 천여 권을 학교에 기증했다. 학생들 앞에서 그는 말했다.

"그동안 한동대 재판을 맡으면서 힘든 때도 많았지만, 생각해 보면 저만큼 하나님의 축복을 받은 사람도 드물 것입니다.

모태 신앙인 저는 교회를 옮긴 후 그저 손님처럼 예배만 드리고 가곤 했었지요. 왜냐하면 전에 다니던 교회에서 시도 때도 없이 걸려 오는 교인들의 법률 상담 전화에 무척 시달렸기 때문이었습니다. 그러나 교회를 옮긴 것이 제 고난의 시작이었지요. 어느 날, 당시 한동대 이사장이시던 하 목사님과 김영길 총장님이 사립학교법 위반으로 고발당했다는 말을 듣자, 세상 물정 잘 모르는 두 분이 피의자로 조사받을 것이 걱정스러워서, 제가 자청해서 두 분을 동행하기로 했습니다. 제가 사람들의 눈을 피하는 데는 성공했지만 하나님 눈을 피하는 데는 실패한 것이지요. 아니나 다를까, 두 분은 검사가 묻지도 않은 말까지 불리한지 유리한지도 모른 채, 너무도 소상히 설명을 하더군요. 검사도 동석한 저를 보며 어이없어 웃더군요.

곧 이어서 학교는 선린병원과의 합병 무효 소송에 휘말리게 되었습니다. 그 당시엔 크게 어려운 사건 같지도 않고, 또 학교에 돈도 없다고 해서, 또 제가 자청해서 무료 변호를 맡았지요. 대여섯 번 정도 포항에 다녀오면 끝나겠지, 그 당시 비행기 삯이 10만 원이었는데, 50만 원을 교회에 헌금하는 셈치고 생색이나 내보자는 생각이었죠. 그렇게 가볍게 시작했는데 열 번을 넘으니까 이제는 괴로워지기 시작했습니다. 간단하게 끝날 줄 알았던 재판은 한동대의 존립을 좌우할 심각한 재판으로 발전하게 되었고, 만약 패소하면 이사장은 물론이고 총장과 이사들 모두 퇴진해야 하는, 한동대의 미래가 달린 큰 재판이 되었습니다. 무려 40번 이상 서울과 포항을 비행기로 오가며 2003년 1월, 7년 만에 재판이 마무리되었습니다. 이 소송 사건을 담당하면서 응답이 더디신 하나님을 때로 원망하기도 했고, 변호사의 시간표와 하나님의 시간표가 다르다는 것도 경험하게 되었습니다. 여러분도 하나님의 응답이 더딜 때 원망하지 마시고, 오래 참으십시오.

이 민사 소송은 형사 사건으로 전개되면서 총장님이 구속되는 상황으로까지 몰고 갔습니다. 총장님이 구속될 때가 한동대가 가장 어려운 시기였습니다. 하지만 한동 식구들과 교계 여러 목사님들, 그리고 2만여 명의 한동 후원자들의 기도가 없었다면 지금의 한동은 없었을 것입니다. 총장님의 석방을 위해 서울에서 열렸던 조찬 기도회에서 김진홍 목사님이 바울이나 요셉, 남아공의 만델라 같은 위대한 사람도 모두 감옥 출신이라고 말씀하시더군요. 출감 후 더욱 성령 충만하신 총장님을 뵈면서 그 말씀이 사실이라고 느꼈습니다.

어제 저는 좋은 소식을 들었습니다. 그동안 학교와 갈등을 빚었던 분들과 화해를 모색해 왔는데, 어제 7년 만에 그 화해가 이루어졌다는 기쁜 소식을 들었습니다. 재판에 이긴 것도 승리지만 이것이 진정으로 하나님께서 주신 승리입니다.

저는 올해까지 37년 동안 법조인으로 있으면서, 그동안 모아온 천여 권의 판례집을 한동대 법률대에 기증하게 됨을 기쁘게 생각합니다. 제 나이 이제 예순여섯, 남은 생애를 북한 선교를 위해 살기로 마음먹었습니다. 북한은 세계에서 유일하게 한 세기를 독재 정권 아래 신음하고 있는 나라입니다. 이 세상에서 가장 불쌍하고 비참한 북한 사람들에게 복음을 전하지 않고 어찌 세계 선교를 논할 수 있겠습니까! 하나님께서 계실 자리에 김일성 부자가 앉아 있고, 핵무기로 전 세계를 위협하고 있는 북한, 황해도 평산이 제 고향입니다. 북한 선교에 여러분들도 많은 동참을 부탁드립니다."

한동대의 역경은 이제 더 이상 우리들만의 것이 아니었다. 우리의 모든 고난이 만 천하에 공개되고 있는 것이다. 헨리 나우웬은 슬픔을 변하여 춤이 되게 하시(시 30:11)는 춤추시는 하나님을 노래했다. 하나님께서는 고난을 통해 우리를 빚으신다. 고난은 하나님께서 우리를 부르셔서 그분과 함께 춤을 추도록 첫 스텝을 내딛게 하시는 곳이었다.

이 춤은 저절로 추어지는 것이 아니다. 이 스텝을 내딛으려면 고통을 통한 연습이 필요했다. 보이지 않는 길을 따라가며 그 연습을 통해 우리는 고통의 한복판으로 우아하게 미끄러져 들어갈 수 있었다. 위기 없는 성장이 없듯이 영광 또한 고난과 고통 속에 숨어 있다는 것을…. 하나님께서는 고통 가운데서 그분 자신이 오직 우리의 방패요 상급이신 것을(창 15:1) 깨닫게 해 주셨다. 하나님께서는 우리의 모든 사건 속에서 슬픔과 기쁨을 한데 엮어서 기쁨의 찬미 스텝을 내딛게 하셨다. 하나님께서 고통 가운데서도 내 삶을 지휘하고 계실 것을 믿으며, 이 고통과 상처를 통해 내가 치유 받아야 할 존재임을 깨닫게 해 주셨다. 이 깨달음을 통해 춤추며 나아갈 때 우리의 스텝을 내딛는 지평이 은혜로 열리고 있었다.

고난의 자리는 우리로 하여금 더 이상 슬픔에 머무르지 않고 그분의 손을 잡고 더 큰 춤의 자리로 들어가게 하는 곳이었다. 은혜의 하나님께서는 우리를 고통과 격리된 보호 구역으로 데려가신 것이 아니라, 오히려 우리의 고통과 상실을 통해 하나님의 더 큰 목적과 계획 속으로 나를 준비시키시는 방편으로 삼으셨다. 왜냐하면 우리는 슬픔의 한복판에서 하나님의 은혜를 발견하게 되었기 때문이었다.

03
네 장막터를 넓히라

꿈을 잉태하다

"하나님께서는 준비된 자만 부르시는 것이 아니고, 나같이 부족한 자도 부르셔서 준비시키신다"고 남편은 종종 말했다. 그는 또 하나의 새로운 비전을 가지고 있었다. 그것은 한동 국제법률대학원을 세우는 꿈이었다. 남편은 그 꿈을 사람들에게 역설하기 시작했다.

"한국이 OECD에 가입한 후 법률 시장 개방과 더불어 치열한 세계화의 조류 속에서 국제 무역 관계 분쟁이 일어날 가능성이 높아, 우리 나라도 국제적으로 전문화된 법률 서비스와 정보 서비스의 수요가 급증하고 있습니다. 그러나 우리는 시대가 요구하는 역량 있는 국제 법률 전문가가 절대적으로 부족합니다. 우리 나라도 미국식 로스쿨(Law School) 3년 과정의 국제법률대학원을 세워서, 국제무대에서 활동할 수 있는 국제 변호사를 배출해야 합니다."

잉태된 꿈은 때가 차면 출산되는 법. 2000년 한동 국제법률대학원은 교육인적자원부(문용린 장관) 인가를 받았다. 아직 타대학에서 시도하지 못한 새로운 시작이었다. 이 꿈을 잉태한 것은 전적으로 하나님의 인도하심이었다고 남편은 고백했다. 네 장막터를 넓히며 네 처소의 휘장을 아끼지 말고 널리 펴되 너의 줄을 길게 하며 너의 말뚝을 견고히 할지어다 이는 네가 좌우로 퍼지며 네 자손은 열방을 얻으며 황폐한 성읍들로 사람 살 곳이 되게 할 것임이니라(사 54:2-3)

경력의 십일조를

1998년 2월, 로스앤젤레스 사랑의교회 집회를 마쳤을 때, 30대 초반의 젊은 부부가 남편을 찾아왔다.

"저는 스티브 최(명석) 변호사입니다. 어제 총장님의 간증에 많은 은혜를 받았습니다. 혹시 한동대에 계절 학기가 있다면, 제가 여름에 잠시 귀국하여 국제법을 영어로 강의할 수 있겠습니다."

여덟 살에 미국으로 이민 온 그는 한국말이 서툴렀다. 하버드 대학과 버클리 대학 법학부를 졸업한 그는 로스앤젤레스 카운티의 검사로 있었지만 사람들의 죄를 구형하고 감옥으로 보내는 자신의 일에 회의를 느껴 현재 변호사로 활동하고 있다고 했다.

"작년에 저는 연변 과학기술대학으로 단기 선교를 갔습니다. 그곳 남평 중학교에서 영어를 가르치는 한동대 학생들을 만났는데, 그들의 모습이 제게 퍽 인상적으로 남아 있답니다. 어느 찌는 듯한 밤이었어요. 땀과 먼지로 범벅이 된 우리는 두만강으로 목욕을 하러 갔어요. 무산에서 흘러나오는 황토 물이었지만 샴푸와 비누로 몸을 씻고 있는데, 한동대 학생들은 물로 씻기만 했어요. 그래서 제가 '샴푸가 없으면 내 것을 써요' 했더니 '감사합니다만 강에 샴푸를 풀면 비누보다 4배나 더 강물을 오염시킨답니다. 하나님께서 만드신 자연 환경을 저희는 오염시키고 싶지 않아요' 라고 말하더군요. 그 학생의 말에 저는 충격과 부끄러움을 느꼈습니다. 그때부터 저는 자기 학교를 무척 자랑스러워하는 그들이 다니는 한동대가 어떤 대학인지 관심을 갖게 되었어요."

그로부터 두 달 후, 최 변호사 부부는 잠시 귀국해서 한동대를 방문했다. 짧은 방문을 마치고 미국으로 돌아가며 그들은 한 통의 편지를 남기고 갔다.

그동안 하나님께서 한동대에 행하신 일들을 감사하며, 교수 기도회에서 총장님께서 3개월째 밀린 월급을 미안해하시면서 흘리시던 눈물도 잊지 못할 것입니다. 총장님께서 지신 고난의 짐들은 앞으로 나타날 영광과 비교할 수 없을 것입니다. 이곳을 방문한 후 저희에게 새로운 기도 제목이 생겼습니다.

1998년 5월 3일 주안에서 최 변호사 부부 드림.

얼마 후 그는 두 번째의 편지를 보내왔다.

저희는 그날 한동대에서 천마지를 향해 난 비에 젖은 숲길을 걸으며 문득 모세를 떠올렸습니다. 애굽 왕궁에서 최고의 학문을 배운 그는 자기의 조국과 자기의 동포 히브리 민족을 위해 젊음과 학문과 그의 모든 것을 바쳤습니다. 미국에서 최고의 학문을 배운 저도 조국의 젊은이들을 위해 저의 작은 지식과 경험이 쓰임을 받을 수 있다면 큰 보람이라고 생각합니다. 제 생애 중, 전문직 활동을 50년으로 본다면, 그 10분의 1을 한동대 학생들을 위해 하나님께 바치고 싶습니다.

그는 크리스천 친구들에게 한동대의 비전과 꿈을 이야기하며 몇 년 동안 함께 헌신하자고 권했지만, 그들은 미국과는 비교할 수 없는 한동대의 연봉 조건을 따졌다고 했다. 또 어떤 친구는 대학 시절의 학비 융자를 못 갚아 미국을 떠날 수 없다고 사양했다. 크게 좌절한 그는 마지막으로 시애틀 주 정부 인권 변호사로 있는 하버드 대학의 후배인 박경신 변호사에게 연락해 보았다. 의외로 그는 "선배님, 이런 좋은 기회를 주셔서 감사합니다" 라고 하면서 그의 제의를 순순히 받아들였다고 했다.

그해 10월, 최 변호사는 박 변호사와 함께 학교를 방문했다. 하지만 일은 엉뚱한 데서 벌어졌다. 학교에서 며칠을 지낸 박 변호사가 말했다.

"선배님, 아무래도 저는 안 되겠어요. 신앙이 없는 저는 이곳에 올 자격이 없는 것 같습니다."

난처해진 최 변호사는 그를 총장실로 데리고 왔다. 남편은 그에게 말했다.

"나는 35세에 비로소 크리스천이 되었어요. 박 변호사도 그때 내 나이가 되려면 아직 몇 년 더 남았지요? 앞으로 한동대에 있을 동안 하나님을 알아가도록 열심히 노력해 보십시다."

"총장님, 그러면 학생들과 교수님들에게 제가 신앙을 갖기 원하는 초보자라는 것을 알려 주십시오. 그렇지 않으면 제가 다른 교수님들처럼 믿음이 좋은 사람인 줄 착각할까 봐 부담스럽습니다."

"좋소. 내 그 말은 꼭 하겠소."

남편은 그를 교수들에게 소개하며 말했다.

"박 변호사는 한동대에서 예수 그리스도를 알아가기로 했으니, 옆에서 많이 도와주십시오."

그렇게 두 사람의 귀국을 계기로 한동 국제법률대학원의 움직임이 활발해졌다. 얼마 후 《중앙일보》는 국제 변호사가 국내에서 탄생할 수 있을 정도로 교육을 시킬 한동대의 미국식 법학부를 소개하며, 재미 교포 2세들이 명문 하버드 대학을 졸업하고 조국의 후배 양성을 위해 귀국했다는 기사를 실었다.(1998년 11월 9일자.) 그들은 약속대로 한동 국제법률대학의 태동에 중요한 역할을 한 후 학교를 떠났다.

국수 한 그릇 때문에

2000년 어느 날 한동대에서 영어 교목으로 있는 에디 변 목사의 외할아버지인 이상기 변호사가 학교를 방문했다. 이야기를 나누던 남편이 그에게 말했다.

"이 변호사님 한동대에 와서 같이 일하시지 않겠습니까?"

그로부터 얼마 후, 시카고에서 열린 한동 후원회의 밤에 은발의 이 변호사는 자신을 소개했다.

"2년 전, 저는 총장님이 사 주신 국수 한 그릇 때문에 제 발목이 한동에 묶이고 만 사람입니다. 40여 년 전 가난한 집안에서 어렵게 고등학교를 마친 저는, 미국 유학을 떠나면서 '언젠가 조국에 돌아와서 주님의 일을 하겠다' 고 하나님께 서원했습니다. 그후, 저는 모토로라의 특허 및 지적 재산 전문 상임 변호사로 30년 동안 활동해 왔습니다. 그러나 언제나 제 마음 한구석에는 하나님과의 약속을 지키지 못한 무거운 빚을 담고 있었습니다. 은퇴를 앞둔 저는 한국에서 뇌출혈로 쓰러지고 말았습니다. 한국에서 뇌수술을 받고 한 달 동안 입원해 있을 때 심방 오신 전도사님의 기도 덕분에 치료하시는 하나님을 만났습니다. 완전히 회복된 저는 하나님과 조국을 향한 마음이 더욱 간절해졌지요.

미국으로 돌아가기 전에, 외손자를 만나기 위해 한동대를 방문했을 때, 총장님은 제게 국수 한 그릇을 대접하시며 말했습니다.

'저희 국제법률대학원에 이 변호사님과 같은 분이 필요합니다.'

그 순간 저는 하나님과의 약속을 떠올렸습니다. 가족들과 미국에서 편안한 노후를 보내려고 생각하던 제게 심각한 고민이 생긴 것입니다. 나중에 이를 알게 된 아내는 펄쩍 뛰었습니다.

'이제부터 교회 봉사도 하며 지내려는데, 당신 무슨 소리 하시는 거예요?'

중국인인 제 아내 헬렌은 조국에 대한 저의 고민을 잘 이해하지 못했었지요. 하지만 날로 고민이 더해 가는 저를 보다 못한 아내가 마침내 말했습니다.

'하나님과의 약속을 지키세요. 당신을 당신 조국으로 보내 드리겠습니다.'"

그후부터 이 변호사는 노익장을 자랑하며 몸을 아끼지 않고 정열적으로 국제법률대학원의 산파 역할을 했다. 시카고 존마셜 로스쿨과의 협약을 추진하며 하루 종일 빡빡한 일정을 마친 우리 일행은 한동 후원회의 밤이 열릴 예정인 시카고 레디슨 호텔 로비에서 잠시 쉬고 있었다. 하지만 아까부터 이상기 교수가 보이지 않았다. 혹시 그가 과로로 쓰러질까 염려하던 나는 엉뚱한 곳에서 그를 발견하고 아연 실색하고 말았다. 호텔 로비 한구석 카펫 바닥에서 가방을 베고, 사람들의 이목에도 아랑곳없이 깊은 잠에 빠져 있었던 것이다. 마치 젊은 시절 하나님께 못다한 헌신을 한꺼번에 하려는 듯, 그는 자신의 모든 열정을 한동에 쏟아 부었다.

이듬해, 김장환 목사님의 소개로 캠블 대학교(노스캐롤라이나)의 버저드(Lynn Buzzard) 교수가 한동 국제법률대학원 초대 원장으로 부임해 왔다. 변호사요 목사인 그는 미국뿐만 아니라 구 공산권과 아시아 여러 나라들의 헌법을 자문해 주며, 미국에서 기독법조인협회(Christian Legal Society)를 조직하여 미국 법조계에 영향력을 끼치고 있는 분이었다. 놀라운 것은 그가 아시아에 기독 법조인을 배출하는 법률대학이 세워지기를 18년 동안 기도해 왔다는 것이었다. 한동 국제법률대학원은 그의 기도에 대한 응답이었던 것이다.

뜻밖에도

2001년 4월, 한동 국제법률대학원 설립을 위한 준비 과정으로 한동대와 정보통신부, 미국의 존마셜 로스쿨, 그리고 한국과학기술원이 공동으로 주최하는 '지적 재산권에 관한 국제 컨퍼런스'를 준비하던 때의 일이다.

이 행사의 참가자는 시카고의 존마셜 로스쿨의 존스턴 총장 일행을 비롯하여 부시 대통령 정보통신 자문관인 조엘 신 변호사, 자이페이 장 중국 대법관, 매튜 커넬리 일리노이 주 연방 재판관 등 열일곱 명의 국내외의 저명한 법조인들이 참여하는 대규모 행사였다. 하지만 이 일에도 몇 차례의 난관이 있었다. 1억 원에 가까운 소요 경비를 후원하기로 약속한 모 기관에서 갑자기 후원을 취소하는 바람에 행사 자체가 무산될 위기에 처했다. 해외 강사들의 비행기 항공권 구매도 이미 끝난 상태여서, 이제 와서 취소할 수도 없는 상황이었다. 모든 일이 기도 없이는 순탄하게 진행되지 않는 것을 이미 경험한 우리들은 무조건 기도만 했다. 일을 행하는 여호와, 그것을 지어 성취하는 여호와, 그 이름을 여호와라 하는 자가 이같이 이르노라 너는 내게 부르짖으라 내가 네게 응답하겠고 네가 알지 못하는 크고 비밀한 일을 네게 보이리라(렘 33:2-3)

모두들 낙담해 있던 중, 이 행사를 뒤늦게 알게 된 특허청에서 참여할 뜻을 알려 왔다. 또한 때마침 미국에서 방문한 남편의 친구 강삼석 박사(휴스턴 텍사스)의 도움으로 《조선일보》와의 인터뷰가 주선되었다. 뒤늦게 홍보할 기회도 생긴 우리는 다시 용기를 얻게 되었다. 꺼진 불꽃이 되살아나고 있었다. 남편은 신문 인터뷰에서 이렇게 말했다.

"법학도들이여, 6법 전서에만 매달릴 것이 아니라 국제화 사이버 시대에 국제 무대에서 활동할 수 있는 국제 법률 전문가로서의 비전을 가지십시오."

하지만 남편은 여전히 경비 문제로 고심했다. 만만찮은 만찬회 비용을 후원할 분이 나타났으면 좋겠다고 생각했다. 며칠 뒤 그가 기쁨에 찬 목소리로 말했다.

"여보, 무슨 일이 일어난 줄 아시오? 오늘 포항으로 오는 비행기 내 옆 자리에 풍산금속 유진 회장이 앉게 되었소! 국제법률대학원의 이야기를 들은 유 회장이 만찬 비용을 기꺼이 후원해 주기로 했소."

남편은 한동대로 오기 전까지, 14년 동안 풍산금속의 기술 고문으로 있었기 때문에 두 사람은 오랜만에 반가운 해후를 했던 것이다.

한편 학회 준비로 여념이 없던 이상기 교수가 말했다.

"각계각층의 인사들이 초대되는 만찬회의 사회자를 찾도록 기도하고 있습니다. 저는 아시다시피 한국의 인사들을 잘 몰라서…."

그때 나는 백지연 씨(전 MBC 아나운서)를 떠올렸다. 며칠 전, 이촌동의 건널목에 서 있는 내게 "권사님!" 하고 누가 큰소리로 불렀다. 오랫동안 못 만났던 백지연 씨가 차 운전석에서 교통 신호등이 바뀌기를 기다리면서 나를 본 것이다. 반가움에 나도 그를 향해 크게 소리쳤다.

"그동안 어찌 그리 소식이 없었어요?"

"권사님, 제 전화번호가 바뀌었어요. 연락 좀 주세요!"

나는 급히 수첩을 꺼내 그녀의 전화번호를 적었다. 곧 신호등이 바뀌고 그녀는 떠나갔다. 순간적인 만남이었다. 나는 뜻밖에 우연의 장소에서 그녀를 만났던 것을 기억해 냈다. 나의 부탁에 그녀가 흔쾌히 말했다.

"한동대 일이고, 더구나 총장님의 부탁인데 제가 아무리 바빠도 도와야지요. 이런 기회를 주셔서 오히려 제가 감사합니다."

아름다운 그녀의 밝고 재치 있는 사회는 만찬회 분위기를 한층 고조시켰다.

그로부터 2년 후인 2003년 9월, 국회의사당에서 두 번째 국제 법률대학원 컨퍼런스가 열렸다. 국회에서 대학 컨퍼런스를 연 것은 처음 있는 일이라고 했다.

2004년 한동대 개교 이래로 가장 큰 국제 세미나가 한동 캠퍼스에서 열렸다. 교육인적자원부와 교육개발원(KEDI)이 주관하고 월드뱅크와 OECD와 한동대가 후원하는 이 세미나는 관계자들에게 큰 관심과 반향을 일으켰다. 특히 월드뱅크 교육부장인 자밀 살미(Jamil Salmi) 박사와 수석 고문인 칼 달만(Carl Dahlman) 박사는, 9년이라는 짧은 역사를 가진 한동대의 눈부신 발전은 세계에서 대학 발전의 새로운 모델로 소개되어야 한다며 격찬했다. 그리고 그들은 한동대를 세계 곳곳에 홍보하겠노라고 말했다.

2004년 제3회 한동 국제법률대학원 입학식에는 허버드(Hubbard) 주한 미국대사가 참석해 자리를 빛내기도 했다. 그만큼 한동 국제법률대학원은 교육계와 국제 사회 속에서 주목을 받기 시작했다.

하나님께서 친히 돌보시는 선교사 자녀들

2000년 2월, 이영덕 이사장님 내외분과 함께 한동 후원회를 위해 로스앤젤레스를 방문했을 때였다. 누군가 우리에게 말했다.

"하나님의 일에 후원을 많이 하고 계시는 장도원 사장(Forever 21)을 한번 만나 보시죠."

우리는 단번에 가까워졌다.

"어제, 우연히 어느 목사님의 설교 테이프를 통해서 한동대 이야기를 처음으로 들었습니다. 그런데 바로 오늘 한동대 이사장님과 총장님, 내외분들께서 저를 만나자고 하셔서 무척 신기했습니다. 이 일이 우연이 아닌 것 같습니다."

그는 10만 달러를 흔쾌히 기부해 주었다. 얼마 후, 그가 학교를 방문한 날은 마침 졸업식 날이었다. 그는 짧은 방문을 마치고 떠나면서 말했다.

"오늘 졸업식은 너무나 감동적이었습니다. 요즘 세상에 이런 졸업식을 치루는 학교와 학생들이 있음에 하나님께 감사했습니다."

그해 8월 우리 부부가 다시 로스앤젤레스를 방문했을 때, 장도원 장로, 옥창호 집사 부부를 다시 만났다. 그 자리에서 그가 물었다.

"총장님, 한동대에 혹시 중고등학교를 세울 생각은 없으십니까?"

"아직 우리 학교의 형편이 어려워 거기까진 여력이 없지요. 그러나 현재 몇몇 교수들의 자녀들을 위해 시작한 대안 학교인 '한동국제학교'가 있습니다. 하나님께서 허락하시면 언젠가 한동대 안에 유치원부터 고등학교까지, 기독교 정신으로 교육하는 부속 학교가 세워지기를 바라고 있습니다."

그 말을 마치자, 그들은 동시에 탄성을 질렀다.

"총장님, 저희는 선교사 자녀를 위한 학교를 세우기 위해 오랫동안 기도해 왔습니다. 작년 한국의 IMF 경제 위기 때, 본국으로부터 선교비가 중단된 선교지 100여 곳에 저희 '또 감사 기도회'(Do Thanksgiving)에서 선교 후원금을 보내고 있습니다. 몇 군데 선교지를 돌아보던 저희는, 선교사님 자녀들이 열악한 환경 속에서 교육을 제대로 받지 못하는 것을 보고 너무나 가슴이 아팠습니다. 그 이후로 저희들은 선교사 자녀(MK:Missionary Kids)를 위한 학교가 세워질 수 있기를 기도하고 있습니다. 저희는 하나님의 은혜로 미국으로 이민 와서 풍요로운 생활을 하는데 선교사 자녀들은 교육도 제대로 받지 못하고 있으니…."

'또 감사 기도회' 의 회원들은 로스앤젤레스에 사는 젊은 기업인들로, 선교의 뜨거운 열정을 가진 순수한 믿음의 사람들이었다. 모든 것이 하나님께로부터 왔으니 하나님께 감사하고 또 감사한다는 의미로 '또 감사' 라는 이름을 지었다고 했다. 고급 옷 한 벌, 비싼 음식 한 그릇도 사양하는 그들의 삶은 검소했다. 그해 가을, 10여 명의 '또 감사 가족들' 이 한동대를 방문했다. 땅거미 지는 학교에 도착하자마자, 그들은 운동장에 빙 둘러서서 서로 손을 맞잡고 하나님께 감사와 감격의 기도를 드렸다.내게 구하라 내가 열방을 유업으로 주리니 네 소유가 땅 끝까지 이르리로다(시 2:8)

그들이 돌아간 후, 곧 MK를 위한 생활관과 국제학교 건축이 시작되었다. 2001년 5월 28일, 서럽도록 아름다운 날, 오지(奧地) 선교사의 자녀들을 맡아 키우고 가르칠 국제학교 건물과 생활관이 단단하고 우아하게 마무리가 되었다. 하나님께서 이루셨고 또한 이루어 가실 미래의 일들을 바라보며 가슴 벅차하던 국제학교 개교식, 그러나 총장과 부총장은 함께하지 못했다. 두 사람은 경주 구치소에 수감되어 있었기 때문이었다. 그들이 이 자리에 있었더라면 오늘을 마음껏 축하하며 또 하나의 기적의 징검다리 위에 학교를 세워 주신 하나님을 마음껏 찬양했으련만…. 그로부터 1년 후, 국제학교 1주년 기념 예배를 드리는 자리였다. 국제학교의 한 학생이 소감을 발표했다.

"저는 저의 아빠가 선교사가 된 것을 마음속으로 늘 불평해 왔어요. 다른 아빠들처럼 멋진 새 양복도 못 입으시고 고생만 하시거든요. 아빠의 양복은 너무 낡아서 소매 끝이 다 닳았어요. 바지도 반들반들하구요. 그래서 저는 아빠에게 말했어요. '아빠, 새 양복을 사셔야겠어요.' '아직 얼마든지 입을 수 있어.' 저는 그런 아빠가 싫었어요. 그래서 저는 장차 크면 선교사가 되지 않겠다고 다짐했어요.

그런데 한동 국제학교에 온 이후로 제 생각이 달라졌어요. 우리 아빠가 선교사가 아니었으면, 이런 좋은 학교에서 공부할 수 없었을 테니까요. 이곳에서 선생님들에게 사랑받으며 친구들과 함께 하루를 즐겁게 지냅니다. 이제 크면 저도 아빠처럼 선교사가 되고 싶다고 하나님께 기도드려요."

뒤이어 단 위에 선 장 장로님이 감회 어린 모습으로 말했다.

"저희들이 이 일을 할 수 있었던 것은 오직 하나님의 은혜였습니다. 제가 즐겨 부르는 이 찬송은 저희들 모두의 마음을 대신합니다."

그는 지그시 눈을 감고 찬송을 불렀다.

"내가 원하는 한 가지 주님의 기쁨이 되는 것…."

제 아이를 대학에 맡깁니다

저희 남편은 목사로서 필리핀에서 현지인을 위한 개척 교회를 섬기고 있습니다. 제 아들은 지난 7년 동안 서양 아이들 속에서 성장기를 보냈기에 겉사람은 한국 아이지만 서양 아이나 다름없습니다. 부모된 저희는 아이 장래를 생각할 때, 늘 안타까웠습니다. 아이가 대학에 들어갈 나이가 되자 어떻게 해야 좋을지 몰랐습니다. 한국으로 보내고 싶었지만 대학 문화나 환경의 차이로 선뜻 결정을 내리지 못하고 있었습니다. 한동대는 저희가 넘기엔 너무 커다란 산과 같았습니다. 미국으로 보내려고 거의 결정을 내렸는데, 《빛과 소금》 잡지와 함께 사모님의 간증 테이프를 만났습니다.

온 식구가 이 테이프를 들었습니다. 큰 은혜를 받았습니다. 하나님께서 준우를 한동대에 보내라는 신호로 느껴졌습니다. 이를 위해 온 식구가 40일 작정 기도를 시작했습니다. 아슬아슬하게 입학 원서가 접수되었고, '한동대 합격' 이라는 큰 축복을 받게 되었습니다. 아들이 한동대에 들어가다니! 하나님께 감사하고 또 감사했습니다.

저희는 압니다. 한동대 입학하기가 얼마나 어려운가를! 우리 아이가 입학을 허락받은 것은 부족한 '이방 나그네' 인 저희들에게 하나님의 한없는 위로와 사랑과 은총인 것을! 한동대는 선교사들을 위해 예비하신 하나님의 위로, 그 자체입니다. 국적 불명의 선교사 자녀로서 삶을 살 수 밖에 없었던 아이가 한동대에 머물며 공부하는 동안 총장님과 교수님들의 가르침으로 신앙으로 인격이 영글고, 한국인으로서의 자부심과 정체성을 회복할 것을 믿습니다.

제가 김영길 총장님을 알게 된 것은 창조과학회를 통해서입니다. 약 18년 전쯤, 유관순 기념관에서 세계적인 창조론의 권위자 헨리 모리스 박사님, 기쉬 박사님을 모시고 창조론을 강의한다는 소식을 신문에서 보았습니다. 그때 저는 두 어린 아들들을 데리고 조금 늦게 그곳에 참석했습니다. 큰 아이가 초등학교 1학년, 둘째가 유치원생이었던 것 같습니다. 그때 저는, 어린 아들들의 기억 속에 '엄마와 함께 하나님께서 모든 만물을 창조하셨다는 것을 들으러 갔었다'는 것을 기억하며 하나님의 사람으로 자랄 것을 기도했습니다. 그날 강연장에 갈 때 카메라를 가지고 갔습니다. 그러나 강연이 끝난 후, "김 박사님! 우리 아이들과 사진 한 장 찍고 싶습니다"라고 말할 용기가 없어서 그냥 돌아왔습니다. 그때 사진 찍기를 부탁하지 못한 일이 지금 후회됩니다. 지금 그 사진이 있다면 제 아이에게 얼마나 기념이 되었을까 싶습니다. 그후부터 저는 제 아들들이 김 총장님처럼 사람들 앞에 존귀한 분이지만, 하나님 앞에 겸손한 사람이 되기를 기도합니다. 부족한 어린 아들을 하나님의 대학에 맡깁니다. 하나님의 사랑과 은총이 하나님의 나라 확장을 위해 땀과 눈물을 아끼지 않는 총장님과 모든 교수님들께 함께하시기를 기도드립니다.

1999년 2월 27일, 아이를 보내는 아침, 필리핀에서 서준우 어머니 드림.

제 발자국도 찍혀 있음에

한동대를 생각하면 항상 가슴이 뜨겁습니다. 하나님의 나라를 위해서 젊음을 바치는 친구들과 선후배들, 제자를 위해서 눈물로 기도하는 교수님들, 먼저 그의 나라와 그의 의를 구하는 모임들, 제가 처음 입학했을 때 총장님께서 머리를 쓰다듬어 주시던 기억, 친구들이 군대에서 휴가 나오면 길에서라도 기도를 해 주시던 모습, 그런 추억들이 아직 저에게 살아 있어서 지금 힘이 됩니다.

저는 한동을 졸업하고 하나님의 인도하심으로 이곳 우즈베키스탄 세계외교 경제대학에 왔습니다. 우즈베키스탄의 상위권 학교인 이곳에서 저는 70명의 학생들을 가르치고 있습니다. 학생들 중 상당수가 영어로 의사소통을 할 수 있기 때문에 영어로 수업을 하고 있습니다. 교수님들이 컴퓨터에 관한 신기술을 배울 기회가 그리 많지 않기 때문에 저는 열 분의 전산과 교수님에게도 컴퓨터를 가르치고 있습니다.

하나님께서는 이 학교를 위해 기도하라고 저를 이곳으로 보내셨다고 생각합니다. 이 학교를 위해서 기도하는 사람이 많이 없을 것 같거든요. 제가 이곳으로 오기 전 제 손을 잡고 야베스의 기도를 해 주신 총장님을 기억합니다. 제가 총장님의 제자인 것이, 제게 기도하는 스승을 주신 것에 감사드립니다.

2003년 3월 4일에 우즈베키스탄에서, 사랑하는 제자 이한준 드림.

이 땅에 주의 보혈을 찍게 하소서

이곳 스리랑카에서의 신앙 생활은 쉽지 않은 것 같습니다. 처음에는 주님의 은혜를 경험하며 잘 지냈으나, 지금 제게는 은혜가 고갈되고, 밥맛도 없고, 얼굴에서는 웃음이 사라지고…, 저는 지금 주님께 묻고 있습니다. 제가 왜 이곳에 와 있는지….

그러던 중 의료 사역 팀과 함께 북쪽 타밀 지역으로 전도를 나가게 되었습니다. 상상할 수 없을 정도로 가난한 곳이더군요. 먹을 게 없어서 모래를 먹는 아이들도 있다면 그 마을의 상황을 이해하실는지요. 전쟁이 심했던 지역은 병원이 없어서 사람들이 제대로 된 진료를 받아 보는 것이 20년 만이라고 하더군요. 자리를 잡고 의료 사역이 시작되면 멀리서도 사람들이 오기 때문에, 일손이 많이 필요했습니다. 아무리 피곤해도 끝도 없이 오는 사람들을 보면서 잠시도 쉴 수 없었지요.

잠시 쉬는 시간에 마당에서 처방에 따른 약을 조제하고 열심히 약봉지를 접는 분들을 보았습니다. 끊임없이 반복되는 단순 노동에도 불평하지 않고 기쁨으로 감당하시는 그들을 보면서 눈물이 왈칵 쏟아지더군요. 우리 나라에도 처음에 외국인들이 이렇게 의료 선교를 했겠지. 시골 촌구석에 들어가서 이토록 못살았던 우리 조상들을 위해 약을 지어 주고 눈물로 기도해 주었겠지. 우리 조상들도 이들과 마찬가지로 아무 말도 못 알아듣고, 그냥 나눠 주는 무언가를 받고 돌아갔겠지. 그때의 의료 선교팀도 아마 아무 변화도 못 느끼고 돌아갔겠지. 그렇지만 그들이 사람을 보고 온 것이 아니라, 하나님을 바라보고 온 것이었기에 비록 당장은 아무 변화를 볼 수 없었지만, 하나님께서 구원하심을 믿고 하나님을 향한 발걸음을 끊지 않았던 거였겠죠!

그랬던 우리 나라에 결국 이토록 복음이 확산되어서 이젠 우리들이 약봉지를 들고 평생 상상해 보지도 못한 이런 오지에서 감사하며 사역을 감당하는구나…. 갑자기 가슴이 뜨거워졌습니다. 그리고 제 문제를 보게 되었습니다. 영혼에 대한 마음이 무뎌진 것은, 제 안에 기대하는 마음이 없었기 때문이라는 것을…!

저는 보지 못하지만 하나님께서는 보시는구나, 지금 당장은 아무것도 보이지 않지만, 하나님께서는 세밀하게 일하고 계시는구나. 이런 오지까지 우리를 부르셔서 우리의 발자국으로 이 땅에 주의 보혈을 찍게 하시다니…. 스리랑카를 구원하시기 위해 필요한 기도 분량 중 제 기도가 들어 있음이, 그 구원을 위해 하나님께서 예비해 놓으신 끊이지 않는 발걸음 중간에, 제 발자국도 찍혀 있음에 감사했습니다. 그래서 나중에 후회하지 않도록 마음껏 이 땅을 중보하기 위해 기도하겠습니다. 수많은 중보자들을 통해 스리랑카의 구원을 이뤄 나가시는 하나님을 찬양합니다.

스리랑카에서 박혜진 올림.

이 편지는 백 년 전 한국 땅을 밟고 복음을 전했던 언더우드 선교사의 편지와 무척이나 닮아 있었다.

뵈지 않는 조선의 마음

주여! 지금은 아무것도 보이지 않습니다.

주님, 메마르고 가난한 땅

나무 한 그루 시원하게 자라 오르지 못하고 있는 땅에

저희들을 옮겨 와 심으셨습니다.

그 넓고 넓은 태평양을 어떻게 건너왔는지

그 사실이 기적입니다.
주께서 붙잡아 뚝 떨어뜨려 놓으신 듯한
이곳 지금은 아무것도 보이지 않습니다.
보이는 것은 고집스럽게 얼룩진 어둠뿐입니다.
어둠과 가난과 인습에 묶여 있는 조선 사람뿐입니다.
그들은 왜 묶여 있는지도, 고통이라는 것도 모르고 있습니다.
고통을 고통인 줄 모르는 자에게 고통을 벗겨 주겠다고 하면
의심부터 하고 화부터 냅니다.
조선 남자들의 속셈이 보이지 않습니다.
이 나라 조정의 내심도 보이질 않습니다.
가마를 타고 다니는 여자들을 영영 볼 기회가 없으면 어쩌나 합니다.
조선의 마음이 보이지 않습니다.
그리고 저희가 해야 할 일이 보이질 않습니다.
그러나, 주님 순종하겠습니다.
겸손하게 순종할 때 주께서 일을 시작하시고
그 하시는 일을 우리들의 영적인 눈이
볼 수 있는 날이 있을 줄 믿나이다.
믿음은 바라는 것들의 실상이요 보지 못하는 것들의 증거니…
라고 하신 말씀을 따라
조선의 믿음의 앞날을 볼 수 있게 될 것을 믿습니다.
지금은 우리가 황무지 위에 맨손으로 서 있는 것 같사오나
지금은 우리가 서양 귀신 양귀자라고 손가락질 받고 있사오나
저희들이 우리 영혼과 하나인 것을 깨닫고,
하늘나라의 한 백성, 한 자녀임을 알고
눈물로 기뻐할 날이 있음을 믿나이다.

지금은 예배드릴 예배당도 없고 학교도 없고
그저 경계의 의심과 멸시와 천대함이 가득한 곳이지만
이곳이 머지않아 은총의 땅이 되리라는 것을 믿습니다.
주여– 오직 제 믿음을 붙잡아 주소서 !

몽골, 우즈베키스탄, 미얀마, 피지, 중국, 러시아 등 세계 곳곳에서 한동대로 유학 오는 학생들이 해마다 늘어나고, 또한 세계 열방으로 나가서 복음을 전하는 수많은 한동인을 보며, 하나님께서는 한동대를 통해 전 세계로 복음의 문을 활짝 여실 것을 바라본다. 보내심을 받지 아니하였으면 어찌 전파하리요 기록된 바 아름답도다 좋은 소식을 전하는 자들의 발이여 함과 같으니라(롬 10:15)

순수성의 회복

2004년 올해로 여섯 번째 맞는 졸업식. 나는 매년 졸업식을 치를 때마다 10년 전 개교하던 해, 광야 대학의 첫 입학식 때 느꼈던 두려움을 떠올리곤 한다. 그때 축하 화분들이 세찬 바닷바람에 차례로 쓰러지던 광경을 기억한다. 광야 대학 입학생이었던 나는 그 나무와 같았다. 10년이 지난 지금, 하나님께서는 한동대를 이제 어떤 광풍에도 흔들리지 않는 나무로 뿌리 내리며 여기까지 자라게 하셨다. 두려움의 광야 대학을 믿음과 축복의 자리로 바꿔 주셨다. 그래서 한동의 졸업식은 이 세상 어느 대학에서도 볼 수 없는 눈물과 감동과 감사가, 서로를 향한 축복이 넘쳐 난다. 졸업장을 받기 전 사각모를 벗고 단상을 향해 넙죽 큰절을 하는 학생, 몸짓으로 하트 모양을 만들어 사랑을 표현하는 여학생들, 학부 졸업생들이 모두 한 줄로 서서 교수님들과 부모님들에게 큰절을 올리는 모습, 한동의 졸업식에는 서로를 향한 감사와 사랑의 표현들이 넘쳐 난다.

주로 산업체 근로자들과 지역 직장인들에게 대학 교육의 기회를 주기 위해 개설된 산업교육학부를 졸업하는 문말애(영어과) 씨의 답사. 형편상 대학 진학을 포기했으나 한동대에서 공부할 수 있었을 뿐 아니라 인생을 다시 시작할 수 있는 그리스도를 만난 감격을 말하던 그녀는 목이 메어 더 이상 답사를 읽어 내려가지 못했다. 그녀에게 학생들의 우레와 같은 격려의 박수가 쏟아졌다. 그래도 좀처럼 감정을 추스르지 못하는 그녀에게 김영섭 교무처장이 단상의 내빈에게서 건네받은 손수건을 가져다주었다. 하지만 그녀는 손수건에 얼굴을 감싼 채 울기만 했다. 하는 수 없이 교무처장이 그녀를 대신해서 답사를 읽기 시작했다. 어느덧 그의 목소리도 떨리더니 그 역시 말을 잇지 못했다. 이번에는 학생이 교무처장에게 손수건을 건네주었다. 손수건과 답사 원고가 교수와 학생 사이를 번갈아 오가며 겨우 끝난, 눈물만큼이나 아름다운 감동을 우리 모두에게 안겨 주었다.

곧 우리 나라 모든 대학 졸업식이 한동대와 같이 한가족처럼 진심으로 축복하고 격려해 줄 수 있었으면 좋겠다는 김아람 군(생물식품학부)의 답사가 이어졌다. 아람 군은 먼저 귀한 삶과 교훈을 나누어 주셨던 은사님에 대한 감사와 함께, 고마운 분들을 한 분 한 분씩 소개했다.

학교를 졸업하고 직장 생활을 하던 아들(김찬, 96학번)을 불의의 사고로 목숨을 잃었음에도 학교의 어려운 학생들을 위해 아들이 저축한 돈을 모두 학교에 기탁하신 부모님. 한동대 개교 첫 입학생으로 1997년 여름 피지 섬에 복음을 전하러 간 아들들을 잃었지만 끊임없이 학교를 위해 기도하고 계시는 두 명의 부모님. 다 해어진 흰 와이셔츠에 너무 오래되어 옷깃이 반들거리는 카키색 트랜치코트가 멋져 보였던, 학교가 가장 어려울 때부터 정년을 앞두고 췌장암으로 사선을 넘나드는 투병 가운데에도 학교와 학생들을 위해 당신의 모든 것을 주셨던 분 박을용 교수님. 형편이 어려워 학교를 다니지 못하는 친구들을 위해 학생들이 자발적으로 시작한, 지난 6년 동안 1,700여 명의 학우들이 배불리 먹고 일곱 광주리가 남을 만한 감동을 주었던 오병이어 운동을 값으로 따질 수 없는 평생의 자산으로 기억할 것이라고 말했다. 마지막으로 한 분을 더 소개했다.

“지금 여러분 뒤에 한 분이 계십니다. 밤늦도록 우리를 위해 기도하시고 온 몸에 땀이 흠뻑 젖으신 분께서 오셨는데, 오셔서 떠나는 저희들을 바라보시며 감격해하시며 서 계시는 그분을 제가 분명히 보았는데, 여러분 보셨습니까. 한동대가 세워지기 훨씬 전부터 이 학교를 계획하시고 저희를 이곳으로 인도하신 분, 한 번도 부족함 없이 우리를 입히시고 먹이신 분,그분은 저희들의 가장 소중한 것을 받으시기에 합당하신 분입니다. 그분은 바로 예수 그리스도이십니다.

지난 10년 동안 한동대의 역사는 눈물의 역사였습니다. 한동대는 젖이 떨어진 아이와 같았습니다. 어려움 속에서도 한동대가 하나님 앞에서 사회 가운데 이만큼 자리매김한 것은 하나님의 크신 섭리와 은총의 손길이 함께했기 때문입니다. 이분을 가장 마지막에 소개하는 이유는 이 졸업식이 끝날 때 이분이 가장 오래 기억되었으면 하기 때문입니다.

한동대에서 배운 것, 진정 유능하고 탁월한 사람은 어디서나 하나님과 사람 앞에서 정직한 사람임을 오늘날의 냉혹한 현실 속에서도 잊지 않겠습니다. 부족한 저희들이지만, 결코 그 꿈을 포기하지 않겠습니다.”

하나님께서는 지난 세월 기적 같은 방법으로 이 광야 학교를 이끄시며, 당신의 제자들을 부르셨다. 그래서 우리는 한동대를 서슴없이 하나님의 대학이라고 부른다. 때로 아픔도 컸지만 큰 선물도 안겨 주셨다. 그 기쁜 선물은 바로 다름 아닌 사각모를 쓴 늠름한 우리 한동의 학생들이었다. 앞으로 이들이 사회에 나가 어떻게 선한 영향력을 끼칠 것인지, 지도자로서 그들이 보여 줄 본이 되는 아름다운 삶의 이야기가 하루빨리 듣고 싶어 가슴이 설렌다. 그들의 가능성이 바로 우리가 이 광야 대학에서 누리는 보람이요 기쁨이다. 21세기에 사도행전 29장의 역사가 계속되는 곳이 바로 한동대이기에!

Epilogue
35마일로 달리는 남편

유학생 시절 태어난 아들 호민이가 세발 자전거를 타기 시작했을 때다. 아이는 집 앞에서 신나게 자전거를 타고 놀다가 갑자기 자전거를 세우더니, 옆에 벌렁 누워 하늘을 바라보다가 일어나서 그 조그만 발로 자전거 타이어를 탁탁 쳐 본 후, 다시 신나게 자전거를 타곤 했다. 타이어에 바람이 빠졌는지 보려는 시늉 같았다. 자전거를 타고 놀 때면 언제나 그 일을 반복하는 아이에게 나는 물었다.

"자전거를 타다 말고 왜 자꾸 땅바닥에 눕니?"

"응, 대디하고 앞집 미영 대디도 차 밑에 누웠어. 또 스티브 대디도 그랬어. 그리고 타이어를 발로 차던데?"

나는 아이의 말에 실소를 머금었다. 1967년, 미화 150달러로 미국 유학길에 올랐던 시절, 우리 나라 유학생들은 고물 중고차를 타고 다녔다. 주말이면 학생 아파트 앞 길가에는 진풍경이 벌어졌다. 집집마다 차를 길가에 세워 놓고 자동차 후드를 열어 차 밑에 누워 엔진을 고치거나 차를 수리하는 것이다. 대부분 공학도여서 웬만한 고장은 손수 고쳐서 끌고 다녔다. 그렇게 자동차 수리하는 모습에 익숙해 있는 아이가 저도 그렇게 해야만 자전거가 굴러 간다고 생각한 것 같았다.

겨울이면 눈이 많이 오는 뉴욕에서는 눈이 올 때마다 길에 염화칼슘을 많이 뿌려서 헌 차일수록 자동차 몸체는 형편없이 녹이 슬기 마련이었다. 그래도 유학생들은 볼품없는 헌 차를 당당하게 끌고 다니며 못 가는 데 없이 낭만을 즐겼다. 그래도 우리 차는 동네 차들에 비하면 비교적 새 차였다. 남편은 파란 색의 우리 차가 크라이슬러의 닷지 다트 중에서도 지티(GT)이고, 5년밖에 안 된 비교적 최신의 중고차라는 것을 은근히 강조하며 무척 자랑스러워했다.

그해 가을, 우리는 결혼 후 첫 나들이를 나섰다. 한국 유학생 다섯 가정과 함께 오랜만에 단풍놀이 피크닉을 가기로 한 것이다. 나는 신이 나서 피크닉 준비를 했다. 남편이 자랑하는 '닷지 다트 지티'를 몰고 하이웨이가 아닌 국도로 다섯 대의 차가 줄줄이 앞 차를 따라 달리기 시작했다. 뉴욕 트로이에서 베닝턴까지는 약 두 시간. 가을이 물든 아름다운 국도를 달리던 중, 길가에 35마일이라는 속도 표시판이 나타났다. 그러자 남편은 그때부터 속력을 내지 않았다. 마치 속도계가 35마일에 정지해 버린 것처럼 천천히 운전을 했다. 우리 뒤를 따라오는 차들이 줄줄이 밀리기 시작하자 그는 차를 길옆으로 세우더니, 창문을 내리고 손을 내밀어 뒷 차에게 먼저 가라고 손짓을 보냈다. 차들이 씽씽 앞질러 나가고 우리 차는 일행과 간격이 점점 벌어지고 있었다. 앞차가 보이지 않게 되었지만 그는 35마일을 고집하고 있었다. 나는 조바심이 나다 못해 속이 탔다.

"이러다가 우리만 일행을 놓치겠어요!"

그래도 그는 조금도 서두르지 않고 여전히 35마일이었다. 그렇게 얼마를 가다가 갈림길이 나타났다. 두 갈래 중 잠시 망설이다 택한 길이 일행과 전혀 다른 길이었다. 지금처럼 휴대폰이 있는 시절도 아니고 약도도 없이 떠난 길이었으니 짐작으로만 아무리 달려도 일행을 만날 수가 없었다. 결국 일행을 찾지 못하고 종일 드라이브만 하다 돌아온 나는 집에 와서 너무도 속이 상해서 이불을 뒤집어쓰고 누워 버렸다.

'다른 사람들은 요령껏 잘도 달리던데…. 닷지 다트 지티가 무슨 소용이람! 자랑이나 하지 말지. 이런 고지식한 사람과 어떻게 한평생을 살 것인가?

나는 그렇게 벼르던 피크닉 한 번을 제대로 못 가고 만 것에 분통을 터트리며 속으로 남편을 원망했다. 그가 사명을 받고 떠난 길을 중도에서 포기하지 않을 것을 하나님께서는 미리 아시고 그를 한동대 총장으로 부르셨던가! 그렇게 고통스럽고 어기찬 누명을 씌우는데, 그는 한 번도 휘청거린 적이 없었다. 하지만 나는 얼마나 수없이 이 현실이 차라리 악몽이기를 바라며, 이 배역에서 비켜나기를 바랐던가!

지금도 그는 인생길을 35마일로 달리고 있다. 오직 한동에서의 한 길만을 고집하며, 한눈도 팔지 않고 이 길을 가고 있다. 만약 그가 순발력과 처세술에 능한 사람이었다면, 그리고 경영학적으로 수지 계산을 맞추는 사람이었다면, 개교도 하기 전에 학교 법인 모체 기업에 사고가 난 대학에, 도무지 앞이 보이지 않고 계산이 서지 않는 대학에, 하나님과 약속을 했다는 그 한 가지를 붙들고 머물러 있지 않았을 것이다. 하나님께서 그에게 35마일을 고집하는 우직한 성품을 주셨기 때문에, 그를 향해 그토록 숱하게 쏟아지는 공격과 모함, 끔찍하도록 궁핍한 재정 등 견디기 힘들었던 무서운 여건 속에서도 그가 35마일의 저력으로 달릴 수 있도록 하셨다.

하용조 목사님은 말씀하셨다.

"2년 전, 교회 임직 예배에서 축사를 하던 총장님은 교회라는 말 대신, '여러분들은 한동대에 헌신하실 분들' 이라고 말했습니다. 그 말을 듣고 뒤에서 쩔쩔맨 사람은 사모님입니다. 그러나 총장님은 자신이 그렇게 말한 줄도 모르고 있었습니다. 총장님과 이야기하면 다른 말을 하지 않습니다. 늘 한동대 이야기뿐입니다. 총장님은 오로지 하나님께서 그에게 주신 한 가지 사명, 한동에 미친 사람입니다."

하나님께서 그를 도구로 부르셨다. 한동대 외에는 일체 관심이 없는 남편에게 때로 나는 불평을 해 보기도 한다.

"당신의 삶에는 주어와 동사와 목적어밖에 없어요. 하지만 한동대 이야기에는 형용사와 부사가 있군요."

그런 남편을 보면서 나는 세월이 갈수록 하나님의 섭리가 얼마나 오묘한가를 절절하게 느끼고 있다. 하나님께서는 말이 어눌한 사람을 전국 곳곳 다니는 창조과학 강연자로, 복음을 선포하는 간증자로 사용하시고, 사람을 대면하는 일보다 실험실 기계가 더 익숙했던 지극히 비사교적인 사람을 천태만상의 사람을 대해야 하는 대학 행정의 책임자로 지명하셨다. 또한 자신의 지갑에 돈이 얼마가 있는지 관심도 감각도 없는 사람을 몇천만 원, 몇십억 원의 학교 재정을 걱정하고 조바심쳐야 하는 가난한 대학의 총장으로 택하셨다. 그렇게 택하신 뒤에 전적으로 책임져 주시는 하나님을 나는 지난 세월 생생하게 경험했다. 하나님께서는 참으로 기묘자요 모사요 전능자(사 9:6)이시다! 남편이 말했다.

"하나님께서는 자신만만한 사람에게는 모든 책임을 맡기시지만, 나같이 부족한 사람은 하나님께서 전적으로 책임져 주신다오. 만약 하나님께서 완벽한 사람들만 쓰신다면 나 같은 사람은 하나님의 일을 할 수 없었을 거요."

내가 부득불 자랑할진대 나의 약한 것을 자랑하리라(고후 11:30)

오늘도 남송리에는 우리가 걸어야 할 길이 있고, 우리를 통해 쌓아야 할 이 시대의 무너진 성벽이 있으며, 하나님의 잃어버린 영혼들을 찾아 나설 새벽 이슬 같은 한동의 청년들이 있다. 남편은 오늘도 하나님께서 한동대를 친히 이끌어 가실 것을 줄기차게 믿으며 우직하게 35마일로 달리고 있다.

나는 그에게 예수님을 닮아 가려는 소원이 있음을 알고 있다. 우리를 부르신 하나님의 목적대로 이 땅에 분부하신 심부름을 다 마치고 언제인가 주님 앞에 서는 날, 우리 구주의 귀한 형상이 이 세상에서 35마일로 달려온 그에게서 나타나기를 기도하며 그날에 주님과 함께 누릴 기쁨을 바라보고 있다.

나의 생전에 여호와를 찬양하며 나의 평생에 내 하나님을 찬송하리로다(시 146:2)

Recommendation
내 영혼의 예루살렘

정연희(한국소설가협회 이사장)

한동대 울타리 안의 공기는 세상의 공기와 달랐다. 교문 안으로 들어서는 순간, 내 영혼은 갑자기 박하 향기에 감싸이는 듯했다. 신비스러운 향기였다. 학생들과 그들을 가르치는 스승들과 풀 한 포기까지 예사롭지 않았다. 가만히 귀를 기울이면 천상의 노래가 들릴듯했다. 가슴이 한없이 설레었다. 그 설렘은 무엇에서 비롯된 것일까….한 번, 두 번, 학교로 들어설 때마다 가슴의 박동은 더욱 힘차고 뚜렷해졌다. 그리고… 내 영혼을 두드리는 소리가 들리기 시작했다. 세상이 무너뜨린 기도를 수축(修築)해 가는 소리, 세상이 무너뜨린 양심을 일으켜 세우는 소리, 세상이 무너뜨린 사랑을 일으켜 하늘에 이르게 하는 소리였다. 그곳은, 영혼이 일으켜 세워지고, 꿈이 하늘 채색으로 무늬를 이루고, 희망과 용기가 신앙 가운데서 청청한 나무처럼 자라는 새로운 세계였다.

이 백성을 극심한 가난에서 건져 내신 하나님의 은혜가 넘쳤건만, 이제는 이 땅에, 불의, 음란, 피폐, 불법 등이 판을 치고 모든 것은 썩어 문드러져 가고 있다. 어떤 것은 소리도 없이 무너져 가고, 어떤 것은 천지를 뒤흔드는 무서운 소리를 내지르며 무너져 가고 있어도, 양심이 화인(火印) 맞은 이 세대는 그 소리를 듣지 못하고 휩쓸려 가고 있다.

하나님께서는, 이 훼파(毁破)된, 영적 예루살렘의 성벽을 재건할 일꾼을 찾고 계셨다. 하나님께서는 이 땅에서, 무너지고 있는 영혼의 예루살렘 성벽을 바라보시다가 그 성벽을 중건할 느헤미야를 찾고 계셨다. 예루살렘의 성벽이 무너졌다는 소식을 듣고 통곡하던, 느헤미야의 통곡을 이 땅에서 듣고 싶어 하셨다.

한동대는 무너진 영적 예루살렘의 성벽을 중건, 수축하시기 위해 하나님께서 시작하신 학교였다. 그리고 세상 이치에 대해서는 아무것도 모르는 과학자 한 사람을 그곳으로 이끌고 가셨다. 그는 세상 권력이 무엇인지, 야심이 무엇인지 돈이 무엇인지 모르는 우직하기만 한 사람이었다. 그렇게, 과학자로서 안정된 삶을 누리고 있던 그를 하나님께서는 포항 흥해의 벌판으로 이끌어 내셨다. 그리고 기도에 생명을 걸었던 느헤미야처럼, 목숨 바쳐 기도하게 만드셨다. 오직 기도, 기도가 아니면 숨이 넘어가고 말 것 같은 상황을 계속 안겨 주셨다. 그에게는, 동역자를 소중하게 여길 줄 아는 느헤미야의 겸손이 있었고, 악을 두려워하지 않고 정면으로 맞서는 용기가 있었다. 모함 앞에서 우물쭈물하지 않았다. 그는 수장(首長)의 자리에 앉아 있지 않고, 몸소 달리고 스스로 찾아서 뛰는, 그렇게 철두철미한 신념으로 밀고 나가는 행동의 사람이었다.

김영길 총장은 학생들을 제자로 여기지 않았다. 스승과 제자의 관계가 아니라, 세상을 변화시킬 하나님의 백성, 하나님의 일꾼, 천국까지 함께 갈 동역자로 섬기는 대상이었다. 학생들은 총장을 아버지처럼 때로는 친구처럼 따랐다.

총장은 심각한 재정난을 안고 개교한 학교에 부임했다. 처음부터 돈이 없었다. 돈만 없는 것이 아니라, 학교를 운영할 길이 사방으로 우겨싸임을 당하고, 길마다 막혔다. 한동대에 관심을 가지고 사랑하는 모든 사람들은 그 일이 왜 그렇게 돌아가는지, 그 태풍의 눈은 누가 만든 것인지, 학교를 끝없이 핍박하는 그 의도는 무엇에서 비롯된 것인지 알 수 없어서 안타까워했다. 한동대가 쓰러지지 않고 기도만으로 지켜진 것은 금세기의 기적이다. 한동대는 기적의 징검다리를 딛고 지금에 이르렀다. 한동대 역사는 수십 차례의 고소 사태 속에서 핍박의 역사로 이어져 왔다. 그것은 사태(事態)가 아닌 사태(沙汰)였다. 그 핍박은 끝내 총장과 부총장을 구속시킨 충격을 불러왔다.

한동대는 내 영혼을 돌이켜 보게 만드는 예루살렘이었다. 그 학교는 이 세대에, 속(續)사도행전을 이어가고 있었다. 총장과 교수들과 학생들을 바라보고 있으면, 풀무 불 가운데서 함께 거니시는 하나님을 뵙는다. 김영길 총장과 그 부인 김영애 권사님은 매듭도 없고 접힌 데도 없는, 타고난 성품 그대로의 사람들이다. 내가 그들을 알게 된 것은 신앙 안에서 복이었다. 이들이 주님의 이름으로 겪고 있는 이 숱한 고난들, 남편이 겪는 고난을 함께 겪던 김영애 권사께서 눈물과 땀과 피를 찍어 쓰듯이 기록한 글을 읽으며 나는 수없이 엎드려 울었다. 그들이 겪은 고통 중에 나타난 기적이 은혜였다. 하나님의 오묘하신 사랑의 방법이 너무도 기이하여, 나도 그 사랑의 징검다리 위에서 엎드려 울었다. 때로는 내 신앙의 몰골이 너무도 초라하여, 내 안에 가득 차 있는 것이 너무도 너절한 쓰레기들뿐이어서, "하나님 아버지!"를 외치며 쓰러져 울었다. 나의 누추해진 영혼이 너무도 부끄러워 울고 또 울었다. 하나님께서만 알고 계신 총장 부부의 아름다움, 그리고 동역자인 교수들과 학생들의 모든 것을 기록한 글, 한동대를 하나님께서 시작하신 대학으로 믿고 자신들의 모든 것 안락함과 지위와 보장된 생활을 미련 없이 잘라 버리고, 전 생애를 걸어 한동의 젊은이들을 품어 안은 그분들의 헌신에 대한 기록은 어느 개인의 기록일 수가 없었다. 고난과 수난 가운데서 역사하시는 하나님의 사랑과 기적을 간증하는 작업이었다.

2003년 5월 30일. 총장과 부총장의 중요한 형사 사건은 무죄 판결이 났다. 주님께서 한동대를 세우신 지 만 9년 만에 매듭을 풀어 주신 것이다. 이제 이 대장정의 드라마에 한 매듭을 지으신 하나님께서 한동대에서 어떤 일을 시작하실지 가슴이 설렐 뿐이다. 주님께서는 한동대를 통해 속 사도행전을 계속해서 쓰실 것이다.

하나님께서 일하시는 현장이 여기 있습니다! 이 책은 어려운 기독교의 이론이나 교리를 설명하고 있지 않습니다. 다만 하나님이 주신 꿈을 가진 사람과 공동체가 어떻게 세상에서 승리하며 기적을 이루어 내는지를 선명하게 보여 줍니다. 눈물과 웃음으로 책을 읽는 동안 나도 모르게 한동대의 가족이 되어 버렸으며, 이들의 눈물과 기도와 비전에 동참하게 되는 것을 경험했습니다. 이 시대에 하나님이 일하시는 현장을 보고자 하시는 모든 분들께 이 책을 적극 추천합니다. 하나님은 살아 계십니다.

_김삼환 목사(명성교회)

젊은이들과 민족의 미래에 주는 소망의 메시지! 저는 한동대를 광야 대학이라 표현한 부분에서 큰 은혜를 받았습니다. 세계적 과학자인 김영길 박사의 아내로 모든 영예를 내려놓고 하나님의 사람들을 길러내기 위해 앞이 보이지 않는 광야의 길을 택하신 김영애 사모님의 길은 내조의 차원을 넘어선 사도의 길이었다고 생각합니다. 최고의 실력과 영성, 성품을 지닌 학생들을 배출해 내고 있는 한동대에 이제 전 세계 학생들이 몰려온다는 소식은 젊은이들과 민족의 미래에 소망을 줍니다.

_김장환 목사(세계침례교 총회장, 극동방송 사장)

온몸으로 사는 크리스천의 모범! 나는 평소에 말하기를 크리스천의 바람직한 신앙은 머리로 바로 이해하고, 가슴으로 뜨겁게 믿고, 온몸으로 사는 것이라 했습니다. 그런 점에서 한동대 김영길 총장과 김영애 권사 부부는 모범적인 크리스천이라 하겠습니다. 김영애 권사님께서 한동대 이야기를 책으로 엮어 내셨기에 먼저 한 차례 읽고 큰 감동을 받았습니다. 많은 분들이 읽고 영적 도움을 얻고 도전을 받기를 바랍니다.

_김진홍 목사(두레교회, 두레마을)

주님께서 연출하신 우리 시대 최고의 드라마! 한동대의 역사는 주님께서 친히 연출하신 우리 시대 최고의 드라마라 할 만합니다. 저는 이 책을 손에 잡는 사람마다 하나님을 경외하게 되고, 그리스도의 큰 사랑 앞에 압도당하게 될 것을 의심치 않습니다. 감격을 잃어버린 이 시대의 외로운 영혼들이 이 한 권의 책으로 인해 예수님과 함께 한바탕 신령한 춤을 추게 될 것입니다. 이 책이 이끌어 가는 비전을 붙잡는 곳에 하나님 나라 새 역사의 여명을 함께 보게 될 것입니다.

_**이동원** 목사(지구촌 교회)

세상을 이기고 변화시켜라! 한동대는 믿음과 순종으로 헌신한 분들을 불러서 세우신 '하나님의 대학' 입니다. 학교 설립 초기부터 최근까지 숱한 시련과 역경을 기도로 이기고 세상을 변화시키는 신앙의 인재들을 양성해 온 한동대는 앞으로도 하나님께서 이끌어 가실 것입니다. 이 길을 함께 걸으며 김영길 총장님을 내조하는 김영애 권사님이 전해 주는 생생한 감동과 은혜가 담긴 이 책을 하나님께 영광 돌리는 삶을 꿈꾸는 모든 분들께 권해 드립니다.

_조용기 목사(여의도순복음교회)

한국의 새로운 기적의 산실, 한동대 이야기를 기록해 주셔서 감사합니다! 저는 한동대가 개교할 때 첫 부흥회를 인도했었습니다. 축도가 끝난 다음 교수님들이 허리에 수건을 두르고 세숫대야에 물을 담아 제자들의 발을 씻기기 시작했습니다. 처음 당한 이 황당한 일에 몸 둘 바를 모르던 학생들은 자신의 발을 씻기고 있는 교수님들의 목을 껴안고 울기 시작했습니다. 스승과 제자가 하나 되어 울고 있는 그 모습을 보면서 이 대학은 반드시 잘 될 것이라는 확신을 가지며 떠나왔습니다. 지난 십 년 동안 한동대에는 정말 어려움이 많았습니다. 하나님 그분이 행하시지 않고는 해결할 수 없었던 불가능한 일들이 곳곳에 있었습니다. 김영애 사모님께서 하나님의 손길이 드러난 부분들을 하나하나 정리해서 책으로 펴냈습니다! 갈대 상자 속에 담긴 모세를 하나님께서 어떻게 보호하시고 인도하셨던가를 한동대를 통해 다시 재현시킨 것입니다. 한동대를 향한 하나님의 모든 역사를 모든 사람들이 읽을 수 있도록 기록해 주신 사모님께 감사드립니다.

_**홍정길** 목사(남서울은혜교회)